영어회화 루틴 만들기

66 Challenge

시원스쿨닷컴

영어회화 루틴만들기
66 Challenge

초판 1쇄 발행 2023년 6월 28일

지은이 시원스쿨어학연구소
펴낸곳 (주)에스제이더블유인터내셔널
펴낸이 양홍걸 이시원

홈페이지 www.siwonschool.com
주소 서울시 영등포구 국회대로74길 12 시원스쿨
교재 구입 문의 02)2014-8151
고객센터 02)6409-0878

ISBN 979-11-6150-728-6 13740
Number 1-010101-18180400-06

영어회화 루틴 만들기

66 Challenge

S 시원스쿨닷컴

66일이 왜 중요한가요?

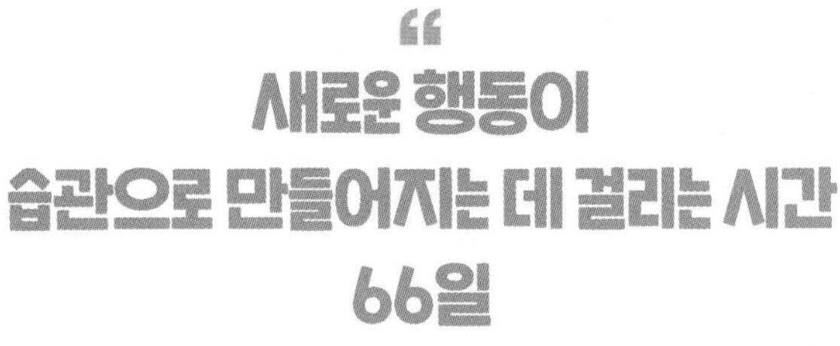
"
새로운 행동이
습관으로 만들어지는 데 걸리는 시간
66일
"

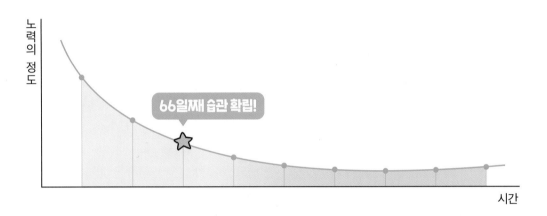

노력의 정도

66일째 습관 확립!

시간

사람의 뇌는 행동을 의도적으로 바꾸려 하면
거부반응(잠이 오거나, 신경질적으로 되는 것 등)이 오는데
이러한 거부감을 이겨내기 위해 뇌에 자꾸 반복적인 자극을 줘야 해요!

영국의 심리학자가 진행한 실험에 의하면 **동일 행동을 평균 66일 이후부터**
생각, 의무감이 아닌 자동 반사적으로 행동을 했다고 합니다.
크게 힘을 쓰지 않아도 자연스럽게 습관으로 굳어진다는 입증이죠!
출처_jane wardle 연구팀 66일 습관의 법칙

작은 목표 달성이 모여 큰 목표 달성이 됩니다.
시작만 해도 50% 성공이고, 66일이 지나면 90% 성공, 100% 성공은 더 쉬워져요.
주저하지 마시고, "66 Challenge"로 영어회화 루틴을 만들어 보세요!

66일 동안 어떻게 학습하면 되나요?

STEP 1 하루에 하나씩 차근차근 펼쳐봐요!

날마다 다르게 배우는 주제별 문장과 표현을 확장되게 배워 연계 학습으로 더 기억에 남아요.

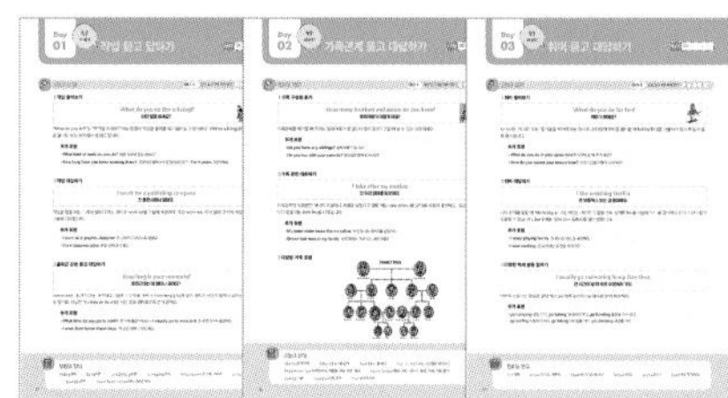

STEP 2 10분 테마별 실생활 예문을 확인해요!

언제든지 누굴 만나도 바로 사용할 수 있는 문장들로 기억에 아주 쏙쏙 남아요!
다양한 실생활 예문으로 풍부한 말하기가 가능해져요.

Are you on social media?
너 SNS 해?
Do you have Twitter?
너 트위터해?
I'm not on Facebook.
난 페이스북 안해.

Follow me on Insta.
인스타 팔로우 해줘
You can look me up on Insta.
인스타에서 나 찾을 수 있어.
I followed you on Twitter.
나 트위터에서 너 팔로우했어.

I posted my selfie on Insta.
인스타에 내 사진 올렸어.
This is so Instagrammable.
여기 정말 인스타 올리기 좋다.
I just uploaded my insta story.
나 방금 인스타스토리 올렸어.

STEP 3 10분 문제 풀며 복습하기

배운 표현을 25개의 문제를 통해 이전에 배운 내용까지 함께 다루어
완벽하게 습득할 수 있게 도와줘요.

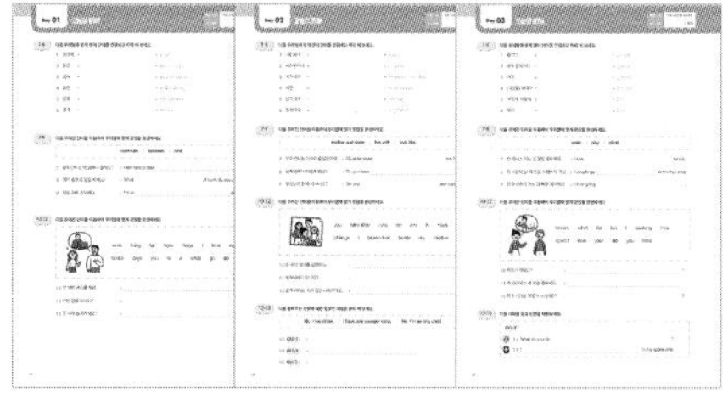

STEP 4 10분 표현/패턴에 대해서 강의 수강하기(유료)

학습한 내용을 전문 선생님의 강의로 정확한 발음과 풍부한 표현까지
다시 한번 확실하게 학습할 수 있어요!

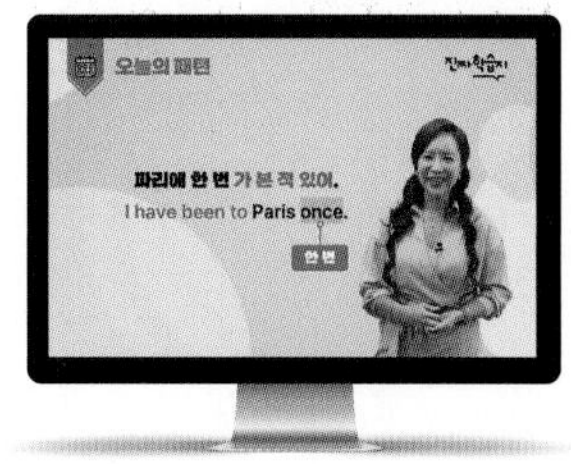

이 책의 활용법

상황별 영어회화 표현과 영어 패턴 익히기

- 취미 묻고 답하기, 날씨 이야기하기 등 영어회화의 기본적인 표현을 익혀보세요.
  표현마다 제시되는 추가 표현까지 익히면 더욱 풍부한 영어 말하기가 가능합니다.
- 일상생활에서 많이 쓰는 36개의 패턴을 익혀보세요.
  각 패턴에 단어만 바꿔 끼우면 다양한 문장 말하기가 가능합니다.

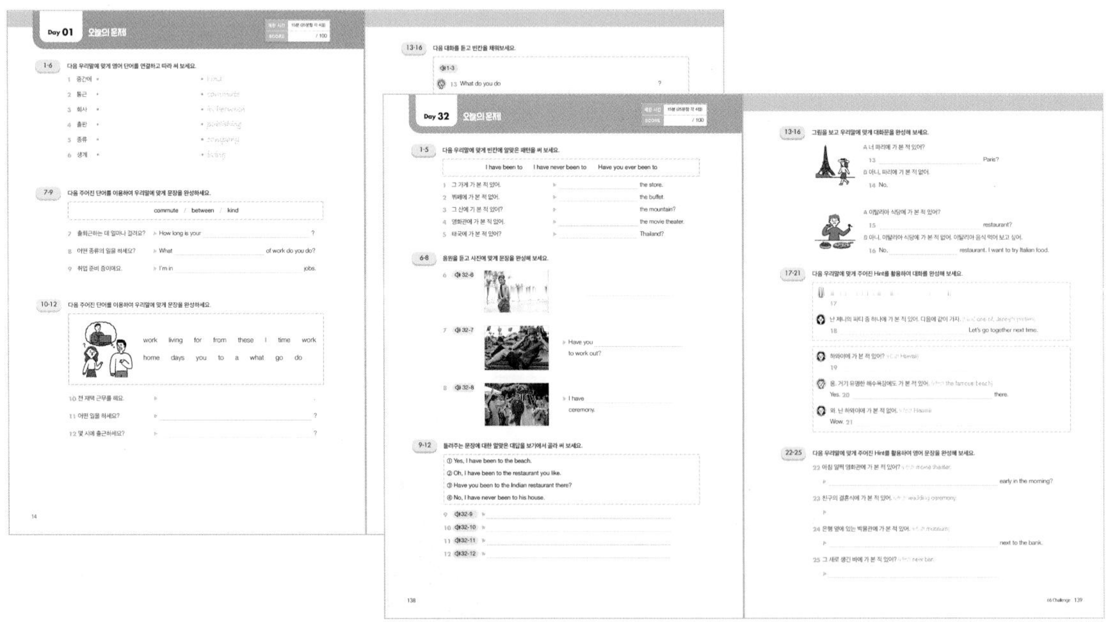

문제로 복습하기

문제를 풀면서 학습했던 내용을 정리해 보세요. 틀린 문제는 꼭 다시 복습해 보세요!

66일 챌린지란?

66챌린지 100% 환급에 도전하세요

아래 QR을 통해 강의를 구매 후,
66일 간 영어 공부 습관 미션 달성하신 분에게는
강의료를 100% 환급해드립니다.
0원으로 온라인 강의까지 수강하여 확실한 영어 회화를 배워보세요!

Mission

❶ 66강 온라인 강의 듣기

❷ 66일 데일리 학습 일기 쓰기(블로그, 수강후기 작성)

* 유료강의 구매 시, 챌린지 참여 가능 * 상세 미션 및 유의사항은 사이트 참조

목차

PART 1 상황별 영어 표현 익히기

PART 2 영어회화에서 많이 쓰이는 패턴 익히기

66일 챌린지 영어 습관 달력

하루에 1 day 씩 공부하고 습관 달력에 공부한 날짜와 함께 O 표시를 하며 영어 공부하는 습관을 길러보세요.

Day 1	Day 2	Day 3	Day 4	Day 5	Day 6	Day 7
습관 기르기 시작!						
Day 8	**Day 9**	**Day 10**	**Day 11**	**Day 12**	**Day 13**	**Day 14**
Day 15	**Day 16**	**Day 17**	**Day 18**	**Day 19**	**Day 20**	**Day 21**
Day 22	**Day 23**	**Day 24**	**Day 25**	**Day 26**	**Day 27**	**Day 28**
조금씩 익숙해지고 있는 공부 습관!						
Day 29	**Day 30**	**Day 31**	**Day 32**	**Day 33**	**Day 34**	**Day 35**
Day 36	**Day 37**	**Day 38**	**Day 38**	**Day 40**	**Day 41**	**Day 42**
Day 43	**Day 44**	**Day 45**	**Day 46**	**Day 47**	**Day 48**	**Day 49**
이제 고지가 눈앞, 조금만 더 화이팅!						
Day 50	**Day 51**	**Day 52**	**Day 53**	**Day 54**	**Day 55**	**Day 56**
Day 57	**Day 58**	**Day 59**	**Day 60**	**Day 61**	**Day 62**	**Day 63**
Day 64	**Day 65**	**Day 66**				
		습관 기르기 완성!				

Day 01

친구 사귀기

직업 묻고 답하기

DATE 20 . .

오늘의 표현

1-1 음원 듣고 5번 따라 읽기

1 직업 물어보기

What do you do (for a living)?
어떤 일을 하세요?

"What do you do?"는 "무엇을 하세요?"라는 뜻인데 직업을 물어볼 때 사용하는 표현이에요. 뒤에 for a living(생계를 위해)은 붙여도 되고 생략해서 말해도 됩니다.

추가 표현

- What kind of work do you do? 어떤 종류의 일을 하세요?
- How long have you been working there? 그곳에선 얼마나 오래 일하셨어요? - For 5 years. 5년째예요.

2 직업 대답하기

I work for a publishing company.
전 출판사에서 일해요.

직업을 말할 때는 '~에서 일한다'라는 의미로 work for를 사용해 표현해요. 또는 work as(~로서 일한다) 뒤에 직업의 명칭을 사용해 대답합니다.

추가 표현

- I work as a graphic designer. 전 그래픽 디자이너로 일해요.
- I'm in between jobs. 취업 준비 중이에요.

3 출퇴근 관련 묻고 대답하기

How long is your commute?
출퇴근하는 데 얼마나 걸려요?

commute는 '통근'이라는 뜻이에요. '얼마나 오래'를 뜻하는 How long을 앞에 넣어 출퇴근 시간이 얼마나 걸리는지 물어볼 수 있어요. 대답은 "It takes an hour.(한 시간 정도 걸려요.)"와 같이 말해요.

추가 표현

- What time do you go to work? 몇 시에 출근하세요? - I usually go to work at 8. 전 주로 8시에 출근해요.
- I work from home these days. 전 요즘 재택 근무를 해요.

오늘의 단어

living 생계 | kind 종류 | publishing 출판 | company 회사 | in between 중간에, 사이에 | commute 통근 | usually 주로 | work from home 재택 근무를 하다

오늘의 표현 연습하기

빈칸을 채워 문장을 완성해보고, '오늘의 표현'에서 확인해 보세요.

1 어떤 일을 하세요? ▶ What ______ you ______ (for a ______)?

2 어떤 종류의 일을 하세요? ▶ ______ ______ ______ work do you do?

3 그곳에선 얼마나 오래 일하셨어요? ▶ ______ ______ have you been working there?

4 전 출판사에서 일해요. ▶ I ______ ______ a publishing company.

5 전 그래픽 디자이너로 일해요. ▶ I ______ ______ a graphic designer.

6 취업 준비 중이에요. ▶ I'm ______ ______ jobs.

7 출퇴근하는 데 얼마나 걸려요? ▶ ______ ______ is your ______ ?

8 몇 시에 출근하세요? ▶ ______ ______ do you go to work?

9 전 요즘 재택 근무를 해요. ▶ I ______ ______ ______ these days.

오늘의 회화

오늘의 표현을 활용한 대화를 듣고 따라 써 보세요. 1-2

어떤 일을 하세요?
What do you do (for a living)?

전 출판사에서 일해요.
I work for a publishing company.

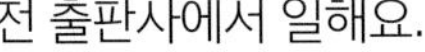

어떤 종류의 일을 하세요?
What kind of work do you do?

전 디자이너로 일해요.
I work as a designer.

출퇴근하는 데 얼마나 걸려요?
How long is your commute?

한 시간 정도 걸리는데 요즘엔 재택 근무를 해요.
It takes about an hour, but I work from home these days.

Day 01 오늘의 문제

제한 시간	15분 (25문항 각 4점)
SCORE	/ 100

1-6 다음 우리말에 맞게 영어 단어를 연결하고 따라 써 보세요.

1 중간에 •	• kind
2 통근 •	• commute
3 회사 •	• in between
4 출판 •	• publishing
5 종류 •	• company
6 생계 •	• living

7-9 다음 주어진 단어를 이용하여 우리말에 맞게 문장을 완성하세요.

commute / between / kind

7 출퇴근하는 데 얼마나 걸려요? ▶ How long is your ______________ ?

8 어떤 종류의 일을 하세요? ▶ What ______________ of work do you do?

9 취업 준비 중이에요. ▶ I'm in ______________ jobs.

10-12 다음 주어진 단어를 이용하여 우리말에 맞게 문장을 완성하세요.

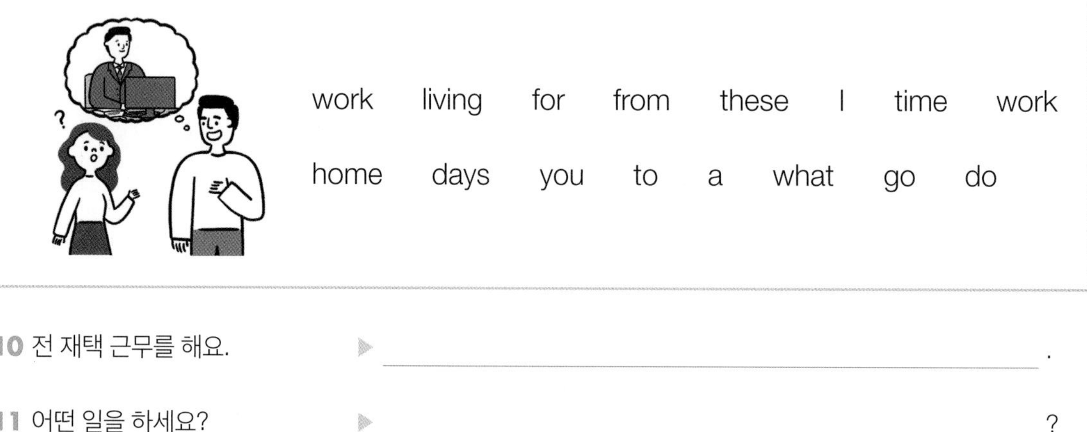

?
work living for from these I time work
home days you to a what go do

10 전 재택 근무를 해요. ▶ ______________ .

11 어떤 일을 하세요? ▶ ______________ ?

12 몇 시에 출근하세요? ▶ ______________ ?

13-16 다음 대화를 듣고 빈칸을 채워보세요.

1-3

13 What do you do ______________________________ ?

14 I ______________________________ a publishing company.

1-4

15 ______________________________ do you do?

16 I ______________________________ a graphic designer.

17-19 다음 들려주는 문장에 대한 알맞은 대답을 골라 써보세요.

I usually go to work at 8. / It takes about one hour. / For 5 years.

17 1-5 ▶ ______________________________

18 1-6 ▶ ______________________________

19 1-7 ▶ ______________________________

20-22 다음 Hint를 이용해 우리말을 영어로 쓰고 말해보며 대화를 완성해 보세요.

어떤 일을 하세요? (Hint! do, living)

20 What ______________________________ ?

전 출판사에서 일해요. (Hint! work)

21 ______________________________ a publishing company.

어떤 종류의 일을 하세요? (Hint! kind)

22 ______________________________ do you do?

전 디자이너로 일해요.

I work as a designer.

23-25 다음 Hint를 이용해 우리말을 영어로 쓰고 말해 보세요.

23 전 요즘 재택 근무를 해요. (Hint! from)

▶ ______________________________

24 취업 준비 중이에요. (Hint! between)

▶ ______________________________

25 그곳에선 얼마나 오래 일하셨어요? (Hint! long)

▶ ______________________________

Day 02 친구 사귀기

가족관계 묻고 대답하기

DATE 20 . .

오늘의 표현

🔊2-1 음원 듣고 5번 따라 읽기 □□□□□

1 가족 구성원 묻기

How many brothers and sisters do you have?
형제자매가 어떻게 돼요?

가족관계를 얘기할 때 우리는 형제자매가 몇 명인지 많이 묻죠? 그럴 때 쓸 수 있는 표현이에요.

추가 표현

- Do you have any siblings? 형제자매가 있나요?
- Do you live with your parents? 부모님과 함께 사시나요?

2 가족 관련 대화하기

I take after my mother.
전 우리 엄마를 닮았어요.

가족들끼리 외모뿐만 아니라 기질이나 특징을 닮았다고 말할 때는 take after(~를 닮다)를 사용해 표현해요. 생김새만 닮았다고 말할 때는 look like를 사용합니다.

추가 표현

- My older sister looks like my father. 우리 언니는 아버지를 닮았어요.
- Brown hair runs in my family. 갈색 머리는 저희 집안 내력이에요.

3 다양한 가족 호칭

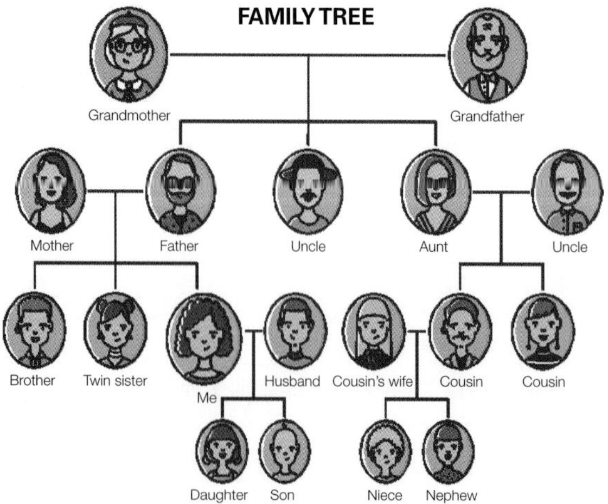

오늘의 단어

sibling 형제자매 | take after ~를 닮다 | look like ~를 닮다 | run in one's family 집안 내력이다 | brother-in-law 시아주버니, 시동생, 처남, 매부, 동서 | sister-in-law 형수, 제수, 시누이, 올케, 처제, 처형, 동서 | cousin 사촌 | nephew 남자 조카 | niece 여자 조카

오늘의 표현 연습하기

빈칸을 채워 문장을 완성해보고, '오늘의 표현'에서 확인해 보세요.

1 형제자매가 어떻게 돼요? ▶ How many ______ and ______ do you ______ ?

2 형제자매가 있나요? ▶ Do you ______ ______ ______ ?

3 부모님과 함께 사시나요? ▶ Do you ______ ______ your ______ ?

4 전 우리 엄마를 닮았어요. ▶ I ______ ______ my mother.

5 우리 언니는 아버지를 닮았어요. ▶ My older sister ______ ______ my father.

6 갈색 머리는 저희 집안 내력이에요. ▶ Brown hair ______ ______ my family.

7 시아주버니, 처남 / 형수, 올케, 처제 ▶ brother- ______ - ______ / ______ -in-law

8 남자 조카 / 여자 조카 ▶ ______ / ______

9 딸 / 아들 ▶ ______ / ______

오늘의 회화

오늘의 표현을 활용한 대화를 듣고 따라 써 보세요. 2-2

형제자매가 어떻게 돼요?
How many brothers and sisters do you have?

전 언니가 두 명이에요. 형제자매가 있나요?
I have two older sisters. Do you have any siblings?

네, 남동생 한 명 있어요. 그런데 서로 닮진 않았어요.
Yes, I have one younger brother. But, we don't look like each other.

그렇군요. 그런데 갈색 머리가 멋져 보이네요.
I see. Your brown hair looks great, by the way.

고마워요. 이건 저희 집안 내력이에요.
Thank you. It runs in my family.

멋지네요!
That's great!

Day 02 오늘의 문제

제한 시간	15분 (25문항 각 4점)
SCORE	/ 100

1-6 다음 우리말에 맞게 영어 단어를 연결하고 따라 써 보세요.

1 ~를 닮다 • • niece

2 시아주버니 • • cousin

3 여자 조카 • • brother-in-law

4 사촌 • • take after

5 남자 조카 • • sibling

6 형제자매 • • nephew

7-9 다음 주어진 단어를 이용하여 우리말에 맞게 문장을 완성하세요.

brother and sister / live with / look like

7 우리 언니는 아버지를 닮았어요. ▶ My older sister ______________ my father.

8 형제자매가 어떻게 돼요? ▶ Do you have ______________?

9 부모님과 함께 사시나요? ▶ Do you ______________ your parents?

10-12 다음 주어진 단어를 이용하여 우리말에 맞게 문장을 완성하세요.

you take after runs do any in have

siblings I brown hair family my mother

10 전 우리 엄마를 닮았어요. ▶ ______________.

11 형제자매가 있나요? ▶ ______________?

12 갈색 머리는 저희 집안 내력이에요. ▶ ______________.

13-15 다음 들려주는 문장에 대한 알맞은 대답을 골라 써 보세요.

No, I live alone. / I have one younger sister. / No, I'm an only child.

13 2-3 ▶ ______________

14 2-4 ▶ ______________

15 2-5 ▶ ______________

16-19 다음 들려주는 설명을 듣고 그림에서 알맞은 호칭을 골라 빈칸에 쓰세요.

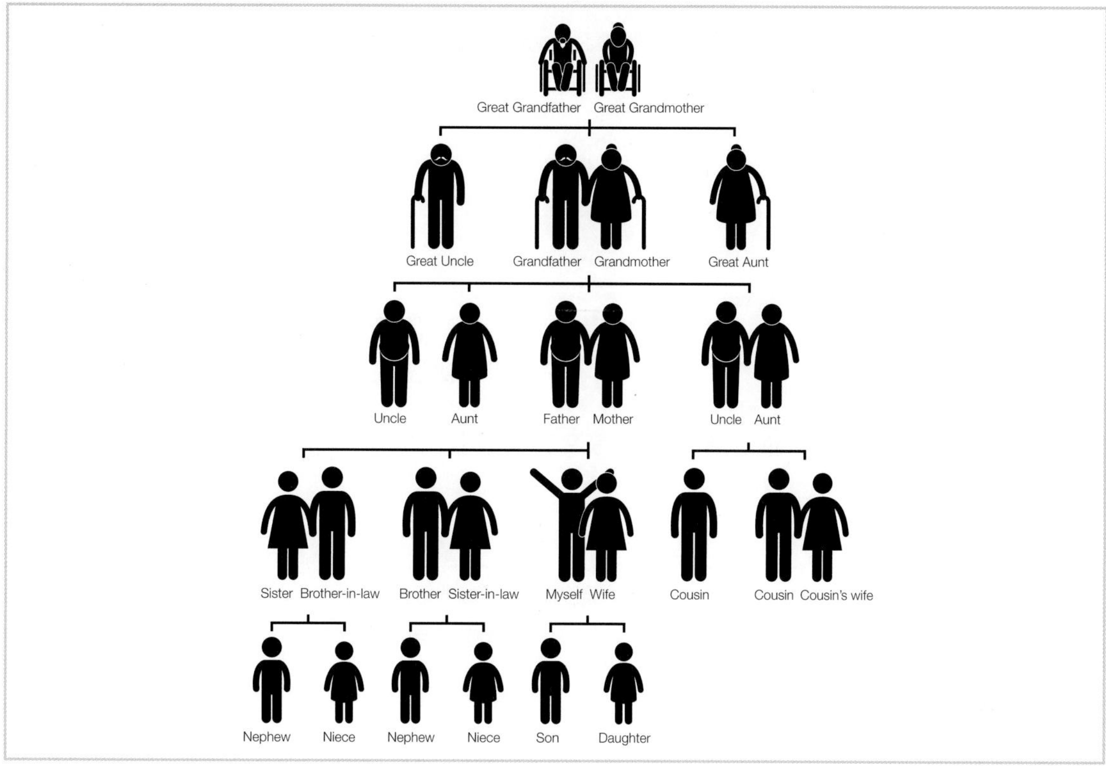

16 2-6 ▶ ______________________ 17 2-7 ▶ ______________________

18 2-8 ▶ ______________________ 19 2-9 ▶ ______________________

20-22 다음 Hint를 이용해 우리말을 영어로 쓰고 말해보며 대화를 완성해 보세요.

형제자매가 어떻게 돼요? (Hint! many)

20 ______________________ do you have?

전 언니가 두 명이에요. 형제자매가 있나요? (Hint! siblings)

21 I have two older sisters. ______________________?

네, 남동생 한 명 있어요. 그런데 서로 닮진 않았어요. (Hint! look)

22 Yes, I have one younger brother.
But, we don't ______________________.

23-25 다음 Hint를 이용해 우리말을 영어로 쓰고 말해 보세요.

23 우리 언니는 아버지를 닮았어요. (Hint! looks)

▶ ______________________

24 전 우리 엄마를 닮았어요. (Hint! take)

▶ ______________________

25 갈색 머리는 저희 집안 내력이에요. (Hint! runs)

▶ ______________________

Day 03 친구 사귀기

취미 묻고 대답하기

DATE 20 . .

오늘의 표현

3-1 음원 듣고 5번 따라 읽기 □□□□□

1 취미 물어보기

What do you do for fun?
취미가 뭐예요?

for fun은 '재미로' 또는 '즐거움을 위하여'라는 뜻으로, 상대방의 취미를 물어볼 때 hobby(취미)를 사용하지 않고 이렇게 많이 물어봅니다.

추가 표현

- What do you do in your spare time? 시간이 날 때 뭐 하세요?
- How do you spend your leisure time? 여가 시간을 어떻게 보내세요?

2 취미 대답하기

I like watching Netflix.
전 넷플릭스 보는 걸 좋아해요.

나의 취미를 말할 때 'My hobby is ~(내 취미는 ~야)'라고 말할 수도 있지만 like를 사용해 '난 ~를 좋아해요'라고 자연스럽게 표현할 수 있습니다. like 뒤에는 명사 또는 동명사를 넣어 말합니다.

추가 표현

- I enjoy playing tennis. 전 테니스 치는 걸 좋아해요.
- I love cooking. 전 요리하는 걸 정말 좋아해요.

3 다양한 야외 활동 말하기

I usually go swimming in my free time.
전 시간이 날 때 주로 수영하러 가요.

야외에서 즐기는 활동을 말할 때는 go 뒤에 동사의 ing 형태를 붙여 표현해요.

추가 표현

- go camping 캠핑 가다, go fishing 낚시하러 가다, go bowling 볼링을 치러 가다, go surfing 서핑하러 가다, go hiking 하이킹을 가다, go climbing 등산을 가다

오늘의 단어

fun 재미 | spare 여가의, 여분의 | spend (시간을) 보내다 | leisure 여가 | enjoy 즐기다 | love 매우 좋아하다

오늘의 표현 연습하기

빈칸을 채워 문장을 완성해보고, '오늘의 표현'에서 확인해 보세요.

1 취미가 뭐예요? ▶ What do you do ______ ______ ?

2 시간이 날 때 뭐 하세요? ▶ What do you do in ______ ______ ______ ?

3 여가 시간을 어떻게 보내세요? ▶ How do you ______ your ______ ______ ?

4 전 넷플릭스 보는 걸 좋아해요. ▶ I ______ ______ Netflix.

5 전 테니스 치는 걸 좋아해요. ▶ I ______ ______ tennis.

6 전 요리하는 걸 정말 좋아해요. ▶ I ______ ______ .

7 전 시간이 날 때 주로 수영하러 가요. ▶ I usually ______ ______ in my free time.

8 캠핑 가다 / 낚시하러 가다 / 볼링을 치러 가다 ▶ go ______ / go ______ / go ______

9 서핑하러 가다 / 하이킹을 가다 / 등산을 가다 ▶ go ______ / go ______ / go ______

오늘의 회화

오늘의 표현을 활용한 대화를 듣고 따라 써 보세요. 3-2

취미가 뭐예요?
What do you do for fun?

전 넷플릭스 보는 걸 좋아해요. 시간이 날 때 뭐 하세요?

I like watching Netflix. What do you do in your spare time?

전 시간이 날 때 주로 수영하러 가요.
I usually go swimming in my free time.

저도 수영하러 가는 거 좋아해요. 서핑하러 가는 거 좋아하세요?
I also like going swimming. Do you enjoy going surfing?

물론이죠! 언제 서핑하러 가는 거 어때요?
Sure thing! How about going surfing sometime?

좋아요!
That sounds good!

제한 시간	15분 (25문항 각 4점)
SCORE	/ 100

1-6 다음 우리말에 맞게 영어 단어를 연결하고 따라 써 보세요.

1 즐기다 • • enjoy
2 매우 좋아하다 • • spare
3 여가 • • spend
4 (시간을) 보내다 • • leisure
5 여가의, 여분의 • • love
6 재미 • • fun

7-9 다음 주어진 단어를 이용하여 우리말에 맞게 문장을 완성하세요.

swim / play / climb

7 전 테니스 치는 걸 정말 좋아해요. ▶ I love ____________ tennis.
8 전 시간이 날 때 주로 수영하러 가요. ▶ I usually go ____________ in my free time.
9 전 등산하러 가는 걸 매우 좋아해요. ▶ I love going ____________ .

10-12 다음 주어진 단어를 이용하여 우리말에 맞게 문장을 완성하세요.

leisure what for fun I cooking how
spend love your do you time

10 취미가 뭐예요? ▶ ____________ ?
11 전 요리하는 걸 정말 좋아해요. ▶ ____________ .
12 여가 시간을 어떻게 보내세요? ▶ ____________ ?

13-16 다음 대화를 듣고 빈칸을 채워보세요.

3-3

 13 What do you do ____________ ?
14 I ____________ in my spare time.

3-4

15 ______________________ your leisure time?

16 I enjoy ______________________ .

17-19 다음 음원을 듣고 사진에 맞게 문장을 완성해 보세요.

17 3-5

▶ I usually ______________________ in my free time.

18 3-6

▶ I ______________________ in my spare time.

19 3-7

▶ I ______________________ for fun.

20-22 다음 Hint를 이용해 우리말을 영어로 쓰고 말해보며 대화를 완성해 보세요.

취미가 뭐예요? (Hint! fun)

20 What do ______________________ ?

전 넷플릭스 보는 걸 좋아해요. 시간이 날 때 뭐 하세요? (Hint! like)

21 ______________________ Netflix. What do you do in your spare time?

전 시간이 날 때 주로 수영하러 가요. (Hint! go)

22 ______________________ in my free time.

23-25 다음 Hint를 이용해 우리말을 영어로 쓰고 말해 보세요.

23 여가 시간을 어떻게 보내세요? (Hint! How, leisure)

▶ ______________________

24 전 요리하는 걸 정말 좋아해요. (Hint! love)

▶ ______________________

25 전 시간이 날 때 주로 등산을 가요. (Hint! go, free time)

▶ ______________________

Day 04 친구 사귀기

취향 묻고 답하기

DATE 20 . .

오늘의 표현

4-1 음원 듣고 5번 따라 읽기 ☐☐☐☐☐

1 취향 물어보기

Who's your favorite singer? / My favorite singer is Justin Bieber.
좋아하는 가수가 누구예요? / 제가 좋아하는 가수는 저스틴 비버예요.

favorite은 '매우 좋아하는'이란 뜻으로 취향을 말할 때 사용할 수 있는 대표적인 표현이에요. 좋아하는 가수, 영화 장르, 음악, 음식 등 다양하게 활용할 수 있는 표현입니다.

추가 표현

- What kind of music do you like? 어떤 종류의 음악 좋아하세요?
- Which do you prefer, meat or fish? 육류와 생선 중 어느 것을 더 좋아하세요?

2 내 취향 말하기

I'm interested in jazz music.
전 재즈 음악에 관심이 있어요.

I'm interested in은 '~에 관심이 있다'라는 표현이에요. 어떤 것에 관심이 있어서 더 알고 싶고 배우고 싶다는 의미로 사용할 수 있습니다.

추가 표현

- I'm a dog person. 전 개를 좋아해요.
- I'm more of a coffee person. 전 커피를 더 좋아해요.

3 내 취향 아닌 것 말하기

Reading is not my thing.
독서는 제 취향이 아니에요.

not my thing은 어떤 것이 나와 맞지 않는다고 표현할 때 쓸 수 있어요. 주어로 명사 또는 동명사 형태를 사용할 수 있습니다.

추가 표현

- That movie is not my cup of tea. 그 영화는 제 취향이 아니에요.
- It's not for me. 그건 저와 맞지 않아요.

오늘의 단어

favorite 매우 좋아하는 | singer 가수 | kind 종류 | prefer 선호하다 | interested in ~에 관심 있는 | not one's cup of tea ~의 취향이 아닌 | more 더

오늘의 표현 연습하기

빈칸을 채워 문장을 완성해보고, '오늘의 표현'에서 확인해 보세요.

1 좋아하는 가수가 누구예요? / 제가 좋아하는 가수는 저스틴 비버예요.
▶ Who's your ______ ______ ?
My ______ ______ is Justin Bieber.

2 어떤 종류의 음악 좋아하세요?
▶ ______ ______ ______ music do you like?

3 육류와 생선 중 어느 것을 더 좋아하세요?
▶ ______ do you ______ , meat or fish?

4 전 재즈 음악에 관심이 있어요.
▶ I'm ______ ______ jazz music.

5 전 개를 좋아해요.
▶ I'm a dog ______ .

6 전 커피를 더 좋아해요.
▶ I'm ______ ______ a coffee person.

7 독서는 제 취향이 아니에요.
▶ Reading is not ______ ______ .

8 그 영화는 제 취향이 아니에요.
▶ That movie is not my ______ ______ ______ .

9 그건 저와 맞지 않아요.
▶ It's not ______ ______ .

오늘의 회화

오늘의 표현을 활용한 대화를 듣고 따라 써 보세요. 4-2

좋아하는 가수가 누구예요?
Who's your favorite singer?

제가 좋아하는 가수는 저스틴 비버예요.
My favorite singer is Justin Bieber.

K-pop 음악에 관심이 있으신가요?
Are you interested in K-pop music?

물론이죠! 어떤 종류의 음악을 좋아하세요?

Of course! What kind of music do you like?

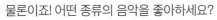

전 재즈 음악에 관심이 있어요. 재즈 음악을 들으며 독서하는 걸 좋아해요.
I'm interested in jazz music. I like reading while listening to jazz music.

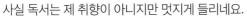

사실 독서는 제 취향이 아니지만 멋지게 들리네요.

Actually, reading is not my thing, but that sounds awesome.

Day 04 오늘의 문제

제한 시간	15분 (25문항 각 4점)
SCORE	/ 100

1-6 다음 우리말에 맞게 영어 단어를 연결하고 따라 써 보세요.

1 종류 •	• prefer
2 매우 좋아하는 •	• reading
3 선호하다 •	• interested
4 ~의 취향인 •	• one's cup of tea
5 독서, 읽기 •	• kind
6 관심이 있는 •	• favorite

7-9 다음 주어진 단어를 이용하여 우리말에 맞게 문장을 완성하세요.

cup / interest / read

7 그 영화는 제 취향이 아니에요. ▶ That movie is not my ______________ of tea.

8 전 재즈 음악에 관심이 있어요. ▶ I'm ______________ in jazz music.

9 독서는 제 취향이 아니에요. ▶ ______________ is not my thing.

10-12 다음 주어진 단어를 이용하여 우리말에 맞게 문장을 완성하세요.

who's I'm coffee of singer a not
for me more your favorite person it's

10 전 커피를 더 좋아해요. ▶ ______________.

11 좋아하는 가수가 누구예요? ▶ ______________?

12 그건 저와 맞지 않아요. ▶ ______________.

13-16 다음 대화를 듣고 빈칸을 채워보세요.

🔊 4-3

13 Who's ______________?

14 ______________ is Justin Bieber.

4-4

15 ________________________ do you like?

16 ________________________ jazz music.

17-19 다음 음원을 듣고 사진에 맞게 문장을 완성해 보세요.

17 4-5

▶ I'm ________________________.

18 4-6

▶ I'm ________________________.

19 4-7

▶ Reading is ________________________.

20-22 다음 Hint를 이용해 우리말을 영어로 쓰고 말해보며 대화를 완성해 보세요.

K-pop 음악에 관심이 있으신가요? (Hint! interested)

20 ________________________ K-pop music?

물론이죠! 어떤 종류의 음악을 좋아하세요? (Hint! kind)

21 Of course! ________________________ like?

전 재즈 음악에 관심이 있어요. 재즈 음악을 들으며 독서하는 걸 좋아해요. (Hint! interested)

22 ________________________ jazz music. I like reading while listening to jazz music.

23-25 다음 Hint를 이용해 우리말을 영어로 쓰고 말해 보세요.

23 그 영화는 제 취향이 아니에요. (Hint! cup)

▶ ________________________

24 육류와 생선 중 어느 것을 더 좋아하세요? (Hint! prefer, meat, fish)

▶ ________________________

25 그건 저와 맞지 않아요. (Hint! for)

▶ ________________________

Day 05 친구 사귀기

학교 묻고 대답하기

DATE 20 . .

오늘의 표현

5-1 음원 듣고 5번 따라 읽기

1 다니는 학교 묻고 답하기

What school do you go to?
어느 학교 다녀요?

학교에 다닌다고 할 때 go to ~를 사용해 말할 수 있어요. 출근을 한다고 할 때는 go to work라고 하는 점 참고로 알아두세요! 대답은 I go to 뒤에 자신이 다니고 있는 학교를 넣어 말하면 됩니다.

추가 표현

- What school did you graduate from? 어느 학교를 졸업했어요?
  – I graduated from ABC high school. 전 ABC 고등학교 졸업했어요.
- How do you go to school? 어떻게 통학해요? – I go to school by bike. 전 자전거로 통학해요.

2 전공 묻고 답하기

What do you major in? / I major in English literature.
전공이 뭐예요? / 영문학을 전공해요.

major in은 '~을 전공하다'라는 뜻인데 major은 명사 형태로 '전공'으로 쓰이기도 해요.

추가 표현

- My major is economics. 제 전공은 경제학이에요.
- I'm thinking about changing my major. 전 전공을 바꿀까 생각 중이에요.

3 학년 묻고 답하기

What year are you in? / I'm in my second year.
몇 학년이에요? / 2학년이에요.

year는 '학년'이란 뜻이에요. 학년을 말할 때는 순서를 나타내는 서수(first, second, third, fourth)를 사용해 말해요.

추가 표현

- freshman 1학년, sophomore 2학년, junior 3학년, senior 4학년
- I'm a junior. 전 3학년이에요.

오늘의 단어

graduate 졸업하다 | major 전공, 전공하다 | literature 문학 | economics 경제학 | think about ~할까 생각하다 | year 학년

오늘의 표현 연습하기

빈칸을 채워 문장을 완성해보고, '오늘의 표현'에서 확인해 보세요.

1 어느 학교 다녀요? ▶ ______ ______ do you go to?

2 어느 학교를 졸업했어요? ▶ What school did you ______ ______ ?

3 어떻게 통학해요? ▶ ______ do you ______ ______ school?

4 전공이 뭐예요? / 영문학을 전공해요. ▶ What do you ______ ______ ? / I ______ ______ English literature.

5 제 전공은 경제학이에요. ▶ ______ ______ ______ economics.

6 전 전공을 바꿀까 생각 중이에요. ▶ I'm ______ ______ ______ my major.

7 몇 학년이에요? / 2학년이에요. ▶ ______ ______ are you ______ ? / I'm in my ______ ______ .

8 1학년 / 2학년 / 3학년 / 4학년 ▶ ______ / ______ / ______ / ______

9 전 3학년이에요. ▶ ▶ I'm ______ ______ .

오늘의 회화

오늘의 표현을 활용한 대화를 듣고 따라 써 보세요. 5-2

어느 학교 다녀요?
What school do you go to?

전 한국 대학교 다녀요.
I go to Hanguk University.

전공이 뭐예요?
What do you major in?

영문학을 전공해요. 그쪽은요?
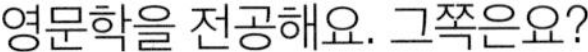
I major in English literature. What about you?

제 전공은 경제학이에요. 몇 학년이세요?
My major is economics. What year are you in?

전 3학년이에요.
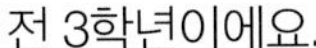
I'm a junior.

Day 05 오늘의 문제

제한 시간	15분 (25문항 각 4점)
SCORE	/ 100

1-6 다음 우리말에 맞게 영어 단어를 연결하고 따라 써 보세요.

1 문학 •	• senior
2 학년 •	• major
3 경제학 •	• economics
4 전공, 전공하다 •	• literature
5 4학년 •	• graduate
6 졸업하다 •	• year

7-9 다음에 주어진 단어를 이용하여 우리말에 맞게 문장을 완성하세요.

think / major / year

7 전 영문학을 전공해요. ▶ I ______________ English literature.

8 전 전공을 바꿀까 생각 중이에요. ▶ I'm ______________ changing my major.

9 2학년이에요. ▶ I'm in my ______________ .

10-12 다음 주어진 단어를 이용하여 우리말에 맞게 문장을 완성하세요.

year are you my is economics in

to major how do what go school

10 몇 학년이에요? ▶ ______________ ?

11 어떻게 통학해요? ▶ ______________ ?

12 제 전공은 경제학이에요. ▶ ______________ .

13-15 다음 들려주는 음원에 알맞은 대답을 연결해 보세요 .

13 5-3 •	• I major in English literature.
14 5-4 •	• I go to school by bike.
15 5-5 •	• I'm in my second year.

16-19 다음 들려주는 단어를 듣고 각 사진 속 인물이 몇 학년인지 쓰세요.

16 5-6

▶ ________ 학년

17 5-7

▶ ________ 학년

18 5-8

▶ ________ 학년

19 5-9

▶ ________ 학년

20-22 다음 Hint를 이용해 우리말을 영어로 쓰고 말해보며 대화를 완성해 보세요.

전공이 뭐예요? (Hint! major)

20 ____________________ ?

영문학을 전공해요. 그쪽은요? (Hint! in, English literature)

21 ____________________ . What about you?

제 전공은 경제학이에요. 몇 학년이세요? (Hint! is, economics)

22 ____________________ . What year are you in?

전 3학년이에요.

I'm a junior.

23-25 다음 Hint를 이용해 우리말을 영어로 쓰고 말해 보세요.

23 어느 학교를 졸업했어요? (Hint! graduate)

▶ ____________________

24 어떻게 통학해요? (Hint! How)

▶ ____________________

25 전 전공을 바꿀까 생각 중이에요. (Hint! changing)

▶ ____________________

Day 06

친구 사귀기

칭찬하기

DATE 20 . .

오늘의 표현

6-1 음원 듣고 5번 따라 읽기 ☐☐☐☐☐

1 외모 칭찬하기

I like your hair.
머리스타일이 마음에 들어요.

칭찬할 때 많이 사용하는 like는 '마음에 들어 하다'라는 뜻이 있어서 I like 뒤에 상대방에게 칭찬해 주고 싶은 부분을 넣어 '너의 ~가 마음에 든다'라고 말할 수 있어요.

추가 표현

- You look gorgeous today. 오늘 멋져 보이네요.
- That shirt looks good on you. 그 셔츠가 잘 어울리시네요.

2 행동 칭찬하기

You did a good job.
정말 잘하셨어요.

상대방이 어떤 일을 잘 해냈을 때 쓸 수 있는 표현이에요. 간단하게 Good job.이라고도 말할 수 있습니다.

추가 표현

- That's very kind of you. 정말 친절하시네요.
- That's a great idea! 그거 정말 좋은 생각이네요!

3 칭찬에 대답하기

I'm flattered.
과찬이세요.

flatter는 '아첨하다'라는 뜻의 동사인데 수동태로 사용하면 '아첨을 받았다'가 돼요. 누군가에게 칭찬을 받았을 때 "과찬이세요."라는 의미의 인사말로 사용할 수 있습니다.

추가 표현

- You made my day. 덕분에 기분이 좋네요.
- Oh, it's nothing. 오, 별거 아니에요.

오늘의 단어

like 마음에 들다 | look ~처럼 보이다 | gorgeous 아주 멋진 | kind 친절한 | flatter 아첨하다

오늘의 표현 연습하기

빈칸을 채워 문장을 완성해보고, '오늘의 표현'에서 확인해 보세요.

1 머리스타일이 마음에 들어요. ▶ ______ ______ your hair.

2 오늘 멋져 보이네요. ▶ You ______ ______ today.

3 그 셔츠가 잘 어울리시네요. ▶ That shirt ______ ______ ______ you.

4 정말 잘하셨어요. ▶ You ______ a good ______ .

5 정말 친절하시네요. ▶ That's very ______ ______ you.

6 그거 정말 좋은 생각이네요! ▶ That's a ______ ______ !

7 과찬이세요. ▶ I'm ______ .

8 덕분에 기분이 좋네요. ▶ You ______ my ______ .

9 오, 별거 아니에요. ▶ Oh, it's ______ .

오늘의 회화

오늘의 표현을 활용한 대화를 듣고 따라 써 보세요. 6-2

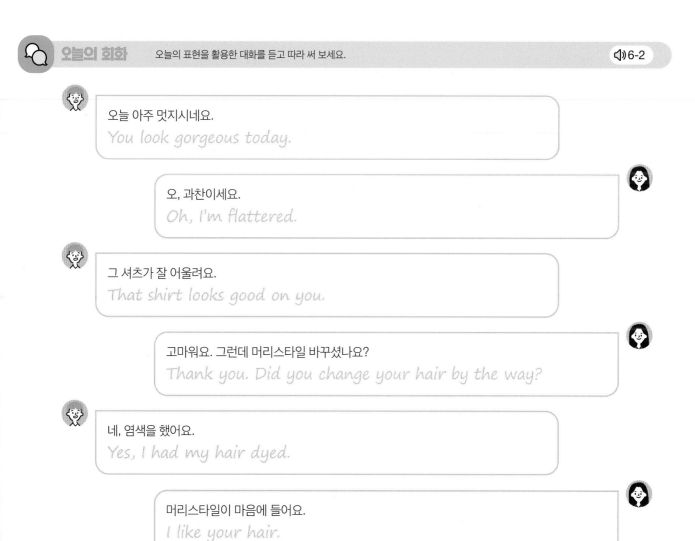

오늘 아주 멋지시네요.
You look gorgeous today.

오, 과찬이세요.
Oh, I'm flattered.

그 셔츠가 잘 어울려요.
That shirt looks good on you.

고마워요. 그런데 머리스타일 바꾸셨나요?
Thank you. Did you change your hair by the way?

네, 염색을 했어요.
Yes, I had my hair dyed.

머리스타일이 마음에 들어요.
I like your hair.

제한 시간	15분 (25문항 각 4점)
SCORE	/ 100

1-5 다음 우리말에 맞게 영어 단어를 연결하고 따라 써 보세요.

1 ~처럼 보이다 •　　　　• look
2 아주 멋진 •　　　　• flatter
3 친절한 •　　　　• gorgeous
4 아첨하다 •　　　　• like
5 마음에 들다 •　　　　• kind

6-8 다음 주어진 단어를 이용하여 우리말에 맞게 문장을 완성하세요.

look / flatter / do

6 과찬이세요. ▶ I'm ______________.
7 그 셔츠가 잘 어울리시네요. ▶ That shirt ______________ good on you.
8 정말 잘하셨어요. ▶ You ______________ a good job.

9-11 다음 주어진 단어를 조합하여 우리말에 맞게 문장을 완성하고 말해 보세요. (중복 사용 가능)

gorgeous　kind　you　my day　that's
made　of　look　today　very

9 덕분에 기분이 좋네요. ▶ ______________.
10 정말 친절하시네요. ▶ ______________.
11 오늘 멋져 보이네요. ▶ ______________.

12-15 다음 대화를 듣고 빈칸을 채워보세요.

6-3

 12 That's very ______________.

 13 Oh, ______________.

🔊6-4

14 You ______________________ today.

15 You ______________________ .

16-18 다음 음원을 듣고 사진 속 인물에게 어울리는 칭찬을 번호로 써 보세요. 🔊6-5

16 ▶ ____________

17 ▶ ____________

18 ▶ ____________

19-22 다음 Hint를 이용해 우리말을 영어로 쓰고 말해보며 대화를 완성해 보세요.

오늘 아주 멋지시네요. (Hint! look)

19 ______________________ today.

오, 과찬이세요. (Hint! flattered)

20 Oh, ______________________ .

그 셔츠가 잘 어울려요. (Hint! looks)

21 That shirt ______________________ .

고마워요. 그런데 머리스타일 바꾸셨나요?

Thank you. Did you change your hair by the way?

네, 염색을 했어요.

Yes, I had my hair dyed.

머리스타일이 마음에 들어요. (Hint! like)

22 ______________________ .

23-25 다음 Hint를 이용해 우리말을 영어로 쓰고 말해 보세요.

23 그거 정말 좋은 생각이네요! (Hint! great)

▶ ______________________

24 정말 잘하셨어요. (Hint! did)

▶ ______________________

25 덕분에 기분이 좋네요. (Hint! made)

▶ ______________________

Day 07 친구 사귀기

성격 묻고 대답하기

DATE 20 . .

오늘의 표현

◁)) 7-1 음원 듣고 5번 따라 읽기 □□□□□

1 성격 물어보기

What's your personality like?
성격이 어떠세요?

personality는 '성격'이라는 뜻이에요. 성격을 물어볼 때는 위와 같이 물어볼 수도 있지만 personality를 빼고 What's ~ like?라고 하면 '~는 (성격이) 어때?'라고 묻는 의미가 됩니다.

추가 표현

- What kind of person is she? 그녀는 성격이 어때요?
- What's he like? 그는 성격이 어때?

2 긍정적인 성격 말하기

I'm open-minded.
전 편견이 없어요.

성격을 말할 때는 I'm 뒤에 성격을 나타내는 형용사를 넣어 말하면 돼요.

추가 표현

- outgoing 외향적인/사교적인, reliable 믿음직한, generous 관대한, down to earth 털털한, cheerful 쾌활한, good-natured 성격이 좋은

3 부정적인 성격 말하기

I'm kind of picky.
전 까다로운 편이에요.

kind of를 넣어 말하면 '~한 편이다'라고 표현할 수 있어요.

추가 표현

- sensitive 예민한, impatient 성급한, selfish 이기적인, careless 부주의한, hot-tempered 욱하는 성미가 있는, narrow-minded 속이 좁은

오늘의 단어

personality 성격 | open-minded 편견이 없는 | picky 까다로운

오늘의 표현 연습하기

빈칸을 채워 문장을 완성해보고, '오늘의 표현'에서 확인해 보세요.

1 성격이 어떠세요? ▶ What's your ______ ______?

2 그녀는 성격이 어때요? ▶ ______ ______ of person is she?

3 그는 성격이 어때? ▶ ______ he ______?

4 전 편견이 없어요. ▶ I'm open- ______.

5 외향적인 / 믿음직한 ▶ ______ / ______

6 쾌활한 / 성격이 좋은 ▶ ______ / good- ______

7 전 까다로운 편이에요. ▶ I'm ______ ______ ______.

8 이기적인 / 예민한 ▶ ______ / ______

9 부주의한 / 욱하는 성미가 있는 ▶ ______ / hot- ______

오늘의 회화

오늘의 표현을 활용한 대화를 듣고 따라 써 보세요. 7-2

너 마크 알아?
Do you know Mark?

응, 우리 같은 학교에 다녔어.
Yes, we went to the same school.

그는 성격이 어때?
What's his personality like?

음.. 외향적인 편이야.
Umm.. He is kind of outgoing.

난 그가 약간 예민하다고 들었는데.
I heard he is a little sensitive.

가끔, 그런데 대체적으로 성격이 좋아.
Sometimes, but overall he is good-natured.

Day 07 오늘의 문제

제한 시간	15분 (25문항 각 4점)
SCORE	/ 100

1-5 다음 우리말에 맞게 영어 단어를 연결하고 따라 써 보세요.

1 믿음직한 • • selfish

2 쾌활한 • • picky

3 이기적인 • • reliable

4 성격 • • cheerful

5 까다로운 • • personality

6-8 다음 주어진 단어를 이용하여 우리말에 맞게 문장을 완성하세요.

kind / mind / temper

6 그는 욱하는 성질이 있어요. ▶ He is ________________ .

7 그녀는 편견이 없어요. ▶ She is ________________ .

8 전 성급한 편이에요. ▶ I'm ________________ impatient.

9-11 다음 주어진 단어를 이용하여 우리말에 맞게 문장을 완성하세요.

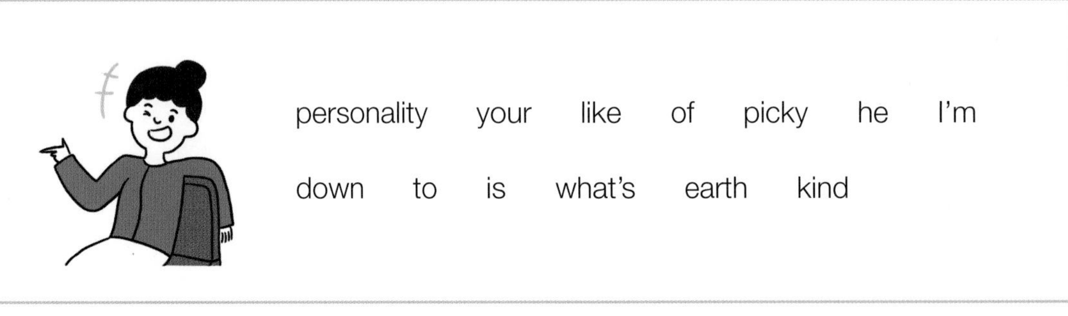

personality your like of picky he I'm
down to is what's earth kind

9 성격이 어떠세요? ▶ ________________ ?

10 전 까다로운 편이에요. ▶ ________________ .

11 그는 털털해요. ▶ ________________ .

12-15 다음 대화를 듣고 빈칸을 채워보세요.

7-3

12 ________________ he ________________?

13 He is ________________.

7-4

14 ________________ is she?

15 She is ________________.

16-18 다음 음원을 듣고 사진 속 인물에게 어울리는 성격을 번호로 써 보세요. 7-5

16 ▶ ________________

17 ▶ ________________

18 ▶ ________________

19-22 다음 Hint를 이용해 우리말을 영어로 쓰고 말해보며 대화를 완성해 보세요.

그는 성격이 어때? (Hint! personality)

19 ________________?

음... 외향적인 편이야. (Hint! kind)

20 Umm... He is ________________.

난 그가 약간 예민하다고 들었는데. (Hint! a little)

21 I heard he is ________________.

가끔, 그런데 대체적으로 성격이 좋아. (Hint! good)

22 Sometimes, but overall ________________.

23-25 다음 Hint를 이용해 우리말을 영어로 쓰고 말해 보세요.

23 그녀는 성격이 어때요? (Hint! person)

▶ ________________

24 전 성급한 편이에요. (Hint! kind)

▶ ________________

25 그녀는 속이 좁아요. (Hint! narrow)

▶ ________________

Day 08 일상 대화 만날 때 인사하기

DATE 20 . .

오늘의 표현

🔊8-1 음원 듣고 5번 따라 읽기 ☐☐☐☐☐

1 안부 묻기

How are you?
잘 지내?

아는 사람을 만났을 때 가볍게 할 수 있는 기본적인 인사예요. '기분이 어때?' 또는 '어떻게 지내?' 정도의 의미입니다. 인사치레로 만날 때마다 묻는 형식적인 안부이기 때문에 깊이 생각하여 대답할 필요는 없답니다.

추가 표현

- How is it going? 잘 지내?
- What's up? 잘 지내? ★ **Tip!** 친한 사이에 격식 없이 하는 인사예요!

2 대답하기

I'm good. / I'm doing great. / Not bad.
잘 지내. / 아주 잘 지내. / 괜찮아.

How are you?라는 인사에 대답할 수 있는 표현이에요. 인사 형태에 따라 대답하는 방법이 조금씩 달라지니 잘 익혀 두세요! 대답 뒤에 상대방의 안부를 묻는 "and you? (너는?)" 또는 물어봐 줘서 고맙다는 의미로 "Thanks."를 붙여 말하기도 해요.

추가 표현

- How is it going? 어떻게 지내?
  - It's going well. 잘 지내. / Everything is good. 전부 다 괜찮아. / So far, so good. 지금까진 별일 없어.
- What's up? 어떻게 지내?
  - Nothing. / Not much. 별일 없어.

3 우연히 만났을 때 인사하기

Look who's here!
이게 누구야!

아는 사람을 예상치 못한 장소에서 만났을 때 반가움을 담아 건넬 수 있는 표현이에요. 직역하면 '누가 왔는지 봐!'라는 뜻입니다.

추가 표현

- What brings you here? 여기 어쩐 일이야?
- I didn't expect to see you here! 널 여기서 볼 줄 몰랐어!

오늘의 단어

bad 나쁜, 안 좋은 | go well 잘 되어가다 | so far 지금까지 | bring 데려오다, 가져오다 | expect 기대하다 | see 보다, 만나다

오늘의 표현 연습하기

빈칸을 채워 문장을 완성해보고, '오늘의 표현'에서 확인해 보세요.

1 잘 지내? ▶ ______ are you?

2 잘 지내? ▶ How ______ ______ going?

3 잘 지내. / 아주 잘 지내. / 괜찮아. ▶ I'm ______ . / I'm ______ ______ . / Not ______ .

4 전부 다 괜찮아. ▶ Everything ______ ______ .

5 지금까진 별일 없어. ▶ ______ ______ , so good.

6 별일 없어. ▶ Not ______ .

7 여기 어쩐 일이야? ▶ ______ ______ you here?

8 이게 누구야! ▶ ______ who's here!

9 널 여기서 볼 줄 몰랐어! ▶ I didn't ______ to see you here!

오늘의 회화

오늘의 표현을 활용한 대화를 듣고 따라 써 보세요. 8-2

이게 누구야!
Look who's here!

마크! 널 여기서 볼 줄 몰랐어. 잘 지내?
Mark! I didn't expect to see you here. How are you?

난 여기 친구 만나러 왔어. 잘 지내?
I'm here to meet my friend. How are you?

아주 잘 지내! 어떻게 지내?
I'm doing great! How is it going?

지금까진 별일 없어.
So far so good.

Day 08 오늘의 문제

제한 시간	15분 (25문항 각 4점)
SCORE	/ 100

1-6 다음 우리말에 맞게 영어 단어를 연결하고 따라 써 보세요.

1 보다, 만나다	•	• so far
2 잘 되어가다	•	• go well
3 나쁜, 안 좋은	•	• bring
4 지금까지	•	• see
5 데려오다, 가져오다	•	• expect
6 기대하다	•	• bad

7-10 다음 주어진 단어를 이용하여 우리말에 맞게 문장을 완성하세요.

how is look everything good

who's not you much are here

7 잘 지내? ▶ ________________ ?

8 전부 다 괜찮아. ▶ ________________ .

9 이게 누구야! ▶ ________________ !

10 별일 없어. ▶ ________________ .

11-14 다음 대화를 듣고 빈칸을 채워보세요.

8-3

 11 ________________ is it going?

 It's going 12 ________________ .

8-4

 13 ________________ who's here!

Oh, Jake! What 14 ________________ you here?

15-17 다음 들려주는 문장에 대한 알맞은 대답을 골라 써 보세요.

I'm good. / Not much. / I didn't expect to see you here!

15 8-5 ▶ ______________________________

16 8-6 ▶ ______________________________

17 8-7 ▶ ______________________________

18-22 다음 Hint를 이용해 우리말을 영어로 쓰고 말해보며 대화를 완성해 보세요.

이게 누구야! (Hint! who's)
18 ______________________________!

마크! 널 여기서 볼 줄 몰랐어. 잘 지내? (Hint! expect, are)
Mark! I **19** ______________________________ here.
20 ______________________________?

잘 지내. 넌 어떻게 지내? (Hint! going)
I'm good. **21** ______________________________?

지금까진 별일 없어. (Hint! far, good)
22 ______________________________.

23-25 다음 Hint를 이용해 우리말을 영어로 쓰고 말해 보세요.

23 여기 어쩐 일이야? (Hint! brings)

▶ ______________________________

24 잘 지내? (Hint! up)

▶ ______________________________

25 전부 다 괜찮아. (Hint! good)

▶ ______________________________

Day 09

일상 대화

요일 묻고 대답하기

DATE 20 . .

오늘의 표현

9-1 음원 듣고 5번 따라 읽기 □□□□□

1 요일 물어보기

What day is it today?
오늘 무슨 요일이야?

요일을 물어볼 때는 day를 사용해요.

추가 표현

- What day of the week is it? 오늘 무슨 요일이야?
- Do you know what day it is today? 오늘 무슨 요일인지 알아?

2 요일 대답하기

It's Monday.
월요일이야.

요일을 말할 때는 주어 자리에 it을 사용하는데, 뜻은 따로 없고 형식적으로 쓰는 주어라서 '가주어'라고 불러요. 요일을 말할 때 첫 글자는 꼭 대문자로 쓴다는 점에 유의하세요.

추가 표현

- Monday 월요일, Tuesday 화요일, Wednesday 수요일, Thursday 목요일, Friday 금요일, Saturday 토요일, Sunday 일요일

3 요일 넣어 말하기

Let's meet on Friday.
우리 금요일에 만나자.

'금요일에, 일요일에'처럼 어떤 요일에 무엇을 한다고 말할 때는 요일 앞에 on을 써서 표현해요. 하지만 요일 앞에 next(다음), this(이번), last(지난), every(매, ~마다)가 있으면 on을 쓰지 않아요.

추가 표현

- I'm going camping this Saturday. 난 이번 주 토요일에 캠핑을 갈 거야.
  ★ **Tip!** 요일 앞에 next, this, last, every가 있으면 on을 쓰지 않아요.
- The restaurant didn't open last Sunday. 그 식당은 지난 일요일에 열지 않았어.

오늘의 단어

day 일, 요일 | week 주 | meet 만나다 | go camping 캠핑하러 가다 | restaurant 식당 | open 열다

 오늘의 표현 연습하기

빈칸을 채워 문장을 완성해보고, '오늘의 표현'에서 확인해 보세요.

1 오늘 무슨 요일이야? ▶ ______ ______ is it today?

2 오늘 무슨 요일이야? ▶ ______ ______ of the ______ is it?

3 오늘 무슨 요일인지 알아? ▶ Do you know ______ ______ ______ ______ today?

4 월요일이야. ▶ ______ ______.

5 화요일 / 수요일 / 목요일 ▶ ______ / ______ / ______

6 금요일 / 토요일 / 일요일 ▶ ______ / ______ / ______

7 우리 금요일에 만나자. ▶ Let's meet ______ ______.

8 난 이번 주 토요일에 캠핑을 갈 거야. ▶ I'm going camping ______ ______.

9 그 식당은 지난 일요일에 열지 않았어. ▶ The restaurant didn't open ______ ______.

오늘의 회화

오늘의 표현을 활용한 대화를 듣고 따라 써 보세요. 9-2

오늘 무슨 요일이야?
What day of the week is it?

월요일이야.
It's Monday.

너 이번 주 주말에 약속 있어?
Do you have any plans for this weekend?

난 이번 주 토요일에 캠핑을 갈 거야.
I'm going camping this Saturday.

아, 그래? 난 너와 영화를 보러 갈까 생각했어.
Oh, yeah? I was thinking about going to see a movie with you.

금요일에 만나자. 나 그날 약속 없어.
Let's meet on Friday. I'm free on that day.

Day 09 오늘의 문제

제한 시간	15분 (25문항 각 4점)
SCORE	/ 100

1-6 다음 우리말에 맞게 영어 단어를 연결하고 따라 써 보세요.

1	월요일 •	• day
2	금요일 •	• Friday
3	만나다 •	• Monday
4	주 •	• meet
5	일, 요일 •	• week
6	지난 •	• last

7-9 다음 주어진 단어를 이용하여 우리말에 맞게 문장을 완성하세요.

Monday do you what let's it is today know it's day meet on Friday

7 오늘 무슨 요일인지 알아? ▶ ______________________ ?

8 월요일이야. ▶ ______________________ .

9 우리 금요일에 만나자. ▶ ______________________ .

10-16 다음 달력에 요일을 써 보세요.

10 S	11 M	12 T	13 W	14 T	15 F	16 S
8	9	10	11	12	13	14
15	16	17	18	19	20	21

17-20 다음 음원을 듣고 사진에 맞게 문장을 완성해 보세요.

17 🔈9-3

▶ I have a meeting ______________________.

18 🔈9-4

▶ I sleep in ______________________.

19 🔈9-5

▶ We played tennis ______________________.

20 🔈9-6

▶ I have a job interview ______________________.

21-22 다음 Hint를 이용해 우리말을 영어로 쓰고 말해보며 대화를 완성해 보세요.

너 이번 주 주말에 약속 있어?
Do you have any plans for this weekend?

난 이번 주 토요일에 캠핑을 갈 거야.(Hint! going camping)
21 I'm ______________________.

아, 그래? 난 너와 영화를 보러 갈까 생각했어.
Oh, yeah? I was thinking about going to see a movie with you.

금요일에 만나자. 나 그날 약속 없어. (Hint! meet)
22 ______________________ I'm free on that day.

23-25 다음 Hint를 이용해 우리말을 영어로 쓰고 말해 보세요.

23 오늘 무슨 요일이야? (Hint! the week)

▶ ______________________

24 오늘 무슨 요일인지 알아? (Hint! know)

▶ ______________________

25 그 식당은 지난 일요일에 열지 않았어. (Hint! restaurant)

▶ ______________________

Day 10 일상 대화

날짜 묻고 대답하기

DATE 20 . .

오늘의 표현

10-1 음원 듣고 5번 따라 읽기 □□□□□

1 날짜 물어보기

What's the date today?
오늘 며칠이야?

날짜를 물어볼 때는 date를 사용해요.

추가 표현

- What's today's date? 오늘 며칠이야?
- When is your birthday? 너 생일이 언제야? - It's July third. 7월 3일이야.

2 날짜 대답하기

It's January eighth.
1월 8일이야.

날짜를 말할 때도 요일처럼 가주어 it을 사용합니다. 월과 일을 차례대로 말하면 되는데 며칠인지 말할 때 그 달의 몇 번째 날이라는 의미로 서수를 사용한다는 점에 주의하세요!

추가 표현

- 월: January 1월, February 2월, March 3월, April 4월, May 5월, June 6월, July 7월, August 8월, September 9월, October 10월, November 11월, December 12월
- 일: first 1일(첫 번째), second 2일(두 번째), third 3일(세 번째), fourth 4일(네 번째), fifth 5일(다섯 번째), eighth 8일(여덟 번째), ninth 9일(아홉 번째), twelfth 12일(열두 번째), twentieth 20일(스무 번째), thirtieth 30일(서른 번째)

★ **Tip!** 나머지 숫자는 뒤에 -th를 붙여 말해요.

3 날짜 넣어 말하기

I was born on February second.
난 2월 2일에 태어났어.

특정한 날짜에 무엇을 한다고 말할 때는 날짜 앞에 on을 써서 표현해요. 몇 월인지만 말하려면 in을 씁니다.

추가 표현

- We got married on March fifteenth. 우린 3월 15일에 결혼했어.
- I'll go on a vacation in August. 난 8월에 휴가를 갈 거야.

오늘의 단어

date 날짜 | be born 태어나다 | get married 결혼하다 | go on a vacation 휴가를 가다

오늘의 표현 연습하기

빈칸을 채워 문장을 완성해보고, '오늘의 표현'에서 확인해 보세요.

1 오늘 며칠이야? ▶ ______ the ______ today?

2 오늘 며칠이야? ▶ What's ______ date?

3 너 생일이 언제야? ▶ When is your ______ ?

4 1월 8일이야. ▶ It's ______ ______ .

5 2월 / 3월 / 4월 / 5월 / 6월 / 7월 ▶ ______ / ______ / ______ / ______ / ______ / ______

6 8월 / 9월 / 10월 / 11월 / 12월 ▶ ______ / ______ / ______ / ______ / ______

7 난 2월 2일에 태어났어. ▶ I was born ______ February ______ .

8 우린 3월 15일에 결혼했어. ▶ We got married ______ March ______ .

9 난 8월에 휴가를 갈 거야. ▶ I'll go on a vacation in ______ .

오늘의 회화

오늘의 표현을 활용한 대화를 듣고 따라 써 보세요. 10-2

오늘 며칠이야?
What's the date today?

1월 8일이야.
It's January eighth.

제니 생일이 언제지?
When is Jenny's birthday?

1월 12일인 거 같아. 넌 언제야?
I think it's January twelfth. When is yours?

난 2월 2일에 태어났어.
I was born on February 2nd.

오, 그럼 제니가 너보다 조금 나이가 많네.
Oh, then Jenny is a little older than you.

Day 10 오늘의 문제

제한 시간	15분 (25문항 각 4점)
SCORE	/ 100

1-6 다음 우리말에 맞게 영어 단어를 연결하고 따라 써 보세요.

1 날짜	get married
2 6월	be born
3 휴가를 가다	October
4 태어나다	go on a vacation
5 결혼하다	June
6 10월	date

7-11 다음 주어진 단어를 이용하여 우리말에 맞게 문장을 완성하세요.

one / five / ten / twenty / thirty

7 오늘은 3월 10일이야. ▶ Today is March ______________.

8 그의 콘서트는 5월 30일이야. ▶ His concert is May ______________.

9 난 4월 5일에 면접이 있어. ▶ I have a job interview on April ______________.

10 우린 2월 1일에 할머니 댁에 갈 거야. ▶ We will visit our grandmother on February ______________.

11 그는 6월 20일에 결혼해. ▶ He will get married on June ______________.

12-16 다음 음원을 듣고 알맞은 날짜를 써 보세요.

12 10-3 ▶ It's ______________ ______________.

13 10-4 ▶ My birthday is ______________ ______________.

14 10-5 ▶ She quit her job on ______________ ______________.

15 10-6 ▶ I met him on ______________ ______________.

16 10-7 ▶ We went camping on ______________ ______________.

17-19 다음 음원을 듣고 사진 속 인물이 활동을 한 날짜를 쓰세요.

17 10-8

▶ ____월____일

18 10-9

▶ ____월____일

19 10-10

▶ ____월____일

20-22 다음 Hint를 이용해 우리말을 영어로 쓰고 말해보며 대화를 완성해 보세요.

오늘 며칠이야? (Hint! date)

20 ______________________________?

1월 8일이야. (Hint! January)

21 It's ______________________________.

제니 생일이 언제지?

When is Jenny's birthday?

1월 12일인 거 같아. (Hint! it's)

22 I think ______________________________.

23-25 다음 Hint를 이용해 우리말을 영어로 쓰고 말해 보세요.

23 난 2월 2일에 태어났어. (Hint! born)

▶ ______________________________

24 우린 3월 15일에 결혼했어. (Hint! got married)

▶ ______________________________

25 난 8월에 휴가를 갈 거야. (Hint! go on)

▶ ______________________________

Day 11 일상 대화

날씨 묻고 대답하기

DATE 20 . .

오늘의 표현

🔊11-1 음원 듣고 5번 따라 읽기 ☐☐☐☐☐

1 날씨 물어보기

How's the weather?
날씨가 어때?

날씨가 어떤지 물어보는 가장 기본적인 질문이에요. 뒤에 today(오늘)나 outside(밖에)를 넣어 말할 수 있어요.

추가 표현

- What's the weather like? 날씨가 어때?
- What's the weather forecast for this weekend? 이번 주말 일기예보가 어때?

2 날씨 대답하기

It's chilly.
쌀쌀해.

날씨를 말할 때 가주어 it을 사용해요. It's 뒤에 날씨를 나타내는 표현을 써서 말하면 됩니다.

추가 표현

- mild 온화한, clear 맑은, fine 좋은, cloudy 흐린, gloomy 어둑한, humid 습한, foggy 안개가 낀, windy 바람이 부는, stormy 폭풍우가 몰아치는, chilly 쌀쌀한, cool 시원한, snowy 눈이 오는, freezing 몹시 추운

3 다양한 날씨 표현하기

It's getting cold.
날씨가 추워지고 있어.

날씨가 점점 어떻게 되어 간다고 할 때는 It's getting 뒤에 날씨 상태를 넣으면 돼요. 이때, get은 '(어떤 상태가) 되다'라는 뜻이에요.

추가 표현

- The forecast says it's going to snow. 일기예보에 따르면 눈이 올 거래.
- The weather is so unpredictable. 날씨가 정말 변덕스러워.

오늘의 단어

weather 날씨 | forecast 예보, 예측 | unpredictable 예측할 수 없는

오늘의 표현 연습하기

빈칸을 채워 문장을 완성해보고, '오늘의 표현'에서 확인해 보세요.

1 날씨가 어때? ▶ ______ the ______ ?

2 날씨가 어때? ▶ ______ the weather ______ ?

3 이번 주말 일기예보가 어때? ▶ What's the ______ ______ for this weekend?

4 쌀쌀해. ▶ ______ ______ .

5 온화한 / 좋은 / 흐린 / 어둑한 / 습한 ▶ ______ / ______ / ______ / ______ / ______

6 안개가 낀 / 바람이 부는 / 눈이 오는 / 몹시 추운 ▶ ______ / ______ / ______ / ______

7 날씨가 추워지고 있어. ▶ It's ______ ______ .

8 일기예보에 따르면 눈이 올 거래. ▶ The ______ ______ it's going to snow.

9 날씨가 정말 변덕스러워. ▶ The weather is so ______ .

오늘의 회화

오늘의 표현을 활용한 대화를 듣고 따라 써 보세요. 11-2

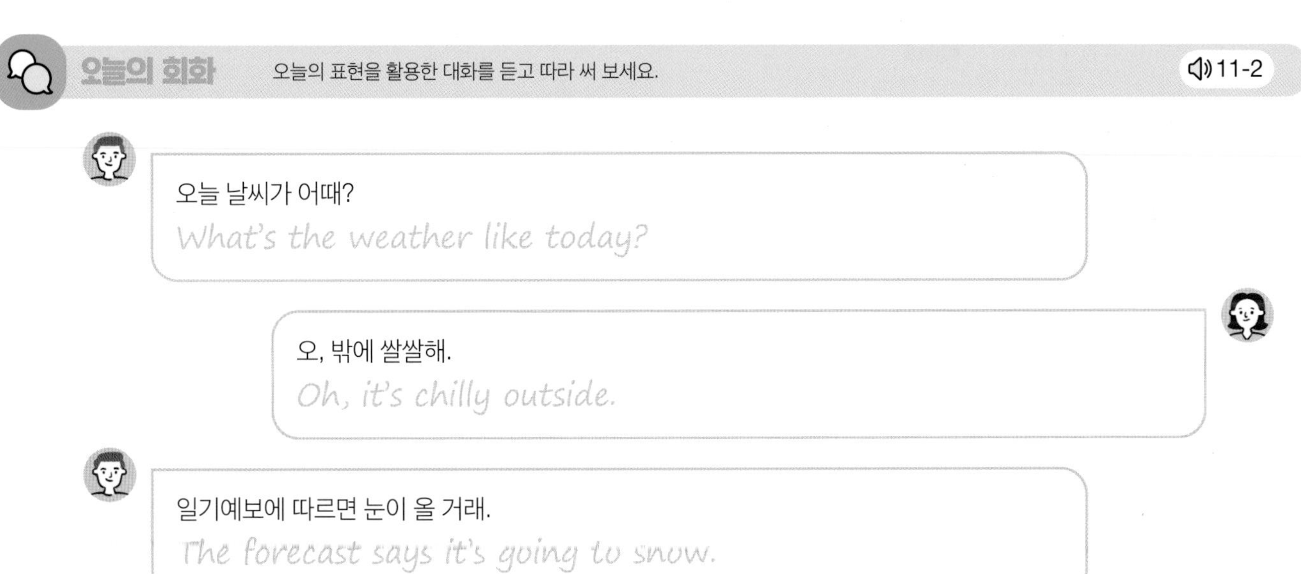

오늘 날씨가 어때?
What's the weather like today?

오, 밖에 쌀쌀해.
Oh, it's chilly outside.

일기예보에 따르면 눈이 올 거래.
The forecast says it's going to snow.

그렇구나. 날씨가 추워지고 있어.
I see. It's getting cold.

응, 그런데 저번 주는 온화했어.
Yeah, but it was mild last week.

날씨가 정말 변덕스럽네.
The weather is so unpredictable.

Day 11 오늘의 문제

제한 시간	15분 (25문항 각 4점)
SCORE	/ 100

1-6 다음 우리말에 맞게 영어 단어를 연결하고 따라 써 보세요.

1	안개가 낀 •	• weather
2	예측할 수 없는 •	• forecast
3	습한 •	• humid
4	예보, 예측 •	• unpredictable
5	날씨 •	• stormy
6	폭풍우가 몰아치는 •	• foggy

7-9 다음 주어진 단어를 이용하여 우리말에 맞게 문장을 완성하세요.

the weather　is　like　getting

what's　so　it's　unpredictable　cold

7 날씨가 어때? ▶ ______________________ ?

8 날씨가 추워지고 있어. ▶ ______________________ .

9 날씨가 정말 변덕스러워. ▶ ______________________ .

10-13 다음 대화를 듣고 빈칸을 채워보세요.

11-3

 10 ______________________ the weather?

 11 ______________________ outside.

11-4

 12 ____________ the weather ____________ ?

 13 ______________________ .

14-17 다음 음원을 듣고 사진에 맞게 번호를 쓰세요 🔊11-5

14 ▶ ________ 15 ▶ ________ 16 ▶ ________ 17 ▶ ________

18-22 다음 Hint를 이용해 우리말을 영어로 쓰고 말해보며 대화를 완성해 보세요.

오늘 날씨가 어때? (Hint! like)
18 ______________________ today?

일기예보에 따르면 눈이 올 거래. (Hint! forecast)
19 ______________________ it's going to snow.

그렇구나. 날씨가 추워지고 있어. (Hint! getting)
I see. It's 20 ______________________.

응, 그런데 저번 주는 온화했어. (Hint! was)
21 Yeah, but ______________________ last week.

날씨가 정말 변덕스럽네. (Hint! unpredictable)
22 ______________________.

23-25 다음 Hint를 이용해 우리말을 영어로 쓰고 말해 보세요.

23 이번 주말 일기예보가 어때? (Hint! weather forecast)

▶ ______________________

24 (날씨가) 습해. (Hint! It's)

▶ ______________________

25 일기예보에 따르면 비가 올 거래. (Hint! rain)

▶ ______________________

Day 12 일상 대화

위치 묻고 대답하기

DATE 20 . .

오늘의 표현

12-1 음원 듣고 5번 따라 읽기 □□□□□

1 위치 물어보기

Where is the book?
그 책 어디에 있어?

무언가 어디 있는지 물을 때는 의문사 where을 사용해서 표현할 수 있어요.

추가 표현

- Do you know where my wallet is? 내 지갑 어디 있는지 알아?
- Have you seen my keys? 내 열쇠 봤어?

2 위치 대답하기

It's on the table.
그건 탁자 위에 있어.

무언가가 어디에 있는지 말할 때는 전치사 뒤에 장소를 써서 표현해요. 여러 개를 나타내려면 It's 대신 They're를 쓰면 됩니다. 다음 그림을 보며 위치를 나타내는 다양한 전치사를 익혀 보세요.

추가 표현

- We were sitting under the tree. 우린 나무 아래에 앉아 있었어.
- The bus station is right in front of the building. 버스 정류장은 그 건물 바로 앞에 있어.

3 위치를 나타내는 다양한 전치사

오늘의 단어

wallet 지갑 | near 가까이에 | in 안에 | beside 옆에 | behind 뒤에 | into 안으로 | in front 앞에 | between 사이에 | out 밖으로 | on 위에 | under 아래에

오늘의 표현 연습하기

빈칸을 채워 문장을 완성해보고, '오늘의 표현'에서 확인해 보세요.

1 그 책 어디에 있어? ▶ ______ is the book?

2 내 지갑 어디 있는지 알아? ▶ ______ ______ ______ ______ my wallet is?

3 내 열쇠 봤어? ▶ ______ ______ ______ my keys?

4 그건 탁자 위에 있어. ▶ ______ ______ the table.

5 우린 나무 아래에 앉아 있었어 ▶ We were ______ ______ the tree.

6 버스 정류장은 그 건물 바로 앞에 있어. ▶ The bus station is right ______ ______ ______ the building.

7 가까이 / 안에 / 옆에 / 뒤에 ▶ ______ / ______ / ______ / ______

8 안으로 / 앞쪽에 / 사이에 ▶ ______ / ______ / ______

9 밖으로 / 위에 / 아래에 ▶ ______ / ______ / ______

오늘의 회화

오늘의 표현을 활용한 대화를 듣고 따라 써 보세요. 12-2

내 지갑 어디 있는지 알아?
Do you know where my wallet is?

그거 탁자 위에 있어.
It's on the table.

아, 고마워. 내 차 키 봤어?
Oh, thank you. Have you seen my car keys?

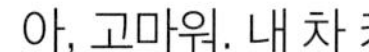

서랍 안에 있어. 어디 가?
They're in the drawer. Where are you going?

우체국에 가야 해. 어디에 있는지 알아?
I need to go to the post office. Do you know where it is?

은행 바로 옆에 있어.
It's right beside the bank.

제한 시간	15분 (25문항 각 4점)
SCORE	/ 100

Day 12 오늘의 문제

1-6 다음 우리말에 맞게 영어 단어를 연결하고 따라 써 보세요.

1 가까이에 •   • behind

2 사이에 •   • into

3 지갑 •   • beside

4 안으로 •   • wallet

5 뒤에 •   • between

6 옆에 •   • near

7-11 다음 그림을 보고 빈칸을 채워 보세요.

IN
BESIDE
IN FRONT
OUT
UNDER

7 ▶ ________

8 ▶ ________

9 ▶ ________

10 ▶ ________

11 ▶ ________

12-15 다음 들려주는 음원을 듣고 알맞은 위치를 골라 번호를 쓰세요.

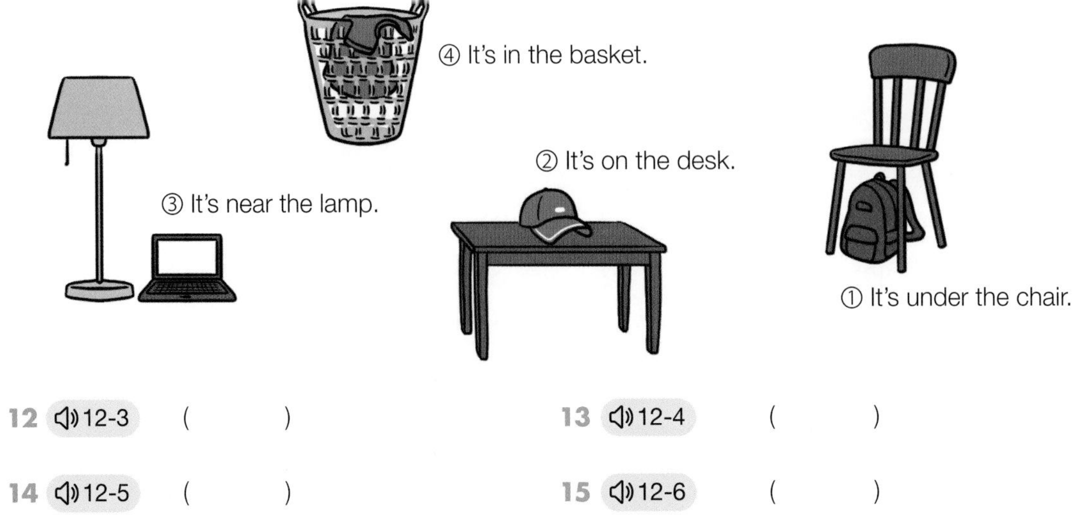
④ It's in the basket.
③ It's near the lamp.
② It's on the desk.
① It's under the chair.

12 12-3 (　　　)

13 12-4 (　　　)

14 12-5 (　　　)

15 12-6 (　　　)

16-17 다음 대화를 듣고 빈칸을 채워보세요.

12-7

16 ______________________ the bus station?

17 It's ______________________.

18-22 다음 Hint를 이용해 우리말을 영어로 쓰고 말해보며 대화를 완성해 보세요.

내 지갑 어디에 있는지 알아? (Hint! where)
18 Do you know ______________________?

그거 탁자 위에 있어. (Hint! table)
19 It's ______________________.

아, 고마워. 내 차 키 봤어? (Hint! Have)
Oh, thank you. 20 ______________________ my car keys?

서랍 안에 있어. 어디 가? (Hint! drawer)
21 They're ______________________. Where are you going?

우체국에 가야 해. 어디에 있는지 알아?
I need to go to the post office. Do you know where it is?

은행 바로 옆에 있어. (Hint! right)
22 ______________________ the bank.

23-25 다음 Hint를 이용해 우리말을 영어로 쓰고 말해 보세요.

23 내 모자 어디에 있는지 알아? (Hint! my hat)

▶ ______________________

24 우린 나무 아래에 앉아 있었어. (Hint! sitting)

▶ ______________________

25 버스 정류장은 그 건물 바로 앞에 있어. (Hint! right, the building)

▶ ______________________

Day 13 일상 대화 기분과 상태 말하기

DATE 20 . .

오늘의 표현

13-1 음원 듣고 5번 따라 읽기 ☐☐☐☐☐

1 기분 물어보기

How are you feeling today?
오늘 기분이 어때?

상대방의 기분이나 감정 또는 몸 상태를 물어볼 수 있는 가장 기본적인 표현이에요.

추가 표현

- You look worried. 너 걱정 있어 보여.
- What's eating you? 무슨 일이야?
  ★ **Tip!** eat은 '먹다'라는 뜻도 있지만 '괴롭히다'라는 뜻도 있어서 걱정이 있어 보이는 상대방에게 이렇게 물어볼 수 있어요.

2 긍정적인 기분과 상태

I'm feeling great today.
난 오늘 기분이 아주 좋아.

기분을 나타낼 때는 feel(~하게 느껴진다) 뒤에 기분이나 상태를 나타내는 표현을 넣어 말할 수 있어요.

추가 표현

- I'm in a good mood. 난 기분이 좋아. ★ **Tip!** 기분이 좋지 않다고 말할 땐 good 대신 bad를 넣어 말해요.
- I couldn't be happier. 더할 나위 없이 좋아.

3 부정적인 기분과 상태

I feel like crying.
난 울고 싶은 기분이야.

feel like 뒤에 동사의 ing 형태를 쓰면 '~하고 싶은 기분이 든다'라는 뜻이 돼요. 뭔가 하고 싶은 감정이 들 때 이 표현을 사용할 수 있어요.

추가 표현

- I'm feeling under the weather. 난 컨디션이 안 좋아.
- I'm feeling blue. 난 기분이 우울해.

오늘의 단어

worried 걱정하는, 걱정스러워 하는 | eat 괴롭히다 | mood 기분, 분위기 | feel like 동사ing ~하고 싶다 | under the weather 몸이 안 좋은 | blue 우울한

오늘의 표현 연습하기

빈칸을 채워 문장을 완성해보고, '오늘의 표현'에서 확인해 보세요.

1 오늘 기분이 어때? ▶ ______ are you ______ today?

2 너 걱정 있어 보여. ▶ You ______ ______.

3 무슨 일이야? ▶ What's ______ ______?

4 난 오늘 기분이 아주 좋아. ▶ I'm ______ ______ today.

5 난 기분이 좋아. ▶ I'm ______ a good ______.

6 더할 나위 없이 좋아. ▶ I ______ be ______.

7 난 울고 싶은 기분이야. ▶ I ______ ______ crying.

8 난 컨디션이 안 좋아. ▶ I'm feeling ______ ______ ______.

9 난 기분이 우울해. ▶ I'm ______ ______.

오늘의 회화

오늘의 표현을 활용한 대화를 듣고 따라 써 보세요. 13-2

오늘 기분이 어때? 너 걱정 있어 보여.
How are you feeling today? You look worried.

난 기분이 우울해.
I'm feeling blue.

무슨 일이야?
What's eating you?

우리 엄마가 많이 아프셔.
My mother is very sick.

이런, 그 얘기를 들으니 유감이다.
Oh, I'm sorry to hear that.

울고 싶은 기분이야.
I feel like crying.

제한 시간	15분 (25문항 각 4점)
SCORE	/ 100

1-6 다음 우리말에 맞게 영어 단어를 연결하고 따라 써 보세요.

1 걱정하는, 걱정스러워 하는 • • mood

2 우울한 • • feel like

3 기분, 분위기 • • under the weather

4 몸이 안 좋은 • • blue

5 ~ 하고 싶다 • • eat

6 괴롭히다 • • worried

7-10 다음 주어진 단어를 이용하여 우리말에 맞게 문장을 완성하세요.

couldn't you worried great happier blue

I be today look I'm feeling

7 너 걱정 있어 보여. ▶ ______________________.

8 난 오늘 기분이 아주 좋아. ▶ ______________________.

9 더할 나위 없이 좋아. ▶ ______________________.

10 난 기분이 우울해. ▶ ______________________.

11-14 다음 대화를 듣고 빈칸을 채워보세요.

13-3

11 I ______________________ crying.

12 What's ______________________?

13-4

13 ______________________ today?

14 I'm ______________________ today.

15-17 다음 들려주는 음원에 알맞은 사진을 찾아 번호를 쓰세요. 13-5

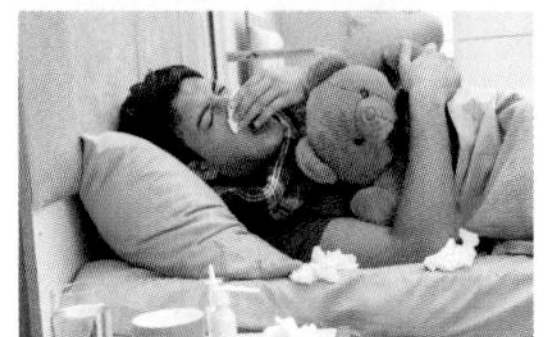

15 ▶ ____________ 16 ▶ ____________ 17 ▶ ____________

18-21 다음 Hint를 이용해 우리말을 영어로 쓰고 말해보며 대화를 완성해 보세요.

오늘 기분이 어때? 너 걱정 있어 보여. (Hint! feeling)

18 ____________________ today? You look worried.

난 기분이 우울해. (Hint! blue)

19 ____________________.

무슨 일이야? (Hint! eating)

20 ____________________?

우리 엄마가 많이 아프셔.

My mom is very sick.

이런, 그 얘기를 들으니 유감이다.

Oh, I'm sorry to hear that.

울고 싶은 기분이야. (Hint! crying)

21 I ____________________.

22-25 다음 Hint를 이용해 우리말을 영어로 쓰고 말해 보세요.

22 더할 나위 없이 좋아. (Hint! happier)

▶ ____________________

23 너 걱정 있어 보여. (Hint! look)

▶ ____________________

24 난 컨디션이 안 좋아. (Hint! weather)

▶ ____________________

25 난 오늘 기분이 아주 좋아. (Hint! great)

▶ ____________________

Day 14 일상 대화

기쁨과 안타까움 표현하기

DATE 20 . .

오늘의 표현

14-1 음원 듣고 5번 따라 읽기 □□□□□

1 기쁜 감정 표현하기

I'm glad to hear that.
그 얘길 들으니 기쁘네.

glad는 '기쁜'이란 뜻으로 I'm glad to 뒤에 동사를 넣어 기쁜 이유를 함께 말할 수 있어요.

추가 표현

- Good for you! 잘됐다!
- That's nice to hear. 듣던 중 반가운 소리예요.

2 안타까운 감정 표현하기

I'm sorry to hear that.
그 얘길 들으니 유감이네.

I'm sorry는 사과를 할 때 쓰는 표현이기도 하지만 안타까움이나 유감을 나타낼 때도 사용할 수 있어요.

추가 표현

- That's too bad. 그거 정말 안됐다.
- What a shame. 그거 참 안타깝다.

3 위로하기

It's not your fault.
그건 네 잘못이 아니야.

fault는 '잘못, 책임'이라는 뜻으로 자책하는 상대방에게 위로해 줄 수 있는 표현이에요.

추가 표현

- Keep your chin up. 기운 내.
- That's not a big deal. 그거 별거 아니야.

오늘의 단어

glad 기쁜, 반가운 | sorry 유감인, 안타까운 | shame 유감스러운 일 | fault 잘못, 책임 | chin 턱 | big deal 대단한 일, 큰 일

오늘의 표현 연습하기

빈칸을 채워 문장을 완성해보고, '오늘의 표현'에서 확인해 보세요.

1 그 얘길 들으니 기쁘네. ▶ I'm ______ ______ ______ that.

2 잘됐다! ▶ ______ ______ you!

3 듣던 중 반가운 소리예요. ▶ ______ ______ to hear.

4 그 얘길 들으니 유감이네. ▶ ______ ______ to hear that.

5 그거 정말 안됐다. ▶ That's ______ ______.

6 그거 참 안타깝다. ▶ What a ______.

7 그건 네 잘못이 아니야. ▶ It's not ______ ______.

8 기운 내. ▶ ______ your ______ up.

9 그거 별거 아니야. ▶ That's not a ______ ______.

오늘의 회화

오늘의 표현을 활용한 대화를 듣고 따라 써 보세요. 14-2

리사와 나 헤어졌어.
Lisa and I broke up.

그거 정말 안됐다. 무슨 일 있었어?
That's too bad. What happened?

내가 그녀한테 잘한 거 같지 않아.
I don't think I was nice to her.

네 잘못이 아니야. 기운 내.
It's not your fault. Keep your chin up.

난 괜찮아. 그녀를 곧 잊을 수 있을 거야.
I'm OK. I think I can get over her soon.

그 얘길 들으니 기쁘네.
I'm glad to hear that.

Day 14 오늘의 문제

제한 시간	15분 (25문항 각 4점)
SCORE	/ 100

1-6 다음 우리말에 맞게 영어 단어를 연결하고 따라 써 보세요.

1 유감스러운 일 • • shame

2 대단한 일, 큰 일 • • sorry

3 잘못, 책임 • • chin

4 턱 • • fault

5 유감인, 안타까운 • • glad

6 기쁜, 반가운 • • big deal

7-10 다음 주어진 단어를 이용하여 우리말에 맞게 문장을 완성하세요.

good deal for what keep your up
not a big shame chin you that's

7 잘됐다! ▶ ______________________________ !

8 그거 참 안타깝다. ▶ ______________________________ .

9 기운 내. ▶ ______________________________ .

10 그거 별거 아니야. ▶ ______________________________ .

11-14 다음 음원을 듣고 문장을 완성해 보세요.

11 14-3 ▶ That's ______________________ .

12 14-4 ▶ ______________________ to hear.

13 14-5 ▶ ______________________ that.

14 14-6 ▶ It's not ______________________ .

15-17 다음 들려주는 문장에 가장 자연스러운 대답을 연결해 보세요.

15 🔈14-7 •　　　• Keep your chin up.

16 🔈14-8 •　　　• Good for you!

17 🔈14-9 •　　　• It's not your fault.

18-21 다음 Hint를 이용해 우리말을 영어로 쓰고 말해보며 대화를 완성해 보세요.

리사와 나 헤어졌어.
Lisa and I broke up.

그거 정말 안됐다. 무슨 일 있었어? (Hint! bad)
18 ____________________. What happened?

내가 그녀한테 잘한 거 같지 않아.
I don't think I was nice to her.

네 잘못이 아니야. 기운 내. (Hint! fault, chin)
19 It's ____________________. **20** ____________________.

난 괜찮아. 그녀를 곧 잊을 수 있을 거야.
I'm OK. I think I can get over her soon.

그 얘길 들으니 기쁘네. (Hint! glad)
21 ____________________.

22-25 다음 Hint를 이용해 우리말을 영어로 쓰고 말해 보세요.

22 그 얘길 들으니 유감이네. (Hint! sorry)

▶ ____________________

23 듣던 중 반가운 소리예요. (Hint! nice)

▶ ____________________

24 그거 참 안타깝다. (Hint! What)

▶ ____________________

25 그거 별거 아니야. (Hint! deal)

▶ ____________________

Day 15 일상 대화 대화 이어나가기

DATE 20 . .

오늘의 표현

🔊15-1 음원 듣고 5번 따라 읽기 ☐☐☐☐☐

1 대화 시작하기

Can I talk to you for a second?
잠깐 얘기 좀 할 수 있을까?

for a second는 '잠시'라는 뜻이에요. '내가 ~할 수 있을까?'를 뜻하는 Can I ~?를 활용해서 상대방에게 잠깐 대화를 요청할 때 이렇게 표현할 수 있어요.

추가 표현

- Let me tell you something. 내 얘기 좀 들어봐.
- You know what?(= Guess what!) 있잖아. / 그거 알아?

2 맞장구치기

You can say that again!
내 말이!

직역하면 '넌 그걸 다시 말할 수 있어'라는 뜻으로 보이지만 '네 말이 맞아, 나도 동의해'라는 의미로 상대방의 말에 동의를 나타낼 때 쓸 수 있는 표현이에요.

추가 표현

- Tell me about it. 정말 그래.
- We're on the same page. 우린 생각이 같구나.

3 부정적인 답변하기

I don't think so.
난 그렇게 생각하지 않아.

상대방이 한 말에 대해 동의하지 않을 때 쓸 수 있는 표현이에요. 또는 거절을 나타내는 완곡한 표현으로도 사용할 수 있습니다.

추가 표현

- No way! 절대 아냐!
- I wouldn't do that. 나라면 그렇게 안 해.

오늘의 단어

talk 이야기하다 | second 잠깐, 순간, 초 | something 무언가 | know 알다 | guess 추측하다, 알아맞히다 | same 같은

오늘의 표현 연습하기

빈칸을 채워 문장을 완성해보고, '오늘의 표현'에서 확인해 보세요.

1 잠깐 얘기 좀 할 수 있을까? ▶ Can I talk to you ______ ______ ______ ?

2 내 얘기 좀 들어봐. ▶ ______ ______ ______ you something.

3 있잖아. / 그거 알아? ▶ You ______ ______ ? (= ______ ______ !)

4 내 말이! ▶ You can ______ ______ ______ !

5 정말 그래. ▶ ______ ______ about it.

6 우린 생각이 같구나. ▶ We're on the ______ ______ .

7 난 그렇게 생각하지 않아. ▶ I don't ______ ______ .

8 절대 아냐! ▶ No ______ !

9 나라면 그렇게 안 해. ▶ I ______ ______ that.

오늘의 회화

오늘의 표현을 활용한 대화를 듣고 따라 써 보세요. 15-2

잠깐 얘기 좀 할 수 있을까?
Can I talk to you for a second?

그럼. 무슨 일이야?
Sure. What's up?

마크가 내 험담을 했다고 들었어.
I heard Mark talked behind my back.

난 그렇게 생각 안 해. 그는 그런 사람이 아니야.
I don't think so. He is not that kind of person.

내 말이! 어떻게 해야 할지 모르겠어.
You can say that again! I don't know what to do.

그와 얘기해 봐.
Just talk to him.

Day 15 오늘의 문제

제한 시간	15분 (25문항 각 4점)
SCORE	/ 100

1-6 다음 우리말에 맞게 영어 단어를 연결하고 따라 써 보세요.

1 같은 •	• know
2 알다 •	• second
3 잠깐, 순간, 초 •	• guess
4 이야기하다 •	• same
5 무언가 •	• talk
6 추측하다, 알아맞히다 •	• something

7-10 다음 주어진 단어를 이용하여 우리말에 맞게 문장을 완성하세요.

you about what tell say that

again no can way me it know

7 그거 알아? ▶ ____________________?

8 내 말이! ▶ ____________________!

9 절대 아냐! ▶ ____________________!

10 정말 그래. ▶ ____________________.

11-14 다음 대화를 듣고 빈칸을 채워보세요.

15-3

 11 ____________________? Jenny quit her job.

 12 What? I ____________________.

15-4

 13 Let me ____________________. We need to save money from now on.

 14 ____________________.

15-17 다음 들려주는 문장에 알맞은 대답을 연결해 보세요.

15 🔊15-5 •	• You can say that again.
16 🔊15-6 •	• I wouldn't do that.
17 🔊15-7 •	• I don't think so.

18-22 다음 주어진 단어를 이용하여 우리말에 맞게 문장을 완성하세요.

guess / tell / same / no / wouldn't

18 절대 아냐! ▶ ______________________________ !

19 우린 생각이 같구나. ▶ ______________________________ .

20 그거 알아? ▶ ______________________________ !

21 정말 그래. ▶ ______________________________ .

22 나라면 그렇게 안 해. ▶ ______________________________ .

23-25 다음 Hint를 이용해 우리말을 영어로 쓰고 말해보며 대화를 완성해 보세요.

잠깐 얘기 좀 할 수 있을까? (Hint! second)
23 ______________________________ ?

그럼. 무슨 일이야?
Sure. What's up?

마크가 내 험담을 했다고 들었어.
I heard Mark talked behind my back.

난 그렇게 생각 안 해. 그는 그런 사람이 아니야. (Hint! think)
24 ______________________________ . He is not that kind of person.

내 말이! 어떻게 해야 할지 모르겠어. (Hint! again)
25 ______________________________ ! I don't know what to do.

그와 얘기해 봐.
Just talk to him.

Day 16 일상 대화

약속잡기

DATE 20 . .

오늘의 표현

🔈16-1 음원 듣고 5번 따라 읽기 ☐☐☐☐☐

1 계획 물어보기

Do you have any plans for tomorrow?
너 내일 약속 있어?

일상에서 친구, 가족 등 상대방에게 약속이 있냐고 물을 때는 plan을 사용해 표현해요. '약속'을 뜻하는 또 다른 단어인 appointment는 주로 병원, 은행, 관공서와 같은 기관 방문 등의 공적인 약속일 때 사용하니 유의해 주세요.

추가 표현

- What are you doing on Friday? 너 금요일에 뭐해?
- Are you available this weekend? 너 이번 주말에 시간 있어?

2 제안하기

Let's go see a movie.
우리 영화 보러 가자.

상대방에게 무언가를 하자고 제안할 때는 Let's를 사용해요.

추가 표현

- How about having lunch on that day? 그날 점심 먹는 거 어때?
- Why don't we go camping? 우리 캠핑 가는 거 어때?

3 계획 말하기

I'm free on that day.
난 그날 한가해.

free는 '다른 약속이 없는, 한가한'이라는 뜻이에요. 특정 날짜에 한가하다고 말할 때 이렇게 표현할 수 있어요.

추가 표현

- I already have plans. 나 이미 약속이 있어.
- Can I take a rain check? 다음으로 미뤄도 될까?

오늘의 단어

plan 계획 | available 시간이 있는 | go see a movie 영화를 보러 가다 | free 한가한 | already 이미 | take a rain check 다음을 기약하다

오늘의 표현 연습하기

빈칸을 채워 문장을 완성해보고, '오늘의 표현'에서 확인해 보세요.

1 너 내일 약속 있어? ▶ Do you ______ ______ ______ for tomorrow?

2 너 금요일에 뭐해? ▶ ______ ______ ______ ______ on Friday?

3 너 이번 주말에 시간 있어? ▶ ______ ______ ______ this weekend?

4 우리 영화 보러 가자. ▶ ______ ______ see a movie.

5 그날 점심 먹는 거 어때? ▶ ______ ______ ______ lunch on that day?

6 우리 캠핑 가는 거 어때? ▶ ______ ______ ______ go camping?

7 난 그날 한가해. ▶ ______ ______ on that day.

8 나 이미 약속이 있어. ▶ I ______ ______ ______ .

9 다음으로 미뤄도 될까? ▶ Can I take ______ ______ ______ ?

오늘의 회화

오늘의 표현을 활용한 대화를 듣고 따라 써 보세요. 16-2

저기, 너 내일 약속 있어?
Hey, do you have any plans for tomorrow?

아, 나 이미 약속이 있어.
Oh, I already have plans.

그럼, 금요일에 뭐해?
Then, what are you doing on Friday?

나 그날 한가해.
I'm free on that day.

우리 영화 보러 가자.
Let's go see a movie.

좋아!
That sounds good!

제한 시간	15분 (25문항 각 4점)
SCORE	/ 100

1-6 다음 우리말에 맞게 영어 단어를 연결하고 따라 써 보세요.

1	영화를 보러 가다 •	• plan
2	한가한 •	• take a rain check
3	이미 •	• available
4	다음을 기약하다 •	• already
5	시간이 있는 •	• free
6	계획 •	• go see a movie

7-9 다음 주어진 단어를 이용하여 우리말에 맞게 문장을 완성하세요.

I plans what are about you on
Friday day already have how lunch
having doing that

7 너 금요일에 뭐해? ▶ ____________________?

8 나 이미 약속이 있어. ▶ ____________________.

9 그날 점심 먹는 거 어때? ▶ ____________________?

10-12 다음 주어진 단어를 이용하여 우리말에 맞게 문장을 완성하세요.

why / take / available

10 너 이번 주말에 시간 있어? ▶ ____________________ this weekend?

11 우리 캠핑 가는 거 어때? ▶ ____________________ go camping?

12 다음으로 미뤄도 될까? ▶ Can I ____________________?

13-15 다음 들려주는 문장에 알맞은 대답을 연결해 보세요

13 16-3 •	• I'm free on that day.
14 16-4 •	• I already have plans.
15 16-5 •	• Can I take a rain check?

16-19 다음 대화를 듣고 빈칸을 채워보세요.

16-6

16 ______________________________ lunch on that day?

17 Can I ______________________________ ?

16-7

18 ______________________________ this weekend?

19 I ______________________________ .

20-22 다음 Hint를 이용해 우리말을 영어로 쓰고 말해보며 대화를 완성해 보세요.

저기, 너 내일 약속 있어? (Hint! plans)

20 Hey, ______________________________ ?

아, 나 이미 약속이 있어. (Hint! already)

21 Oh, ______________________________ .

그럼, 금요일에 뭐해? 우리 영화 보러 가자. (Hint! doing)

22 Then, ______________________________ ? Let's go see a movie.

좋아!

That sounds good!

23-25 다음 Hint를 이용해 우리말을 영어로 쓰고 말해 보세요.

23 너 이번 주말에 시간 있어? (Hint! weekend)

▶ ______________________________

24 그날 점심 먹는 거 어때? (Hint! about)

▶ ______________________________

25 난 그날 한가해. (Hint! free)

▶ ______________________________

연애하기

DATE 20 . .

오늘의 표현

🔈17-1 음원 듣고 5번 따라 읽기 □□□□□

1 고백할 때

Are you seeing someone?
누구 만나는 사람 있어?

see는 '보다, 알다'라는 뜻으로 보통 알고 있지만 진행형으로 쓰면 흔히 누군가와 애인 사이로 만난다는 뜻이 돼요.

추가 표현

- Can I ask you out for dinner? 저녁 데이트를 신청해도 될까?
- I have a crush on you. 난 당신에게 반했어요.

2 결별할 때

I think we should break up.
우리 헤어져야 할 거 같아.

break up은 '헤어지다'라는 뜻이에요. 누구와 헤어진다고 표현할 때는 break up with 뒤에 대상을 넣어 말해요.

추가 표현

- I fell out of love with you. 난 너에 대한 사랑이 식었어.
- I want to end this relationship. 난 이 관계를 끝내고 싶어.

3 결혼할 때

Will you marry me?
나랑 결혼해 줄래?

marry는 '~와 결혼하다'라는 뜻이에요. 해석을 보면 marry with일 거라 생각하기 쉽지만 marry 뒤에 바로 목적어가 온다는 점에 주의하세요.

추가 표현

- He proposed to me. 그가 나에게 청혼했어.
- We're going to tie the knot. 우리는 결혼할 거야.

오늘의 단어

ask out ~에게 데이트를 신청하다 | crush 반함, 짝사랑 | break up 헤어지다 | fall out of ~ ~에서 빠져 나오다 | end 끝내다 | relationship 관계 | marry ~와 결혼하다 | propose 프러포즈하다, 청혼하다 | tie the knot 결혼하다

오늘의 표현 연습하기

빈칸을 채워 문장을 완성해보고, '오늘의 표현'에서 확인해 보세요.

1 누구 만나는 사람 있어? ▶ Are you ______ ______ ?

2 저녁 데이트를 신청해도 될까? ▶ Can I ______ you ______ for dinner?

3 난 당신에게 반했어요. ▶ I ______ ______ ______ on you.

4 우리 헤어져야 할 거 같아. ▶ I think we should ______ ______ .

5 난 너에 대한 사랑이 식었어. ▶ I ______ ______ ______ love with you.

6 난 이 관계를 끝내고 싶어. ▶ I want to ______ this ______ .

7 나랑 결혼해 줄래? ▶ Will you ______ ______ ?

8 그가 나에게 청혼했어. ▶ He ______ ______ me.

9 우리는 결혼할 거야. ▶ We're going to ______ the ______ .

오늘의 회화

오늘의 표현을 활용한 대화를 듣고 따라 써 보세요. 17-2

너 누구 만나는 사람 있어?
Are you seeing someone?

그건 왜 물어봐?
Why do you ask?

난 그냥... 저녁 데이트를 신청해도 될까?
I'm just... Can I ask you out for dinner?

난 막 남자친구와 헤어졌어.
I just broke up with my boyfriend.

오, 그거 안됐구나.
Oh, that's too bad.

난 우리가 결혼할 줄 알았어.
I thought we were going to tie the knot.

Day 17 오늘의 문제

제한 시간	15분 (25문항 각 4점)
SCORE	/ 100

1-6 다음 우리말에 맞게 영어 단어를 연결하고 따라 써 보세요.

1 관계 •	• crush
2 끝내다 •	• marry
3 반함, 짝사랑 •	• end
4 헤어지다 •	• relationship
5 ~에게 데이트를 신청하다 •	• break up
6 ~와 결혼하다 •	• ask out

7-9 다음 주어진 단어를 이용하여 우리말에 맞게 문장을 완성하세요.

I someone have proposed seeing on you
he a crush to me are

7 난 당신에게 반했어요. ▶ ______________________.

8 누구 만나는 사람 있어? ▶ ______________________?

9 그가 나에게 청혼했어. ▶ ______________________.

10-12 다음 주어진 단어를 이용하여 우리말에 맞게 문장을 완성하세요.

break / fall / relationship

10 난 너에 대한 사랑이 식었어. ▶ I ______________ with you.

11 난 이 관계를 끝내고 싶어. ▶ I want to ______________.

12 우리 헤어져야 할 거 같아. ▶ I think ______________.

13-15 다음 들려주는 음원에 알맞은 사진을 찾아 번호를 쓰세요. 17-3

13 ▶ ________

14 ▶ ________

15 ▶ ________

16-19 다음 들려주는 문장을 듣고 빈칸을 채우세요.

16 17-4 ▶ I ________________.

17 17-5 ▶ I want to ________________.

18 17-6 ▶ Can I ________________?

19 17-7 ▶ We're ________________.

20-22 다음 Hint를 이용해 우리말을 영어로 쓰고 말해보며 대화를 완성해 보세요.

너 누구 만나는 사람 있어? (Hint! someone)

20 ________________?

그건 왜 물어봐?

Why do you ask?

난 그냥... 저녁 데이트를 신청해도 될까? (Hint! ask)

21 I'm just... Can I ________________?

난 막 남자친구와 헤어졌어. (Hint! broke)

22 I just ________________.

오, 그거 안됐구나. 난 몰랐어.

Oh, that's too bad. I didn't know that.

23-25 다음 Hint를 이용해 우리말을 영어로 쓰고 말해 보세요.

23 그가 나에게 청혼했어. (Hint! proposed)

▶ ________________

24 난 당신에게 반했어요. (Hint! crush)

▶ ________________

25 난 이 관계를 끝내고 싶어. (Hint! end)

▶ ________________

Day 18

SNS 사용하기

DATE 20 . .

오늘의 표현

18-1 음원 듣고 5번 따라 읽기 ☐☐☐☐☐

1 SNS 사용 여부 묻기

Are you on social media?
너 SNS하니?

우리가 SNS라고 일컫는 다양한 플랫폼들은 영어로 social media라고 해요.

추가 표현

- Do you have Twitter? 너 트위터 해?
- I'm not on Facebook. 난 페이스북 안 해.

2 친구 추가하기

Follow me on Instagram.
인스타그램에서 나 팔로우해.

follow는 '따라가다'라는 뜻인데 인스타그램 등에서 서로 게시물을 볼 수 있도록 관계를 맺는 걸 지칭할 때도 사용합니다.

추가 표현

- You can look me up on Facebook. 페이스북에서 나 찾을 수 있어.
- I followed you on Twitter. 나 트위터에서 너 팔로우했어.

3 사진, 영상 올리기

I posted my selfie on Instagram.
난 내 사진을 인스타그램에 올렸어.

selfie는 우리가 흔히 말하는 '셀카'의 영어식 표현이에요.

추가 표현

- This is so Instagrammable. 여기 정말 인스타그램에 올리기 좋다.
- I just uploaded my vlog. 난 방금 내 브이로그를 업로드했어.

오늘의 단어

follow 따라가다, 팔로우하다 | look up 찾다 | post 게시하다 | selfie 셀카 | Instagrammable 인스타그램에 올릴 법한 | upload 올리다, 업로드하다

오늘의 표현 연습하기

빈칸을 채워 문장을 완성해보고, '오늘의 표현'에서 확인해 보세요.

1 너 SNS하니? ▶ Are you ______ ______ ______ ?

2 너 트위터 해? ▶ ______ ______ ______ Twitter?

3 난 페이스북 안 해. ▶ ______ ______ ______ Facebook.

4 인스타그램에서 나 팔로우해. ▶ ______ ______ ______ Instagram.

5 페이스북에서 나 찾을 수 있어. ▶ You can ______ ______ ______ on Facebook.

6 나 트위터에서 너 팔로우했어. ▶ I ______ ______ ______ Twitter.

7 난 내 사진을 인스타그램에 올렸어. ▶ I ______ my ______ on Instagram.

8 여기 정말 인스타그램에 올리기 좋다. ▶ This is so ______ .

9 난 방금 내 브이로그를 업로드했어. ▶ I just ______ my vlog.

오늘의 회화

오늘의 표현을 활용한 대화를 듣고 따라 써 보세요. 18-2

너 SNS하니?
Are you on social media?

응! 페이스북에서 나 찾을 수 있어.
Yes! You can look me up on Facebook.

어, 난 페이스북 안 해.
Uh, I'm not on Facebook.

그럼 너 트위터 해?
Then do you have Twitter?

응! 이게 내 트위터 계정이야.
Yes! This is my Twitter account.

좋아, 방금 트위터에서 너 팔로우했어.
Okay, I've just followed you on Twitter.

제한 시간	15분 (25문항 각 4점)
SCORE	/ 100

1-6 다음 우리말에 맞게 영어 단어를 연결하고 따라 써 보세요.

1 따라가다, 팔로우하다 • • post

2 게시하다 • • follow

3 인스타그램에 올릴 법한 • • look up

4 올리다, 업로드하다 • • Instagrammable

5 셀카 • • upload

6 찾다 • • selfie

7-9 다음 주어진 단어를 이용하여 우리말에 맞게 문장을 완성하세요.

do you is Twitter I followed

so this have on Instagrammable.

7 너 트위터 해? ▶ ______________________ ?

8 나 트위터에서 너 팔로우했어. ▶ ______________________ .

9 여기 정말 인스타그램에 올리기 좋다. ▶ ______________________ .

10-13 다음 주어진 단어를 이용하여 우리말에 맞게 문장을 완성하세요.

follow / on / upload / social media

10 난 방금 내 브이로그를 업로드했어. ▶ I ______________________ .

11 난 페이스북 안 해. ▶ I'm ______________________ .

12 인스타그램에서 나 팔로우해. ▶ ______________________ Instagram.

13 너 SNS하니? ▶ Are you ______________________ ?

14-17 다음 음원을 듣고 사진에 맞게 문장을 완성해 보세요

14 🔊18-3

▶ This is ______________________ .

15 🔈18-4

▶ I ______________________ on Instagram.

16 🔈18-5

▶ I'm ______________________.

17 🔈18-6

▶ I just ______________________.

18-22 다음 Hint를 이용해 우리말을 영어로 쓰고 말해보며 대화를 완성해 보세요.

너 SNS하니? (Hint! on)

18 ______________________?

응! 페이스북에서 나 찾을 수 있어. (Hint! look)

19 Yes! ______________________ on Facebook.

어, 난 페이스북 안 해. (Hint! on)

20 Uh, ______________________ Facebook.

그럼 너 트위터 해? (Hint! have)

21 Then ______________________ Twitter?

응! 이게 내 트위터 계정이야.

Yes! This is my Twitter account.

좋아, 방금 트위터에서 너 팔로우했어. (Hint! followed)

22 Okay, I've just ______________________.

23-25 다음 Hint를 이용해 우리말을 영어로 쓰고 말해 보세요.

23 인스타그램에서 나 팔로우해. (Hint! Follow)

▶ ______________________

24 난 내 사진을 인스타그램에 올렸어. (Hint! selfie)

▶ ______________________

25 난 방금 내 브이로그를 업로드했어. (Hint! vlog)

▶ ______________________

Day 19 일상생활

식당 이용하기 (1)

DATE 20 . .

오늘의 표현

19-1 음원 듣고 5번 따라 읽기 ☐☐☐☐☐

1 예약하기

Can I make a reservation for two for tonight?
오늘 밤 두 명 예약할 수 있나요?

인기가 높은 식당은 반드시 미리 예약을 해야 이용을 할 수 있는데요. 예약을 한다고 할 때는 make a reservation이라고 표현합니다. 뒤에 for를 사용하여 몇 명을 예약할지 말하면 됩니다.

추가 표현

- Sorry, but we're fully booked tonight. 죄송하지만, 오늘 밤은 예약이 다 찼습니다.
- I have a reservation under Lee. Lee로 예약했어요.

2 대기하기

Will you put me on the waiting list?
저를 대기 명단에 올려 주실래요?

예약을 하지 않고 식당에 갔을 때 자리가 없다면 대기 명단에 이름을 적어 놓기도 하죠? '대기 명단'은 waiting list라고 해요. put ~ on the waiting list라는 표현으로 대기 명단에 이름을 올려 달라고 직원에게 부탁할 수가 있습니다.

추가 표현

- How long should we wait? 저희 얼마나 기다려야 하나요?
- We'll just come back later. 그냥 나중에 다시 올게요.

3 자리잡기

Do you have a table for five?
다섯 명 자리 있나요?

식당에서 자리를 요청할 때는 a table for 뒤에 일행 수를 넣어서 말해요. Do you have a table for ~?라고 하면 '~명 자리 있나요?'라는 질문이 됩니다.

추가 표현

- How many people are there in your party? 일행이 몇 분이십니까?
- Can I have a table by the window? 창가 쪽 자리에 앉을 수 있나요?

오늘의 단어

reservation 예약 | book 예약하다 | waiting list 대기 명단 | How long ~? 얼마나 오래 ~? | wait 기다리다 | later 나중에 | party 일행

오늘의 표현 연습하기

빈칸을 채워 문장을 완성해보고, '오늘의 표현'에서 확인해 보세요.

1 오늘 밤 두 명 예약할 수 있나요? ▶ Can I ______ ______ ______ for two for tonight?

2 죄송하지만, 오늘 밤은 예약이 다 찼습니다. ▶ Sorry, but we're ______ ______ tonight.

3 Lee로 예약했어요. ▶ I ______ a reservation ______ Lee.

4 저를 대기 명단에 올려 주실래요? ▶ Will you ______ me ______ the ______ ______?

5 저희 얼마나 기다려야 하나요? ▶ ______ ______ should we ______?

6 그냥 나중에 다시 올게요. ▶ We'll just ______ ______ ______.

7 다섯 명 자리 있나요? ▶ Do you have ______ ______ ______ ______?

8 일행이 몇 분이십니까? ▶ How many people are there ______ ______ ______?

9 창가 쪽 자리에 앉을 수 있나요? ▶ Can I ______ ______ ______ ______ the window?

오늘의 회화

오늘의 표현을 활용한 대화를 듣고 따라 써 보세요. 19-2

오늘 밤 예약할 수 있나요?
Can I make a reservation for tonight?

죄송하지만, 오늘 밤은 예약이 다 찼습니다.
Sorry, but we're fully booked tonight.

그럼 저를 대기 명단에 올려 주실래요?
Will you put me on the waiting list?

물론이죠. 일행이 몇 분이십니까?
Sure. How many people are there in your party?

다섯 명 자리가 있나요?
Do you have a table for five?

네, 하지만 오래 기다리셔야 할 거예요.
Yes, but you'll have to wait for a long time.

제한 시간	15분 (25문항 각 4점)
SCORE	/ 100

1-6 다음 우리말에 맞게 영어 단어를 연결하고 따라 써 보세요.

1 예약 •   • waiting list
2 대기 명단 •   • How long
3 기다리다 •   • wait
4 얼마나 오래 •   • party
5 일행 •   • later
6 나중에 •   • reservation

7-9 다음 주어진 단어를 이용하여 우리말에 맞게 문장을 완성하세요.

I for come under Lee you have do five a table a reservation We'll just back later

7 Lee로 예약했어요. ▶ ______________________.

8 다섯 명 자리 있나요? ▶ ______________________?

9 그냥 나중에 다시 올게요. ▶ ______________________.

10-12 다음 주어진 단어를 이용하여 우리말에 맞게 문장을 완성하세요.

table / party / put

10 저를 대기 명단에 올려 주실래요? ▶ Will you ______________________?

11 창가 쪽 자리에 앉을 수 있나요? ▶ Can I ______________________?

12 일행이 몇 분이십니까? ▶ How many people are there ______________?

13-15 다음 들려주는 음원에 알맞은 사진을 찾아 번호를 쓰세요. 🔊19-3

13

▶ __________

14

▶ __________

15

▶ __________

16-18 다음 음원을 듣고 사진에 맞게 문장을 완성해 보세요.

16 19-4

▶ ______________________ for two for tonight?

17 19-5

▶ We'll just ______________________ .

18 19-6

▶ I ______________________ Lee.

19-22 다음 Hint를 이용해 우리말을 영어로 쓰고 말해보며 대화를 완성해 보세요.

오늘 밤 예약할 수 있나요? (Hint! make)
19 ______________________ ?

죄송하지만, 오늘 밤은 예약이 다 찼습니다. (Hint! fully)
20 Sorry, but ______________________ tonight.

그럼 저를 대기 명단에 올려 주실래요? (Hint! put)
21 Will you ______________________ ?

물론이죠. 일행이 몇 분이십니까? (Hint! party)
22 Sure. How ______________________ ?

23-25 다음 Hint를 이용해 우리말을 영어로 쓰고 말해 보세요.

23 Lee로 예약했어요. (Hint! under)

▶ ______________________

24 저희 얼마나 기다려야 하나요? (Hint! wait)

▶ ______________________

25 다섯 명 자리 있나요? (Hint! table)

▶ ______________________

Day 20 일상생활 식당 이용하기 (2)

DATE 20 . .

오늘의 표현

🔊20-1 음원 듣고 5번 따라 읽기 ☐☐☐☐☐

1 음료와 식사 주문하기

What would you like to order?
무엇을 주문하시겠습니까?

식당에서 음식을 주문할 때 직원에게 들을 수 있는 표현이에요. 무엇을 주문할지를 묻는 정중한 표현으로, 대답할 때도 would like를 사용해 I would(= I'd) like ~ 뒤에 주문하고 싶은 메뉴를 넣어 말하면 돼요.

추가 표현

- I'd like a glass of white wine. 화이트 와인 한 잔 주세요. / I'd like to have a steak. 전 스테이크로 할게요.
- I haven't decided yet. 아직 결정하지 못했어요.

2 추가 요청하기

Could you wrap this up?
이거 포장 좀 해주시겠어요?

wrap up은 '싸다, 포장하다'라는 뜻이에요. 미국 같은 곳에서는 기본적으로 제공되는 음식의 양이 많아서 남은 음식을 포장해 가는 걸 흔히 볼 수 있는데, 그럴 때 유용하게 쓸 수 있는 표현입니다.

추가 표현

- Could you clear the table? 테이블 좀 치워주시겠어요?
- Can I get another fork? 포크 하나 더 주실래요?

3 계산하기

Can we have the bill, please?
저희 계산서 좀 주시겠어요?

외국 식당에서는 주로 식사한 자리에서 계산까지 하는 경우가 많습니다. 그래서 계산서를 갖다 달라고 이렇게 요청할 수 있어요.

추가 표현

- Could we have separate bills, please? 저희 따로 계산할게요.
- Is the tip included in my total? 총 금액에 팁이 포함되어 있는 건가요?

오늘의 단어

order 주문하다 | a glass of ~ 한 잔 | decide 결정하다 | yet 아직 | wrap up 싸다, 포장하다 | clear 치우다 | another 또 다른, 하나 더 | bill 계산서 | separate 따로 | included 포함된 | total 총액

오늘의 표현 연습하기

빈칸을 채워 문장을 완성해보고, '오늘의 표현'에서 확인해 보세요.

1 무엇을 주문하시겠습니까? ▶ ______ ______ you like to ______ ?

2 전 스테이크로 할게요. ▶ ______ ______ ______ have a steak.

3 아직 결정하지 못했어요. ▶ I ______ ______ yet.

4 이거 포장 좀 해주시겠어요? ▶ Could you ______ this ______ ?

5 테이블 좀 치워주시겠어요? ▶ Could you ______ ______ ______ ?

6 포크 하나 더 주실래요? ▶ Can I ______ ______ fork?

7 저희 계산서 좀 주시겠어요? ▶ Can we ______ ______ ______ , please?

8 저희 따로 계산할게요. ▶ Could we have ______ ______ , please?

9 총 금액에 팁이 포함되어 있는 건가요? ▶ ______ ______ ______ ______ in my total?

오늘의 회화

오늘의 표현을 활용한 대화를 듣고 따라 써 보세요. 20-2

무엇을 주문하시겠습니까?
What would you like to order?

전 스테이크로 할게요.
I'd like to have a steak.

(잠시 후) 음식 맛은 어떠십니까?
(A few moments later.) How's the food?

전부 맛있어요. 이것 좀 포장해주시겠어요?
Everything's so good. Could you wrap this up?

물론이죠. 더 필요하신 것 있으신가요?
Sure. Is there anything more you need?

저희 계산서 좀 주시겠어요?
Can we have the bill, please?

Day 20 오늘의 문제

제한 시간	15분 (25문항 각 4점)
SCORE	/ 100

1-6 다음 우리말에 맞게 영어 단어를 연결하고 따라 써 보세요.

1	주문하다 •	• *decide*
2	결정하다 •	• *bill*
3	계산서 •	• *another*
4	포함된 •	• *clear*
5	치우다 •	• *included*
6	또 다른, 하나 더 •	• *order*

7-9 다음 주어진 단어를 이용하여 우리말에 맞게 문장을 완성하세요.

could what would this to like you
order wrap haven't up decided I yet

7 무엇을 주문하시겠습니까? ▶ ____________________ ?

8 이거 포장 좀 해주시겠어요? ▶ ____________________ ?

9 아직 결정하지 못했어요. ▶ ____________________ .

10-12 다음 주어진 단어를 이용하여 우리말에 맞게 문장을 완성하세요.

table / have / include

10 전 스테이크로 할게요. ▶ I'd like to ____________________ .

11 테이블 좀 치워주시겠어요? ▶ Could you ____________________ ?

12 총 금액에 팁이 포함되어 있는 건가요? ▶ ____________________ in my total?

13-15 다음 들려주는 음원에 알맞은 사진을 찾아 번호를 쓰세요. 🔊20-3

13

▶ __________

14

▶ __________

15

▶ __________

16-18 다음 음원을 듣고 사진에 맞게 문장을 완성해 보세요.

16 20-4

▶ Could ______________________, please?

17 20-5

▶ I ______________________.

18 20-6

▶ Could you ______________________?

19-21 다음 Hint를 이용해 우리말을 영어로 쓰고 말해보며 대화를 완성해 보세요.

무엇을 주문하시겠습니까? (Hint! order)
19 What ______________________?

전 스테이크로 할게요. (Hint! have)
20 ______________________ a steak.

(잠시 후) 음식은 어떠십니까?
(A few moments later.) How's the food?

전부 맛있어요. 이것 좀 포장해주시겠어요? (Hint! wrap)
21 Everything's good. Could you ______________________?

22-25 다음 Hint를 이용해 우리말을 영어로 쓰고 말해 보세요.

22 아직 결정하지 못했어요. (Hint! decided)

▶ ______________________

23 저희 따로 계산할게요. (Hint! separate)

▶ ______________________

24 총 금액에 팁이 포함되어 있는 건가요? (Hint! included, total)

▶ ______________________

25 포크 하나 더 주시겠어요? (Hint! another)

▶ ______________________

Day 21 일상생활

카페 이용하기

DATE 20 . .

오늘의 표현

🔊21-1 음원 듣고 5번 따라 읽기 ☐☐☐☐☐

1 주문하기

Can I get a large iced Americano?
라지 사이즈 아이스 아메리카노 한 잔 주시겠어요?

카페에서 음료를 주문할 때는 크기, 커피 종류 순으로 말하면 돼요. 참고로 얼음을 넣은 음료는 ice가 아니라 iced라고 써야 맞는 표현입니다.

추가 표현

- Can I get soymilk instead? 두유로 변경할 수 있을까요?
- No whipped cream, please. 휘핑 크림은 빼주세요.

2 추가 요청하기

Can you put two sleeves on the cup?
컵 홀더 두 개 끼워 주시겠어요?

우리가 흔히 말하는 컵에 끼우는 홀더는 영어로 sleeve라고 해요. 홀더(holder)는 컵 받침대를 의미합니다.

추가 표현

- Where can I get a straw? 빨대는 어디에 있나요?
- Can I get a cup holder tray? 컵 포장용 받침대에 담아 주시겠어요?

3 포장 여부 확인하기

For here or to go? / To go, please.
여기서 드시나요, 가지고 가시나요? / 가지고 갈게요.

카페에서 가장 많이 듣는 말이에요. 매장에서 먹고 간다면 머그잔에, 가지고 나간다면 일회용 잔에 담아 주기 때문이에요. 일회용 잔에 이름을 적어 커피가 나오면 이름을 불러주는 경우도 많습니다.

추가 표현

- Would you like to pay in cash? 현금으로 결제하시겠어요?
- Anything else? 더 필요하신 건 있으십니까? - No, that's all. 아니요, 그게 전부예요.

오늘의 단어

soymilk 두유 | instead 대신에 | whipped cream 휘핑 크림 | straw 빨대 | cup holder tray 컵 포장용 받침대 | pay 결제하다 | in cash 현금으로

오늘의 표현 연습하기

빈칸을 채워 문장을 완성해보고, '오늘의 표현'에서 확인해 보세요.

1 라지 사이즈 아이스 아메리카노 한 잔 주시겠어요? ▶ Can I ____ a ____ ____ Americano?

2 두유로 변경할 수 있을까요? ▶ Can I get ____ ____ ?

3 휘핑 크림은 빼주세요. ▶ ____ ____ ____ , please.

4 컵 홀더 두 개 끼워 주시겠어요? ▶ Can you ____ two ____ on the cup?

5 빨대는 어디에 있나요? ▶ ____ can I ____ a ____ ?

6 컵 포장용 받침대에 담아 주시겠어요? ▶ Can I get a cup ____ ____ ?

7 여기서 드시나요, 가지고 가시나요? / 가지고 갈게요. ▶ ____ ____ or ____ ____ ? / To go, please.

8 현금으로 결제하시겠어요? ▶ Would you like to ____ ____ ____ ?

9 더 필요하신 건 있으십니까? / 아니요, 그게 전부예요. ▶ ____ else? / No, ____ ____ .

오늘의 회화

오늘의 표현을 활용한 대화를 듣고 따라 써 보세요. 21-2

무엇으로 드릴까요?
What can I get for you?

라지 사이즈 아이스 아메리카노 한 잔 주시겠어요?
Can I get a large iced Americano?

물론이죠. 여기서 드시나요, 가지고 가시나요?
Sure. For here or to go?

가지고 갈게요. 컵 홀더 두 개 끼워 주시겠어요?
To go, please. Can you put two sleeves on the cup?

네. 더 필요하신 거 있으십니까?
Okay. Anything else?

아니요, 그게 전부예요.
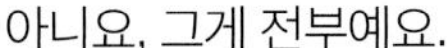
No, that's all.

Day 21 오늘의 문제

제한 시간	15분 (25문항 각 4점)
SCORE	/ 100

1-6 다음 우리말에 맞게 영어 단어를 연결하고 따라 써 보세요.

1 대신에	•	• straw
2 빨대	•	• pay
3 컵 포장용 받침대	•	• instead
4 현금으로	•	• soymilk
5 결제하다	•	• in cash
6 두유	•	• cup holder tray

7-9 다음 주어진 단어를 이용하여 우리말에 맞게 문장을 완성하세요.

get can I or a straw where for
whipped here to go no cream please

7 빨대는 어디에 있나요? ▶ ____________________?

8 여기서 드시나요, 가지고 가시나요? ▶ ____________________?

9 휘핑 크림은 빼주세요. ▶ ____________________.

10-12 다음 주어진 단어를 이용하여 우리말에 맞게 문장을 완성하세요.

instead / sleeve / pay

10 현금으로 결제하시겠어요? ▶ Would you ____________________?

11 두유로 변경할 수 있을까요? ▶ Can I ____________________?

12 컵 홀더 두 개 끼워 주시겠어요? ▶ Can you ____________________?

13-15 다음 들려주는 음원에 알맞은 사진을 찾아 번호를 쓰세요. 21-3

13 ▶ ____________

14 ▶ ____________

15 ▶ ____________

16-18 다음 음원을 듣고 사진에 맞게 문장을 완성해 보세요.

16 21-4

▶ Can I ______________________________ ?

17 21-5

▶ Can I ______________________________ ?

18 21-6

▶ Would ______________________________ ?

19-22 다음 Hint를 이용해 우리말을 영어로 쓰고 말해보며 대화를 완성해 보세요.

무엇으로 드릴까요?
What can I get for you?

라지 사이즈 아이스 아메리카노 한 잔 주시겠어요? (Hint! get)
19 ______________________________ ?

물론이죠. 여기서 드시나요, 가지고 가시나요? (Hint! here, go)
Sure. **20** ______________________________ ?

가지고 갈게요. 컵 홀더 두 개 끼워 주시겠어요? (Hint! put)
21 To go, please. Can you ______________________________ ?

네. 더 필요하신 거 있으십니까?
Okay. Anything else?

아니요, 그게 전부예요. (Hint! that's)
22 No, ______________________________ .

23-25 다음 Hint를 이용해 우리말을 영어로 쓰고 말해 보세요.

23 두유로 변경할 수 있을까요? (Hint! soymilk)

▶ ______________________________

24 컵 포장용 받침대에 담아 주시겠어요? (Hint! cup holder tray)

▶ ______________________________

25 현금으로 결제하시겠어요? (Hint! cash)

▶ ______________________________

Day 22 일상생활

패스트푸드점 이용하기

DATE 20 . .

오늘의 표현

22-1 음원 듣고 5번 따라 읽기 ☐☐☐☐☐

1 주문하기

Can I have the number 2 combo?
2번 세트 하나 주시겠어요?

햄버거를 주문할 때 우리는 흔히 '00 세트'라고 말하죠? 하지만 combo 또는 meal을 써야 올바른 영어 표현이 됩니다.

추가 표현

- Can I switch the fries to a corn salad? 감자튀김을 콘샐러드로 바꿀 수 있나요?
- I'll have a cheeseburger meal. 치즈버거 세트로 주문할게요.

2 추가 요청하기

Go easy on the mayo, please.
마요네즈는 조금만 넣어 주세요.

go easy on ~은 무언가를 적게 넣어 달라고 말할 때 유용하게 쓸 수 있는 표현이에요. 아예 안 넣는 건 아니고 약간만 넣어 달라는 의미예요.

추가 표현

- Can I get a refill? 음료수 좀 리필해 주실래요?
- Hold the onions on the hamburger, please. 햄버거에서 양파를 빼 주세요.

3 계산하기

How much is it in total?
전부 다 해서 얼마죠?

패스트푸드점에서 주문할 때는 사이드 메뉴까지 이것저것 다양하게 시키는 경우가 많죠? 그런 때 전부 다 해서 얼마냐는 이 표현을 유용하게 사용할 수 있어요.

추가 표현

- Your total comes to $6.50. 총 6.50달러입니다.
- How would you like to pay? 어떻게 계산하시겠어요?

오늘의 단어

combo 세트 메뉴 | switch 바꾸다 | go easy on ~ (명령형으로 쓰여) ~을 너무 많이 쓰지 마라 | refill 리필 | hold ~을 빼다 | total 합계, 총액 | come to ~이 되다

오늘의 표현 연습하기

빈칸을 채워 문장을 완성해보고, '오늘의 표현'에서 확인해 보세요.

1 2번 세트 하나 주시겠어요? ▶ Can I ______ the number 2 ______ ?

2 감자튀김을 콘샐러드로 바꿀 수 있나요? ▶ Can I ______ the fries ______ a corn salad?

3 치즈버거 세트로 주문할게요. ▶ I'll ______ a cheeseburger ______ .

4 마요네즈는 조금만 넣어 주세요. ▶ ______ ______ ______ the mayo, please.

5 음료수 좀 리필해 주실래요? ▶ Can I ______ ______ ______ ?

6 햄버거에서 양파를 빼 주세요. ▶ ______ the onions ______ the hamburger, please.

7 전부 다 해서 얼마죠? ▶ How much is it ______ ______ ?

8 총 6.50달러입니다. ▶ ______ ______ comes to $6.50.

9 어떻게 계산하시겠어요? ▶ ______ would you like to ______ ?

오늘의 회화

오늘의 표현을 활용한 대화를 듣고 따라 써 보세요. 22-2

2번 세트 하나 주시겠어요? 감자튀김을 콘샐러드로 바꿀게요.

Can I have the number 2 combo? I will switch the fries to a corn salad.

네. 여기서 드시고 가시나요, 가져 가시나요?

Sure. For here or to go?

여기서 먹고 갈게요. 마요네즈는 조금만 넣어 주세요.

For here. Go easy on the mayo, please.

알겠습니다. 다른 건요?

Sure. Anything else?

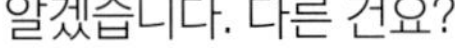

그게 다예요. 전부 다 해서 얼마죠?

That's all. How much is it in total?

총 6.50달러입니다.

Your total comes to $6.50.

제한 시간	15분 (25문항 각 4점)
SCORE	/ 100

1-6 다음 우리말에 맞게 영어 단어를 연결하고 따라 써 보세요.

1 바꾸다 •	• total
2 리필 •	• go easy on
3 세트 메뉴 •	• come to
4 합계, 총액 •	• combo
5 ~이 되다 •	• refill
6 ~을 너무 많이 쓰지 마라 •	• switch

7-9 다음 주어진 단어를 이용하여 우리말에 맞게 문장을 완성하세요.

pay　the mayo　you　like　go　to　much　is

would　it　in　easy　how　on　total

7 마요네즈는 조금만 넣어 주세요. ▶ ____________________, please.

8 전부 다 해서 얼마죠? ▶ ____________________?

9 어떻게 계산하시겠어요? ▶ ____________________?

10-12 다음 주어진 단어를 이용하여 우리말에 맞게 문장을 완성하세요.

switch / get / come

10 총 6.50달러입니다. ▶ ____________________ $6.50.

11 음료수 좀 리필해 주실래요? ▶ Can I ____________________?

12 감자튀김을 콘샐러드로 바꿀 수 있나요? ▶ ____________________ to a corn salad?

13-15 다음 들려주는 문장에 알맞은 대답을 연결해 보세요.

13 22-3 •	• I'd like to pay in cash.
14 22-4 •	• Can I have the number 2 combo?
15 22-5 •	• Your total comes to $6.50.

16-18 다음 음원을 듣고 사진에 맞게 빈칸을 채워보세요.

16 22-6

▶ ______________________, please.

17 22-7

▶ I'll ______________________.

18 22-8

▶ ______________________, please.

19-22 다음 Hint를 이용해 우리말을 영어로 쓰고 말해보며 대화를 완성해 보세요.

2번 세트 하나 주시겠어요? 감자튀김을 콘샐러드로 바꿀게요. (Hint! have)

19 Can I ______________________? I will switch the fries to a corn salad.

네. 여기서 드시고 가시나요, 가져 가시나요?

Sure. For here or to go?

여기서 먹고 갈게요. 마요네즈는 조금만 넣어 주세요. (Hint! Go)

20 For here. ______________________, please.

알겠습니다. 다른 건요?

Sure. Anything else?

그게 다예요. 전부 다 해서 얼마죠? (Hint! total)

21 That's all. ______________________?

총 6.50달러입니다. (Hint! comes)

22 ______________________ $6.50.

23-25 다음 Hint를 이용해 우리말을 영어로 쓰고 말해 보세요.

23 음료수 좀 리필해 주실래요? (Hint! get)

▶ ______________________

24 2번 세트 하나 주시겠어요? (Hint! combo)

▶ ______________________

25 햄버거에서 양파를 빼 주세요. (Hint! Hold)

▶ ______________________

Day 23 일상생활

쇼핑하기 (1)

DATE 20 . .

오늘의 표현

23-1 음원 듣고 5번 따라 읽기

1 물건 찾기

I'm looking for a shirt.
전 셔츠를 찾고 있어요.

직원에게 찾고 있는 물건을 말할 때 쓸 수 있는 표현이에요. I'm looking for 뒤에 내가 사고자 하는 제품을 넣어 말해 보세요.

추가 표현

- Where can I find a shirt? 셔츠는 어디에서 찾을 수 있어요?
- I'm just looking around. 전 그냥 둘러보고 있어요.

2 입어 보기

Can I try this on?
이거 입어 봐도 돼요?

try on은 무언가를 착용해본다고 말할 때 쓰는 표현이에요. try와 on 사이에 내가 착용해보고 싶은 걸 넣어 말하면 돼요. 의류뿐만 아니라 신발, 액세서리에도 사용할 수 있는 표현입니다.

추가 표현

- Where is the fitting room? 탈의실은 어디예요?
- Can you show me that shirt? 저 셔츠 좀 보여주실래요?

3 사이즈(색깔) 물어보기

Do you have this in a different size(color)?
이거 다른 치수(색깔)로 있어요?

스타일은 마음에 드는데 다른 치수나 색깔이 필요할 때 이렇게 물어볼 수 있어요. Do you have ~?는 상대방에게 어떤 것이 있는지 물어볼 때 쓸 수 있는 표현입니다.

추가 표현

- Do you have this in a smaller(bigger) size? 이거 더 작은(더 큰) 치수로 있어요?
- This is a little small(big) for me. 이거 저한테 좀 작네요(크네요).

오늘의 단어

look for ~을 찾다 | find 찾다 | look around 둘러보다 | try on 입어 보다 | fitting room 탈의실 | different 다른 | size 치수 | small/smaller 작은/더 작은 | big/bigger 큰/더 큰

오늘의 표현 연습하기

빈칸을 채워 문장을 완성해보고, '오늘의 표현'에서 확인해 보세요.

1 전 셔츠를 찾고 있어요. ▶ I'm ______ ______ a shirt.

2 셔츠는 어디에서 찾을 수 있어요? ▶ ______ ______ I find a shirt?

3 전 그냥 둘러보고 있어요. ▶ I'm just ______ ______ .

4 이거 입어 봐도 돼요? ▶ Can I ______ this ______ ?

5 탈의실은 어디예요? ▶ Where is the ______ ______ ?

6 저 셔츠 좀 보여주실래요? ▶ Can you ______ ______ that shirt?

7 이거 다른 색깔로 있어요? ▶ Do you have this in a ______ ______ ?

8 이거 더 큰 치수로 있어요? ▶ Do you have this in a ______ ______ ?

9 이거 저한테 좀 작네요. ▶ This is a ______ ______ for me.

오늘의 회화

오늘의 표현을 활용한 대화를 듣고 따라 써 보세요. 23-2

어떻게 도와드릴까요?
How may I help you?

전 셔츠를 찾고 있어요. 어디서 찾을 수 있죠?
I'm looking for a shirt. Where can I find one?

바로 저쪽에 있습니다.
It's right over there.

감사합니다! (잠시 후) 이거 입어 봐도 되나요?
Thank you! (A few moments later.) Can I try this on?

물론이죠. 탈의실에서 입어 보세요.
Sure. You can try it on in the fitting room.

이거 더 큰 치수로 있어요? 저한테 약간 작네요.
Do you have this in a bigger size? This is a little small for me.

Day 23 오늘의 문제

제한 시간	15분 (25문항 각 4점)
SCORE	/ 100

1-6 다음 우리말에 맞게 영어 단어를 연결하고 따라 써 보세요.

1 ~을 찾다 •
2 더 큰 •
3 탈의실 •
4 입어 보다 •
5 더 작은 •
6 다른 •

• different
• try on
• fitting room
• bigger
• smaller
• look for

7-10 다음 주어진 단어를 이용하여 우리말에 맞게 문장을 완성하세요.

a shirt　do　you　this　in　a different size
try　have　can　I　on　I'm　where
is　the fitting room　looking　for

7 이거 다른 치수로 있어요? ▶ ____________________ ?

8 탈의실은 어디에 있어요? ▶ ____________________ ?

9 셔츠를 찾고 있어요. ▶ ____________________ .

10 이거 입어 봐도 돼요? ▶ ____________________ ?

11-14 다음 음원을 듣고 문장을 완성해 보세요.

11 23-3 This is ____________________ for me.

12 23-4 Do you have this ____________________ ?

13 23-5 ____________________ a shirt?

14 23-6 ____________________ that shirt?

15-17 다음 음원을 듣고 각 사진의 상황에 맞는 문장 번호를 적어 보세요. 🔊23-7

15

▶ ____________

16

▶ ____________

17

▶ ____________

18-22 다음 Hint를 이용해 우리말을 영어로 쓰고 말해보며 대화를 완성해 보세요.

제가 도와드릴까요?
Do you need any help?

전 셔츠를 찾고 있어요. 어디서 찾을 수 있죠? (Hint! looking, find one)
18 ____________ . **19** ____________ ?

바로 저쪽에 있습니다.
It's right over there.

감사합니다! (잠시 후) 이거 입어 봐도 되나요? (Hint! try)
Thank you! (A few moments later.) **20** ____________ ?

물론이죠. 탈의실에서 입어 보세요. (Hint! in)
Sure. You can try it on **21** ____________ .

이거 더 큰 치수로 있어요? 저한테 약간 작네요. (Hint! bigger)
22 Do you have this ____________ ? This is a little small for me.

23-25 다음 Hint를 이용해 우리말을 영어로 쓰고 말해 보세요.

23 이거 다른 색깔로 있어요? (Hint! different)

▶ ____________

24 저 셔츠 좀 보여주실래요? (Hint! show)

▶ ____________

25 전 그냥 둘러보고 있어요. (Hint! looking)

▶ ____________

Day 24 일상생활

쇼핑하기 (2)

DATE 20 . .

오늘의 표현

24-1 음원 듣고 5번 따라 읽기 ☐☐☐☐☐

1 가격 문의하기

Is this on sale?
이거 할인 중인가요?

on sale은 '할인 중인'이라는 뜻이에요. 마음에 드는 물건이 할인 중인지 궁금할 때 직원에게 물어볼 수 있는 표현이에요.

추가 표현

- What's the regular price? 정가가 얼마예요?
- This is buy one get one free. 이건 하나 사시면 하나는 무료예요.

2 계산하기

I'll pay by credit card.
신용 카드로 계산할게요.

신용 카드로 계산한다고 할 때 수단을 나타내는 전치사 by를 사용합니다.

추가 표현

- Can I pay in installments? 할부되나요?
- I want to pay in three monthly installments. 3개월 할부로 해주세요.

3 교환, 환불하기

I'd like to exchange this.
이거 교환하고 싶어요.

물건을 산 후에 교환을 원할 때 사용할 수 있는 표현이에요. It's too big.(너무 커요.) 또는 It's too small.(너무 작아요.)처럼 이유를 뒤에 붙여 말하면 되겠죠?

추가 표현

- I'd like to get a refund. 환불하고 싶어요.
- Can I exchange this for a different color(size)? 이거 다른 색깔(치수)로 교환할 수 있을까요?

오늘의 단어

on sale 할인 중인 | regular price 정가 | installment 할부 | exchange 교환하다 | refund 환불 | different 다른

오늘의 표현 연습하기

빈칸을 채워 문장을 완성해보고, '오늘의 표현'에서 확인해 보세요.

1 이거 할인 중인가요? ▶ Is this ______ ______?

2 정가가 얼마예요? ▶ ______ the ______ ______?

3 이건 하나 사시면 하나는 무료예요. ▶ This is ______ one ______ one ______.

4 신용 카드로 계산할게요. ▶ I'll ______ ______ credit card.

5 할부되나요? ▶ Can I pay ______ ______?

6 3개월 할부로 해주세요. ▶ I want to pay in three ______ ______.

7 이거 교환하고 싶어요. ▶ I'd like to ______ this.

8 환불하고 싶어요. ▶ I'd like to get a ______.

9 이거 다른 색깔(치수)로 교환할 수 있을까요? ▶ Can I ______ this ______ a different color(size)?

오늘의 회화

오늘의 표현을 활용한 대화를 듣고 따라 써 보세요. 24-2

이거 할인 중인가요?
Is this on sale?

오, 이건 하나 사시면 하나는 무료예요.
Oh, this is buy one get one free.

잘됐네요. 이걸로 할게요.
That's nice. I'll take this.

어떻게 계산하시겠어요?
How would you like to pay?

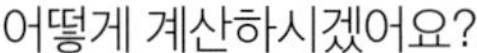

신용 카드로 계산할게요. 아, 죄송하지만 이거 다른 색깔로 교환할 수 있을까요?
I'll pay by credit card. Oh, I'm sorry, but can I exchange this for a different color?

물론이죠! 어떤 색깔로 하시겠어요?
Sure! Which color would you like?

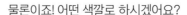

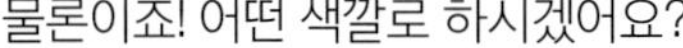

Day 24 오늘의 문제

제한 시간	15분 (25문항 각 4점)
SCORE	/ 100

1-6 다음 우리말에 맞게 영어 단어를 연결하고 따라 써 보세요.

1 정가 • • exchange

2 다른 • • installment

3 할부 • • on sale

4 환불 • • different

5 교환하다 • • regular price

6 할인 중인 • • refund

7-9 다음 주어진 단어를 이용하여 우리말에 맞게 문장을 완성하세요.

this installments on is sale can

get I pay in I'd like to a refund

7 이거 할인 중인가요? ▶ ______________________ ?

8 할부되나요? ▶ ______________________ ?

9 환불하고 싶어요. ▶ ______________________ .

10-12 다음 주어진 단어를 이용하여 우리말에 맞게 문장을 완성하세요.

by / exchange / regular

10 신용 카드로 계산할게요. ▶ I'll ______________________ .

11 정가가 얼마예요? ▶ What's ______________________ ?

12 이거 교환하고 싶어요. ▶ I'd ______________________ .

13-15 다음 들려주는 음원에 알맞은 사진을 찾아 번호를 쓰세요. 24-3

13 ▶ __________

14 ▶ __________

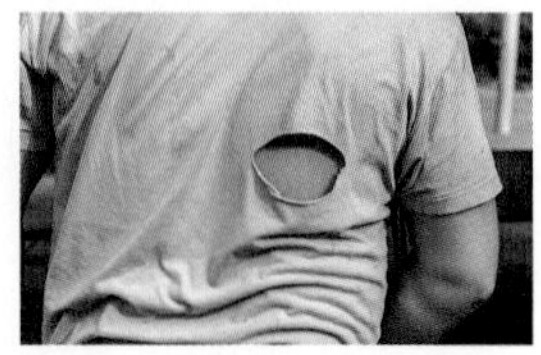

15 ▶ __________

16-18 다음 음원을 듣고 사진에 맞게 문장을 완성해 보세요.

16 24-4

▶ I'll ______________________.

17 24-5

▶ ______________________?

18 24-6

▶ I want to pay in ______________________.

19-21 다음 Hint를 이용해 우리말을 영어로 쓰고 말해보며 대화를 완성해 보세요.

이거 할인 중인가요? (Hint! on)
19 ______________________?

아, 이건 하나 사시면 하나는 무료예요. (Hint! buy, get)
20 Oh, ______________________.

잘됐네요. 이걸로 할게요.
That's nice. I'll take this.

어떻게 계산하시겠어요?
How would you like to pay?

신용 카드로 계산할게요. (Hint! by)
21 I'll ______________________.

22-25 다음 Hint를 이용해 우리말을 영어로 쓰고 말해 보세요.

22 할부되나요? (Hint! installments)

▶ ______________________

23 이거 교환하고 싶어요. (Hint! exchange)

▶ ______________________

24 이거 다른 치수로 교환할 수 있을까요? (Hint! exchange, different)

▶ ______________________

25 3개월 할부로 해주세요. (Hint! monthly)

▶ ______________________

Day 25

일상생활

대중교통 이용하기

DATE 20 . .

25-1 음원 듣고 5번 따라 읽기 □□□□□

1 버스 타기

Which bus is going to Gangnam Station?
어느 버스가 강남역으로 가나요?

어떤 버스를 타야 원하는 곳으로 가는지 물을 때 사용할 수 있는 표현이에요. to 뒤에 내가 가려는 행선지를 넣어 말해 보세요.

추가 표현

- Does this bus go to the city hall? 이 버스 시청으로 가나요?
- Where do I take bus number 5? 5번 버스는 어디에서 타나요?

2 지하철 타기

Is there a subway station around here?
이 근처에 지하철역이 있나요?

Is there은 어떤 것이 있냐고 물을 때 쓸 수 있는 유용한 표현이에요. around here은 '이 근처에'라는 뜻입니다.

추가 표현

- Which exit should I take to get to city hall? 시청에 가려면 몇 번 출구로 가야 하나요?
- Where can I take line number one? 1호선은 어디에서 탈 수 있나요?

3 택시 타기

How long will it take?
얼마나 걸릴까요?

택시를 타면 얼마나 걸릴지 자주 물어보게 돼죠? 이때 쓰이는 take는 '(시간이) 걸리다'라는 뜻이에요.

추가 표현

- Please take me to this address. 이 주소로 가 주세요.
- Can you pull over to that crosswalk? 저 횡단보도에서 세워 주실래요?

오늘의 단어

take 타다, (시간이) 걸리다 | around here 이 근처에 | exit 출구 | How long 얼마나 오래 | address 주소 | pull over (차를) 세우다 | crosswalk 횡단보도

오늘의 표현 연습하기

빈칸을 채워 문장을 완성해보고, '오늘의 표현'에서 확인해 보세요.

1 어느 버스가 강남역으로 가나요? ▶ Which bus is ______ ______ Gangnam Station?

2 이 버스 시청으로 가나요? ▶ Does this bus ______ ______ the city hall?

3 5번 버스는 어디에서 타나요? ▶ ______ ______ I ______ bus number 5?

4 이 근처에 지하철역이 있나요? ▶ ______ ______ a subway station ______ here ?

5 시청에 가려면 몇 번 출구로 가야 하나요? ▶ ______ ______ should I ______ to get to city hall?

6 1호선은 어디에서 탈 수 있나요? ▶ Where can I ______ ______ ______ one?

7 얼마나 걸릴까요? ▶ ______ ______ will it ______ ?

8 이 주소로 가 주세요. ▶ Please ______ me ______ this address.

9 저 횡단보도에서 세워 주실래요? ▶ Can you ______ ______ to that crosswalk?

오늘의 회화

오늘의 표현을 활용한 대화를 듣고 따라 써 보세요. 25-2

실례지만, 어느 버스가 강남역으로 가나요?
Excuse me, but which bus is going to Gangnam Station?

음... 제 생각엔 지하철을 타시는 게 나을 거 같아요.
Umm... I think it's better to take the subway.

이 근처에 지하철역이 있나요?
Is there a subway station around here?

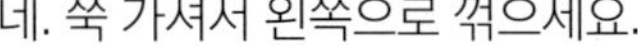

네. 쭉 가셔서 왼쪽으로 꺾으세요.
Yes. Go straight and turn left.

정말 감사합니다. 강남역까지 얼마나 걸릴까요?
Thank you so much. How long will it take to Gangnam Station?

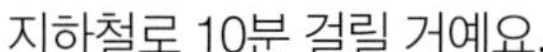

지하철로 10분 걸릴 거예요.
It will take 10 minutes by subway.

Day 25 오늘의 문제

제한 시간	15분 (25문항 각 4점)
SCORE	/ 100

1-6 다음 우리말에 맞게 영어 단어를 연결하고 따라 써 보세요.

1 출구 •　　　　• around here
2 주소 •　　　　• address
3 이 근처에 •　　　　• pull over
4 횡단보도 •　　　　• exit
5 (차를) 세우다 •　　　　• take
6 타다, (시간이) 걸리다 •　　　　• crosswalk

7-9 다음 주어진 단어를 이용하여 우리말에 맞게 문장을 완성하세요.

does　this bus　go　long　to　where　it　can
I　line number one　the city hall　how　will　take

7 얼마나 걸릴까요? ▶ ____________________ ?
8 1호선은 어디에서 탈 수 있나요? ▶ ____________________ ?
9 이 버스 시청으로 가나요? ▶ ____________________ ?

10-12 다음 주어진 단어를 이용하여 우리말에 맞게 문장을 완성하세요.

take / pull / go

10 어느 버스가 강남역으로 가나요? ▶ ____________________ Gangnam Station?
11 이 주소로 가 주세요. ▶ Please ____________________ .
12 저 횡단보도에서 세워 주실래요? ▶ Can you ____________________ ?

13-15 다음 들려주는 음원에 가장 자연스러운 대답을 연결해 보세요.

13 25-3 •　　　　• You can take exit number 5.
14 25-4 •　　　　• It will take about 10 minutes.
15 25-5 •　　　　• You can find a bus station right over there.

16-18 다음 음원을 듣고 사진에 맞게 문장을 완성해 보세요.

16 ◁)25-6

▶ ______________________ to that crosswalk.

17 ◁)25-7

▶ ______________________ the city hall?

18 ◁)25-8

▶ Please ______________________ .

19-21 다음 Hint를 이용해 우리말을 영어로 쓰고 말해보며 대화를 완성해 보세요.

실례지만, 어느 버스가 강남역으로 가나요? (Hint! which)
19 Excuse me, but ______________________ Gangnam Station?

음... 제 생각엔 지하철을 타시는 게 나을 거 같아요.
Umm... I think it's better to take the subway.

이 근처에 지하철역이 있나요? (Hint! station)
20 ______________________ around here?

네. 쭉 가셔서 왼쪽으로 꺾으세요.
Yes. Go straight and turn left.

정말 감사합니다. 강남역까지 얼마나 걸릴까요? (Hint! long)
21 Thank you so much. ______________________ to Gangnam Station?

지하철로 10분 걸릴 거예요.
It will take 10 minutes by subway.

22-25 다음 Hint를 이용해 우리말을 영어로 쓰고 말해 보세요.

22 시청에 가려면 몇 번 출구로 가야 하나요? (Hint! exit, city hall)

▶ ______________________

23 저 횡단보도에서 세워 주실래요? (Hint! pull)

▶ ______________________

24 어느 버스가 강남역으로 가나요? (Hint! going)

▶ ______________________

25 1호선은 어디에서 탈 수 있나요? (Hint! take, line)

▶ ______________________

Day 26 일상생활

길 찾기

DATE 20 . .

오늘의 표현

26-1 음원 듣고 5번 따라 읽기 □□□□□

1 길 물어보기

How can I get to the Hilton Hotel?
힐튼 호텔에 어떻게 가나요?

길을 찾다가 헤매는 상황에 놓일 경우, How can I get to ~? 표현을 사용해서 상대방에게 길을 물어볼 수 있어요. to 뒤에는 찾는 장소를 넣어서 말하면 돼요.

추가 표현

- Can you show me the way to Yongsan Station? 용산역으로 가는 길 좀 알려주시겠어요?
- Which way is the ABC Building? 어느 방향이 ABC 빌딩인가요?

2 길 알려주기

Go straight and turn left.
쭉 가셔서 왼쪽으로 도세요.

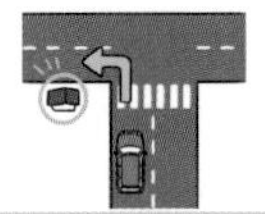

상대방에게 직진하라고 할 때 go straight 그리고 방향을 틀라고 할 때 turn을 사용해서 turn left 혹은 turn right(오른쪽으로 도세요)이라고 하며 길을 안내해 줄 수 있어요.

추가 표현

- Walk this way for about 10 minutes. 이 방향으로 10분 정도 걸어가세요.
- You can't miss it. 쉽게 찾으실 거예요.

3 도움 요청하기

I'm lost. Can you help me?

저 길을 잃었는데 도와주시겠어요?

길을 잃었을 때 lost를 사용해서 현재 놓인 상황을 알려줄 수 있어요. 그리고 도움을 요청할 때는 '~해주실 수 있나요?'라는 뜻의 Can you ~?를 사용해요. 더욱 공손하게 요청할 때에는 Could you ~? 혹은 뒤에 please를 붙이면 돼요.

추가 표현

- Can I ask you something? 뭐 좀 여쭤봐도 될까요?
- I'm a stranger here. 전 여기가 처음이라서요.

오늘의 단어

get to ~에 도착하다 | hotel 호텔 | show the way 길을 가르쳐주다 | station 역 | way 길 | go straight 직진하다 | turn left 왼쪽으로 돌다 | about 약, 쯤 | miss 놓치다 | lost 길을 잃은 | help 도와주다 | ask 물어보다 | stranger 낯선 사람

오늘의 표현 연습하기

빈칸을 채워 문장을 완성해보고, '오늘의 표현'에서 확인해 보세요.

1 힐튼 호텔에 어떻게 가나요? ▶ How can I ______ ______ the Hilton Hotel?

2 용산역으로 가는 길 좀 알려주시겠어요? ▶ Can you ______ me ______ ______ to Yongsan Station?

3 어느 방향이 ABC 빌딩인가요? ▶ ______ ______ ______ the ABC Building?

4 쭉 가셔서 왼쪽으로 도세요. ▶ Go straight and ______ ______.

5 이 방향으로 10분 정도 걸어가세요. ▶ ______ ______ ______ for about 10 minutes.

6 쉽게 찾으실 거예요. ▶ You ______ ______ it.

7 저 길을 잃었는데 도와주시겠어요? ▶ I'm lost. ______ ______ ______ me?

8 뭐 좀 여쭤봐도 될까요? ▶ Can I ______ ______ ______?

9 전 여기가 처음이라서요. ▶ ______ ______ ______ here.

오늘의 회화

오늘의 표현을 활용한 대화를 듣고 따라 써 보세요. 26-2

실례합니다. 힐튼 호텔에 어떻게 가나요?
Excuse me. How can I get to the Hilton Hotel?

쭉 가셔서 왼쪽으로 도세요.
Go straight and turn left.

거기 가는데 얼마나 걸리나요?
How long does it take to get there?

10분 정도 걸려요. 쉽게 찾으실 거예요.
About 10 minutes. You can't miss it.

감사해요. 전 여기가 처음이라서요.
Thanks. I'm a stranger here.

천만에요!
No problem at all!

제한 시간	15분 (25문항 각 4점)
SCORE	/ 100

1-6 다음 우리말에 맞게 영어 단어를 연결하고 따라 써 보세요.

1 낯선 사람 •	• get to
2 왼쪽으로 돌다 •	• lost
3 ~에 도착하다 •	• station
4 길을 잃은 •	• show the way
5 역 •	• stranger
6 길을 가르쳐주다 •	• turn left

7-9 다음 주어진 단어를 이용하여 우리말에 맞게 문장을 완성하세요.

can which Yongsan Station the show
ask way ABC Building you me
to I something is

7 용산역으로 가는 길 좀 알려주시겠어요? ▶ ____________________ ?

8 뭐 좀 여쭤봐도 될까요? ▶ ____________________ ?

9 어느 방향이 ABC 빌딩인가요? ▶ ____________________ ?

10-13 다음 주어진 단어를 이용하여 우리말에 맞게 문장을 완성하세요.

lost / stranger / about / get

10 이 방향으로 10분 정도 걸어가세요. ▶ Walk this way ____________________ .

11 저 길을 잃었는데 도와주시겠어요? ▶ ____________________ . Can you help me?

12 힐튼 호텔에 어떻게 가나요? ▶ ____________________ the Hilton Hotel?

13 전 여기가 처음이라서요. ▶ I'm a ____________________ .

14-17 다음 음원을 듣고 사진에 맞게 빈칸을 채워보세요.

14 🔊26-3

▶ ____________________ and turn left.

15 26-4

▶ ______________________ it.

16 26-5

▶ ______________________ you something?

17 26-6

▶ ______________________ ABC Building?

18-21 다음 Hint를 이용해 우리말을 영어로 쓰고 말해보며 대화를 완성해 보세요.

실례합니다. 힐튼 호텔에 어떻게 가나요? (Hint! get to)

18 Excuse me. How can I ______________________ ?

쭉 가셔서 왼쪽으로 도세요. (Hint! turn)

19 Go ______________________ left.

거기 가는데 얼마나 걸리나요?

How long does it take to get there?

10분 정도 걸려요. 쉽게 찾으실 거예요. (Hint! miss)

20 About 10 minutes. ______________________ .

감사해요. 전 여기가 처음이라서요. (Hint! stranger)

21 Thanks. ______________________ .

22-25 다음 Hint를 이용해 우리말을 영어로 쓰고 말해 보세요.

22 용산역으로 가는 길 좀 알려주시겠어요? (Hint! Station)

▶ ______________________

23 어느 방향이 ABC 빌딩인가요? (Hint! way)

▶ ______________________

24 이 방향으로 10분 정도 걸어가세요. (Hint! Walk)

▶ ______________________

25 저 길을 잃었는데 도와주시겠어요? (Hint! help)

▶ ______________________

Day 27 일상생활

술집 이용하기

DATE 20 . .

오늘의 표현

27-1 음원 듣고 5번 따라 읽기 ☐☐☐☐☐

1 주문하기

Can I have a draft?
생맥주 한 잔 주실 수 있나요?

바에서 술 한 잔을 마시고 싶을 때 직원에게 Can I have ~? 뒤에 주류를 넣어서 말해요. '생맥주'라는 뜻의 draft는 draft beer라고도 나타낼 수 있어요.

추가 표현

- Can you recommend a good wine? 괜찮은 와인 좀 추천해 주실래요?
- Straight up or on the rocks? 그냥 드릴까요, 얼음을 넣어 드릴까요?

2 건배하기

Bottoms up!
원샷!

술자리에서 외국인에게 "원샷!"이라고 외치면 콩글리쉬이기 때문에 상대방이 못 알아 들을 수 있어요. 원샷!이 아닌 Bottoms up!이라고 말하면 돼요.

추가 표현

- Here's to us! 위하여!
- Let's make a toast. 건배합시다.

3 취한 정도 말하기

Are you drunk?
너 취했어?

상대방이 취했는지 물어볼 때 '취한'이라는 뜻을 갖고 있는 단어인 drunk를 사용해서 Are you drunk?와 같이 나타낼 수 있어요. 참고로 drunk 뿐만 아니라 tipsy와 sober 등 다양한 단어를 사용하여 취한 상태를 묘사할 수 있어요.

추가 표현

- I'm a little tipsy. 난 약간 취했어.
- I'm sober. 난 멀쩡해.

오늘의 단어

draft 생맥주 | recommend 추천하다 | good 괜찮은, 좋은 | straight up 얼음 없이 나오는 | on the rocks 얼음을 넣은 | us 우리에게 | make a toast 건배를 하다 | drunk 취한 | a little 조금 | tipsy 술이 약간 취한 | sober 술 취하지 않은

오늘의 표현 연습하기

빈칸을 채워 문장을 완성해보고, '오늘의 표현'에서 확인해 보세요.

1 생맥주 한 잔 주실 수 있나요? ▶ Can I ______ ______ ______ ?

2 괜찮은 와인 좀 추천해 주실래요? ▶ ______ ______ ______ a good wine?

3 그냥 드릴까요, 얼음을 넣어 드릴까요? ▶ Straight up or ______ ______ ______ ?

4 원샷! ▶ ______ ______ !

5 위하여! ▶ Here's ______ ______ !

6 건배합시다. ▶ Let's ______ ______ ______ .

7 너 취했어? ▶ Are you ______ ?

8 난 약간 취했어. ▶ ______ ______ ______ tipsy.

9 난 멀쩡해. ▶ I'm ______ .

오늘의 회화

오늘의 표현을 활용한 대화를 듣고 따라 써 보세요. 27-2

원샷!
Bottoms up!

너 취했어? 너 조금 빨개졌어.
Are you drunk? You're a little red.

난 멀쩡해. 넌 어때?
I'm sober. How about you?

난 약간 취했어. 근데, 이거 한 잔 더 시키자.
I'm a little tipsy. But, let's get another one of this.

그냥 아니면 얼음을 넣어서?
Straight up or on the rocks?

얼음을 넣은 게 더 좋을 것 같아.
On the rocks would be better.

Day 27 오늘의 문제

제한 시간	15분 (25문항 각 4점)
SCORE	/ 100

1-6 다음 우리말에 맞게 영어 단어를 연결하고 따라 써 보세요.

1 건배를 하다 •	• straight up
2 조금 •	• recommend
3 얼음 없이 나오는 •	• make a toast
4 생맥주 •	• draft
5 추천하다 •	• drunk
6 취한 •	• a little

7-9 다음 주어진 단어를 이용하여 우리말에 맞게 문장을 완성하세요.

good draft us have you a I

can recommend here's wine to

7 생맥주 한 잔 주실 수 있나요? ▶ ______________________ ?

8 위하여! ▶ ______________________ !

9 괜찮은 와인 좀 추천해 주실래요? ▶ ______________________ ?

10-12 다음 주어진 단어를 이용하여 우리말에 맞게 문장을 완성하세요.

Let's / up / little

10 원샷! ▶ ______________ !

11 건배합시다. ▶ ______________ a toast.

12 난 약간 취했어. ▶ I'm ______________ .

13-15 다음 들려주는 음원에 알맞은 사진을 찾아 번호를 쓰세요. 27-3

13 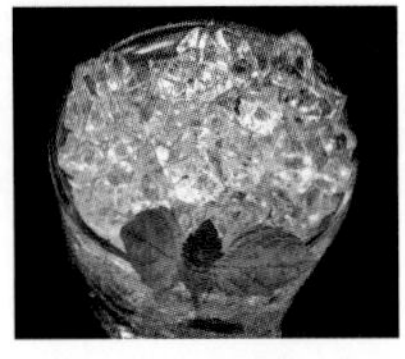
▶ __________

14 
▶ __________

15 
▶ __________

16-18 다음 음원을 듣고 사진에 맞게 문장을 완성해 보세요.

16 27-4

▶ ______________________ us!

17 27-5

▶ ______________________ a draft?

18 27-6

▶ Can you ______________________ ?

19-23 다음 Hint를 이용해 우리말을 영어로 쓰고 말해보며 대화를 완성해 보세요.

원샷! (Hint! up)

19 ______________________ !

너 취했어? 너 조금 빨개졌어. (Hint! drunk)

20 ______________________ ? You're a little red.

난 멀쩡해. 넌 어때? (Hint! sober)

21 ______________________ . How about you?

난 약간 취했어. 근데, 이거 한 잔 더 시키자. (Hint! tipsy)

22 ______________________ . But, let's get another one of this.

그냥 아니면 얼음을 넣어서? (Hint! Straight)

23 ______________________ or on the rocks?

24-25 다음 Hint를 이용해 우리말을 영어로 쓰고 말해 보세요.

24 건배합시다. (Hint! toast)

▶ ______________________

25 괜찮은 와인 좀 추천해 주실래요? (Hint! recommend)

▶ ______________________

Day 28 일상생활

운전하기

DATE 20 . .

오늘의 표현

28-1 음원 듣고 5번 따라 읽기 □□□□□

1 차에 타기

I can give you a ride.
내가 너 태워줄 수 있어.

give somebody a ride는 '누군가를 태워주다'라는 뜻이에요. 상대방을 태워주겠다고 할 때 이렇게 표현할 수 있어요.

추가 표현

- We need to fasten our seatbelts first. 우린 먼저 안전벨트를 매야 해.
- I'm going to start the car now. 지금 시동 걸게.

2 운전하기

You can't make a U-turn here.
여기서는 유턴을 할 수 없어.

make a turn은 '방향을 틀다'라는 뜻이에요. 특정 방향으로 틀 수 있을 때는 can을 사용하여 can make a turn이지만, 틀 수 없을 때는 can't를 활용해서 can't make a turn으로 나타낼 수 있어요.

추가 표현

- I got caught up in traffic. 차가 막혔어.
- You should slow down. 속도 좀 줄여.

3 주유하기

I'm running out of gas.
기름이 떨어져 가요.

run out of는 '~을 다 써버리다, ~이 바닥나다'라는 뜻이에요. run out of 뒤에 gas나 stock 등 부족한 물건을 붙여주면 돼요.

추가 표현

- How much gas would you like? 얼마 치 넣어드릴까요?
- Fill it up, please. 가득 채워주세요. / 30 dollars, please. 30달러 치 넣어주세요.

오늘의 단어

ride 타고 가기 | fasten 매다 | seatbelt 안전벨트 | start 시동을 걸다 | U-turn 유턴 | get (be) caught up in traffic 교통 체증에 걸리다 | slow down 늦추다 | run out of ~을 다 써버리다 | gas 기름 | fill up ~을 가득 채우다

오늘의 표현 연습하기

빈칸을 채워 문장을 완성해보고, '오늘의 표현'에서 확인해 보세요.

1 내가 너 태워줄 수 있어. ▶ I can ____ you ____ ____ .

2 우린 먼저 안전벨트를 매야 해. ▶ We need to ____ our ____ first.

3 지금 시동 걸게. ▶ I'm going to ____ the ____ now.

4 여기서는 유턴을 할 수 없어. ▶ You can't ____ a ____ here.

5 차가 막혔어. ▶ I got ____ up ____ ____ .

6 속도 좀 줄여. ▶ You should ____ ____ .

7 기름이 떨어져 가요. ▶ I'm ____ ____ ____ gas.

8 얼마 치 넣어드릴까요? ▶ ____ ____ gas would you like?

9 가득 채워주세요. ▶ ____ it ____ , ____ .

오늘의 회화

오늘의 표현을 활용한 대화를 듣고 따라 써 보세요. 28-2

너 늦지 않았어? 내가 너 태워줄 수 있어.
Aren't you late? I can give you a ride.

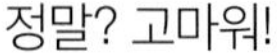

정말? 고마워!
Really? Thanks!

지금 시동 걸게.
I'm going to start the car now.

잠시만, 네 차 기름이 떨어져 간다.
Wait a second, your car is running out of gas.

주유소가 길 건너에 있어. 일단 넌 안전벨트를 매야 해.
The gas station is across the street. You need to fasten your seatbelt first.

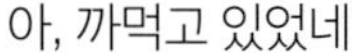

아, 까먹고 있었네.
Oh, I totally forgot about it.

Day 28 오늘의 문제

제한 시간	15분 (25문항 각 4점)
SCORE	/ 100

1-6 다음 우리말에 맞게 영어 단어를 연결하고 따라 써 보세요.

1	매다	fill up
2	늦추다	get caught up in traffic
3	~을 가득 채우다	slow down
4	교통 체증에 걸리다	seatbelt
5	안전벨트	run out of
6	~을 다 써버리다	fasten

7-9 다음 주어진 단어를 이용하여 우리말에 맞게 문장을 완성하세요.

please caught here can't 30 dollars you

make in got traffic a I U-turn up

7 여기서는 유턴을 할 수 없어. ▶ ______________________.

8 30달러 치 넣어주세요. ▶ ______________________.

9 차가 막혔어. ▶ ______________________.

10-12 다음 주어진 단어를 이용하여 우리말에 맞게 문장을 완성하세요.

should / would / fill

10 얼마 치 넣어드릴까요? ▶ How much gas ______________________?

11 속도 좀 줄여. ▶ ______________________ slow down.

12 가득 채워주세요. ▶ ______________________, please.

13-15 다음 들려주는 문장에 알맞은 대답을 연결해 보세요.

13 28-3 •	• I can give you a ride.
14 28-4 •	• Right now? We need to fasten our seatbelts first.
15 28-5 •	• I'm going to start the car now.

16-19 다음 대화를 듣고 빈칸을 채워보세요.

28-6

16 ______________________ would you like?

17 ______________________ , please.

28-7

18 My car is ______________________ .

19 I can ______________________ .

20-23 다음 Hint를 이용해 우리말을 영어로 쓰고 말해보며 대화를 완성해 보세요.

너 늦지 않았어? 내가 너 태워줄 수 있어. (Hint! ride)

20 Aren't you late? ______________________ .

정말? 고마워!

Really? Thanks!

지금 시동 걸게. (Hint! start, car)

21 I'm going to ______________________ .

잠시만, 네 차 기름이 떨어져 간다. (Hint! running)

22 Wait a second, your car ______________________ .

주유소가 길 건너에 있어. 일단 넌 안전벨트를 매야 해. (Hint! fasten)

23 The gas station is across the street. You need to ______________________ .

24-25 다음 Hint를 이용해 우리말을 영어로 쓰고 말해 보세요.

24 여기서는 유턴을 할 수 없어. (Hint! can't, U-turn)

▶ ______________________

25 차가 막혔어. (Hint! in traffic)

▶ ______________________

Day 29

일상생활

영화관 이용하기

DATE 20 . .

오늘의 표현

29-1 음원 듣고 5번 따라 읽기 □□□□□

1 예매하기

I'd like two tickets for four-thirty *Frozen*.
'겨울왕국' 4시 반 걸로 두 장이요.

매표소 직원에게 영화표를 구매할 때 I'd like ~ 다음에 몇 장의 표가 필요한지 말하면 돼요. 전치사 for와 함께 써야 어떤 영화표를 구매하려고 하는지 알려줄 수 있어요.

추가 표현

- I made a reservation for two adults. 성인 두 명으로 예약했어요.
- What's the next show time? 다음 상영시간은 언제인가요?

2 영화관 이용하기

Can I have a popcorn and Coke, please?
팝콘이랑 콜라 주실 수 있나요?

상대방에게 무언가를 요청할 때 Can I have ~?라고 표현해요. 더 공손하게 요청하기 위해서는 Could I have ~? 표현도 사용할 수 있어요. 그리고 have 대신에 get으로도 표현할 수 있어요.

추가 표현

- Can I get a booster seat? 어린이 의자 받을 수 있을까요?
- Can I get an unsalted popcorn? 소금을 넣지 않은 팝콘으로 주시겠어요?

3 영화 감상 말하기

It's the best movie I've ever seen!
내가 본 영화 중 최고야!

가장 만족스럽고 좋음을 나타낼 때 the best ~라고 표현해요. I've ever seen과 같이 I've ever p.p.의 형태를 사용하면 지금까지 경험해본 것 중에서라는 의미로 앞부분을 강조할 때 사용할 수 있어요.

추가 표현

- The first scene was breathtaking. 첫 장면은 정말 놀라웠어.
- The movie was a little boring. 그 영화는 좀 지루했어.

오늘의 단어

ticket 표 | reservation 예약 | next 다음의 | show time 상영시간 | get 받다 | booster seat 어린이용 보조 의자 | unsalted 소금을 넣지 않은 | best 최상의 | scene 장면 | breathtaking 숨이 멎는 듯한 | boring 지루한

오늘의 표현 연습하기

빈칸을 채워 문장을 완성해보고, '오늘의 표현'에서 확인해 보세요.

1 '겨울왕국' 4시 반 걸로 두 장이요. ▶ I'd like two ______ ______ four-thirty *Frozen*.

2 성인 두 명으로 예약했어요. ▶ I ______ a ______ for two adults.

3 다음 상영시간은 언제인가요? ▶ What's the ______ ______ ______ ?

4 팝콘이랑 콜라 주실 수 있나요? ▶ ______ ______ ______ a popcorn and Coke, please?

5 어린이 의자 받을 수 있을까요? ▶ Can I get a ______ ______ ?

6 소금을 넣지 않은 팝콘으로 주시겠어요? ▶ ______ ______ ______ an unsalted popcorn?

7 내가 본 영화 중 최고야! ▶ It's the best movie ______ ______ ______ !

8 첫 장면은 정말 놀라웠어. ▶ The ______ ______ ______ breathtaking

9 그 영화는 좀 지루했어. ▶ The movie was a ______ ______ .

오늘의 회화

오늘의 표현을 활용한 대화를 듣고 따라 써 보세요. 29-2

'겨울왕국' 4시 반 걸로 두 장이요.
I'd like two tickets for four-thirty Frozen.

죄송하지만, '겨울왕국' 4시 반 영화는 만석입니다.
Sorry, the seats for four-thirty Frozen are full.

다음 상영시간은 언제인가요? 제일 빠른 걸로 할게요.
What's the next show time? I'll get the earliest one.

알겠습니다. 더 필요한 게 있으실까요?
All right. Do you need anything else?

팝콘이랑 콜라 주실 수 있나요?
Can I have a popcorn and Coke, please?

네, 알겠습니다. 총 금액은 25,000원입니다.
Got it. The total amount is 25,000 won.

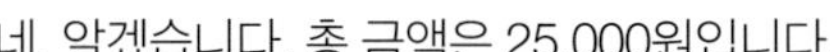

제한 시간	15분 (25문항 각 4점)
SCORE	/ 100

1-6 다음 우리말에 맞게 영어 단어를 연결하고 따라 써 보세요.

1 상영시간 •	• boring
2 지루한 •	• scene
3 예약 •	• breathtaking
4 장면 •	• unsalted
5 숨이 멎는 듯한 •	• reservation
6 소금을 넣지 않은 •	• show time

7-9 다음 주어진 단어를 이용하여 우리말에 맞게 문장을 완성하세요.

reservation seen it's movie adults I
best little ever made two boring the
I've for a was

7 성인 두 명으로 예약했어요. ▶ ______________________.

8 그 영화는 좀 지루했어. ▶ ______________________.

9 내가 본 영화 중 최고야! ▶ ______________________!

10-12 다음 들려주는 문장에 알맞은 대답을 연결해 보세요.

10 29-3 •	• Can I get an unsalted popcorn?
11 29-4 •	• The first scene was breathtaking.
12 29-5 •	• I'd like two tickets for four-thirty *Frozen*.

13-17 **다음 음원을 듣고 문장을 완성해 보세요**

13 29-6 ▶ ______________________ a booster seat?

14 29-7 ▶ ______________________ show time?

15 29-8 ▶ Can I have a ______________________ ?

16 29-9 ▶ I made a reservation ______________________ .

17 29-10 ▶ The ______________________ .

18-20 **다음 Hint를 이용해 우리말을 영어로 쓰고 말해보며 대화를 완성해 보세요.**

'겨울왕국' 4시 반 걸로 두 장이요. (Hint! I'd like)
18 ______________________ four-thirty *Frozen*.

죄송하지만, '겨울왕국' 4시 반 영화는 만석입니다.
Sorry, the seats for four-thirty *Frozen* are full.

다음 상영시간은 언제인가요? 제일 빠른 걸로 할게요. (Hint! show time)
19 ______________________ ? I'll get the earliest one.

알겠습니다. 더 필요한 게 있으실까요?
All right. Do you need anything else?

팝콘이랑 콜라 주실 수 있나요? (Hint! have)
20 ______________________ , please?

네, 알겠습니다. 총 금액은 25,000원입니다.
Got it. The total amount is 25,000 won.

21-25 **다음 Hint를 이용해 우리말을 영어로 쓰고 말해 보세요.**

21 내가 본 영화 중 최고야! (Hint! ever)

▶ ______________________

22 첫 장면은 정말 놀라웠어. (Hint! scene)

▶ ______________________

23 다음 상영시간은 언제인가요? (Hint! next)

▶ ______________________

24 소금을 넣지 않은 팝콘으로 주시겠어요? (Hint! get)

▶ ______________________

25 성인 두 명으로 예약했어요. (Hint! made)

▶ ______________________

Day 30 일상생활 미용실 이용하기

DATE 20 . .

오늘의 표현

🔊30-1 음원 듣고 5번 따라 읽기 ☐☐☐☐☐

1 예약하기

I'm calling to make an appointment for tomorrow.
내일 예약하려고 전화드렸어요.

미용실을 예약하려고 전화할 때 쓸 수 있는 표현이에요. 미용실이나 병원처럼 사람과 예약을 잡을 때는 reservation이 아닌 appointment라는 표현을 사용해요. 날짜까지 말하려면 뒤에 for를 넣어 말할 수 있어요.

추가 표현

- Can I book a perm for tomorrow? 내일 파마 예약할 수 있나요?
- Is there any hairstylist you prefer? 원하시는 디자이너가 있으신가요?

2 원하는 헤어스타일 말하기

Can I get a haircut with layers?

머리를 층지게 잘라 주시겠어요?

원하는 헤어스타일을 요청할 때 Can I get ~?을 이용해 말할 수 있어요. get a haircut은 '머리를 자르다'라는 뜻이에요.

추가 표현

- I just want to get a little trim. 약간만 다듬고 싶어요.
- I'd like to get a perm like this picture. 이 사진처럼 파마하고 싶어요.

3 추가 요청하기

Can you just blow dry it?
그냥 드라이어로 말려 주실 수 있나요?

드라이어로 머리를 말린다고 할 때는 blow dry라는 표현을 사용해요.

추가 표현

- Can you part my hair to the right? 가르마는 오른쪽으로 타 주실래요?
- I want a shampoo, please. 머리 좀 감겨 주세요.

오늘의 단어

make an appointment 예약하다 | book 예약하다 | perm 파마, 파마를 해주다 | hairstylist 헤어 디자이너 | prefer 선호하다 | get a haircut 머리를 자르다 | layer 층 | trim 다듬기, 다듬다 | blow dry (머리를) 드라이어로 말리다 | part 가르마를 타다

오늘의 표현 연습하기

빈칸을 채워 문장을 완성해보고, '오늘의 표현'에서 확인해 보세요.

1 내일 예약하려고 전화드렸어요. ▶ I'm calling to ______ an ______ for tomorrow.

2 내일 파마 예약할 수 있나요? ▶ Can I ______ a perm ______ tomorrow?

3 원하시는 디자이너가 있으신가요? ▶ Is there any ______ you ______ ?

4 머리를 층지게 잘라 주시겠어요? ▶ Can I ______ a ______ with layers?

5 약간만 다듬고 싶어요. ▶ I just want to ______ a little ______ .

6 이 사진처럼 파마하고 싶어요. ▶ I'd like to ______ a ______ like this picture.

7 그냥 드라이어로 말려 주실 수 있나요? ▶ Can you just ______ ______ it?

8 가르마는 오른쪽으로 타 주실래요? ▶ Can you ______ my ______ to the right?

9 머리 좀 감겨 주세요. ▶ I ______ a ______ , please.

오늘의 회화

오늘의 표현을 활용한 대화를 듣고 따라 써 보세요. 30-2

안녕하세요. 오늘 예약하려고 어제 전화드렸어요.
Hi. I called you yesterday to make an appointment for today.

머리 모양을 어떻게 해드릴까요?
How would you like your hair done?

층지게 잘라 주시겠어요?
Can I get a haircut with layers?

물론이죠. (잠시 후) 스타일링도 해드릴까요?
Sure. (A few moments later.) Do you want me to style it, too?

그냥 드라이어로 말려 주실 수 있나요?
Can you just blow dry it?

네, 알겠습니다.
Okay, I will.

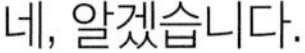

Day 30 오늘의 문제

제한 시간	15분 (25문항 각 4점)
SCORE	/ 100

1-6 다음 우리말에 맞게 영어 단어를 연결하고 따라 써 보세요.

1 층 •	• book
2 가르마를 타다 •	• prefer
3 다듬기 •	• trim
4 예약하다 •	• layer
5 (머리를) 드라이어로 말리다 •	• part
6 선호하다 •	• blow dry

7-9 다음 주어진 단어를 이용하여 우리말에 맞게 문장을 완성하세요.

book for layers just want to get Can I tomorrow trim a little a haircut with a perm I

7 내일 파마 예약할 수 있나요? ▶ ____________________ ?

8 약간만 다듬고 싶어요. ▶ ____________________ .

9 머리를 층지게 잘라 주시겠어요? ▶ ____________________ ?

10-12 다음 음원을 듣고 각 사진의 상황에 맞는 문장 번호를 적어 보세요. 30-3

10  ▶ __________

11  ▶ __________

12  ▶ __________

13-17 다음 음원을 듣고 문장을 완성해 보세요.

13 30-4 ▶ ____________________ , please.

14 30-5 ▶ Can you just ____________________ ?

15 30-6 ▶ Is there any ____________________ ?

16 🔊30-7 ▶ I'm calling to ________________ for tomorrow.

17 🔊30-8 ▶ Can you ________________ to the right?

18-19 다음 음원을 듣고 사진에 맞게 문장을 완성해 보세요.

18 🔊30-9

▶ ________________, please.

19 🔊30-10

▶ Can you ________________?

20-22 다음 Hint를 이용해 우리말을 영어로 쓰고 말해보며 대화를 완성해 보세요.

안녕하세요. 오늘 예약하려고 어제 전화드렸어요. (Hint! appointment)
20 Hi. I called you yesterday ________________ today.

머리 모양을 어떻게 해드릴까요?
How would you like your hair done?

층지게 잘라 주시겠어요? (Hint! haircut)
21 ________________ with layers?

물론이죠. (잠시 후) 스타일링도 해드릴까요?
Sure. (A few moments later.) Do you want me to style it, too?

그냥 드라이어로 말려 주실 수 있나요? (Hint! dry)
22 Can you ________________?

23-25 다음 Hint를 이용해 우리말을 영어로 쓰고 말해 보세요.

23 가르마는 오른쪽으로 타 주실래요? (Hint! part)

▶ ________________

24 원하시는 디자이너가 있으신가요? (Hint! prefer)

▶ ________________

25 이 사진처럼 파마하고 싶어요. (Hint! perm)

▶ ________________

Day 31

I thought you wanted ~.

네가 ~을 원하는 줄 알았어.

상대방이 원하는 줄 알았다고 말하기

DATE 20 . .

이런 말, 영어로 할 수 있나요? (체크해 보세요.)

- ☐ 네가 그것을 당장 원하는 줄 알았어.
- ☐ 네가 먹을 것을 원하는 줄 알았어.
- ☐ 네가 다른 색을 원하지 않는 줄 알았어.
- ☐ 네가 아무것도 원하지 않는 줄 알았어.
- ☐ 내가 새 재킷을 원하는 줄 알았어?
- ☐ 내가 차를 좀 더 원하는 줄 알았어?

오늘의 패턴

I thought you wanted + 명사.

I thought ~.은 "난 ~인 줄 알았어."라고 어떤 것에 대해 추측했던 내용을 말하는 패턴이에요. "네가 ~을 원하는 줄 알았어."라고 할 때 '너는 원한다'라는 뜻의 you want를 붙여 주면 되는데, thought이 과거형이므로 want도 과거시제로 바꿔야 해요. 그래서 I thought you wanted ~.라는 패턴으로 말한답니다.

오늘의 단어/표현

오늘의 패턴에 활용할 수 있는 단어와 표현들을 미리 외워 두세요. 🔊 31-1

- ▢ 당장 **right now**
- ▢ 케이크 **cake**
- ▢ 새 신발 **new shoes**
- ▢ 커피 한 잔 **a cup of coffee**
- ▢ 더 (많은 것) **more**
- ▢ 먹을 것 **something to eat**
- ▢ 얼음 **ice**
- ▢ 차 **car**
- ▢ 새 가방 **new bag**
- ▢ 많은 돈 **a lot of money**
- ▢ 다른 색 **another color**
- ▢ 아무것 **anything**
- ▢ 비스킷 **biscuit**
- ▢ 새 재킷 **new jacket**
- ▢ (마시는) 차 **tea**
- ▢ 좀 더 **some more**
- ▢ 다른 사이즈 **another size**
- ▢ 마실 것 **something to drink**

오늘의 패턴 활용

🔊 31-2 음원 듣고 5번 따라 읽기 ☐☐☐☐☐

네가 그것을 당장 원하는 줄 알았어.	**I thought you wanted** ⊕	it right now.
네가 내가 만든 케이크를 원하는 줄 알았어.		the cake I made.
네가 새 신발을 원하는 줄 알았어.		new shoes.
네가 커피 한 잔을 원하는 줄 알았어.		a cup of coffee.
네가 이것보다 더 원하는 줄 알았어.		it more than this.
네가 먹을 것을 원하는 줄 알았어.		something to eat.

오늘의 패턴 플러스1 부정문

31-3 음원 듣고 5번 따라 읽기

I thought you didn't want + 명사.

반대로 "네가 ~을 원하지 않는 줄 알았어."라고 말하고 싶을 때는 I thought you didn't want ~.라는 패턴을 사용해요. 마찬가지로 thought이 과거형이므로 부정문도 you didn't want라고 과거시제를 맞춰 줘야 해요.

한국어	패턴	+ 명사
네가 얼음을 원하지 않는 줄 알았어.	I thought you didn't want	ice.
네가 이 컵 안에 얼음을 원하지 않는 줄 알았어.		ice in this cup.
네가 새 가방을 원하지 않는 줄 알았어.		a new bag.
네가 많은 돈을 원하지 않는 줄 알았어.		a lot of money.
네가 다른 색을 원하지 않는 줄 알았어.		another color.
네가 아무것도 원하지 않는 줄 알았어.		anything.

오늘의 패턴 플러스2 의문문

31-4 음원 듣고 5번 따라 읽기

Did you think I wanted + 명사?

내가 어떤 걸 원하는 줄 알았냐고 상대방의 추측을 물어볼 때는 Do you think의 과거형인 Did you think를 사용해요. 그래서 Did you think I wanted ~?라고 하면 "내가 ~을 원하는 줄 알았어?"라는 패턴이 돼요.

한국어	패턴	+ 명사
내가 내 커피와 먹을 비스킷을 원하는 줄 알았어?	Did you think I wanted	a biscuit with my coffee?
내가 새 재킷을 원하는 줄 알았어?		a new jacket?
내가 차를 한 잔 원하는 줄 알았어?		a cup of tea?
내가 차를 좀 더 원하는 줄 알았어?		some more tea?
내가 다른 사이즈를 원하는 줄 알았어?		another size?
내가 마실 것을 원하는 줄 알았어?		something to drink?

오늘의 회화

오늘의 패턴을 활용한 회화문을 직접 써 보면서 복습해 보세요.

31-5

여기. 이게 더 큰 거야.

Here. This is a bigger one.

괜찮아. 내가 다른 사이즈를 원하는 줄 알았어?

It's okay. Did you think I wanted another size?

응. 네가 다른 사이즈를 원하는 줄 알았어.

Yes. I thought you wanted another size.

제한 시간	15분 (25문항 각 4점)
SCORE	/ 100

1-5 다음 우리말에 맞게 빈칸에 알맞은 패턴을 써 보세요.

I thought you wanted　　I thought you didn't want　　Did you think I wanted

1 네가 새 신발을 원하는 줄 알았어. ▶ ______________ new shoes.
2 네가 컵을 원하지 않는 줄 알았어. ▶ ______________ a cup.
3 내가 비스킷을 원하는 줄 알았어? ▶ ______________ a biscuit?
4 네가 더 원하는 줄 알았어. ▶ ______________ more.
5 내가 차를 좀 더 원하는 줄 알았어? ▶ ______________ some more tea?

6-9 음원을 듣고 그림에 맞게 대화문을 완성해 보세요.

A 31-6 6 I thought ______________.
B 31-7 7 I didn't. Did you think I also ______________?

A 31-8 8 Did you think ______________?
B 31-9 9 Yes. I thought you ______________.

10-13 들려주는 문장에 대한 알맞은 대답을 골라 연결해 보세요.

10 31-10 •　　• I thought you didn't want ice. Do you want some?
11 31-11 •　　• It's okay. Did you think I wanted another color?
12 31-12 •　　• Yeah? I thought you wanted more.
13 31-13 •　　• Oh, I thought you didn't want a lot of money.

14-17 다음 우리말에 맞게 주어진 단어를 배열하여 문장을 만들어 보세요.

14 네가 아무것도 원하지 않는 줄 알았어.

I　didn't　anything　thought　you　want

▶ ______________________________.

15 네가 새 신발을 원하지 않는 줄 알았어.

thought　didn't　you　shoes　I　new　want

▶ ______________________________.

16 내가 먹을 것을 원하는 줄 알았어?

Did think something I you wanted to eat

▶ ______________________________ ?

17 네가 새 가방을 원하는 줄 알았어.

wanted I new you thought bag a

▶ ______________________________ .

18-21 **다음 우리말에 맞게 주어진 Hint를 활용하여 대화를 완성해 보세요.**

왜 안 먹어? 네가 파스타를 좀 더 원하는 줄 알았는데. (Hint! more)

Why aren't you eating? **18** ______________________ pasta.

너무 많이 먹었어. 이제 디저트를 먹고 싶어.

I had too much. I want to have dessert now.

아, 난 네가 케이크를 원하지 않는 줄 알았어. (Hint! cake)

Oh, **19** ______________________

난 네가 새 재킷을 원하지 않는 줄 알았어. (Hint! new, jacket)

20 ______________________

원하지 않아. 하지만 넌 새 재킷을 원하는 줄 알았는데. (Hint! new, jacket)

I didn't. But **21** ______________________

22-25 **다음 우리말에 맞게 주어진 Hint를 활용하여 영어 문장을 완성해 보세요.**

22 네가 마실 것을 원하지 않는 줄 알았어. (Hint! something, drink)

▶ ______________________

23 내가 더 원하는 줄 알았어? (Hint! more)

▶ ______________________

24 내가 많은 돈을 원하는 줄 알았어? (Hint! a lot of, money)

▶ ______________________

25 네가 컵을 원하는 줄 알았어. (Hint! cup)

▶ ______________________

Day 32

I have been to ~.

~에 가 본 적 있어.

가 본 적 있는 장소에 대해 이야기하기

DATE 20 . .

이런 말,
영어로
할 수 있나요?
(체크해 보세요.)

- ☐ 파리에 한 번 가 본 적 있어.
- ☐ 네가 말한 그 가게 가 본 적 있어.
- ☐ 데이빗의 집에 가 본 적 없어.
- ☐ 코너에 있는 영화관에 가 본 적 없어.
- ☐ 그녀의 콘서트에 가 본 적 있어?
- ☐ 등산하러 산에 가 본 적 있어?

오늘의 패턴

I have been to + 장소.

'~을 해 본 적 있다'라고 말할 때 have p.p. 형태를 사용해요. 어떤 장소에 '있다'라는 의미의 be동사를 활용해서 I have been to ~.라고 하면 "난 ~에 가 본 적 있어."라는 패턴이 돼요. 뒤에는 가 본 적 있는 장소를 붙이면 된답니다.

오늘의 단어/표현

오늘의 패턴에 활용할 수 있는 단어와 표현들을 미리 외워 두세요. 32-1

☐ 한 번 once	☐ 집 house	☐ 그녀의 콘서트 her concert
☐ 가게 store	☐ 영화관 movie theater	☐ 등산하다 hike
☐ 유명한 famous	☐ 결혼식 wedding ceremony	☐ 파티 party
☐ 박물관 museum	☐ 하와이 Hawaii	☐ 체육관 gym
☐ (술 마시는) 바 bar	☐ 뷔페 buffet	☐ 태국 Thailand
☐ 식당 restaurant	☐ 이탈리아의 Italian	☐ 인도의 Indian

오늘의 패턴 활용

32-2 음원 듣고 5번 따라 읽기 ☐☐☐☐☐

파리에 한 번 가 본 적 있어.	I have been to +	Paris once.
네가 말한 그 가게 가 본 적 있어.		the store you talked about.
유명한 해수욕장에 가 본 적 있어.		a famous beach.
그 은행 옆에 있는 그 박물관에 가 본 적 있어.		the museum next to the bank.
그 새로 생긴 바에 가 본 적 있어.		the new bar.
네가 좋아하는 그 식당에 가 본 적 있어.		the restaurant you like.

 오늘의 패턴 플러스1 부정문

🔊 32-3 음원 듣고 5번 따라 읽기 □□□□□

I have never been to + 장소.

반대로 "~에 가 본 적 없어."처럼 어떤 장소에 가 본 적 없다고 이야기할 때는 have와 been 사이에 '절대 ~않다'를 뜻하는 never을 넣어 주면 돼요.

데이빗의 집에 가 본 적 없어.	I have never been to +	David's house.
코너에 있는 영화관에 가 본 적 없어.		the movie theater on the corner.
친구의 결혼식에 가 본 적 없어.		a friend's wedding ceremony.
전에 하와이에 가 본 적 없어.		Hawaii before.
점심 식사로 뷔페에 가 본 적 없어.		the buffet for lunch.
이탈리아 식당에 가 본 적 없어.		an Italian restaurant.

 오늘의 패턴 플러스2 의문문

🔊 32-4 음원 듣고 5번 따라 읽기 □□□□□

Have you ever been to + 장소?

어떤 곳에 가 본 적이 있는지 물어볼 때는 Have you been to ~?라는 패턴으로 말할 수 있어요. 여기서 '한 번이라도'라는 의미를 나타내는 ever을 넣어 Have you ever been to ~?(한 번이라도 ~에 가 본 적 있어?)라고 말할 수도 있어요.

그녀의 콘서트에 가 본 적 있어?	Have you ever been to +	her concert?
등산하러 산에 가 본 적 있어?		a mountain to hike?
제니의 파티에 가 본 적 있어?		Jenny's party?
운동하려고 체육관에 가 본 적 있어?		a gym to work out?
태국에 가 본 적 있어?		Thailand?
인도 식당에 가 본 적 있어?		an Indian restaurant?

오늘의 회화

오늘의 패턴을 활용한 회화문을 직접 써 보면서 복습해 보세요. 🔊 32-5

인도 식당에 가 본 적 있어?

Have you ever been to an Indian restaurant?

아니, 인도 식당은 가 본 적 없어.

No, I have never been to an Indian restaurant.

그럼 가 보자.

Let's try one then.

제한 시간	15분 (25문항 각 4점)
SCORE	/ 100

1-5 다음 우리말에 맞게 빈칸에 알맞은 패턴을 써 보세요.

I have been to	I have never been to	Have you ever been to

1 그 가게 가 본 적 있어. ▶ ________________ the store.

2 뷔페에 가 본 적 없어. ▶ ________________ the buffet.

3 그 산에 가 본 적 있어? ▶ ________________ the mountain?

4 영화관에 가 본 적 없어. ▶ ________________ the movie theater.

5 태국에 가 본 적 있어? ▶ ________________ Thailand?

6-8 음원을 듣고 사진에 맞게 문장을 완성해 보세요.

6 32-6

▶ I have ________________ before.

7 32-7

▶ Have you ________________ to work out?

8 32-8

▶ I have ________________ ceremony.

9-12 들려주는 문장에 대한 알맞은 대답을 보기에서 골라 써 보세요.

① Yes, I have been to the beach.
② Oh, I have been to the restaurant you like.
③ Have you been to the Indian restaurant there?
④ No, I have never been to his house.

9 32-9 ▶ ________________

10 32-10 ▶ ________________

11 32-11 ▶ ________________

12 32-12 ▶ ________________

13-16 그림을 보고 우리말에 맞게 대화문을 완성해 보세요.

A 너 파리에 가 본 적 있어?

13 ______________________ Paris?

B 아니, 파리에 가 본 적 없어.

14 No, ______________________.

A 이탈리아 식당에 가 본 적 있어?

15 ______________________ restaurant?

B 아니, 이탈리아 식당에 가 본 적 없어. 이탈리아 음식 먹어 보고 싶어.

16 No, ______________ restaurant. I want to try Italian food.

17-21 다음 우리말에 맞게 주어진 Hint를 활용하여 대화를 완성해 보세요.

난 제니의 파티에 가 본 적 없어. (Hint! Jenny's party)

17 ______________________

난 제니의 파티 중 하나에 가 본 적 있어. 다음에 같이 가자. (Hint! one of, Jenny's parties)

18 ______________________ Let's go together next time.

하와이에 가 본 적 있어? (Hint! Hawaii)

19 ______________________

응. 거기 유명한 해수욕장에도 가 본 적 있어. (Hint! the famous beach)

Yes. 20 ______________________ there.

와. 난 하와이에 가 본 적 없어. (Hint! Hawaii)

Wow. 21 ______________________

22-25 다음 우리말에 맞게 주어진 Hint를 활용하여 영어 문장을 완성해 보세요.

22 아침 일찍 영화관에 가 본 적 있어? (Hint! movie theater)

▶ ______________________ early in the morning?

23 친구의 결혼식에 가 본 적 있어. (Hint! wedding ceremony)

▶ ______________________

24 은행 옆에 있는 박물관에 가 본 적 있어. (Hint! museum)

▶ ______________________ next to the bank.

25 그 새로 생긴 바에 가 본 적 있어? (Hint! new bar)

▶ ______________________

Day 33

I'm talking about ~.

~에 대해 말하는 거야.

말하고 있는 내용 강조하기

DATE 20 . .

이런 말, 영어로 할 수 있나요? (체크해 보세요.)

- ▢ 네 태도에 대해 말하는 거야.
- ▢ 네가 한 일에 대해 말하는 거야.
- ▢ 내 기분에 대해 말하는 게 아니야.
- ▢ 네가 누구인지에 대해 말하는 게 아니야.
- ▢ 우리 관계에 대해 말하는 거야?
- ▢ 이번 주말 계획에 대해 말하는 거야?

오늘의 패턴

I'm talking about + 명사/의문사절.

talk about ~ 하면 '~에 대해 말하다'라는 표현이에요. 여기서 현재진행형으로 I'm talking about ~.이라고 하면 "난 ~에 대해 말하고 있어."라는 패턴이 되죠. 뒤에는 명사 또는 의문사절을 넣어서 어떤 것에 대해 말하는지 강조할 수 있어요.

오늘의 단어/표현

오늘의 패턴에 활용할 수 있는 단어와 표현들을 미리 외워 두세요. 33-1

- ▢ 태도 attitude
- ▢ 네가 뭘 했는지 what you did
- ▢ 방식 the way
- ▢ 부장 department manager
- ▢ 새로 연 newly opened
- ▢ 배송품 shipment
- ▢ ~의 기분 one's feeling
- ▢ 네가 누구인지 who you are
- ▢ 어떤 것 which one
- ▢ 네가 어디 있었는지 where you've been
- ▢ 성격 personality
- ▢ 행사 event
- ▢ 관계 relationship
- ▢ ~을 위한 계획 plan for
- ▢ (돈을) 빌려주다 loan
- ▢ 생일 선물 birthday gift
- ▢ 잃어버렸다 lost
- ▢ 긴 머리 long hair

오늘의 패턴 활용

33-2 음원 듣고 5번 따라 읽기 ▢▢▢▢▢

네 태도에 대해 말하는 거야.	I'm talking about +	your attitude.
네가 한 일에 대해 말하는 거야.		what you did.
네가 말하는 방식에 대해 말하는 거야.		the way you talk.
우리 부장님에 대해 말하는 거야.		our department manager.
새로 연 식당에 대해 말하는 거야.		the newly opened restaurant.
네가 보낸 배송품에 대해 말하는 거야.		the shipment you sent.

오늘의 패턴 플러스1 부정문

33-3 음원 듣고 5번 따라 읽기 ☐☐☐☐☐

I'm not talking about + 명사/의문사절.

반대로 "~에 대해 말하는 게 아니야."라고 할 때는 I'm not talking about ~. 패턴을 사용해요. 상대방이 의도와 다른 얘기를 할 때 내가 하고 있는 말은 그게 아니라고 바로잡는 경우에 쓸 수 있어요.

내 기분에 대해 말하는 게 아니야.	I'm not talking about +	my feelings.
네가 누구인지에 대해 말하는 게 아니야.		who you are.
어떤 게 최고인지에 대해 말하는 게 아니야.		which one is the best.
네가 어디 있었는지에 대해 말하는 게 아니야.		where you've been.
그녀의 성격에 대해 말하는 게 아니야.		her personality.
네가 놓친 그 행사에 대해 말하는 게 아니야.		the event you missed.

오늘의 패턴 플러스2 의문문

33-4 음원 듣고 5번 따라 읽기 ☐☐☐☐☐

Are you talking about + 명사/의문사절?

"~에 대해 말하는 거야?"라고 상대방에게 말하고 있는 것을 다시 확인하거나 믿기지 않는다는 뉘앙스를 전달할 때 Are you talking about ~? 패턴을 사용해요.

회사에서 우리 관계에 대해 말하는 거야?	Are you talking about +	our relationship at work?
이번 주말 계획에 대해 말하는 거야?		the plan for this weekend?
네가 빌려준 돈에 대해 말하는 거야?		the money you loaned me?
네 생일 선물에 대해 말하는 거야?		your birthday gift?
네가 잃어버린 티켓에 대해 말하는 거야?		the ticket you lost?
저기 긴 머리 여자에 대해 말하는 거야?		that girl with long hair?

오늘의 회화

오늘의 패턴을 활용한 회화문을 직접 써 보면서 복습해 보세요. 33-5

나 저 여자 아는 것 같은데.
I think I know that girl.

저기 긴 머리 여자 말하는 거야?
Are you talking about the girl with long hair?

아니, 저기 갈색 머리 여자 말하는 거야.
No, I'm talking about the girl with brown hair.

제한 시간	15분 (25문항 각 4점)
SCORE	/ 100

1-5 다음 우리말에 맞게 빈칸에 알맞은 패턴을 써 보세요.

I'm talking about   I'm not talking about   Are you talking about

1 네 태도에 대해 말하는 거야. ▶ ________ your attitude.

2 주말 계획에 대해 말하는 거야? ▶ ________ the plan for this weekend?

3 내 기분에 대해 말하는 게 아니야. ▶ ________ my feelings.

4 그 티켓에 대해 말하는 거야? ▶ ________ the ticket?

5 네가 한 일에 대해 말하는 거야. ▶ ________ what you did.

6-9 음원을 듣고 그림에 맞게 대화문을 완성해 보세요.

A 33-6 6 Are you talking ________?

B 33-7 7 No, I'm talking ________.

A 33-8 8 I'm talking about ________?

B 33-9 9 Oh, are you talking ________.

10-13 들려주는 문장에 대한 알맞은 대답을 골라 연결해 보세요.

10 33-10 •   • Are you talking about our relationship at work?

11 33-11 •   • No, I'm talking about the newly opened restaurant.

12 33-12 •   • I'm not talking about where you've been.

13 33-13 •   • Are you talking about the girl with long hair?

14-17 다음 우리말에 맞게 주어진 단어를 배열하여 문장을 만들어 보세요.

14 우리 부장님에 대해 말하는 게 아니야.

manager about I'm our talking department not

▶ ________.

15 네가 잃어버린 티켓에 대해 말하는 거야.

ticket you about the I'm talking lost

▶ ________.

16 네가 놓친 그 행사에 대해 말하는 게 아니야.

event missed about I'm talking the you not

▶ ______________________________.

17 저기 긴 머리 여자에 대해 말하는 거야?

that Are talking hair girl about with you long

▶ ______________________________?

18-21 다음 우리말에 맞게 주어진 Hint를 활용하여 대화를 완성해 보세요.

내가 누군지 알아? 어떻게 감히!

Do you know who I am? How dare you!

난 네가 누구인지에 대해 말하는 게 아니야. (Hint! who, are)

18 ______________________________

네가 한 일에 대해 말하는 거야. (Hint! what, did)

19 ______________________________

너 내가 착한 거 알잖아.

You know I'm kind.

네 성격에 대해 말하는 게 아니야. (Hint! personality)

20 ______________________________

네 태도에 대해 말하는 거야. (Hint! attitude)

21 ______________________________

22-25 다음 우리말에 맞게 주어진 Hint를 활용하여 영어 문장을 완성해 보세요.

22 네가 지난주에 빌려준 돈에 대해 말하는 게 아니야. (Hint! money, loaned)

▶ ______________________________ me last week.

23 지금 네 기분에 대해 말하는 게 아니야. (Hint! feelings)

▶ ______________________________ now.

24 네가 그녀에게 말하는 방식에 대해 말하는 거야. (Hint! way, talk)

▶ ______________________________ to her.

25 어떤 게 최고인지에 대해 말하는 게 아니야. (Hint! which, best)

▶ ______________________________

Day 34 I'm good at ~. 나 ~ 잘 해.

잘하는 것 이야기하기

DATE 20 . .

이런 말, 영어로 할 수 있나요? (체크해 보세요.)

- ☐ 나 매운 음식 잘 먹어.
- ☐ 나 피아노 잘 쳐.
- ☐ 나 대중 앞에서 말하는 거 잘 못 해.
- ☐ 나 생선 요리는 잘 못 해.
- ☐ 너 밤에 운전 잘 하니?
- ☐ 너 낯선 사람과 얘기 잘 하니?

오늘의 패턴

I'm good at + 명사/동명사.

어떤 것을 잘한다고 얘기할 때는 I'm good at ~. 패턴을 사용해요. at 뒤에는 활동을 의미하는 명사 또는 동명사를 붙인답니다. "난 ~을 잘 해."라는 의미예요.

오늘의 단어/표현

오늘의 패턴에 활용할 수 있는 단어와 표현들을 미리 외워 두세요. 34-1

- ☐ 매운 음식 spicy food
- ☐ 피아노를 치다 play the piano
- ☐ 오타를 바로잡다 correct typos
- ☐ 그림을 그리다 draw
- ☐ 비밀을 지키다 keep a secret
- ☐ 친구를 사귀다 make friends
- ☐ 대중 앞에서 in public
- ☐ 생선 fish
- ☐ ~을 기다리다 wait for ~
- ☐ 고치다 fix
- ☐ 혼자서 alone
- ☐ 표현하다 express
- ☐ 운전하다 drive
- ☐ 낯선 사람 stranger
- ☐ 찾다 find
- ☐ ~을 돌보다 take care of ~
- ☐ 다른 사람들 other people
- ☐ 프레젠테이션 presentation

오늘의 패턴 활용

34-2 음원 듣고 5번 따라 읽기 ☐☐☐☐☐

나 매운 음식 잘 먹어.	I'm good at +	eating spicy food.
나 피아노 잘 쳐.		playing the piano.
나 오타 바로잡는 거 잘 해.		correcting typos.
나 연필로 그림 그리는 거 잘 해.		drawing with a pencil.
나 비밀 지키는 거 잘 해.		keeping a secret.
나 친구 사귀는 거 잘 해.		making friends.

오늘의 패턴 플러스1 부정문

🔈 34-3 음원 듣고 5번 따라 읽기 □□□□□

I'm not good at + 명사/동명사.

반대로 잘 못하는 것에 대해 얘기할 때는 I'm 뒤에 not을 붙여서 I'm not good at ~(나 ~ 잘 못 해).이라는 패턴을 사용해요. 더 극단적으로 "난 ~ 못 해."라고 말하려면 I'm bad at ~.이라고 하기도 해요.

나 대중 앞에서 말하는 거 **잘 못 해.**	**I'm not good at** +	speaking in public.
나 생선 요리는 **잘 못 해.**		cooking fish.
나 사람 기다리는 거 **잘 못 해.**		waiting for people.
나 물건 고치는 거 **잘 못 해.**		fixing things.
나 혼자 있는 거 **잘 못 해.**		being alone.
나 내 감정 표현하는 거 **잘 못 해.**		expressing my feelings.

오늘의 패턴 플러스2 의문문

🔈 34-4 음원 듣고 5번 따라 읽기 □□□□□

Are you good at + 명사/동명사?

상대방이 뭘 잘 하는지 물어볼 때는 Are you good at ~? 패턴을 사용하면 돼요. 마찬가지로 그 뒤에는 명사 또는 동명사를 넣어 준답니다.

너 밤에 운전 **잘 하니?**	**Are you good at** +	driving at night**?**
너 낯선 사람과 얘기 **잘 하니?**		talking to strangers**?**
너 물건 **잘 찾니?**		finding things**?**
너 네 아들 돌보는 거 **잘 하니?**		taking care of your son**?**
너 다른 사람들과 일 **잘 하니?**		working with other people**?**
너 프레젠테이션 **잘 하니?**		presentations**?**

오늘의 회화

오늘의 패턴을 활용한 회화문을 직접 써 보면서 복습해 보세요. 🔈 34-5

너 다른 사람들과 일 잘 하니?

Are you good at working with other people?

아니, 난 혼자 일하는 거 잘 해. 넌?

No, I'm good at working alone. You?

나도 혼자 일하는 걸 잘 해.

I'm good at working alone too.

Day 34 오늘의 문제

제한 시간	15분 (25문항 각 4점)
SCORE	/ 100

1-5 다음 우리말에 맞게 빈칸에 알맞은 패턴을 써 보세요.

I'm good at　　I'm not good at　　Are you good at

1 너 프레젠테이션 잘 하니? ▶ ____________ presentations?
2 나 피아노 잘 쳐. ▶ ____________ playing the piano.
3 나 생선 요리는 잘 못 해. ▶ ____________ cooking fish.
4 너 물건 잘 찾니? ▶ ____________ finding things?
5 나 연필로 그림 그리는 거 잘 해. ▶ ____________ drawing with a pencil.

6-8 음원을 듣고 그림에 맞게 대화문을 완성해 보세요.

6 34-6

▶ I'm not good ____________ .

7 34-7

▶ I'm good ____________ .

8 34-8

▶ Are you good ____________ ?

9-12 들려주는 문장에 대한 알맞은 대답을 보기에서 골라 써 보세요.

① Give me. I'm good at correcting typos.
② Thanks. Are you good at finding things?
③ Yeah, I'm good at eating spicy food.
④ Hurry! I'm not good at waiting for people.

9 34-9 ▶ ____________
10 34-10 ▶ ____________
11 34-11 ▶ ____________
12 34-12 ▶ ____________

13-15 다음 우리말에 맞게 괄호 속에서 알맞은 말을 고르세요.

13 나 내 감정 표현하는 거 잘 못 해. ▶ I'm not good (on / at) expressing my feelings.

14 나 물건 고치는 거 잘 해. ▶ I'm not good at (fixing / fix) things.

15 너 네 아들 돌보는 거 잘 하니? ▶ Are you (good at / good) taking care of your son?

16-19 그림을 보고 우리말에 맞게 대화문을 완성해 보세요.

A 너 프레젠테이션 잘 하니?

16 ______________________ presentations?

B 응, 난 대중 앞에서 말하는 거 잘 해.

17 Yes, ______________________ in public.

A 난 친구 사귀는 거 잘 못 해.

18 ______________________ friends.

B 몰랐네. 난 낯선 사람과 얘기 잘하는데.

19 I didn't know that. ______________________ strangers.

20-22 다음 우리말에 맞게 주어진 Hint를 활용하여 대화를 완성해 보세요.

너 연필로 그림 그리는 거 잘 하니? (Hint! drawing, pencil)

20 ______________________________________

아니, 난 붓으로 그림 그리는 걸 잘 해. 너는 어때? (Hint! brush)

No, **21** ______________________________________ What about you?

난 파스텔로 그림 그리는 걸 잘 해. (Hint! pastels)

22 ______________________________________

23-25 다음 우리말에 맞게 주어진 Hint를 활용하여 영어 문장을 완성해 보세요.

23 너 다른 사람들과 일 잘 하니? (Hint! other people)

▶ ______________________________________

24 나 비밀 지키는 거 잘 해. (Hint! keep, secret)

▶ ______________________________________

25 넌 네 감정 표현하는 거 잘 하니? (Hint! expressing, feelings)

▶ ______________________________________

Day 35

I'm interested in ~.

~에 관심 있어.

DATE 20 . .

이런 말, 영어로 할 수 있나요? (체크해 보세요.)

- ▢ 그 동아리 가입하는 거 관심 있어.
- ▢ 구기 종목에 관심 있어.
- ▢ 환경 문제에 관심 없어.
- ▢ 그의 제안에 관심 없어.
- ▢ 마라톤에 나가는 거 관심 있어?
- ▢ 정치에 관심 있어?

오늘의 패턴

I'm interested in + 명사/동명사.

어떤 것에 관심이 있다고 취향이나 흥미에 대해 이야기할 때는 I'm interested in ~. 패턴을 사용해요. 그 뒤에는 명사 또는 동명사를 붙여요. 특별히 아주 좋아하지 않더라도 흥미가 느껴지는 것에 사용할 수 있는 패턴이에요.

오늘의 단어/표현

오늘의 패턴에 활용할 수 있는 단어와 표현들을 미리 외워 두세요. 35-1

- ▢ 동아리에 가입하다 **join the club**
- ▢ 구기 종목 **ball games**
- ▢ 새로운 기술 **new skills**
- ▢ 서핑 **surfing**
- ▢ 개를 키우다 **raise a dog**
- ▢ 사업을 하다 **run a business**
- ▢ 환경 문제 **environmental issues**
- ▢ 제안 **proposal**
- ▢ 정원 가꾸기 **gardening**
- ▢ 현대 미술 **modern art**
- ▢ 대중 음악 **pop music**
- ▢ 고전 문학 **classical literature**
- ▢ 마라톤에 나가다 **run a marathon**
- ▢ 정치 **politics**
- ▢ 클래식 음악 **classical music**
- ▢ 게임을 하다 **play games**
- ▢ ~에 지원하다 **apply for ~**
- ▢ 주식에 투자하다 **invest in stocks**

오늘의 패턴 활용

35-2 음원 듣고 5번 따라 읽기 ▢▢▢▢▢

그 동아리 가입하는 거 관심 있어.	I'm interested in +	joining the club.
구기 종목에 관심 있어.		ball games.
새로운 기술을 배우는 거 관심 있어.		learning new skills.
바다에서 서핑 하는 것에 관심 있어.		surfing in the sea.
개를 키우는 것에 관심 있어.		raising a dog.
내 사업을 하는 것에 관심 있어.		running my own business.

오늘의 패턴 플러스1 부정문

35-3 음원 듣고 5번 따라 읽기 □□□□□

I'm not interested in + 명사/동명사.

반대로 관심 없다는 의미로 I'm 뒤에 not을 붙여서 I'm not interested in ~(~에 관심 없어).이라는 패턴을 사용해요. 별로 흥미롭지 않다는 표현으로 쓸 수 있어요.

환경 문제에 관심 없어.	I'm not interested in ⊕	environmental issues.
그의 제안에 관심 없어.		his proposal.
정원 가꾸는 거 관심 없어.		gardening.
현대 미술에 관심 없어.		modern art.
대중 음악에 관심 없어.		pop music.
고전 문학에 관심 없어.		classical literature.

오늘의 패턴 플러스2 의문문

35-4 음원 듣고 5번 따라 읽기 □□□□□

Are you interested in + 명사/동명사?

상대방에게 어떤 것에 대해 관심이 있냐고 물어볼 때는 Are you interested in ~(~에 관심 있어)?이라는 패턴을 사용해요.

마라톤에 나가는 거 관심 있어?	Are you interested in ⊕	running a marathon?
정치에 관심 있어?		politics?
클래식 음악에 관심 있어?		classical music?
게임 하는 것에 관심 있어?		playing games?
그 자리에 지원하는 것에 관심 있어?		applying for the position?
주식 투자하는 것에 관심 있어?		investing in stocks?

오늘의 회화

오늘의 패턴을 활용한 회화문을 직접 써 보면서 복습해 보세요. 35-5

너 클래식 음악에 관심 있어?
Are you interested in classical music?

아니, 난 대중 음악에 관심 있어.
No, I'm interested in pop music.

오! 나도 대중 음악에 관심 있어.
Oh! I'm interested in pop music too.

Day 35 오늘의 문제

제한 시간	15분 (25문항 각 4점)
SCORE	/ 100

1-5 다음 우리말에 맞게 빈칸에 알맞은 패턴을 써 보세요.

I'm interested in　　I'm not interested in　　Are you interested in

1 정치에 관심 있어? ▶ ______________ politics?
2 구기 종목에 관심 있어. ▶ ______________ ball games.
3 환경 문제에 관심 없어. ▶ ______________ environmental issues.
4 클래식 음악에 관심 있어? ▶ ______________ classical music?
5 현대 미술에 관심 없어. ▶ ______________ modern art.

6-10 음원을 듣고 그림에 맞게 대화문을 완성해 보세요.

6 35-6

▶ I'm interested ______________.

7 35-7

▶ I'm not interested ______________.

8 35-8

▶ Are you ______________?

9-12 들려주는 문장에 대한 알맞은 대답을 보기에서 골라 써 보세요.

① Do you? I'm not interested in joining the club.
② No, I'm not interested in classical literature.
③ Sorry, I'm not interested in playing games.
④ Yes! I'm interested in raising a dog.

9 35-9 ▶ ______________
10 35-10 ▶ ______________
11 35-11 ▶ ______________
12 35-12 ▶ ______________

13-15 다음 우리말에 맞게 괄호 속에서 알맞은 말을 고르세요.

13 마라톤에 나가는 거 관심 있어? ▶ (Are / Do) you interested in running a marathon?

14 환경 문제에 관심 있어. ▶ I'm interested (in / on) environmental issues.

15 구기 종목에 관심 없어. ▶ I'm not (interesting / interested) in ball games.

16-19 그림을 보고 우리말에 맞게 대화문을 완성해 보세요.

A 너 바다에서 서핑 하는 것에 관심 있니?

16 ______________________ in the sea?

B 아니. 난 마라톤 나가는 것에 관심 있어.

17 No. ______________________ a marathon.

A 너 그의 제안에 관심 있어?

18 ______________________ proposal?

B 응. 그 자리에 지원하는 것 관심 있어.

19 Yes. ______________________ the position.

20-22 다음 우리말에 맞게 주어진 Hint를 활용하여 대화를 완성해 보세요.

너 클래식 음악에 관심 있어? (Hint! classical music)

20 ______________________________________

아니. 난 대중 음악에 관심 있어. (Hint! pop music)

No. 21 ______________________________________

오! 나도 대중 음악에 관심 있어. (Hint! pop music, too)

Oh! 22 ______________________________________

23-25 다음 우리말에 맞게 주어진 Hint를 활용하여 영어 문장을 완성해 보세요.

23 새로운 기술을 배우는 거 관심 없어. (Hint! new skills)

▶ ______________________________________

24 현대 미술에 관심 있니? (Hint! modern art)

▶ ______________________________________

25 정치에 관심 있어. (Hint! politics)

▶ ______________________________________

Day 36

I'm used to ~.

난 ~ 익숙해.

DATE 20 . .

이런 말, 영어로 할 수 있나요? (체크해 보세요.)

- ▢ 난 안경 쓰는 거 익숙해.
- ▢ 난 더운 날씨에 익숙해.
- ▢ 난 교외에서 사는 것에 익숙하지 않아.
- ▢ 난 야근하는 거 익숙하지 않아.
- ▢ 너 건조한 날씨에 익숙하니?
- ▢ 너 매일 화장하는 것에 익숙하니?

오늘의 패턴

I'm used to + 명사/동명사.

안경을 쓰는 것이나 더운 날씨 속에 사는 것처럼 습관처럼 겪는 일에 대해 익숙하다고 이야기할 때 I'm used to ~. 패턴을 사용해요. 그 뒤에는 익숙한 것이나 행동을 명사 또는 동명사로 붙여 주면 돼요.

오늘의 단어/표현

오늘의 패턴에 활용할 수 있는 단어와 표현들을 미리 외워 두세요. 36-1

- ▢ 안경을 쓰다 wear glasses
- ▢ 더운 날씨 hot weather
- ▢ 응급 상황 emergency
- ▢ 깨어 있다 stay up
- ▢ 하이힐 high heels
- ▢ 만원 버스 crowded bus
- ▢ 교외에서 in the suburb
- ▢ 야근하다 work overtime
- ▢ 화상 회의 video conference
- ▢ 컨트리 음악 country music
- ▢ 상황 situation
- ▢ 끼니를 거르다 skip a meal
- ▢ 건조한 날씨 dry weather
- ▢ 화장하다 put on makeup
- ▢ 걸어서 출근하다 walk to work
- ▢ 바쁜 일상 busy life
- ▢ 실내에서 indoors
- ▢ 매우 오래 so long

오늘의 패턴 활용

36-2 음원 듣고 5번 따라 읽기 ▢▢▢▢▢

난 안경 쓰는 거 익숙해.	I'm used to +	wearing glasses.
난 더운 날씨에 익숙해.		the hot weather.
난 이런 응급 상황들에 익숙해.		emergencies like this.
난 늦게까지 깨어 있는 거 익숙해.		staying up late.
난 하이힐 신고 걷는 거 익숙해.		walking in high heels.
난 아침 만원 버스에 익숙해.		the crowded bus in the morning.

오늘의 패턴 플러스1 부정문

36-3 음원 듣고 5번 따라 읽기 ☐☐☐☐☐

I'm not used to + 명사/동명사.

반대로 자주 겪지 못해서 익숙하지 않은 일에 대해 말할 때는 I'm 뒤에 not을 붙여서 I'm not used to ~(난 ~에 익숙하지 않아).라는 패턴을 사용하면 돼요.

난 교외에서 사는 것에 **익숙하지 않아.**	**I'm not used to** ⊕	living in the suburb.
난 야근하는 거 **익숙하지 않아.**		working overtime.
난 화상 회의에 **익숙하지 않아.**		the video conference.
난 컨트리 음악에 **익숙하지 않아.**		country music.
난 이런 상황들에 **익숙하지 않아.**		situations like this.
난 끼니를 거르는 것에 **익숙하지 않아.**		skipping a meal.

오늘의 패턴 플러스2 의문문

36-4 음원 듣고 5번 따라 읽기 ☐☐☐☐☐

Are you used to + 명사/동명사?

익숙한 것에 대해 상대방에게 물어볼 때 Are you used to ~? 패턴을 사용해서 물어볼 수 있어요. "너 ~에 익숙하니?"라는 표현이 되는 거죠.

너 건조한 날씨에 **익숙하니?**	**Are you used to** ⊕	the dry weather**?**
너 매일 화장하는 것에 **익숙하니?**		putting on makeup every day**?**
너 걸어서 출근하는 거 **익숙하니?**		walking to work**?**
너 바쁜 일상에 **익숙하니?**		the busy life**?**
너 실내에서 시간 보내는 거 **익숙하니?**		spending time indoors**?**
너 오래 기다리는 것에 **익숙하니?**		waiting so long**?**

오늘의 회화

오늘의 패턴을 활용한 회화문을 직접 써 보면서 복습해 보세요. 36-5

난 만원 버스에 익숙하지 않아.

I'm not used to the crowded bus.

뭐, 난 아침 만원 버스는 익숙해.

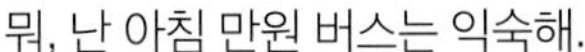

Well, I'm used to the crowded bus in the morning.

난 걸어서 출근하는 것에 익숙해.

I'm used to walking to work.

제한 시간	15분 (25문항 각 4점)
SCORE	/ 100

1-5 다음 우리말에 맞게 빈칸에 알맞은 패턴을 써 보세요.

I'm used to　　I'm not used to　　Are you used to

1 난 더운 날씨에 익숙해. ▶ ________ the hot weather.

2 너 바쁜 일상에 익숙하니? ▶ ________ the busy life?

3 난 컨트리 음악에 익숙하지 않아. ▶ ________ country music.

4 너 오래 기다리는 것에 익숙하니? ▶ ________ waiting so long?

5 난 응급 상황들에 익숙하지 않아. ▶ ________ emergencies.

6-9 음원을 듣고 그림에 맞게 대화문을 완성해 보세요.

A 36-6 6 Are you used ________ every day?

B 36-7 7 Yes, I'm used ________ every morning.

A 36-8 8 I'm used ________ every day.

B 36-9 9 Are you used to ________ ?

10-13 들려주는 문장에 대한 알맞은 대답을 골라 연결해 보세요.

10 36-10 •　　• It's okay. I'm used to spending time indoors.

11 36-11 •　　• I know! I'm not used to wearing glasses.

12 36-12 •　　• What? Are you used to waiting so long?

13 36-13 •　　• Well, I'm used to staying up late.

14-17 다음 우리말에 맞게 주어진 단어를 배열하여 문장을 만들어 보세요.

14 난 이런 응급 상황들에 익숙해.

used　like　I'm　emergencies　to　this

▶ ________________________________ .

15 너 건조한 날씨에 익숙하니?

you　weather　used　the　Are　to　dry

▶ ________________________________ ?

16 난 만원 버스에 익숙해.

to crowded the I'm bus used

▶ ____________________.

17 너 컨트리 음악에 익숙하니?

music Are to country used you

▶ ____________________?

18-21 다음 우리말에 맞게 주어진 Hint를 활용하여 대화를 완성해 보세요.

난 하이힐 신고 걷는 거 익숙해. (Hint! walking, high heels)

18 ____________________

대단하다! 난 하이힐에 익숙하지 않아. (Hint! high heels)

Amazing! **19** ____________________

난 아침 만원 버스에 익숙하지 않아. (Hint! crowded, morning)

20 ____________________

나도. 난 걸어서 출근하는 것에 익숙해. (Hint! walking, work)

Me neither. **21** ____________________

22-25 다음 우리말에 맞게 주어진 Hint를 활용하여 영어 문장을 완성해 보세요.

22 난 화상 회의에 익숙하지 않아. (Hint! video conference)

▶ ____________________

23 난 끼니를 거르는 것에 익숙해. (Hint! skip, meal)

▶ ____________________

24 너 교외에서 사는 거 익숙하니? (Hint! living, suburb)

▶ ____________________

25 너 실내에서 시간 보내는 거 익숙하니? (Hint! spending, indoors)

▶ ____________________

Day 37

I'm thinking of ~.

~할까 생각 중이야.

DATE 20 . .

이런 말, 영어로 할 수 있나요? (체크해 보세요.)

- ☐ 한 학기 휴학할까 생각 중이야.
- ☐ 초밥을 좀 주문할까 생각 중이야.
- ☐ 내 차를 파는 거 생각하고 있지 않아.
- ☐ 술 끊는 건 생각하고 있지 않아.
- ☐ 머리를 새로 할까 생각 중이니?
- ☐ 지하철로 출근할까 생각 중이니?

오늘의 패턴

I'm thinking of + 동명사.

어떤 것을 할지 말지 고려하고 있는 일에 대해 말할 때 I'm thinking of ~. 패턴을 사용해요. 이때 뒤에 명사를 사용하면 "난 ~를 생각하고 있어."라는 의미가 되므로, "~할까 생각 중이야."라고 어떤 것을 고려한다는 표현을 할 때는 동명사를 써야 해요.

오늘의 단어/표현

오늘의 패턴에 활용할 수 있는 단어와 표현들을 미리 외워 두세요. 37-1

- ☐ 한 학기 휴학하다 **take a semester off**
- ☐ 주문하다 **order**
- ☐ 담배를 끊다 **quit smoking**
- ☐ 머리를 자르다 **get a haircut**
- ☐ 은퇴하다 **retire**
- ☐ 운전 면허 **driver's license**
- ☐ 팔다 **sell**
- ☐ 술을 끊다 **quit drinking**
- ☐ 염색을 하다 **dye one's hair**
- ☐ 병원에 가다 **see a doctor**
- ☐ 새 직장 **new job**
- ☐ 밖에 나가다 **go out**
- ☐ 머리를 새로 하다 **change one's hairstyle**
- ☐ 지하철 **subway**
- ☐ 파마를 하다 **get a perm**
- ☐ 수업을 듣다 **take the class**
- ☐ 맥주 한잔하다 **have a beer**
- ☐ ~로 이사 가다 **move to ~**

오늘의 패턴 활용

37-2 음원 듣고 5번 따라 읽기 ☐☐☐☐☐

한 학기 휴학할까 생각 중이야.	I'm thinking of +	taking a semester off.
초밥을 좀 주문할까 생각 중이야.		ordering some sushi.
담배를 끊을까 생각 중이야.		quitting smoking.
머리를 자를까 생각 중이야.		getting a haircut.
올해 말에 은퇴할까 생각 중이야.		retiring at the end of this year.
운전 면허를 딸까 생각 중이야.		getting a driver's license.

오늘의 패턴 플러스1 부정문

37-3 음원 듣고 5번 따라 읽기 □□□□□

I'm not thinking of + 동명사.

반대로 전혀 고려하고 있지 않다고 말할 때는 I'm 뒤에 not을 붙여서 I'm not thinking of ~(~를 생각하고 있지 않아).라는 패턴을 사용해요.

내 차를 파는 거 생각하고 있지 않아.	I'm not thinking of +	selling my car.
술 끊는 건 생각하고 있지 않아.		quitting drinking.
염색하는 건 생각하고 있지 않아.		dyeing my hair.
병원에 가는 걸 생각하고 있지 않아.		seeing a doctor.
새 직장에 지원하는 걸 생각하고 있지 않아.		applying for a new job.
오늘은 밖에 나가는 건 생각하고 있지 않아.		going out today.

오늘의 패턴 플러스2 의문문

37-4 음원 듣고 5번 따라 읽기 □□□□□

Are you thinking of + 동명사?

상대방에게 어떤 것을 할 생각이 있는지 물어볼 때는 Are you thinking of ~(~할까 생각 중이니)?라는 패턴을 사용해요.

머리 새로 할까 생각 중이니?	Are you thinking of +	changing your hairstyle?
지하철로 출근할까 생각 중이니?		taking the subway to work?
파마를 할까 생각 중이니?		getting a perm?
이 수업을 들을까 생각 중이니?		taking this class?
일 끝나고 맥주 한잔할까 생각 중이니?		having a beer after work?
새 아파트로 이사 갈까 생각 중이니?		moving to a new apartment?

오늘의 회화

오늘의 패턴을 활용한 회화문을 직접 써 보면서 복습해 보세요.

37-5

너 머리 새로 할까 생각 중이니?

Are you thinking of changing your hairstyle?

응, 머리를 자를까 생각 중이야.

Yeah, I'm thinking of getting a haircut.

와, 좋은 생각이야.

Wow, that's a good idea.

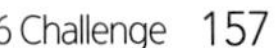

Day 37 오늘의 문제

제한 시간	15분 (25문항 각 4점)
SCORE	/ 100

1-5 다음 우리말에 맞게 빈칸에 알맞은 패턴을 써 보세요.

I'm thinking of	I'm not thinking of	Are you thinking of

1 파마를 할까 생각 중이니? ▶ ________________ getting a perm?

2 담배를 끊을까 생각 중이야. ▶ ________________ quitting smoking.

3 병원에 가는 걸 생각하고 있지 않아. ▶ ________________ seeing a doctor.

4 이 수업을 들을까 생각 중이니? ▶ ________________ taking this class?

5 한 학기 휴학할까 생각 중이야. ▶ ________________ taking a semester off.

6-10 음원을 듣고 사진에 맞게 문장을 완성해 보세요.

6 37-6

▶ I'm thinking ________________ .

7 37-7

▶ I'm not thinking ________________ .

8 37-8

▶ Are you thinking ________________ after work?

9-12 들려주는 문장에 대한 알맞은 대답을 보기에서 골라 써 보세요.

① Yes, but I'm not thinking of dyeing my hair.
② I know, so I'm not thinking of going out today.
③ Why? Are you thinking of moving to a new apartment?
④ No. I'm thinking of getting a driver's license this year.

9 37-9 ▶ ________________

10 37-10 ▶ ________________

11 37-11 ▶ ________________

12 37-12 ▶ ________________

13-15 다음 우리말에 맞게 괄호 속에서 알맞은 말을 고르세요.

13 이번 달에 은퇴할까 생각 중이니? ▶ Are you (think of / thinking of) retiring this month?

14 새 직장에 지원하는 걸 생각하고 있지 않아. ▶ (I'm not / I don't) thinking of applying for a new job.

15 이 수업을 들을까 생각 중이야. ▶ I'm thinking of (take / taking) this class.

16-19 그림을 보고 우리말에 맞게 대화문을 완성해 보세요.

A 너 미용실 가니?
Are you going to the hair salon?

B 응. 머리를 자를까 생각 중이야.

16 Yes. ______________________ a haircut.

A 같이 가자. 난 파마를 할까 생각 중이야.

17 Let's go together. ______________________ a perm.

A 너 그 자리에 지원할까 생각 중이니?

18 ______________________ the position?

B 아니. 당분간 새 직장에 지원하는 건 생각하고 있지 않아.

19 No. ______________________ a new job for a while.

20-22 다음 우리말에 맞게 주어진 Hint를 활용하여 대화를 완성해 보세요.

너 오늘 걸어서 출근할까 생각 중이니? (Hint! to work)

20 ______________________ today?

아니. 난 오늘 지하철로 출근할까 생각 중이야. (Hint! the subway)

No. **21** ______________________ today.

아쉽다. 난 걸어서 출근할까 생각 중인데. (Hint! to work)

That's a shame. **22** ______________________

23-25 다음 우리말에 맞게 주어진 Hint를 활용하여 영어 문장을 완성해 보세요.

23 술을 끊을까 생각 중이니? (Hint! drinking)

▶ ______________________

24 병원에 갈까 생각 중이야. (Hint! seeing a doctor)

▶ ______________________

25 일 끝나고 맥주 한잔할까 생각 중이야. (Hint! having a beer, after work)

▶ ______________________

Day 38

I'm looking forward to ~. 난 ~를 기대하고 있어.

DATE 20 . .

이런 말, 영어로 할 수 있나요? (체크해 보세요.)

- ☐ 난 그와 저녁 먹기를 기대하고 있어.
- ☐ 난 우리 기념일을 축하하기를 기대하고 있어.
- ☐ 난 그녀의 집에 방문하는 걸 기대하지 않아.
- ☐ 난 이번 주말을 그다지 기대하지 않아.
- ☐ 너 이번 연휴를 기대하고 있니?
- ☐ 너 그녀를 다시 만나길 기대하고 있니?

오늘의 패턴

I'm looking forward to + 명사/동명사.

look forward to ~는 '~을 고대하다, 아주 기대해다'라는 의미예요. 이것을 현재진행형으로 써서 I'm looking forward to ~.라고 하면 "난 ~를 기대하고 있어."라는 의미의 패턴이 돼요. 뒤에는 동사가 아니라 명사나 동명사를 써야 하는 점에 주의하세요.

오늘의 단어/표현

오늘의 패턴에 활용할 수 있는 단어와 표현들을 미리 외워 두세요. 38-1

- ☐ 저녁을 먹다 have dinner
- ☐ 축하하다 celebrate
- ☐ 생일 파티 birthday party
- ☐ 여름 캠프 summer camp
- ☐ 유럽 여행 trip to Europe
- ☐ 음악 축제 the music festival
- ☐ 방문하다 visit
- ☐ 주말 weekend
- ☐ 소설 novel
- ☐ 졸업식 graduation
- ☐ 연설 speech
- ☐ 결과 result
- ☐ 휴일 기간, 연휴 holiday season
- ☐ 다시 again
- ☐ 승진 promotion
- ☐ 전시회 exhibition
- ☐ ~의 소식을 듣다 hear from ~
- ☐ 전화로 on the phone

오늘의 패턴 활용

38-2 음원 듣고 5번 따라 읽기 ☐☐☐☐☐

난 그와 저녁 먹기를 기대하고 있어.	I'm looking forward to +	having dinner with him.
난 우리 기념일을 축하하기를 기대하고 있어.		celebrating our anniversary.
난 에이미의 생일 파티를 기대하고 있어.		Amy's birthday party.
난 8월에 있을 여름 캠프를 기대하고 있어.		the summer camp in August.
난 유럽 여행을 기대하고 있어.		the trip to Europe.
난 거기서의 음악 축제를 기대하고 있어.		the music festival there.

오늘의 패턴 플러스1 부정문

🔈 38-3 음원 듣고 5번 따라 읽기 ☐☐☐☐☐

I'm not looking forward to + 명사/동명사.

반대로 전혀 기대되지 않는다는 의미로 부정문인 I'm looking forward to ~.라고 하면 "난 ~를 기대하고 있지 않아."라는 패턴이 돼요.

난 그녀의 집에 방문하는 걸 **기대하지 않아.**	I'm not looking forward to +	visiting her house.
난 이번 주말을 그다지 **기대하지 않아.**		this weekend that much.
난 그의 새 소설을 **기대하지 않아.**		his new novel.
난 졸업식 행사를 **기대하지 않아.**		the graduation ceremony.
난 내 상사의 연설을 **기대하지 않아.**		my boss's speech.
난 그 시험의 결과를 **기대하지 않아.**		the result of the exam.

오늘의 패턴 플러스2 의문문

🔈 38-4 음원 듣고 5번 따라 읽기 ☐☐☐☐☐

Are you looking forward to + 명사/동명사?

상대방에게 어떤 것을 고대하고 있냐고 물어볼 때는 Are you looking forward to ~? 패턴을 사용해요. "너 ~를 기대하고 있니?"라는 의미죠.

너 이번 연휴를 **기대하고 있니?**	Are you looking forward to +	this holiday season?
너 그녀를 다시 만나길 **기대하고 있니?**		seeing her again?
너 네 승진을 축하하기를 **기대하고 있니?**		celebrating your promotion?
너 피카소 전시회를 **기대하고 있니?**		the Picasso exhibition?
너 그의 소식을 **기대하고 있니?**		hearing from him?
너 데이빗과 통화하기를 **기대하고 있니?**		talking to David on the phone?

오늘의 회화

오늘의 패턴을 활용한 회화문을 직접 써 보면서 복습해 보세요. 🔈 38-5

너 이번 연휴를 기대하고 있니?
Are you looking forward to this holiday season?

응, 난 유럽 여행을 기대하고 있어.
Yes, I'm looking forward to the trip to Europe.

즐거운 여행 보내!
Have a nice trip!

제한 시간	15분 (25문항 각 4점)
SCORE	/ 100

1-5 다음 우리말에 맞게 빈칸에 알맞은 패턴을 써 보세요.

I'm looking forward to	I'm not looking forward to	Are you looking forward to

1 난 우리의 기념일을 기대하고 있어. ▶ ________________ our anniversary.

2 너 피카소 전시회를 기대하고 있니? ▶ ________________ the Picasso exhibition?

3 난 이번 주말을 기대하지 않아. ▶ ________________ this weekend.

4 너 네 승진을 기대하고 있니? ▶ ________________ your promotion?

5 난 그 음악 축제를 기대하고 있어. ▶ ________________ the music festival.

6-9 음원을 듣고 그림에 맞게 대화문을 완성해 보세요.

A 🔊 38-6 6 Are you looking forward ________________ ?

B 🔊 38-7 7 Yes, I'm looking ________________ with him.

A 🔊 38-8 8 I'm looking forward ________________ .

B 🔊 38-9 9 Me too! I'm looking forward ________________ !

10-13 들려주는 문장에 대한 알맞은 대답을 골라 연결해 보세요.

10 🔊38-10 • • Oh, I'm looking forward to the summer camp in August.

11 🔊38-11 • • Not good. I'm not looking forward to the result of the exam.

12 🔊38-12 • • Next week, but I'm not looking forward to the graduation ceremony.

13 🔊38-13 • • Well, I'm not looking forward to his new novel anymore.

14-17 다음 우리말에 맞게 주어진 단어를 배열하여 문장을 만들어 보세요.

14 난 그녀를 다시 만나기를 기대하지 않아.

forward her I'm again not seeing looking to

▶ ________________________________ .

15 너 그의 소식을 기대하고 있니?

you to looking Are from forward him hearing

▶ ________________________________ ?

16 난 내 상사의 연설을 기대하지 않아.

to speech forward I'm my boss's looking not

▶ ______________________________ .

17 너 거기서의 음악 축제를 기대하고 있니?

there Are the looking you music forward festival to

▶ ______________________________ ?

18-21 다음 우리말에 맞게 주어진 Hint를 활용하여 대화를 완성해 보세요.

너 데이빗과 통화하기를 기대하고 있니? (Hint! David, on the phone)

18 ______________________________

응, 그의 소식을 기대하고 있어. (Hint! hearing)

Yeah, 19 ______________________________

너 이번 연휴를 기대하고 있니? (Hint! holiday season)

20 ______________________________

응, 난 유럽 여행을 기대하고 있어. (Hint! trip, Europe)

Yes, 21 ______________________________

22-25 다음 우리말에 맞게 주어진 Hint를 활용하여 영어 문장을 완성해 보세요.

22 난 우리 기념일을 축하하기를 기대하고 있어. (Hint! celebrating, anniversary)

▶ ______________________________

23 너 그의 새 소설을 기대하고 있니? (Hint! novel)

▶ ______________________________

24 난 이번 주말을 그다지 기대하지 않아. (Hint! weekend, that much)

▶ ______________________________

25 난 그 시험의 결과를 기대하고 있어. (Hint! result, exam)

▶ ______________________________

Day 39

I'm a little ~.

나 좀 ~해.

내 기분이나 상태의 정도 표현하기

DATE 20 . .

이런 말, 영어로 할 수 있나요? (체크해 보세요.)

- ☐ 그 소식 때문에 좀 우울해.
- ☐ 나 지금 좀 취했어.
- ☐ 나 그렇게 돈에 쪼들리지 않아.
- ☐ 나 매번 그렇게 예민하지 않아.
- ☐ 너 그 시험이 그렇게 긴장돼?
- ☐ 너 새 직장이 그렇게 걱정돼?

오늘의 패턴

I'm a little + 형용사.

a little은 '약간'이라는 뜻이에요. I'm 뒤에 형용사를 붙여서 "나 ~해."라고 나의 기분이나 상태를 얘기하는 것에 a little을 넣으면 "나 좀 ~해."라고 기분이나 상태가 좀 덜하다고 말할 수 있어요.

오늘의 단어/표현

오늘의 패턴에 활용할 수 있는 단어와 표현들을 미리 외워 두세요. 39-1

- ☐ 우울한 **depressed**
- ☐ 취한, 알딸딸한 **tipsy**
- ☐ 몸이 안 좋은 **under the weather**
- ☐ 하루 종일 **all day**
- ☐ 기회 **opportunity**
- ☐ ~이 지긋지긋한 **sick of ~**
- ☐ ~에 쪼들리는 **short of ~**
- ☐ 예민한 **sensitive**
- ☐ 충격 받은 **shocked**
- ☐ 만족스러운 **satisfied**
- ☐ 확신하는 **sure**
- ☐ 편안한 **comfortable**
- ☐ 긴장된 **nervous**
- ☐ 걱정되는 **worried**
- ☐ 스트레스 받는 **stressed out**
- ☐ 집안일 **housework**
- ☐ 자신감 있는 **confident**
- ☐ 실망한 **disappointed**

오늘의 패턴 활용

39-2 음원 듣고 5번 따라 읽기 ☐☐☐☐☐

나 그 소식 때문에 좀 우울해.	I'm a little +	depressed about the news.
나 지금 좀 취했어.		tipsy now.
나 몸이 좀 안 좋아.		under the weather.
나 하루 종일 걸어 다녀서 좀 피곤해.		tired from walking all day.
나 그 기회에 좀 신이 나.		excited about the opportunity.
나 그녀의 잔소리가 좀 지긋지긋해.		sick of her nagging.

오늘의 패턴 플러스1 부정문

🔊 39-3 음원 듣고 5번 따라 읽기 □□□□□

I'm not that + 형용사.

기분이나 상태를 부정적으로 표현할 때 그렇게까지 심하지는 않다고 말하려면 that(그렇게)를 붙여서 I'm not that ~(나 그렇게 ~하지는 않아). 패턴을 사용해서 말할 수 있어요.

나 그렇게 돈에 쪼들리지 않아.	I'm not that +	short of money.
나 매번 그렇게 예민하지 않아.		sensitive every time.
나 그 소식에 그렇게 충격 받지는 않았어.		shocked at the news.
나 그 설명에 그렇게 만족하지 않아.		satisfied with the explanation.
나 품질에 대해서는 그렇게 확신 못 해.		sure of the quality.
나 그게 그렇게 편하지 않아.		comfortable with that.

오늘의 패턴 플러스2 의문문

🔊 39-4 음원 듣고 5번 따라 읽기 □□□□□

Are you that + 형용사?

상대방의 기분이나 상태가 '그렇게' 심한지를 물어볼 때도 that(그렇게)을 붙여서 Are you that ~? 패턴을 사용하면 돼요.

너 그 시험이 그렇게 긴장돼?	Are you that +	nervous about the exam?
너 새 직장이 그렇게 걱정돼?		worried about your new job?
너 프레젠테이션에 그렇게 스트레스 받아?		stressed out about the presentation?
너 집안일로 그렇게 바빠?		busy with the housework?
너 성공에 그렇게 자신감 있어?		confident of the success?
너 그 결과에 그렇게 실망했어?		disappointed at the result?

오늘의 회화

오늘의 패턴을 활용한 회화문을 직접 써 보면서 복습해 보세요. 🔊 39-5

너 그 시험이 그렇게 걱정돼?

Are you that worried about the exam?

그다지. 시험이 조금 긴장은 돼.

Not that much. I'm a little nervous about the exam.

다 잘 될 거야.

Everything will be okay.

Day 39 오늘의 문제

제한 시간	15분 (25문항 각 4점)
SCORE	/ 100

1-5 다음 우리말에 맞게 빈칸에 알맞은 패턴을 써 보세요.

I'm a little   I'm not that   Are you that

1 나 그녀의 잔소리가 좀 지긋지긋해. ▶ ______ sick of her nagging.

2 너 프레젠테이션에 그렇게 스트레스 받아? ▶ ______ stressed out about the presentation?

3 나 매번 그렇게 예민하지 않아. ▶ ______ sensitive every time.

4 너 집안일로 그렇게 바빠? ▶ ______ busy with the housework?

5 나 그 소식 때문에 좀 우울해. ▶ ______ depressed about the news.

6-9 음원을 듣고 그림에 맞게 대화문을 완성해 보세요.

A 39-6 6 I'm ______ from walking all day.

B 39-7 7 Oh, ______ ? Get some rest.

A 39-8 8 What grade did you get? ______ ?

B 39-9 9 Well, ______ at my grade.

10-13 들려주는 문장에 대한 알맞은 대답을 골라 연결해 보세요.

10 39-10 • • I know! I'm a little tipsy now.

11 39-11 • • Sorry, I'm a little busy with the report.

12 39-12 • • No, I'm a little under the weather.

13 39-13 • • It's okay. I'm not that short of money.

14-17 다음 우리말에 맞게 주어진 단어를 배열하여 문장을 만들어 보세요.

14 나 그게 그렇게 편하지 않아.

comfortable I'm that with that not

▶ ______.

15 나 새 직장이 조금 걱정돼.

worried I'm new a little job my about

▶ ______.

16 나 품질에 대해서는 그렇게 확신 못 해.

quality not sure I'm that of the

▶ ____ .

17 너 그렇게 돈에 쪼들려?

of you money Are short that

▶ ____ ?

18-21 다음 우리말에 맞게 주어진 Hint를 활용하여 대화를 완성해 보세요.

너 그 시험이 그렇게 걱정돼? (Hint! worried about)

18 ____________________________

그다지. 시험이 조금 긴장은 돼. (Hint! nervous about)

Not much. 19 ____________________________

이번 기회에 좀 신이 나네. 성공할 거야. (Hint! excited, opportunity)

20 ____________________________ I'm going to succeed.

성공에 그렇게 자신감 있어? (Hint! confident, success)

21 ____________________________

22-25 다음 우리말에 맞게 주어진 Hint를 활용하여 영어 문장을 완성해 보세요.

22 너 그 결과에 그렇게 실망했어? (Hint! disappointed at, result)

▶ ____________________________

23 나 그 설명에 그렇게 만족하지 않아. (Hint! satisfied with, explanation)

▶ ____________________________

24 나 그 소식에 조금 충격 받았어. (Hint! shocked at)

▶ ____________________________

25 너 매번 그렇게 예민해? (Hint! sensitive)

▶ ____________________________

Day 40

A sounds ~.

~한 것 같아. / ~하게 들려.

어떤 것에 대한 생각 말하기

DATE 20 . .

이런 말, 영어로 할 수 있나요? (체크해 보세요.)

- ☐ 그 주말 계획 좋은 것 같아.
- ☐ 그 가격 적당한(합리적인) 것 같아.
- ☐ 그 TV 프로그램 재미없게 들려.
- ☐ 네 프로젝트 흥미롭지 않게 들려.
- ☐ 그 이론 괜찮은 것 같아?
- ☐ 그의 제안이 믿을 만한 것 같아?

오늘의 패턴

A sounds + 형용사.

sound는 '~하게 들리다'라는 기본적인 뜻이 있는데, 말할 때는 의미가 좀 더 확장되어 어떤 것이 '~한 것 같다'라고 자신의 생각을 표현할 때도 사용할 수 있어요.

오늘의 단어/표현

오늘의 패턴에 활용할 수 있는 단어와 표현들을 미리 외워 두세요. 40-1

- ▢ 주말을 위한 **for the weekend**
- ▢ (가격이) 합리적인 **reasonable**
- ▢ 위험한 **dangerous**
- ▢ 혼란스러운 **confusing**
- ▢ 행사 **event**
- ▢ 터무니없는 **ridiculous**
- ▢ TV 프로그램 **TV show**
- ▢ 흥미로운 **interesting**
- ▢ 설명 **explanation**
- ▢ 복잡한 **complicated**
- ▢ 맛있는 **delicious**
- ▢ 정상적인 **normal**
- ▢ 이론 **theory**
- ▢ 믿을 만한 **believable**
- ▢ 가능한 **possible**
- ▢ 훌륭한 **great**
- ▢ 지루한 **boring**
- ▢ 격식을 차린 **formal**

오늘의 패턴 활용

40-2 음원 듣고 5번 따라 읽기 ☐☐☐☐☐

그 주말 계획 좋은 것 같아.	The plan for the weekend	+ sounds +	good.
그 가격 적당한 것 같아.	The price		reasonable.
네 계획은 좀 위험한 것 같아.	Your plan		a little dangerous.
그의 아이디어는 혼란스럽게 들려.	His idea		confusing.
그 자선 행사 완벽하게 들려.	The charity event		perfect.
그의 농담은 터무니없게 들려.	His joke		ridiculous.

오늘의 패턴 플러스1 부정문

40-3 음원 듣고 5번 따라 읽기 ☐☐☐☐☐

A doesn't sound + 형용사.

반대로 "~한 것 같지 않아." 또는 "~하게 들리지 않아."처럼 부정적인 생각을 얘기할 때는 A doesn't sound ~. 패턴을 사용해요.

그 TV 프로그램 재미없게 들려.	The TV show	doesn't sound	fun.
네 프로젝트 흥미롭지 않게 들려.	Your project		interesting.
그 설명은 그렇게 어려운 것 같지 않아.	The explanation		too difficult.
그 프로그램은 그렇게 복잡한 것 같지 않아.	The program		too complicated.
오늘의 메뉴가 맛있을 것 같지 않아.	Today's menu		delicious.
그 조사의 결과는 정상적인 것 같지 않아.	The result of the research		normal.

오늘의 패턴 플러스2 의문문

40-4 음원 듣고 5번 따라 읽기 ☐☐☐☐☐

Does A sound + 형용사?

어떤 것에 대한 상대방의 생각을 물어보고 싶을 때 Does A sound ~? 패턴을 사용해서 "~한 것 같아?" 또는 "~하게 들려?"라고 물어볼 수 있어요.

그 이론 괜찮은 것 같아?	Does	the theory	sound	fine?
그의 제안이 믿을 만한 것 같아?		his proposal		believable?
우리 연간 계획이 가능한 것 같아?		our annual plan		possible?
그 행사를 위한 그녀의 생각이 훌륭하게 들려?		her idea for the event		great?
그 영화 너무 지루하게 들려?		the movie		too boring?
이거 너무 격식 차린 것 같아?		this		too formal?

오늘의 회화

오늘의 패턴을 활용한 회화문을 직접 써 보면서 복습해 보세요. 40-5

그 영화 재미없게 들려.
The movie doesn't sound fun.

맞아, 너무 지루하게 들려.
Right, it sounds too boring.

다른 거 보자.
Let's just watch another one.

제한 시간	15분 (25문항 각 4점)
SCORE	/ 100

1-5 다음 우리말에 맞게 빈칸에 알맞은 패턴을 써 보세요.

sounds doesn't sound sound

1 그 가격 적당한 것 같아. ▶ The price ______ reasonable.
2 그 프로젝트 흥미롭지 않게 들려. ▶ The project ______ interesting.
3 이거 너무 격식 차린 것 같아? ▶ Does this ______ too formal?
4 그 프로그램은 복잡한 것 같지 않아. ▶ The program ______ too complicated.
5 그 이론 괜찮은 것 같아? ▶ Does the theory ______ fine?

6-8 음원을 듣고 사진에 맞게 문장을 완성해 보세요.

6 40-6

▶ The charity ______.

7 40-7

▶ The TV show ______.

8 40-8

▶ ______ possible?

9-12 들려주는 문장에 대한 알맞은 대답을 골라 연결해 보세요.

① Well, it doesn't sound delicious.
② I don't know. His joke sounds ridiculous.
③ Yes! Your explanation doesn't sound too difficult.
④ Um··· That doesn't sound reasonable.

9 40-9 ▶ ______
10 40-10 ▶ ______
11 40-11 ▶ ______
12 40-12 ▶ ______

13-15 다음 우리말에 맞게 괄호 속에서 알맞은 말을 고르세요.

13 그 결과는 정상적인 것 같지 않아. ▶ The result (doesn't / don't) sound normal.

14 그 이론 괜찮은 것 같아. ▶ The theory (sound / sounds) fine.

15 내 프로젝트 흥미로운 것 같아? ▶ Does my project (sound / sounds) interesting?

16-19 그림을 보고 우리말에 맞게 대화문을 완성해 보세요.

A 그 영화 재미없게 들려.

16 The movie ______________________ .

B 맞아, 너무 지루하게 들려.

17 You're right. It ______________________ .

A 그 설명은 그렇게 어려운 것 같지 않아.

18 The explanation ______________________ .

B 아, 나한테는 좀 어렵게 들리는데.

19 Oh, it ______________________ to me.

20-22 다음 우리말에 맞게 주어진 Hint를 활용하여 대화를 완성해 보세요.

그의 제안이 믿을 만한 것 같아? (Hint! proposal, believable)

20 ______________________________________

잘 모르겠어. 그의 아이디어는 혼란스럽게 들려. (Hint! idea, confusing)

I'm not sure. 21 ______________________________________

무슨 말인지 알겠어. 그의 제안은 좀 위험한 것 같아. (Hint! proposal, dangerous)

I know what you mean. 22 ______________________________________

23-25 다음 우리말에 맞게 주어진 Hint를 활용하여 영어 문장을 완성해 보세요.

23 그 주말 계획은 좋은 것 같아. (Hint! for the weekend, good)

▶ ______________________________________

24 그 가격 적당한 것 같아? (Hint! price, reasonable)

▶ ______________________________________

25 그의 제안이 믿을 만한 것 같지 않아. (Hint! proposal, believable)

▶ ______________________________________

Day 41

You always make me ~.

넌 항상 날 ~하게 해.

상대방이 나에게 끼치는 영향 말하기

DATE 20 . .

이런 말, 영어로 할 수 있나요? (체크해 보세요.)

- ☐ 넌 항상 날 짜증나게 해.
- ☐ 넌 항상 날 웃게 해.
- ☐ 넌 절대 내가 화나게 하지 않아.
- ☐ 넌 절대 내가 죄책감이 들게 하지 않아.
- ☐ 내가 널 불편하게 한 적 있니?
- ☐ 내가 널 헷갈리게 한 적 있니?

오늘의 패턴

You always make me + 형용사/동사.

You make me ~.라고 하면 "넌 날 ~하게 해."라는 표현이에요. 여기에 always를 붙여서 "넌 항상 날 ~하게 해."라고 상대가 나에게 끼치는 영향을 강조해서 말할 수 있어요. 뒤에는 형용사나 동사를 넣으면 돼요.

오늘의 단어/표현

오늘의 패턴에 활용할 수 있는 단어와 표현들을 미리 외워 두세요. 41-1

- ☐ 짜증나는 annoyed
- ☐ 화가 난 mad
- ☐ 불편한 uncomfortable
- ☐ 웃다 laugh
- ☐ 죄책감이 드는 guilty
- ☐ 헷갈리는 confused
- ☐ 의심하는 suspicious
- ☐ 스트레스 받는 stressed out
- ☐ 불행한 unhappy
- ☐ 돈을 쓰다 spend money
- ☐ 속상한 upset
- ☐ ~을 지불하다 pay for ~
- ☐ 자랑스러운 proud
- ☐ 너무 오래 too long
- ☐ 집을 청소하다 clean the house
- ☐ 마음이 편하다 feel at home
- ☐ 같은 말을 반복하다 repeat oneself
- ☐ 저녁을 요리하다 cook dinner

오늘의 패턴 활용

41-2 음원 듣고 5번 따라 읽기 ☐☐☐☐☐

넌 항상 날 짜증나게 해.	You always make me +	annoyed.
넌 항상 날 많이 웃게 해.		laugh a lot.
넌 항상 날 의심하게 해.		suspicious.
넌 항상 날 돈을 많이 쓰게 해.		spend a lot of money.
넌 항상 날 네 친구인 걸 자랑스럽게 해.		proud to be your friend.
넌 항상 날 마음이 편안하게 해.		feel at home.

오늘의 패턴 플러스1 부정문

41-3 음원 듣고 5번 따라 읽기 □□□□□

You never make me + 형용사/동사.

반대로 "넌 내가 ~하게 하지 않아."라고 할 때는 You don't make me ~.라는 부정문을 쓸 수 있는데, "넌 절대 내가 ~하게 하지 않아."라고 그 정도를 강조할 때는 don't 대신 never(절대 ~않다)를 사용할 수 있어요.

넌 절대 내가 화나게 하지 않아.	You never make me +	mad.
넌 절대 내가 죄책감이 들게 하지 않아.		feel guilty.
넌 절대 내가 스트레스 받게 하지 않아.		feel stressed out.
넌 절대 내가 그것 때문에 속상하게 하지 않아.		upset about it.
넌 절대 내가 너무 오래 기다리게 하지 않아.		wait too long.
넌 절대 내가 같은 말을 반복하게 하지 않아.		repeat myself.

오늘의 패턴 플러스2 의문문

41-4 음원 듣고 5번 따라 읽기 □□□□□

Do I ever make you + 형용사/동사?

Do I make you ~?라고 하면 "내가 널 ~하게 하니?"라는 패턴이에요. 여기에 ever(한 번이라도)을 넣으면 "내가 널 ~하게 한 적 (한 번이라도) 있니?"라는 표현이 돼요.

내가 널 불편하게 한 적 있니?	Do I ever make you +	uncomfortable?
내가 널 헷갈리게 한 적 있니?		confused?
내가 널 불행하게 한 적 있니?		unhappy?
내가 널 점심값을 내게 한 적 있니?		pay for lunch?
내가 널 집 청소하게 한 적 있니?		clean the house?
내가 널 저녁을 요리하게 한 적 있니?		cook dinner?

오늘의 회화

오늘의 패턴을 활용한 회화문을 직접 써 보면서 복습해 보세요. 41-5

내가 널 불행하게 한 적 있니?
Do I ever make you unhappy?

한 번도 없어. 넌 항상 날 많이 웃게 해.
Never. You always make me laugh a lot.

아, 그 말을 들으니 행복해.
Oh, I'm happy to hear that.

Day 41 오늘의 문제

제한 시간	15분 (25문항 각 4점)
SCORE	/ 100

1-5 다음 우리말에 맞게 빈칸에 알맞은 패턴을 써 보세요.

You always make me　　You never make me　　Do I ever make you

1 넌 항상 날 짜증나게 해. ▶ ______________ annoyed.
2 내가 널 불행하게 한 적 있니? ▶ ______________ unhappy?
3 넌 절대 내가 화나게 하지 않아. ▶ ______________ mad.
4 내가 널 집 청소하게 한 적 있니? ▶ ______________ clean the house?
5 넌 절대 내가 죄책감이 들게 하지 않아. ▶ ______________ feel guilty.

6-9 음원을 듣고 그림에 맞게 대화문을 완성해 보세요.

A 41-6 6 Do I ever ______________ ?
B 41-7 7 No, you ______________ at home.

A 41-8 8 Do I ______________ yourself?
B 41-9 9 Yeah, you ______________ out.

10-13 들려주는 문장에 대한 알맞은 대답을 골라 연결해 보세요.

10 41-10 •　　• Again? You always make me pay for lunch.
11 41-11 •　　• It's okay. You never make me wait too long.
12 41-12 •　　• Do I ever make you cook dinner? Let's eat out.
13 41-13 •　　• Okay, sorry. You always make me suspicious.

14-17 다음 우리말에 맞게 주어진 단어를 배열하여 문장을 만들어 보세요.

14 넌 항상 날 불편하게 해.

uncomfortable　always　me　You　make

▶ ______________ .

15 넌 절대 날 짜증나게 하지 않아.

never　me　You　make　annoyed

▶ ______________ .

16 내가 널 오래 기다리게 한 적 있니?

long Do you ever wait I too make

▶ ____________________ ?

17 넌 절대 날 불행하게 하지 않아.

make unhappy me You never

▶ ____________________ .

18-21 **다음 우리말에 맞게 주어진 Hint를 활용하여 대화를 완성해 보세요.**

넌 항상 날 네 친구인 걸 자랑스럽게 해. (Hint! proud, friend)
18 ____________________

고마워. 넌 항상 날 많이 웃게 해. (Hint! laugh, a lot)
Thanks. **19** ____________________

내가 널 점심값을 내게 한 적 있니? (Hint! pay for)
20 ____________________

항상! 넌 항상 날 돈을 많이 쓰게 해. (Hint! spend, money)
Always! **21** ____________________

22-25 **다음 우리말에 맞게 주어진 Hint를 활용하여 영어 문장을 완성해 보세요.**

22 넌 절대 내가 집 청소하게 한 적 없어. (Hint! clean, house)

▶ ____________________

23 내가 널 스트레스 받게 한 적 있니? (Hint! feel, stressed out)

▶ ____________________

24 넌 항상 내가 저녁을 요리하게 해. (Hint! cook)

▶ ____________________

25 내가 널 의심하게 한 적 있니? (Hint! suspicious)

▶ ____________________

Day 42

There's something ~.

~한/할 게 있어.

어떤 것의 특징 이야기하기

DATE 20 . .

이런 말, 영어로 할 수 있나요? (체크해 보세요.)

- ☐ 그에게 이상한 점이 있어.
- ☐ 너 뭔가 달라진 게 있네.
- ☐ 여기서는 할 게 없어.
- ☐ 이것보다 나은 건 없어.
- ☐ 이 상황보다 더 나쁜 게 있어?
- ☐ TV에 재밌는 거 하니?

오늘의 패턴

There's something + 형용사/to부정사.

There's something ~. 패턴은 "~한/할 게 있어."라는 의미예요. something 뒤에 어떤 것인지를 묘사하는 형용사나 뭘 할 것인지를 표현하는 to부정사를 붙여서 말할 수 있어요.

오늘의 단어/표현

오늘의 패턴에 활용할 수 있는 단어와 표현들을 미리 외워 두세요. 42-1

- ☐ 이상한 **strange**
- ☐ 다른 **different**
- ☐ 잘못된 **wrong**
- ☐ 주방 **kitchen**
- ☐ 냉장고 **fridge**
- ☐ 배우다 **learn**
- ☐ 여기에서 **here**
- ☐ 더 나은 **better**
- ☐ 감추다 **hide**
- ☐ 박물관 **museum**
- ☐ 두려운 **afraid**
- ☐ 울다 **cry**
- ☐ 더 안 좋은 **worse**
- ☐ TV에 **on TV**
- ☐ 특별한 **special**
- ☐ 옷장 **closet**
- ☐ (그 밖에) 다른 **else**
- ☐ 물어보다 **ask**

오늘의 패턴 활용

42-2 음원 듣고 5번 따라 읽기 ☐☐☐☐☐

그에게 이상한 점이 있어.	There's something +	strange with him.
너 뭔가 달라진 게 있네.		different about you.
이 컴퓨터 이상이 있어.		wrong with this computer.
주방에 먹을 게 있어.		to eat in the kitchen.
냉장고에 마실 게 있어.		to drink in the fridge.
그 경험에서 배울 게 있어.		to learn from the experience.

오늘의 패턴 플러스1 부정문

42-3 음원 듣고 5번 따라 읽기

There's nothing + 형용사/to부정사.

반대로 "~한/할 게 없어."라고 말할 때는 something 대신 nothing으로 교체해서 There's nothing ~. 패턴을 사용해요.

여기서는 할 게 없어.	There's nothing	to do here.
이것보다 나은 건 없어.		better than this.
너에게서 감출 게 없어.		to hide from you.
이 박물관에는 볼 게 없어.		to see in this museum.
이제 무서울 게 없어.		to be afraid of now.
울 거 없어.		to cry about.

오늘의 패턴 플러스2 의문문

42-4 음원 듣고 5번 따라 읽기

Is there anything + 형용사/to부정사?

"~한/할 게 있어?"라고 물어볼 때는 anything(무엇이든)을 넣어서 Is there anything ~? 패턴을 사용하면 돼요.

이 상황보다 더 나쁜 게 있어?	Is there anything	worse than this situation?
TV에 재밌는 거 하니?		fun on TV?
내가 알아야 할 특별한 게 있어?		special I should know?
이 옷장에 입을 거 있어?		to wear in this closet?
나한테 더 얘기할 거 있어?		else to tell me?
물어볼 거 있어?		to ask about?

오늘의 회화

오늘의 패턴을 활용한 회화문을 직접 써 보면서 복습해 보세요. 42-5

나한테 더 얘기할 거 있어?

Is there anything else to tell me?

아니, 더 이상 감출 게 없어.

No, there's nothing to hide anymore.

그럼 됐어.

Okay, then.

제한 시간	15분 (25문항 각 4점)
SCORE	/ 100

1-5 다음 우리말에 맞게 빈칸에 알맞은 패턴을 써 보세요.

There's something　　There's nothing　　Is there anything

1 그에게 이상한 점이 있어. ▶ ______________ strange with him.

2 울 거 없어. ▶ ______________ to cry about.

3 TV에 재밌는 거 하니? ▶ ______________ fun on TV?

4 이제 무서울 게 없어. ▶ ______________ to be afraid of now.

5 물어볼 거 있어? ▶ ______________ to ask about?

6-8 음원을 듣고 사진에 맞게 문장을 완성해 보세요.

6 42-6

▶ There's something ______________ .

7 42-7

▶ There's ______________ .

8 42-8

▶ Is there ______________ this closet?

9-12 들려주는 문장에 대한 알맞은 대답을 보기에서 골라 써 보세요.

① Tell me about it. There's nothing better than this.
② Good! Well, there's something different about you today.
③ Me too. Is there anything to eat in the kitchen?
④ Is there anything special I should know?

9 42-9 ▶ ______________

10 42-10 ▶ ______________

11 42-11 ▶ ______________

12 42-12 ▶ ______________

13-15 다음 우리말에 맞게 괄호 속에서 알맞은 말을 고르세요.

13 그 경험에서 배울 게 있어. ▶ There's (something / anything) to learn from the experience.

14 더 이상 물어볼 게 없어. ▶ There's (something / nothing) more to ask.

15 그에게 이상한 점이 있어? ▶ Is there (anything / nothing) strange with him?

16-19 그림을 보고 우리말에 맞게 대화문을 완성해 보세요.

A 나한테 더 얘기할 거 있어?

16 ______________________ me?

B 아니, 너에게는 감출 게 없어.

17 No, ______________________ from you.

A 이 박물관에는 볼 게 없네.

18 ______________________ this museum.

B 집에 가자. 여기 있는 것보다 더 나쁠 게 없어.

19 Let's go home. ______________________ than being here.

20-22 다음 우리말에 맞게 주어진 Hint를 활용하여 대화를 완성해 보세요.

목마르다. 마실 거 있어? (Hint! drink)

I'm thirsty. **20** ______________________

냉장고에 마실 거 있어. (Hint! fridge)

21 ______________________

그리고 식탁 위에 먹을 거 있어. 한 번 봐봐. (Hint! on the table)

And **22** ______________________ Check it out.

23-25 다음 우리말에 맞게 주어진 Hint를 활용하여 영어 문장을 완성해 보세요.

23 이 옷장에 입을 게 없어. (Hint! wear, closet)

▶ ______________________

24 나에게서 감출 게 있어? (Hint! hide, from)

▶ ______________________

25 너 뭔가 달라진 게 있네. (Hint! different, about)

▶ ______________________

Day 43

I think you can ~.
네가 ~할 수 있을 거라고 생각해.

상대방이 할 수 있을 것 같다고 말하기

DATE 20 . .

이런 말, 영어로 할 수 있나요? (체크해 보세요.)

- ☐ 네가 일찍 일어날 수 있을 거라고 생각해.
- ☐ 네가 제시간에 끝낼 수 있을 거라고 생각해.
- ☐ 네가 그 차를 살 수 있을 것 같지 않아.
- ☐ 네가 제시간에 도착할 수 있을 것 같지 않아.
- ☐ 내가 그녀를 행복하게 해 줄 수 있을까?
- ☐ 내가 사업에 성공할 수 있을까?

오늘의 패턴

I think you can + 동사.

I think ~. 패턴은 "~라고 생각해." 또는 "~인 것 같아."라고 나의 의견이나 생각을 말하는 패턴이에요. 여기에 you can ~을 붙이면 I think you can ~(네가 ~할 수 있을 거라고 생각해).이라고 상대방에게 할 수 있다는 의견을 조심스럽게 전달하는 패턴이 돼요.

오늘의 단어/표현

오늘의 패턴에 활용할 수 있는 단어와 표현들을 미리 외워 두세요. 43-1

- ▢ 일찍 일어나다 **get up early**
- ▢ 제시간에 **on time**
- ▢ 방법을 찾다 **find a way**
- ▢ 극복하다 **get over it**
- ▢ ~에 도착하다 **arrive at ~**
- ▢ 설득하다 **persuade**
- ▢ (살) 여유가 되다 **afford**
- ▢ 도착하다, 해내다 **make it**
- ▢ 알아내다 **figure out**
- ▢ 고장 난 **broken**
- ▢ 예약하다 **book**
- ▢ 시험을 통과하다 **pass the exam**
- ▢ 행복한 **happy**
- ▢ ~에 성공하다 **succeed in ~**
- ▢ 새로 연 **newly opened**
- ▢ 다음 주까지 **by next week**
- ▢ 승진하다 **get a promotion**
- ▢ 환불 받다 **get a refund**

오늘의 패턴 활용

43-2 음원 듣고 5번 따라 읽기 ☐☐☐☐☐

네가 일찍 일어날 수 있을 거라고 생각해.	I think you can +	get up early.
네가 제시간에 이걸 끝낼 수 있을 거라고 생각해.		finish this on time.
네가 그를 도울 방법을 찾을 수 있을 거라고 생각해.		find a way to help him.
네가 곧 극복할 수 있을 거라고 생각해.		get over it soon.
네가 공항에 일찍 도착할 수 있을 거라고 생각해.		arrive at the airport early.
네가 그가 여기에 오도록 설득할 수 있을 거라고 생각해.		persuade him to come here.

오늘의 패턴 플러스1 부정문

43-3 음원 듣고 5번 따라 읽기 ☐☐☐☐☐

I don't think you can + 동사.

반대로 "네가 ~할 수 있을 것 같지 않아."라고 상대방이 할 수 없을 것 같은 일을 조심스럽게 말할 때는 I don't think you can ~. 패턴을 사용해요.

네가 그 차를 살 수 있을 것 같지 않아.	I don't think you can +	afford the car.
네가 제시간에 도착할 수 있을 것 같지 않아.		make it on time.
네가 그걸 알아낼 수 있을 것 같지 않아.		figure it out.
네가 고장 난 자전거를 고칠 수 있을 것 같지 않아.		fix the broken bike.
네가 지금 그 호텔 객실을 예약할 수 있을 것 같지 않아.		book the hotel room now.
네가 그 시험을 통과할 수 있을 것 같지 않아.		pass the exam.

오늘의 패턴 플러스2 의문문

43-4 음원 듣고 5번 따라 읽기 ☐☐☐☐☐

Do you think I can + 동사?

반면, "내가 ~할 수 있을 것 같아?"라고 상대방의 의견을 물어볼 때는 Do you think I can ~?이라고 물어볼 수 있어요.

내가 그녀를 행복하게 해 줄 수 있을까?	Do you think I can +	make her happy?
내가 사업에 성공할 수 있을까?		succeed in business?
내가 새로 연 식당을 예약할 수 있을까?		book the newly opened restaurant?
내가 다음 주까지 이걸 끝낼 수 있을까?		finish this by next week?
내가 이번 달에 승진할 수 있을까?		get a promotion this month?
내가 이걸 환불 받을 수 있을까?		get a refund on this?

오늘의 회화

오늘의 패턴을 활용한 회화문을 직접 써 보면서 복습해 보세요. 43-5

내가 공항에 일찍 도착할 수 있을까?
Do you think I can arrive at the airport early?

아니. 네가 제시간에 도착할 수 있을 것 같지 않아.
No. I don't think you can make it on time.

이런. 택시 타야겠다.
Oh my God. I should take a taxi.

Day 43 오늘의 문제

제한 시간	15분 (25문항 각 4점)
SCORE	/ 100

1-5 다음 우리말에 맞게 빈칸에 알맞은 패턴을 써 보세요.

I think you can　　I don't think you can　　Do you think I can

1 네가 그를 도울 방법을 찾을 수 있을 거라고 생각해. ▶ ________________ find a way to help him.

2 내가 사업에 성공할 수 있을까? ▶ ________________ succeed in business?

3 네가 그걸 알아낼 수 있을 것 같지 않아. ▶ ________________ figure it out.

4 네가 곧 극복할 수 있을 거라고 생각해. ▶ ________________ get over it soon.

5 네가 그 시험을 통과할 수 있을 것 같지 않아. ▶ ________________ pass the exam.

6-9 음원을 듣고 그림에 맞게 대화문을 완성해 보세요.

A 43-6 6 Do you think ________________ on this?

B 43-7 7 Yes. I think ________________ today.

A 43-8 8 Do you think ________________ by next week?

B 43-9 9 Well, I don't think ________________ by next week.

10-13 들려주는 문장에 대한 알맞은 대답을 골라 연결해 보세요.

10 43-10 •　　• Don't worry. I think you can finish it on time.

11 43-11 •　　• If you go to bed now, I think you can get up early.

12 43-12 •　　• It's Friday. I don't think you can book the hotel room now.

13 43-13 •　　• Well, I don't think you can afford it.

14-17 다음 우리말에 맞게 주어진 단어를 배열하여 문장을 만들어 보세요.

14 네가 고장 난 자전거를 고칠 수 있을 것 같지 않아.

I　can　fix　bike　don't　the　you　think　broken

▶ ____.

15 내가 그녀를 행복하게 해 줄 수 있을까?

think　I　you　her　Do　happy　can　make

▶ ____?

16 내가 그걸 극복할 수 있을까?

get I it Do can think over you

▶ ____ ?

17 네가 그 식당을 예약할 수 있을 거라고 생각해.

can I book restaurant think you the

▶ ____ .

18-21 다음 우리말에 맞게 주어진 Hint를 활용하여 대화를 완성해 보세요.

내가 공항에 일찍 도착할 수 있을까? (Hint! arrive, airport, early)

18 ______________________________

아니. 네가 제시간에 도착할 수 있을 것 같지 않아. (Hint! make, on time)

No. **19** ______________________________

내가 제시간에 이걸 끝낼 수 있을까? (Hint! finish, on time)

20 ______________________________

당연하지! 난 네가 이번 달에 승진도 할 수 있을 거라고 생각해. (Hint! promotion)

Sure! **21** ____________________ this month too.

22-25 다음 우리말에 맞게 주어진 Hint를 활용하여 영어 문장을 완성해 보세요.

22 내가 새로 연 식당을 예약할 수 있을까? (Hint! newly opened)

▶ ______________________________

23 네가 그가 여기에 오도록 설득할 수 있을 거라고 생각해. (Hint! persuade, come)

▶ ______________________________

24 네가 일찍 일어날 수 있을 것 같지 않아. (Hint! early)

▶ ______________________________

25 내가 그걸 살 수 있을까? (Hint! afford)

▶ ______________________________

Day 44

It's okay to ~.

~해도 괜찮아.

상대가 어떤 것을 해도 된다고 말하기

DATE 20 . .

이런 말, 영어로 할 수 있나요? (체크해 보세요.)

- ▢ 더우면 재킷 벗어도 괜찮아.
- ▢ 네 남동생 데리고 와도 괜찮아.
- ▢ 오늘은 실수하는 거 안 돼.
- ▢ 그거 버리면 안 돼.
- ▢ 지금 집에 가도 괜찮아?
- ▢ 그에게 사실을 말해도 괜찮아?

오늘의 패턴

It's okay to + 동사.

It's okay to ~. 패턴은 "~ 해도 괜찮아."라는 의미예요. 뒤에는 동사를 붙여야 해요. 상대방에게 어떤 행동을 허락해 주는 것뿐 아니라 보편적으로 그렇게 해도 괜찮다는 넓은 의미를 가지기도 해요.

오늘의 단어/표현

오늘의 패턴에 활용할 수 있는 단어와 표현들을 미리 외워 두세요. 44-1

- ▢ (옷을) 벗다 **take off**
- ▢ 데려오다 **bring**
- ▢ 합류하다 **join**
- ▢ 퇴근하다 **leave work**
- ▢ 창문을 닫다 **close the window**
- ▢ (전원을) 켜다 **turn on**
- ▢ 실수하다 **make a mistake**
- ▢ ~을 버리다 **throw ~ away**
- ▢ ~에게 거짓말하다 **lie to ~**
- ▢ 포기하다 **give up**
- ▢ (그 밖에) 다른 **else**
- ▢ 무엇이든 **anything**
- ▢ 집에 가다 **go home**
- ▢ 사실, 진실 **truth**
- ▢ 나중에 **later**
- ▢ 주차하다 **park**
- ▢ 사용하다 **use**
- ▢ (전원을) 끄다 **turn off**

오늘의 패턴 활용

44-2 음원 듣고 5번 따라 읽기 ▢▢▢▢▢

더우면 재킷 벗어도 **괜찮아.**	**It's okay to** +	**take off your jacket if it's hot.**
네 남동생 데리고 와도 **괜찮아.**		**bring your brother.**
언제라도 우리와 함께 해도 **괜찮아.**		**join us anytime.**
오늘 일찍 퇴근해도 **괜찮아.**		**leave work early today.**
추우면 창문 닫아도 **괜찮아.**		**close the window if it's cold.**
심심하면 TV 켜도 **괜찮아.**		**turn on the TV if you're bored.**

오늘의 패턴 플러스1 부정문

44-3 음원 듣고 5번 따라 읽기 ☐☐☐☐☐

It's not okay to + 동사.

반대로 It's not okay to ~. 패턴을 직역하면 "~ 하는 거 안 괜찮아."라는 뜻인데, "~ 하는 거 안 돼."라고 옳지 않거나 용납되지 않는 행동에 대해 말할 때 사용해요.

오늘은 실수하는 **거 안 돼.**	It's not okay to ➕	make a mistake today.
그거 버리면 **안 돼.**		throw it away.
누구에게도 거짓말하는 **거 안 돼.**		lie to anyone.
이제 와서 포기하면 **안 돼.**		give up now.
다른 사람 데려오는 **거 안 돼.**		bring anyone else.
여기서 아무것도 먹으면 **안 돼.**		eat anything here.

오늘의 패턴 플러스2 의문문

44-4 음원 듣고 5번 따라 읽기 ☐☐☐☐☐

Is it okay to + 동사?

상대방에게 "~해도 괜찮아?"라고 어떤 행동이 괜찮은지 여부를 물어볼 때는 Is it okay to ~? 패턴을 사용해요.

지금 집에 가도 **괜찮아?**	Is it okay to ➕	go home now**?**
그에게 사실을 말해도 **괜찮아?**		tell him the truth**?**
나중에 전화해도 **괜찮아?**		call you later**?**
여기에 주차해도 **괜찮아?**		park here**?**
네 핸드폰 써도 **괜찮아?**		use your phone**?**
음악 꺼도 **괜찮아?**		turn off the music**?**

오늘의 회화

오늘의 패턴을 활용한 회화문을 직접 써 보면서 복습해 보세요. 44-5

내 남동생 데려와도 괜찮아?
Is it okay to bring my brother?

미안. 오늘은 다른 사람 데려오는 건 안 돼.
Sorry. It's not okay to bring anyone else today.

아, 걱정 마.
Oh, never mind.

제한 시간	15분 (25문항 각 4점)
SCORE	/ 100

1-5 다음 우리말에 맞게 빈칸에 알맞은 패턴을 써 보세요.

It's okay to　　It's not okay to　　Is it okay to

1 오늘은 실수하는 거 안 돼. ▶ ________ make a mistake today.

2 그에게 사실을 말해도 괜찮아? ▶ ________ tell him the truth?

3 네 남동생 데리고 와도 괜찮아. ▶ ________ bring your brother.

4 다른 사람 데려오는 거 안 돼. ▶ ________ bring anyone else.

5 네 핸드폰 써도 괜찮아? ▶ ________ use your phone?

6-9 음원을 듣고 사진에 맞게 문장을 완성해 보세요.

6 44-6

▶ It's okay ________ today.

7 44-7

▶ It's not ________ here.

8 44-8

▶ Is it ________ the music?

9-12 들려주는 문장에 대한 알맞은 대답을 보기에서 골라 써 보세요.

① Oh, no. It's not okay to throw it away.
② If you have an urgent call, it's okay to use my phone.
③ Thanks. Is it okay to go home now?
④ It's not okay to give up now. You can do it.

9 44-9 ▶ ________

10 44-10 ▶ ________

11 44-11 ▶ ________

12 44-12 ▶ ________

13-15 **다음 우리말에 맞게 괄호 속에서 알맞은 말을 고르세요.**

13 추우면 창문 닫아도 괜찮아. ▶ It's (okay / okay to) close the window if it's cold.

14 그에게 사실을 말해도 괜찮아. ▶ (It's / It doesn't) okay to tell him the truth.

15 여기서 뭐 먹어도 괜찮아? ▶ Is it okay (to eat / eat) something here?

16-19 **그림을 보고 우리말에 맞게 대화문을 완성해 보세요.**

A 여기서 재킷 벗어도 괜찮아?

16 ______________________ my jacket here?

B 아, 더우면 재킷 벗어도 괜찮아.

17 Oh, ______________________ your jacket if it's hot.

A 여기에 주차해도 괜찮아?

18 ______________________ here?

B 그럼. 언제든지 주차해도 괜찮아.

19 Sure. ______________________ anytime.

20-22 **다음 우리말에 맞게 주어진 Hint를 활용하여 대화를 완성해 보세요.**

지루하다. 라디오 꺼도 괜찮아? (Hint! turn off, radio)

It's boring. **20** ______________________

응, 라디오 꺼도 괜찮아. (Hint! turn off, radio)

21 Yeah, ______________________

지루하면 TV 켜도 괜찮아. (Hint! turn on)

22 ______________________ if you're bored.

23-25 **다음 우리말에 맞게 주어진 Hint를 활용하여 영어 문장을 완성해 보세요.**

23 나중에 전화해도 괜찮아? (Hint! later)

▶ ______________________

24 언제라도 우리와 함께 해도 괜찮아. (Hint! join, anytime)

▶ ______________________

25 여기에 주차하는 거 안 돼. (Hint! park)

▶ ______________________

Day 45

It's too hard to ~.

~하기 너무 힘들어/어려워.

하기 너무 힘든 일에 대해 말하기

DATE 20 . .

이런 말, 영어로 할 수 있나요? (체크해 보세요.)

- ☐ 이 보고서를 제시간에 끝내기는 너무 힘들어.
- ☐ 성수기에 그 호텔을 예약하기 너무 어려워.
- ☐ 이 문제를 해결하는 건 그렇게 어렵지 않아.
- ☐ 그가 이걸 하도록 설득하는 건 그렇게 어렵지 않아.
- ☐ 그 시험을 통과하기가 그렇게 어려워?
- ☐ 그걸 어떻게 하는지 알아내는 게 그렇게 힘들어?

오늘의 패턴

It's too hard to + 동사.

too는 '너무'라고 강조하는 표현이에요. 그래서 It's too hard to ~.라고 하면 "~하기에 너무 힘들어/어려워."라는 의미가 돼요. 하기 힘든 일을 강조해서 말하는 패턴이죠.

오늘의 단어/표현

오늘의 패턴에 활용할 수 있는 단어와 표현들을 미리 외워 두세요. 🔊 45-1

- ☐ 보고서 **report**
- ☐ 성수기 **the peak season**
- ☐ 술을 끊다 **stop drinking**
- ☐ 기억하다 **remember**
- ☐ 대중 앞에서 **in public**
- ☐ 운동하다 **work out**
- ☐ 해결하다 **solve**
- ☐ 설득하다 **persuade**
- ☐ 건강을 유지하다 **stay fit**
- ☐ 수영장에서 **in the pool**
- ☐ ~을 피하다 **avoid -ing**
- ☐ 달리다 **run**
- ☐ 시험을 통과하다 **pass the exam**
- ☐ 어떻게 ~하는지 **how to ~**
- ☐ 담배를 끊다 **stop smoking**
- ☐ 새 직장 **new job**
- ☐ 이끌다, 진행하다 **lead**
- ☐ 인정하다 **admit**

오늘의 패턴 활용

🔊 45-2 음원 듣고 5번 따라 읽기 ☐☐☐☐☐

이 보고서를 제시간에 끝내기는 **너무 힘들어.**	**It's too hard to** +	finish this report on time.
성수기에 그 호텔을 예약하기 **너무 어려워.**		book the hotel during the peak season.
술을 끊기 **너무 힘들어.**		stop drinking.
네가 말한 모든 걸 기억하기는 **너무 어려워.**		remember everything you said.
대중 앞에서 말하는 건 **너무 힘들어.**		speak in public.
매일 아침 운동하는 건 **너무 힘들어.**		work out every morning.

오늘의 패턴 플러스1 부정문

45-3 음원 듣고 5번 따라 읽기 □□□□□

It's not that hard to + 동사.

반대로 "~하는 건 그렇게 힘들지/어렵지 않아."라고 힘든 정도가 심하지 않다고 표현할 때는 that(그렇게까지)을 넣어서 It's not that hard to ~. 패턴을 사용해요.

이 문제를 해결하는 건 **그렇게 어렵지 않아.**	**It's not that hard to** +	solve this problem.
그가 이걸 하도록 설득하는 건 **그렇게 어렵지 않아.**		persuade him to do this.
건강을 유지하는 건 **그렇게 힘들지 않아.**		stay fit.
수영장에서 수영하는 건 **그렇게 힘들지 않아.**		swim in the pool.
정크 푸드 먹는 걸 피하는 건 **그렇게 어렵지 않아.**		avoid eating junk food.
매일 공원을 달리는 건 **그렇게 힘들지 않아.**		run in the park every day.

오늘의 패턴 플러스2 의문문

45-4 음원 듣고 5번 따라 읽기 □□□□□

Is it that hard to + 동사?

"~하는 게 그렇게 힘들어/어려워?"라고 힘든 정도를 물어볼 때는 Is it that hard to ~? 패턴을 사용해요.

그 시험을 통과하기가 **그렇게 어려워?**	**Is it that hard to** +	pass the exam**?**
그걸 어떻게 하는지 알아내는 게 **그렇게 힘들어?**		figure out how to do it**?**
담배를 끊는 게 **그렇게 힘들어?**		stop smoking**?**
새 직장을 구하는 게 **그렇게 힘들어?**		get a new job**?**
회의를 이끄는 게 **그렇게 어려워?**		lead the meeting**?**
네 실수를 인정하는 게 **그렇게 힘들어?**		admit your mistake**?**

오늘의 회화

오늘의 패턴을 활용한 회화문을 직접 써 보면서 복습해 보세요. 45-5

건강을 유지하는 건 그렇게 어렵지 않아.
It's not that hard to stay fit.

난 안 그래. 매일 아침 운동하는 게 너무 힘들어.
I don't think so. It's too hard to work out every morning.

맞아, 하지만 정크 푸드 먹는 걸 피하는 건 그렇게 어렵지 않아.
Right, but it's not that hard to avoid eating junk food.

Day 45 오늘의 문제

제한 시간	15분 (25문항 각 4점)
SCORE	/ 100

1-5 다음 우리말에 맞게 빈칸에 알맞은 패턴을 써 보세요.

It's too hard to　　It's not that hard to　　Is it that hard to

1 대중 앞에서 말하는 건 너무 힘들어. ▶ ________________ speak in public.

2 회의를 이끄는 게 그렇게 어려워? ▶ ________________ lead the meeting?

3 이 문제를 해결하는 건 그렇게 어렵지 않아. ▶ ________________ solve this problem.

4 이 보고서를 제시간에 끝내기는 너무 힘들어. ▶ ________________ finish this report on time.

5 수영장에서 수영하는 건 그렇게 힘들지 않아. ▶ ________________ swim in the pool.

6-9 음원을 듣고 그림에 맞게 대화문을 완성해 보세요.

A 45-6 6 It's not that ________________.

B 45-7 7 I don't think so. It's too ________________ every morning.

A 45-8 8 Is it that ________________?

B 45-9 9 It's not. It's too ________________ for me.

10-13 들려주는 문장에 대한 알맞은 대답을 골라 연결해 보세요.

10 45-10 •　　• Sorry, it's too hard to remember everything you said.

11 45-11 •　　• Me too! Oh, it's too hard to avoid eating junk food.

12 45-12 •　　• Well, it's too hard to book the hotel during the peak season.

13 45-13 •　　• Running. It's not that hard to run every day.

14-17 다음 우리말에 맞게 주어진 단어를 배열하여 문장을 만들어 보세요.

14 새 직장을 구하는 게 그렇게 힘들어?

new　that　Is　a　job　it　to　hard　get

▶ ________________________________?

15 회의를 이끄는 건 너무 어려워.

to　the　hard　lead　It's　meeting　too

▶ ________________________________.

16 네 실수를 인정하는 게 그렇게 힘들어?

mistake to that Is admit it your hard

▶ ______________________________ ?

17 건강을 유지하는 건 너무 힘들어.

fit hard too stay It's to

▶ ______________________________ .

18-21 **다음 우리말에 맞게 주어진 Hint를 활용하여 대화를 완성해 보세요.**

새 직장을 구하는 거 너무 어려워. (Hint! get, new job)

18 ______________________________

알아. 승진을 하는 것도 너무 어렵지. (Hint! get a promotion)

I know. **19** ______________________________ too.

내 실수를 인정하는 건 너무 어려워. (Hint! admit, mistake)

20 ______________________________

이해해, 하지만 진실을 말하는 건 그렇게 어렵지 않아. (Hint! tell the truth)

I understand, but **21** ______________________________

22-25 **다음 우리말에 맞게 주어진 Hint를 활용하여 영어 문장을 완성해 보세요.**

22 그가 그걸 하도록 설득하는 건 그렇게 어렵지 않아. (Hint! persuade, to do)

▶ ______________________________

23 대중 앞에서 말하는 게 그렇게 힘들어? (Hint! in public)

▶ ______________________________

24 이 문제를 나 혼자서 해결하는 건 너무 어려워. (Hint! solve, problem)

▶ ______________________________ by myself.

25 그걸 어떻게 하는지 알아내는 게 그렇게 힘들어? (Hint! figure out, how to)

▶ ______________________________

Day 46 It's almost time to ~.

~할 때가 거의 다 됐어.

임박한 때에 대해서 이야기하기

DATE 20 . .

이런 말, 영어로 할 수 있나요? (체크해 보세요.)

- ☐ 고향으로 돌아갈 때가 거의 됐어.
- ☐ 치과 갈 때가 거의 다 됐어.
- ☐ 아직 네 사업을 시작할 때가 아니야.
- ☐ 아직 아이를 가질 때가 아니야.
- ☐ 그에게 그만둔다고 말할 때가 거의 다 됐니?
- ☐ 세제를 살 때가 거의 다 됐어?

오늘의 패턴

It's almost time to + 동사.

It's time to ~. 패턴은 "~할 때가 됐어."라는 의미예요. 여기에 '거의'라는 뜻의 almost를 넣으면 It's almost time to ~(~할 때가 거의 다 됐어).라는 의미가 돼요. 어떤 것이 임박했다고 말할 때 사용할 수 있어요.

오늘의 단어/표현

오늘의 패턴에 활용할 수 있는 단어와 표현들을 미리 외워 두세요. 46-1

☐ 돌아가다 go back	☐ 시작하다 start	☐ 그만두다 quit
☐ 치과에 가다 see the dentist	☐ 아이를 가지다 have a baby	☐ 세제 detergent
☐ (기차) 역 station	☐ 차 car	☐ 먹이를 주다 feed
☐ 장을 보러 가다 go grocery shopping	☐ 티켓을 예매하다 book the ticket	☐ 채소 vegetable
☐ 체크인하다 check in	☐ ~로 이사 가다 move to ~	☐ 체크아웃 하다 check out
☐ 자러 가다 go to bed	☐ 일어나다 get up	☐ 디저트 dessert

오늘의 패턴 활용

46-2 음원 듣고 5번 따라 읽기 ☐☐☐☐☐

고향으로 돌아갈 때가 거의 됐어.	It's almost time to +	go back to my hometown.
치과 갈 때가 거의 다 됐어.		see the dentist.
역에 도착할 때가 거의 다 됐어.		arrive at the station.
장을 보러 갈 때가 거의 다 됐어.		go grocery shopping.
체크인할 때가 거의 다 됐어.		check in.
자러 갈 때가 거의 다 됐어.		go to bed.

오늘의 패턴 플러스1 부정문

46-3 음원 듣고 5번 따라 읽기 □□□□□

It's not time to + 동사 + yet.

반대로 "아직 ~할 때가 아니야."라고 말할 때는 부정문에 '아직'이라는 뜻의 yet을 문장 마지막에 붙여야 해요.

아직 네 사업을 시작할 때가 아니야.	It's not time to	+	start your own business	+ yet.
아직 아이를 가질 때가 아니야.			have a baby	
아직 새 차를 살 때가 아니야.			buy a new car	
아직 티켓을 예매할 때가 아니야.			book a ticket	
아직 새 집으로 이사할 때가 아니야.			move to a new house	
아직 일어날 때가 아니야.			get up	

오늘의 패턴 플러스2 의문문

46-4 음원 듣고 5번 따라 읽기 □□□□□

Is it almost time to + 동사?

어떤 것을 할 때가 거의 다 되었는지 물어볼 때는 Is it almost time to ~? 패턴을 사용해요.

그에게 그만둔다고 말할 때가 거의 다 됐니?	Is it almost time to	+	tell him that you quit?
세제를 살 때가 거의 다 됐어?			buy detergent?
우리 개에게 먹이를 줄 때가 거의 다 됐나?			feed our dog?
채소를 살 때가 거의 다 됐어?			buy vegetables?
체크아웃 할 때가 거의 다 됐어?			check out?
디저트를 주문할 때가 거의 다 됐어?			order the dessert?

오늘의 회화

오늘의 패턴을 활용한 회화문을 직접 써 보면서 복습해 보세요. 46-5

장을 보러 갈 때가 거의 다 됐네.

It's almost time to go grocery shopping.

가자. 세제 살 때가 거의 다 됐나?

Let's go. Is it almost time to buy detergent?

응, 채소 살 때도 거의 다 됐어.

Yeah, it's almost time to buy vegetables too.

Day 46 오늘의 문제

제한 시간	15분 (25문항 각 4점)
SCORE	/ 100

1-5 다음 우리말에 맞게 빈칸에 알맞은 패턴을 써 보세요.

It's almost time to　　It's not time to　　Is it almost time to

1 고향으로 돌아갈 때가 거의 됐어. ▶ ______________ go back to my hometown.

2 디저트를 주문할 때가 거의 다 됐어? ▶ ______________ order the dessert?

3 아직 아이를 가질 때가 아니야. ▶ ______________ have a baby yet.

4 치과 갈 때가 거의 다 됐어. ▶ ______________ see the dentist.

5 아직 새 차를 살 때가 아니야. ▶ ______________ buy a new car yet.

6-8 음원을 듣고 사진에 맞게 문장을 완성해 보세요.

6 46-6

▶ It's almost ______________ .

7 46-7

▶ It's not time to ______________ .

8 46-8

▶ Is it almost ______________ ?

9-12 들려주는 문장에 대한 알맞은 대답을 보기에서 골라 써 보세요.

① Oh, it's not time to book the ticket yet.
② It's almost time to arrive at the station.
③ 3 years. It's almost time to have a baby.
④ Let's hurry then. It's almost time to check in.

9 46-9 ▶ ______________

10 46-10 ▶ ______________

11 46-11 ▶ ______________

12 46-12 ▶ ______________

13-15 다음 우리말에 맞게 괄호 속에서 알맞은 말을 고르세요.

13 치과 갈 때가 거의 다 됐니? ▶ Is it almost (time / time to) see the dentist?

14 새 차를 살 때가 거의 다 됐어. ▶ It's (most / almost) time to buy a new car.

15 아직 체크아웃 할 때가 아니야. ▶ (It's not / It doesn't) time to check out yet.

16-19 그림을 보고 우리말에 맞게 대화문을 완성해 보세요.

A 상사에게 그만둔다고 말할 때가 거의 됐어.

16 ______________________ my boss that I quit.

B 뭐? 안 돼. 아직 네 사업을 시작할 때가 아니야.

17 What? No. ______________________ your own business yet.

A 9시야. 일어날 때가 거의 다 됐어.

18 It's 9 o'clock. ______________________ up.

B 아, 체크아웃 시간은 11시야. 아직 일어날 때가 아니야.

19 Oh, checkout time is 11. ______________________ yet.

20-22 다음 우리말에 맞게 주어진 Hint를 활용하여 대화를 완성해 보세요.

장을 보러 갈 때가 거의 다 됐네. (Hint! grocery shopping)

20 ______________________

가자. 세제 살 때가 거의 다 됐나? (Hint! detergent)

Let's go. **21** ______________________

응, 채소 살 때도 거의 다 됐어. (Hint! vegetables)

Yeah, **22** ______________________ too.

23-25 다음 우리말에 맞게 주어진 Hint를 활용하여 영어 문장을 완성해 보세요.

23 아직 역에 도착할 때가 안 됐어. (Hint! arrive, station)

▶ ______________________

24 디저트를 주문할 때가 거의 다 됐어. (Hint! order, dessert)

▶ ______________________

25 자러 갈 때가 거의 다 됐어? (Hint! bed)

▶ ______________________

Day 47

I'm here to ~.

~하려고 왔어.

그 자리에 온 목적 이야기하기

DATE 20 . .

이런 말, 영어로 할 수 있나요? (체크해 보세요.)

- ▢ 내 주문을 찾으러 왔어.
- ▢ 계좌를 만들러 왔어.
- ▢ 회의에 참석하러 온 게 아니야.
- ▢ 우리 부장님을 만나러 온 게 아니야.
- ▢ 생일 케이크 찾으러 온 거야?
- ▢ 돈을 예금하러 온 거야?

오늘의 패턴

I'm here to + 동사.

I'm here to ~.라고 하면 "여기에 ~하러 왔어."라는 의미예요. 여기에 무엇을 하러 왔는지 목적을 말하는 패턴이랍니다.

오늘의 단어/표현

오늘의 패턴에 활용할 수 있는 단어와 표현들을 미리 외워 두세요. 47-1

- ▢ 찾다(가지러 가다) **pick up**
- ▢ 계좌를 만들다 **open an account**
- ▢ 잠깐 쉬다 **take five**
- ▢ 이야기를 나누다 **have a talk**
- ▢ 일정 **schedule**
- ▢ 커피 한 잔 **a coffee**
- ▢ 참석하다 **attend**
- ▢ 부서장 **department manager**
- ▢ 출금하다 **withdraw**
- ▢ ~에 가입하다 **sign up for ~**
- ▢ 혼자서 **alone**
- ▢ 친구를 사귀다 **make friends**
- ▢ 생일 케이크 **birthday cake**
- ▢ 예금하다 **deposit**
- ▢ 부모님 **parents**
- ▢ 프레젠테이션을 하다 **give a presentation**
- ▢ 수업 **class**
- ▢ ~와 언쟁하다 **argue with ~**

오늘의 패턴 활용

47-2 음원 듣고 5번 따라 읽기 ▢▢▢▢▢

내 주문을 찾으러 **왔어.**	I'm here to	pick up my order.
계좌를 만들러 **왔어.**		open an account.
잠깐 쉬러 **왔어.**		take five.
너와 이야기를 나누러 **왔어.**		have a talk with you.
일정을 확인하러 **왔어.**		check the schedule.
커피 한 잔 마시러 **왔어.**		drink a coffee.

오늘의 패턴 플러스1 부정문

47-3 음원 듣고 5번 따라 읽기 ☐☐☐☐☐

I'm not here to + 동사.

반대로 "~하려고 여기에 온 게 아니야."라고 여기에 온 이유가 상대방이 생각한 것과 다르다고 말할 때는 I'm not here to ~. 패턴을 사용해요.

회의에 참석하러 **온 게 아니야.**	**I'm not here to**	attend the meeting.
우리 부장님을 만나러 **온 게 아니야.**		meet our department manager.
출금하러 **온 게 아니야.**		withdraw money.
회원 가입을 하러 **온 게 아니야.**		sign up for a membership.
혼자 시간을 보내러 **온 게 아니야.**		spend time alone.
친구를 사귀러 **온 게 아니야.**		make friends.

오늘의 패턴 플러스2 의문문

47-4 음원 듣고 5번 따라 읽기 ☐☐☐☐☐

Are you here to + 동사?

상대방에게 여기에 온 목적을 물어볼 때 Are you here to ~? 패턴을 사용하면 돼요. "여기에 ~하러 온 거야?"라는 의미예요.

생일 케이크 찾으러 **온 거야?**	**Are you here to**	pick up the birthday cake**?**
돈을 예금하러 **온 거야?**		deposit your money**?**
부모님 방문하러 **온 거야?**		visit your parents**?**
프레젠테이션 하러 **온 거야?**		give a presentation**?**
그 수업 등록하러 **온 거야?**		sign up for the class**?**
나와 언쟁하러 **온 거야?**		argue with me**?**

오늘의 회화

오늘의 패턴을 활용한 회화문을 직접 써 보면서 복습해 보세요.

47-5

안녕! 생일 케이크 찾으러 왔어?

Hi! Are you here to pick up the birthday cake?

아니. 커피 한 잔 마시러 왔어.

No. I'm here to drink a coffee.

그렇구나. 커피 즐겁게 마셔!

I see. Enjoy your coffee!

Day 47 오늘의 문제

제한 시간	15분 (25문항 각 4점)
SCORE	/ 100

1-5 다음 우리말에 맞게 빈칸에 알맞은 패턴을 써 보세요.

I'm here to　　I'm not here to　　Are you here to

1 내 주문을 찾으러 왔어. ▶ ______________ pick up my order.
2 부모님 방문하러 온 거야? ▶ ______________ visit your parents?
3 출금하러 온 게 아니야. ▶ ______________ withdraw money.
4 프레젠테이션 하러 온 거야? ▶ ______________ give a presentation?
5 일정을 확인하러 왔어. ▶ ______________ check the schedule.

6-9 음원을 듣고 그림에 맞게 대화문을 완성해 보세요.

A 47-6 **6** Are you here ______________________?
B 47-7 **7** No. I'm here ______________________.

A 47-8 **8** Are you here ______________________?
B 47-9 **9** No. I'm ______________________ another account.

10-13 들려주는 문장에 대한 알맞은 대답을 골라 연결해 보세요.

10 47-10 •　　• Yes, I am. I'm here to have a talk with you.
11 47-11 •　　• It's okay. I'm here to take five. Enjoy your tea!
12 47-12 •　　• Yes. I'm here to sign up for a membership.
13 47-13 •　　• I don't want to talk to anyone. I'm not here to make friends.

14-17 다음 우리말에 맞게 주어진 단어를 배열하여 문장을 만들어 보세요.

14 그 수업 등록하러 온 거야?

the class　you　sign up　Are　to　for　here

▶ ____?

15 우리 부모님 방문하러 왔어.

to　I'm　parents　here　my　visit

▶ ____.

16 너와 언쟁하러 온 게 아니야.

with not here I'm to argue you

▶ ______________________________ .

17 일정 확인하러 온 거야?

check here the Are to you schedule

▶ ______________________________ ?

18-21 다음 우리말에 맞게 주어진 Hint를 활용하여 대화를 완성해 보세요.

회의에 참석하러 온 거야? (Hint! attend, meeting)

18 ______________________________

아니. 너희 부장님을 만나러 왔어. (Hint! department manager)

No. **19** ______________________________

잠깐 쉬러 온 거야? (Hint! take five)

20 ______________________________

응, 혼자 시간을 좀 보내려고 왔어. (Hint! spend some time, alone)

Yeah, **21** ______________________________

22-25 다음 우리말에 맞게 주어진 Hint를 활용하여 영어 문장을 완성해 보세요.

22 네 주문을 찾으러 온 거야? (Hint! order)

▶ ______________________________

23 친구를 사귀러 왔어. (Hint! friends)

▶ ______________________________

24 프레젠테이션 하러 온 거야. (Hint! presentation)

▶ ______________________________

25 계좌를 만들러 온 거야? (Hint! open, account)

▶ ______________________________

Day 48

I'm ready to ~.

~할 준비가 됐어.

DATE 20 . .

이런 말, 영어로 할 수 있나요? (체크해 보세요.)

- ☐ 즐길 준비가 됐어.
- ☐ 좋은 엄마가 될 준비가 됐어.
- ☐ 새로운 것을 도전할 준비가 안 됐어.
- ☐ 그 질문에 답변할 준비가 안 됐어.
- ☐ 여행을 떠날 준비 됐어?
- ☐ 가정을 꾸릴 준비 됐어?

오늘의 패턴

I'm ready to + 동사.

ready는 '준비된'이라는 뜻이에요. I'm ready to ~. 패턴은 "난 ~할 준비가 되어 있어."라는 말이죠. 물리적인 준비 외에 마음의 준비가 되었다고 할 때도 사용할 수 있어요.

오늘의 단어/표현

오늘의 패턴에 활용할 수 있는 단어와 표현들을 미리 외워 두세요. 48-1

- ☐ 재미있게 놀다, 즐기다 **have fun**
- ☐ ~이 되다 **be**
- ☐ 돌아가다 **get back**
- ☐ 보내주다 **let ~ go**
- ☐ 즐기다 **enjoy**
- ☐ ~에 지원하다 **apply for ~**
- ☐ 도전하다 **challenge**
- ☐ 답변하다 **answer**
- ☐ 전원 생활을 하다 **live in the country**
- ☐ 은퇴하다 **retire**
- ☐ 진실을 받아들이다 **accept the truth**
- ☐ 졸업하다 **graduate**
- ☐ 여행을 떠나다 **hit the road**
- ☐ 가정을 꾸리다 **have a family**
- ☐ ~의 제안을 받아들이다 **accept one's offer**
- ☐ 결혼하다 **get married**
- ☐ 여름 휴가 **summer vacation**
- ☐ 작별 인사를 하다 **say goodbye**

오늘의 패턴 활용

48-2 음원 듣고 5번 따라 읽기 ☐☐☐☐☐

즐길 준비가 됐어.	I'm ready to +	have fun.
좋은 엄마가 될 준비가 됐어.		be a good mother.
회사로 돌아갈 준비가 됐어.		get back to work.
그를 보내줄 준비가 됐어.		let him go.
파티를 즐길 준비가 됐어.		enjoy the party.
새 직장에 지원할 준비가 됐어.		apply for a new job.

오늘의 패턴 플러스1 부정문

48-3 음원 듣고 5번 따라 읽기 □□□□□

I'm not ready to + 동사.

반대로 "난 ~할 준비가 안 됐어."라고 부정문을 말할 때는 I'm not ready to ~. 패턴을 사용해요.

새로운 것을 도전할 준비가 안 됐어.	I'm not ready to +	challenge new things.
그 질문에 답변할 준비가 안 됐어.		answer the question.
전원 생활을 할 준비가 안 됐어.		live in the country.
은퇴할 준비가 안 됐어.		retire.
진실을 받아들일 준비가 안 됐어.		accept the truth.
졸업할 준비가 안 됐어.		graduate.

오늘의 패턴 플러스2 의문문

48-4 음원 듣고 5번 따라 읽기 □□□□□

Are you ready to + 동사?

상대방에게 "~할 준비 됐어?"라고 물리적이나 마음의 준비 여부를 물어볼 때는 Are you ready to ~? 패턴을 사용해요.

여행을 떠날 준비 됐어?	Are you ready to +	hit the road?
가정을 꾸릴 준비 됐어?		have a family?
그녀의 제안을 받아들일 준비 됐어?		accept her offer?
결혼할 준비 됐어?		get married?
여름 휴가를 즐길 준비 됐어?		enjoy your summer vacation?
작별 인사할 준비 됐어?		say goodbye?

오늘의 회화

오늘의 패턴을 활용한 회화문을 직접 써 보면서 복습해 보세요. 48-5

파티를 즐길 준비가 됐어?

Are you ready to enjoy the party?

당연하지! 즐길 준비가 됐어.

Sure! I'm ready to have fun.

좋아. 6시에 만나.

Okay. See you at 6.

제한 시간	15분 (25문항 각 4점)
SCORE	/ 100

1-5 다음 우리말에 맞게 빈칸에 알맞은 패턴을 써 보세요.

I'm ready to	I'm not ready to	Are you ready to

1 그를 보내줄 준비가 됐어. ▶ ______________ let him go.
2 은퇴할 준비가 안 됐어. ▶ ______________ retire.
3 결혼할 준비 됐어? ▶ ______________ get married?
4 회사로 돌아갈 준비가 됐어. ▶ ______________ get back to work.
5 졸업할 준비가 안 됐어. ▶ ______________ graduate.

6-8 음원을 듣고 사진에 맞게 문장을 완성해 보세요.

6 48-6

▶ I'm ready ______________ .

7 48-7

▶ I'm not ready ______________ .

8 48-8

▶ Are you ready ______________ ?

9-12 들려주는 문장에 대한 알맞은 대답을 보기에서 골라 써 보세요.

① Nice! Are you ready to enjoy your summer vacation?
② Wow, good for you! Are you ready to accept her offer?
③ Wait. I'm not ready to say goodbye.
④ Yes, but I'm not ready to answer the question.

9 48-9 ▶ ______________
10 48-10 ▶ ______________
11 48-11 ▶ ______________
12 48-12 ▶ ______________

13-15 **다음 우리말에 맞게 괄호 속에서 알맞은 말을 고르세요.**

13 새 직장에 지원할 준비가 됐어. ▶ I'm (ready for / ready to) apply for a new job.

14 진실을 받아들일 준비가 안 됐어. ▶ (I'm not / I don't) ready to accept the truth.

15 가정을 꾸릴 준비 됐어? ▶ Are you ready (to have / for having) a family?

16-19 **그림을 보고 우리말에 맞게 대화문을 완성해 보세요.**

A 파티를 즐길 준비 됐어?

16 ______________________ the party?

B 당연하지! 재미있게 놀 준비 됐어.

17 Sure! ______________________ fun.

A 아이를 가질 준비가 됐어?

18 ______________________ a baby?

B 응. 좋은 엄마가 될 준비가 됐어.

19 Yes. ______________________ mother.

20-22 **다음 우리말에 맞게 주어진 Hint를 활용하여 대화를 완성해 보세요.**

새로운 것을 도전할 준비가 됐어. (Hint! challenge, things)

20 ______________________________________

이제 새 직장에 지원할 준비가 된 거야? (Hint! new job)

21 ______________________________________ now?

응, 새 직장을 구할 준비가 됐어. (Hint! get)

Yeah, **22** ______________________________________

23-25 **다음 우리말에 맞게 주어진 Hint를 활용하여 영어 문장을 완성해 보세요.**

23 결혼할 준비가 됐어. (Hint! get married)

▶ ______________________________________

24 은퇴할 준비 됐어? (Hint! retire)

▶ ______________________________________

25 작별 인사할 준비가 안 됐어. (Hint! goodbye)

▶ ______________________________________

Day 49

I was about to ~.

~하려던 참이었어.

DATE 20 . .

이런 말, 영어로 할 수 있나요? (체크해 보세요.)

- ☐ 너에게 다시 전화하려던 참이었어.
- ☐ 그에게 돈을 갚으려던 참이었어.
- ☐ 그녀에게 충고하려던 게 아니었어.
- ☐ 뭘 바꾸려던 게 아니었어.
- ☐ 계산서를 요청하려던 참이었어?
- ☐ 새 휴대폰을 찾아보려던 참이었어?

오늘의 패턴

I was about to + 동사.

I'm about to ~.라고 하면 "나 ~하려던 참이야."라고 지금 하려고 하는 일에 대해 말하는 패턴이에요. 이것을 과거로 말하면 I was about to ~(나 ~하려던 참이었어).라고 막 하려고 했던 일에 대해 말하는 패턴이 돼요.

오늘의 단어/표현

오늘의 패턴에 활용할 수 있는 단어와 표현들을 미리 외워 두세요. 49-1

- ▢ ~에게 다시 전화하다 call ~ back
- ▢ ~에게 돈을 갚다 pay ~ back
- ▢ 빌려주다 lend
- ▢ 서두르다 hurry
- ▢ 택시를 부르다 call a taxi
- ▢ 축하하다 celebrate
- ▢ 충고하다 give advice
- ▢ 바꾸다, 변화시키다 change
- ▢ 포기하다 give up
- ▢ 불평하다 complain
- ▢ ~에 들어가다 go into ~
- ▢ 규칙을 어기다 break the rules
- ▢ ~을 요청하다 ask for ~
- ▢ ~을 찾아보다 search for ~
- ▢ 빌리다 borrow
- ▢ 속도를 높이다 speed up
- ▢ 노래하다 sing
- ▢ 선물 present

오늘의 패턴 활용

49-2 음원 듣고 5번 따라 읽기 ☐☐☐☐☐

너에게 다시 전화하려던 **참이었어.**	I was about to +	call you back.
그에게 돈을 갚으려던 **참이었어.**		pay him back.
그녀에게 돈을 빌려주려던 **참이었어.**		lend her money.
서두르려던 **참이었어.**		hurry.
택시를 부르려던 **참이었어.**		call a taxi.
그의 생일을 축하하려던 **참이었어.**		celebrate his birthday.

오늘의 패턴 플러스1 부정문

49-3 음원 듣고 5번 따라 읽기 □□□□□

I wasn't about to + 동사.

반대로 "~하려던 참이 아니었어."라고 하려고 했던 일이 아니라고 말할 때는 I wasn't about to ~. 패턴을 사용해요.

그녀에게 충고하려던 게 아니었어.	I wasn't about to +	give advice to her.
뭘 바꾸려던 게 아니었어.		change anything.
그거 포기하려던 게 아니었어.		give it up.
그것에 대해 불평하려던 게 아니었어.		complain about it.
그 방에 들어가려던 게 아니었어.		go into the room.
규칙을 어기려던 게 아니었어.		break the rules.

오늘의 패턴 플러스2 의문문

49-4 음원 듣고 5번 따라 읽기 □□□□□

Were you about to + 동사?

상대방에게 막 어떤 것을 하려던 참이었냐고 물어볼 때는 Were you about to ~? 패턴을 사용해요. 주어에 따라 바뀌는 be동사 형태에 주의하세요.

계산서를 요청하려던 참이었어?	Were you about to +	ask for the bill?
새 휴대폰을 찾아보려던 참이었어?		search for a new phone?
부모님에게 돈을 빌리려던 참이었어?		borrow money from your parents?
속도를 높이려던 참이었어?		speed up?
생일 축하 노래를 부르려던 참이었어?		sing "Happy Birthday"?
선물을 풀어보려던 참이었어?		open the present?

오늘의 회화

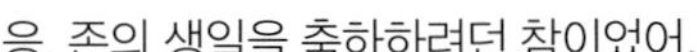

오늘의 패턴을 활용한 회화문을 직접 써 보면서 복습해 보세요.

49-5

기다려! 생일 축하 노래 부르려던 참이었어?

Wait for me! Were you about to sing "Happy Birthday"?

응. 존의 생일을 축하하려던 참이었어.

Yeah. I was about to celebrate John's birthday.

나도 껴 줘!

Count me in!

Day 49 오늘의 문제

제한 시간	15분 (25문항 각 4점)
SCORE	/ 100

1-5 다음 우리말에 맞게 빈칸에 알맞은 패턴을 써 보세요.

I was about to　　I wasn't about to　　Were you about to

1 그에게 돈을 갚으려던 참이었어. ▶ ____________ pay him back.
2 새 휴대폰을 찾아보려던 참이었어? ▶ ____________ search for a new phone?
3 뭘 바꾸려던 게 아니었어. ▶ ____________ change anything.
4 선물을 풀어보려던 참이었어? ▶ ____________ open the present?
5 그 방에 들어가려던 게 아니었어. ▶ ____________ go into the room.

6-9 음원을 듣고 그림에 맞게 대화문을 완성해 보세요.

A 49-6 6 Were you ____________ ?
B 49-7 7 Yeah, I was ____________ . We're late.

A 49-8 8 Were you ____________ subway?
B 49-9 9 No. I was ____________ .

10-13 들려주는 문장에 대한 알맞은 대답을 골라 연결해 보세요.

10 49-10 •　　• Oh, thanks. I was about to ask for the bill.
11 49-11 •　　• Do you think so? I was about to give it up.
12 49-12 •　　• No. I wasn't about to complain.
13 49-13 •　　• I was about to borrow money from my parents.

14-17 다음 우리말에 맞게 주어진 단어를 배열하여 문장을 만들어 보세요.

14 그의 생일을 축하하려던 게 아니었어.

birthday　to　celebrate　I　about　his　wasn't

▶ ____________ .

15 서두르려던 참이었어?

about　hurry　Were　to　you

▶ ____________ ?

16 규칙을 어기려던 게 아니었어.

rules wasn't to I about the break

▶ ______________________________ .

17 선물을 풀어보려던 참이었어.

to present was about open I the

▶ ______________________________ .

18-21 다음 우리말에 맞게 주어진 Hint를 활용하여 대화를 완성해 보세요.

기다려! 생일 축하 노래 부르려던 참이었어? (Hint! "Happy Birthday")

Wait for me! **18** ______________________________

응. 존의 생일을 축하하려던 참이었어. (Hint! celebrate, John's)

Yeah. **19** ______________________________

내 여동생에게 돈을 빌리려던 참이었어. (Hint! borrow, from, sister)

20 ______________________________

그러지 마. 내가 돈 빌려주려던 참이었으니까. (Hint! lend)

Don't do that. **21** ______________________________

22-25 다음 우리말에 맞게 주어진 Hint를 활용하여 영어 문장을 완성해 보세요.

22 계산서를 요청하려던 참이었어? (Hint! ask for)

▶ ______________________________

23 택시를 부르려던 게 아니었어. (Hint! call)

▶ ______________________________

24 그것에 대해 불평하려던 참이었어. (Hint! complain about)

▶ ______________________________

25 나에게 다시 전화하려던 참이었어? (Hint! back)

▶ ______________________________

Day 50

I'm planning to ~.

~할 계획이야.

DATE 20 . .

이런 말, 영어로 할 수 있나요? (체크해 보세요.)

- ▢ 이번 학기에 영어 과목을 수강할 계획이야.
- ▢ 이번 주말에 캠핑 하러 갈 계획이야.
- ▢ 이번 달에 요리 수업을 수강할 계획이 아니야.
- ▢ 해외로 유학 갈 계획이 아니야.
- ▢ 그녀에게 프로포즈할 계획이야?
- ▢ 다음 주에 낚시 갈 계획이야?

오늘의 패턴

I'm planning to + 동사.

plan은 '계획하다'라는 뜻인데, 이 단어를 활용해서 현재진행형으로 만들면 I'm planning to ~(나 ~할 계획이야).라는 패턴이 돼요. 현재 하려고 계획 중인 일을 말할 때 사용해요.

오늘의 단어/표현

오늘의 패턴에 활용할 수 있는 단어와 표현들을 미리 외워 두세요. 50-1

- ▢ 과목, 강좌 **course**
- ▢ 캠핑 가다 **go camping**
- ▢ 다이어트를 하다 **go on a diet**
- ▢ 예약하다 **make a reservation**
- ▢ 잠시 들르다 **stop by**
- ▢ ~로 떠나다 **leave for ~**
- ▢ 요리 수업 **cooking class**
- ▢ 해외로 가다 **go abroad**
- ▢ 등산을 가다 **go hiking**
- ▢ ~에 머물다, 묵다 **stay at ~**
- ▢ 밖에 나가다 **go out**
- ▢ 초대하다 **invite**
- ▢ 프로포즈를 하다 **propose**
- ▢ 낚시하러 가다 **go fishing**
- ▢ 리조트 **resort**
- ▢ 운전하다 **drive**
- ▢ 대접하다 **treat**
- ▢ 파티를 열다 **throw a party**

오늘의 패턴 활용

50-2 음원 듣고 5번 따라 읽기 ▢▢▢▢▢

이번 학기에 영어 과목을 수강할 **계획이야.**	**I'm planning to** +	take the English course.
이번 주말에 캠핑 하러 갈 **계획이야.**		go camping this weekend.
내일부터 다이어트를 할 **계획이야.**		go on a diet from tomorrow.
오늘 저녁으로 예약할 **계획이야.**		make a reservation for this evening.
방과 후에 그 카페에 잠시 들를 **계획이야.**		stop by the café after school.
내년에 뉴욕으로 떠날 **계획이야.**		leave for New York next year.

오늘의 패턴 플러스1 부정문

50-3 음원 듣고 5번 따라 읽기 ☐☐☐☐☐

I'm not planning to + 동사.

반대로 "난 ~할 계획이 아니야."라고 계획하고 있지 않은 것에 대해 이야기할 때는 I'm not planning to ~. 패턴을 사용해요.

이번 달에 요리 수업을 수강할 **계획이 아니야.**	I'm not planning to +	take a cooking class this month.
해외로 유학 갈 **계획이 아니야.**		go abroad to study.
이번 주말에 등산 갈 **계획이 아니야.**		go hiking this weekend.
내일은 집에 머물 **계획이 아니야.**		stay at home tomorrow.
오늘 밤에 밖에 나갈 **계획이 아니야.**		go out tonight.
내 파티에 그를 초대할 **계획이 아니야.**		invite him to my party.

오늘의 패턴 플러스2 의문문

50-4 음원 듣고 5번 따라 읽기 ☐☐☐☐☐

Are you planning to + 동사?

상대방에게 "너 ~할 계획이야?"라고 계획하고 있는 일에 대해 물어볼 때는 Are you planning to ~? 패턴을 사용해요.

그녀에게 프로포즈할 **계획이야?**	Are you planning to +	propose to her**?**
다음 주에 낚시 갈 **계획이야?**		go fishing next week**?**
다음 주말에 그 리조트에서 묵을 **계획이야?**		stay at the resort next weekend**?**
오늘은 운전해서 집에 갈 **계획이야?**		drive home today**?**
그들에게 저녁을 대접할 **계획이야?**		treat them to dinner**?**
다음 달에 파티를 열 **계획이야?**		throw a party next month**?**

오늘의 회화

오늘의 패턴을 활용한 회화문을 직접 써 보면서 복습해 보세요.

50-5

너 해외로 유학 갈 계획이니?

Are you planning to go abroad to study?

응. 내년에 뉴욕으로 떠날 계획이야.

Yeah. I'm planning to leave for New York next year.

멋지다.

That's amazing.

Day 50 오늘의 문제

제한 시간	15분 (25문항 각 4점)
SCORE	/ 100

1-5 다음 우리말에 맞게 빈칸에 알맞은 패턴을 써 보세요.

I'm planning to　　I'm not planning to　　Are you planning to

1 오늘 저녁으로 예약할 계획이야. ▶ __________ make a reservation for this evening.

2 내일은 집에 머물 계획이 아니야. ▶ __________ stay at home tomorrow.

3 다음 주에 낚시 갈 계획이야? ▶ __________ go fishing next week?

4 이번 주말에 등산 갈 계획이 아니야. ▶ __________ go hiking this weekend.

5 다음 달에 파티를 열 계획이야? ▶ __________ throw a party next month?

6-8 음원을 듣고 사진에 맞게 문장을 완성해 보세요.

6 50-6

▶ I'm not planning __________ this month.

7 50-7

▶ I'm planning __________ from tomorrow.

8 50-8

▶ Are you planning __________ today?

9-12 들려주는 문장에 대한 알맞은 대답을 보기에서 골라 써 보세요.

① No, I'm not planning to invite him to my party.
② I know. I'm planning to stop by after school.
③ I'm planning to go camping with my family.
④ I think so. Are you planning to propose to her?

9 50-9 ▶ __________

10 50-10 ▶ __________

11 50-11 ▶ __________

12 50-12 ▶ __________

13-15 **다음 우리말에 맞게 괄호 속에서 알맞은 말을 고르세요.**

13 해외로 유학 갈 계획이 아니야. ▶ I'm (not planning / no plan) to go abroad to study.

14 다음 달에 파티를 열 계획이야. ▶ I'm planning (for / to) throw a party next month.

15 그 리조트에서 묵을 계획이야? ▶ Are you (plan to / planning to) stay at the resort?

16-19 **그림을 보고 우리말에 맞게 대화문을 완성해 보세요.**

A 이번 주말에 캠핑 하러 갈 계획이야?

16 ______________________ this weekend?

B 아니. 이번 주말에 난 낚시 갈 계획이야.

17 No. ______________________ this weekend.

A 오늘 밤에 밖에 나갈 계획이야?

18 ______________________ tonight?

B 아니. 오늘 밤에는 집에 머물 계획이야.

19 No. ______________________ tonight.

20-22 **다음 우리말에 맞게 주어진 Hint를 활용하여 대화를 완성해 보세요.**

이번 학기에 영어 과목을 수강할 계획이야. (Hint! take, course)

20 ______________________ this semester.

왜? 해외로 유학 갈 계획이야? (Hint! go abroad)

21 Why? ______________________ to study?

응. 내년에 뉴욕으로 떠날 계획이야. (Hint! New York)

Yeah. **22** ______________________ next year.

23-25 **다음 우리말에 맞게 주어진 Hint를 활용하여 영어 문장을 완성해 보세요.**

23 내일부터 다이어트를 할 계획이야? (Hint! go on a diet, from)

▶ ______________________

24 그들에게 저녁을 대접할 계획이야. (Hint! treat)

▶ ______________________

25 오늘은 운전해서 집에 갈 계획이 아니야. (Hint! drive)

▶ ______________________

Day 51

I know how to ~.

어떻게 ~하는지 알아.

어떤 것을 하는 방법 안다고 말하기

DATE 20 . .

이런 말, 영어로 할 수 있나요? (체크해 보세요.)

- ☐ 그의 사무실에 어떻게 가는지 알아.
- ☐ 현금인출기를 어떻게 쓰는지 알아.
- ☐ 병원에 어떻게 가는지 몰라.
- ☐ 물이 새는 파이프를 어떻게 고치는지 몰라.
- ☐ 세탁기 어떻게 사용하는지 알아?
- ☐ 그 잡지 어떻게 구독하는지 알아?

오늘의 패턴

I know how to + 동사.

how to ~는 '~하는 법', '어떻게 ~하는지'라는 표현이에요. I know how to ~.라고 하면 "난 어떻게 ~하는지 알아."라는 패턴이 되죠.

오늘의 단어/표현

오늘의 패턴에 활용할 수 있는 단어와 표현들을 미리 외워 두세요. 51-1

- ☐ ~에 도착하다 **get to ~**
- ☐ 현금인출기 **ATM**
- ☐ 처리하다 **handle**
- ☐ 파스타 **pasta**
- ☐ 설치하다 **install**
- ☐ 앱 **app**
- ☐ 병원 **hospital**
- ☐ 고치다 **fix**
- ☐ 비행기를 조종하다 **fly a plane**
- ☐ 복사하다 **copy**
- ☐ (구조물 등을) 세우다 **set up**
- ☐ 전구를 갈다 **change a bulb**
- ☐ 세탁기 **washing machine**
- ☐ 구독하다 **subscribe**
- ☐ 탑승 수속을 하다 **check in**
- ☐ 생선 스테이크 **fish steak**
- ☐ 식기 세척기 **dishwasher**
- ☐ 교체하다 **replace**

오늘의 패턴 활용

51-2 음원 듣고 5번 따라 읽기 ☐☐☐☐☐

그의 사무실에 **어떻게** 가는지 **알아.**	I know how to +	get to his office.
현금인출기를 **어떻게** 쓰는지 **알아.**		use the ATM.
이 상황을 **어떻게** 처리하는지 **알아.**		handle this situation.
파스타를 **어떻게** 만드는지 **알아.**		cook pasta.
모니터 **어떻게** 설치하는지 **알아.**		install the monitor.
이 앱으로 음식을 **어떻게** 주문하는지 **알아.**		order food with this app.

오늘의 패턴 플러스1 부정문

51-3 음원 듣고 5번 따라 읽기 □□□□□

I don't know how to + 동사.

반대로 "난 어떻게 ~하는지 몰라."라고 방법을 모른다고 말할 때는 I don't know how to ~. 패턴을 사용해요.

병원에 **어떻게** 가는지 **몰라.**	I don't know how to +	get to the hospital.
물이 새는 파이프를 **어떻게** 고치는지 **몰라.**		fix a leaky pipe.
비행기를 **어떻게** 조종하는지 **몰라.**		fly a plane.
서류를 **어떻게** 복사하는지 **몰라.**		copy the document.
텐트를 **어떻게** 치는지 **몰라.**		set up the tent.
전구를 **어떻게** 가는지 **몰라.**		change a bulb.

오늘의 패턴 플러스2 의문문

51-4 음원 듣고 5번 따라 읽기 □□□□□

Do you know how to + 동사?

상대방에게 어떤 것을 할 줄 아는지 물어볼 때는 Do you know how to ~(어떻게 ~하는지 알아)? 패턴을 사용해서 물어볼 수 있어요.

세탁기 **어떻게** 사용하는지 **알아?**	Do you know how to +	use the washing machine?
그 잡지 **어떻게** 구독하는지 **알아?**		subscribe to the magazine?
공항에서 탑승 수속 **어떻게** 하는지 **알아?**		check in at the airport?
생선 스테이크 **어떻게** 만드는지 **알아?**		cook fish steak?
식기 세척기 **어떻게** 사용하는지 **알아?**		use the dishwasher?
프린터 토너 **어떻게** 교체하는지 **알아?**		replace the printer toner?

오늘의 회화

오늘의 패턴을 활용한 회화문을 직접 써 보면서 복습해 보세요. 51-5

파스타 어떻게 만드는지 알아?

Do you know how to cook pasta?

응. 생선 스테이크 어떻게 만드는지도 알아.

Yeah. I know how to cook fish steak too.

와. 만들어 줄래?

Wow. Can you cook for me?

제한 시간	15분 (25문항 각 4점)
SCORE	/ 100

1-5 다음 우리말에 맞게 빈칸에 알맞은 패턴을 써 보세요.

I know how to　　I don't know how to　　Do you know how to

1 현금인출기를 어떻게 쓰는지 알아. ▶ ______ use the ATM.

2 세탁기 어떻게 사용하는지 알아? ▶ ______ use the washing machine?

3 비행기를 어떻게 조종하는지 몰라. ▶ ______ fly a plane.

4 생선 스테이크 어떻게 만드는지 알아? ▶ ______ cook fish steak?

5 물이 새는 파이프를 어떻게 고치는지 몰라. ▶ ______ fix a leaky pipe.

6-9 음원을 듣고 그림에 맞게 대화문을 완성해 보세요.

A 51-6 6 I don't know ______ the document.

B 51-7 7 I can show you. Do you know ______ the printer toner anyway?

A 51-8 8 I don't know ______ the tent.

B 51-9 9 It's okay. I know ______ the tent.

10-13 들려주는 문장에 대한 알맞은 대답을 골라 연결해 보세요.

10 51-10 •　　• We should call Tom. I don't know how to change the bulb.

11 51-11 •　　• Do you know how to subscribe to the magazine?

12 51-12 •　　• Don't worry. I know how to handle this situation.

13 51-13 •　　• Oh, I know how to get to his office. Come with me!

14-17 다음 우리말에 맞게 주어진 단어를 배열하여 문장을 만들어 보세요.

14 병원에 어떻게 가는지 몰라.

to　don't　I　hospital　how　know　get　the　to

▶ ______.

15 식기 세척기 어떻게 사용하는지 알아?

the　use　you　dishwasher　how　Do　know　to

▶ ______?

16 모니터 어떻게 설치하는지 알아.

monitor know the to I how install

▶ ________________________________ .

17 비행기 어떻게 조종하는지 알아?

fly you to Do how plane a know

▶ ________________________________ ?

18-21 **다음 우리말에 맞게 주어진 Hint를 활용하여 대화를 완성해 보세요.**

파스타 어떻게 만드는지 알아? (Hint! cook)

18 ________________________________

응. 생선 스테이크 어떻게 만드는지도 알아. (Hint! fish steak)

Yeah. **19** ________________________________ too.

물이 새는 파이프를 어떻게 고치는지 알아? (Hint! leaky pipe)

20 ________________________________

아니. 이 상황을 어떻게 해결할지 모르겠어. (Hint! handle, situation)

No. **21** ________________________________

22-25 **다음 우리말에 맞게 주어진 Hint를 활용하여 영어 문장을 완성해 보세요.**

22 이 앱으로 음식을 어떻게 주문하는지 알아. (Hint! order, app)

▶ ________________________________

23 공항에서 탑승 수속 어떻게 하는지 알아? (Hint! check in, airport)

▶ ________________________________

24 현금인출기를 어떻게 쓰는지 몰라. (Hint! use, ATM)

▶ ________________________________

25 그의 사무실에 어떻게 가는지 알아? (Hint! get to)

▶ ________________________________

Day 52

You'll have to ~.

너 ~해야 할 거야.

DATE 20 . .

이런 말, 영어로 할 수 있나요? (체크해 보세요.)

- ☐ 너 내일은 실내에만 있어야 할 거야.
- ☐ 너 버스 타려면 서둘러야 할 거야.
- ☐ 너 오늘 늦게까지 일하지 않아도 될 거야.
- ☐ 너 이번 주에 점심값 내지 않아도 될 거야.
- ☐ 내가 거기 가려면 지하철을 타야 할까?
- ☐ 내가 여기서 줄을 서서 기다려야 할까?

오늘의 패턴

You'll have to + 동사.

You have to ~. 패턴은 "넌 ~해야만 해."라는 말이죠. 이 패턴을 미래형으로 만들어서 You'll have to ~.라고 하면 "넌 ~해야만 할 거야."라고 앞으로 해야만 하는 일을 상기시키는 패턴이 돼요.

오늘의 단어/표현

오늘의 패턴에 활용할 수 있는 단어와 표현들을 미리 외워 두세요. 52-1

- ☐ 실내에 **indoors**
- ☐ 잡다 **catch**
- ☐ ~에 익숙해지다 **get used to ~**
- ☐ 고속도로를 타다 **take the highway**
- ☐ 재부팅하다 **reboot**
- ☐ 오래 기다리다 **wait long**
- ☐ 늦게까지 일하다 **work late**
- ☐ ~을 지불하다 **pay for ~**
- ☐ 깨어 있다 **stay up**
- ☐ 예약하다 **make a reservation**
- ☐ 재시험을 보다 **retake the test**
- ☐ 학교에 가다 **go to school**
- ☐ 지하철을 타다 **take the subway**
- ☐ 줄을 서서 **in line**
- ☐ 태도 **attitude**
- ☐ 과목을 재수강하다 **retake the course**
- ☐ 허락을 받다 **get permission**
- ☐ 취소하다 **cancel**

오늘의 패턴 활용

52-2 음원 듣고 5번 따라 읽기 ☐☐☐☐☐

너 내일은 실내에만 있어야 할 거야.	You'll have to +	stay indoors tomorrow.
너 버스 타려면 서둘러야 할 거야.		hurry to catch the bus.
너 혼자 있는 것에 익숙해져야 할 거야.		get used to being alone.
너 제시간에 도착하려면 고속도로를 타야 할 거야.		take the highway to make it on time.
너 시스템을 재부팅해야 할 거야.		reboot the system.
너 오래 기다려야 할 거야.		wait long.

오늘의 패턴 플러스1 부정문

52-3 음원 듣고 5번 따라 읽기

You won't have to + 동사.

You don't have to ~.라고 하면 "넌 ~할 필요 없어."라는 뜻이에요. 이 패턴을 미래형으로 바꾸면 You won't have to ~(너 ~하지 않아도 될 거야).라는 의미가 돼요.

너 오늘 늦게까지 일하지 **않아도 될 거야.**	**You won't have to** +	**work late today.**
너 이번 주에 점심값 내지 **않아도 될 거야.**		**pay for lunch this week.**
너 오늘 밤 늦게까지 깨어 있지 **않아도 될 거야.**		**stay up late tonight.**
너 예약하지 **않아도 될 거야.**		**make a reservation.**
너 재시험을 보지 **않아도 될 거야.**		**retake the test.**
너 다음 주에 학교에 가지 **않아도 될 거야.**		**go to school next week.**

오늘의 패턴 플러스2 의문문

52-4 음원 듣고 5번 따라 읽기

Will I have to + 동사?

주어를 I로 바꿔서 의문문으로 만들어 Will I have to ~?라고 물어보면 "내가 ~해야만 할까?"라고 앞으로 내가 해야 하는 일에 대해 묻는 패턴이 돼요.

내가 거기 가려면 지하철을 타야 **할까?**	**Will I have to** +	take the subway to get there**?**
내가 여기서 줄을 서서 기다려야 **할까?**		wait in line here**?**
내가 그의 태도에 익숙해져야 **할까?**		get used to his attitude**?**
내가 그 과목을 재수강해야 **할까?**		retake the course**?**
내가 우리 부모님의 허락을 받아야 **할까?**		get my parents' permission**?**
내가 예약을 취소해야 **할까?**		cancel the reservation**?**

오늘의 회화

오늘의 패턴을 활용한 회화문을 직접 써 보면서 복습해 보세요. 52-5

너 버스 타려면 서둘러야 할 거야.

You'll have to hurry to catch the bus.

제시간에 도착하려면 지하철을 타야 할까?

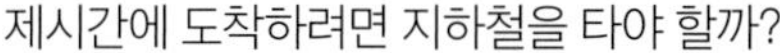

Will I have to take the subway to make it on time?

그러는 게 좋겠어.

I think you should.

Day 52 오늘의 문제

제한 시간	15분 (25문항 각 4점)
SCORE	/ 100

1-5 다음 우리말에 맞게 빈칸에 알맞은 패턴을 써 보세요.

You'll have to　　You won't have to　　Will I have to

1 너 시스템을 재부팅해야 할 거야. ▶ ______________ reboot the system.

2 너 점심값 내지 않아도 될 거야. ▶ ______________ pay for lunch.

3 내가 그의 태도에 익숙해져야 할까? ▶ ______________ get used to his attitude?

4 너 재시험을 보지 않아도 될 거야. ▶ ______________ retake the test.

5 내가 그 과목을 재수강해야 할까? ▶ ______________ retake the course?

6-8 음원을 듣고 사진에 맞게 문장을 완성해 보세요.

6 52-6

▶ You'll have to ______________ .

7 52-7

▶ You won't ______________ today.

8 52-8

▶ Will I ______________ here?

9-12 들려주는 문장에 대한 알맞은 대답을 보기에서 골라 써 보세요.

① Oh, that's too bad. Will I have to cancel the reservation?

② I know. You'll have to stay indoors tomorrow.

③ I don't think so. You won't have to make a reservation.

④ Sounds good! Will I have to get my parents' permission?

9 52-9 ▶ ______________

10 52-10 ▶ ______________

11 52-11 ▶ ______________

12 52-12 ▶ ______________

13-15 다음 우리말에 맞게 괄호 속에서 알맞은 말을 고르세요.

13 너 다음 주에 학교에 가지 않아도 될 거야. ▶ You (won't have to / won't have) go to school next week.

14 내가 시스템을 재부팅해야 할까? ▶ Will I have (rebooting / to reboot) the system?

15 너 이번 주에는 점심값 내야 할 거야. ▶ (You're / You'll) have to pay for lunch this week.

16-19 그림을 보고 우리말에 맞게 대화문을 완성해 보세요.

Ticket

A 내가 예약을 해야 할까?

16 ______________________ a reservation?

B 아니. 너 여기서 줄을 서서 기다려야 할 거야.

17 No. ______________________ here.

A 내가 재시험을 봐야 할까?

18 ______________________ the test?

B 아니. 너 그 과목 재수강해야 할 거야.

19 No. ______________________ the course.

20-22 다음 우리말에 맞게 주어진 Hint를 활용하여 대화를 완성해 보세요.

너 버스 타려면 서둘러야 할 거야. (Hint! hurry, catch)

20 ______________________

제시간에 도착하려면 지하철을 타야 할까? (Hint! subway)

21 ______________________ to make it on time?

응. 아니면 버스 정류장에서 오래 기다려야 할 거야. (Hint! long)

Yeah. **22** Or ______________________ at the bus stop.

23-25 다음 우리말에 맞게 주어진 Hint를 활용하여 영어 문장을 완성해 보세요.

23 너 오늘 밤 늦게까지 깨어 있지 않아도 될 거야. (Hint! stay up)

▶ ______________________ tonight.

24 너 예약을 취소해야 할 거야. (Hint! cancel)

▶ ______________________

25 내가 오늘 늦게까지 일해야 할까? (Hint! late)

▶ ______________________ today?

Day 53

I'm supposed to ~.

난 ~하기로 되어 있어.

하기로 되어 있는 일 이야기하기

DATE 20 . .

이런 말, 영어로 할 수 있나요? (체크해 보세요.)

- ☐ 난 2시에 프레젠테이션을 하기로 되어 있어.
- ☐ 난 9시까지 출근하기로 되어 있어.
- ☐ 난 누구에게도 이걸 말하면 안 돼.
- ☐ 난 말없이 여기에 오면 안 돼.
- ☐ 너 내일까지 보고서 끝내기로 되어 있니?
- ☐ 너 이 회의에 참석하기로 되어 있니?

오늘의 패턴

I'm supposed to + 동사.

I'm supposed to ~. 패턴은 하기로 정해져 있거나 약속되어 있는 것에 대해 말하는 패턴입니다. "난 ~하기로 되어 있어." 또는 "난 ~하기로 했어."라는 의미예요.

오늘의 단어/표현

오늘의 패턴에 활용할 수 있는 단어와 표현들을 미리 외워 두세요. 53-1

- ☐ 프레젠테이션을 하다 give a presentation
- ☐ ~까지 by ~
- ☐ 치우다, 청소하다 clean up
- ☐ 취업 면접 job interview
- ☐ 빨래를 하다 do the laundry
- ☐ 집세를 내다 pay the rent
- ☐ 누구도, 아무도 anyone
- ☐ 말없이, 예고 없이 without notice
- ☐ 정크 푸드 junk food
- ☐ 밤 늦게 late at night
- ☐ 일하는 중에 while working
- ☐ 주차하다 park
- ☐ ~을 끝내다 be done with ~
- ☐ 참석하다 attend
- ☐ 먹이를 주다 feed
- ☐ 설거지를 하다 wash the dishes
- ☐ 숙제를 하다 do the homework
- ☐ 이번 주말 this weekend

오늘의 패턴 활용

53-2 음원 듣고 5번 따라 읽기 ☐☐☐☐☐

난 2시에 프레젠테이션을 하기로 되어 있어.	I'm supposed to +	give a presentation at 2 p.m.
난 9시까지 출근하기로 되어 있어.		be at work by 9.
난 오늘 사무실을 청소하기로 되어 있어.		clean up the office today.
난 내일 취업 면접을 보기로 되어 있어.		have a job interview tomorrow.
난 빨래를 하기로 되어 있어.		do the laundry.
난 내일까지 집세를 내기로 되어 있어.		pay the rent by tomorrow.

오늘의 패턴 플러스1 부정문

53-3 음원 듣고 5번 따라 읽기 □□□□□

I'm not supposed to + 동사.

I'm not supposed to ~.는 직역하면 "난 ~하지 않기로 되어 있어."라는 의미인데, 결국 "난 ~하면 안 돼."라고 어떤 것을 하면 안 된다고 말하는 패턴이에요.

난 누구에게도 이걸 말하면 **안 돼.**	**I'm not supposed to** +	tell anyone about this.
난 말없이 여기에 오면 **안 돼.**		be here without notice.
난 정크 푸드를 먹으면 **안 돼.**		eat junk food.
난 밤 늦게 먹으면 **안 돼.**		eat late at night.
난 일하는 중에 음악을 들으면 **안 돼.**		listen to music while working.
난 오전에 여기에 주차하면 **안 돼.**		park here in the morning.

오늘의 패턴 플러스2 의문문

53-4 음원 듣고 5번 따라 읽기 □□□□□

Are you supposed to + 동사?

상대방에게 하기로 정해져 있거나 약속되어 있는 것에 대해 물어볼 때는 Are you supposed to ~(너 ~하기로 되어 있니)? 패턴을 사용해요.

너 내일까지 보고서 끝내기로 **되어 있니?**	**Are you supposed to** +	be done with this report by tomorrow**?**
너 이 회의에 참석하기로 **되어 있니?**		attend this meeting**?**
너 매일 네 고양이에게 먹이 주기로 **되어 있니?**		feed your cat every day**?**
너 설거지하기로 **되어 있니?**		wash the dishes**?**
너 내일까지 숙제하기로 **되어 있니?**		do the homework by tomorrow**?**
너 이번 주말에 일하기로 **되어 있니?**		work this weekend**?**

오늘의 회화

오늘의 패턴을 활용한 회화문을 직접 써 보면서 복습해 보세요. 53-5

너 오늘 빨래하기로 되어 있니?

Are you supposed to do the laundry today?

아니. 난 오늘 설거지하기로 되어 있어.

No. I'm supposed to wash the dishes today.

알겠어. 그럼 내가 빨래할게.

Okay. I'll do the laundry then.

제한 시간	15분 (25문항 각 4점)
SCORE	/ 100

1-5 다음 우리말에 맞게 빈칸에 알맞은 패턴을 써 보세요.

I'm supposed to   I'm not supposed to   Are you supposed to

1 난 내일까지 집세를 내기로 되어 있어. ▶ ______ pay the rent by tomorrow.
2 너 설거지하기로 되어 있니? ▶ ______ wash the dishes?
3 난 누구에게도 이걸 말하면 안 돼. ▶ ______ tell anyone about this.
4 너 내일까지 숙제하기로 되어 있니? ▶ ______ do the homework by tomorrow?
5 난 밤 늦게 먹으면 안 돼. ▶ ______ eat late at night.

6-9 음원을 듣고 그림에 맞게 대화문을 완성해 보세요.

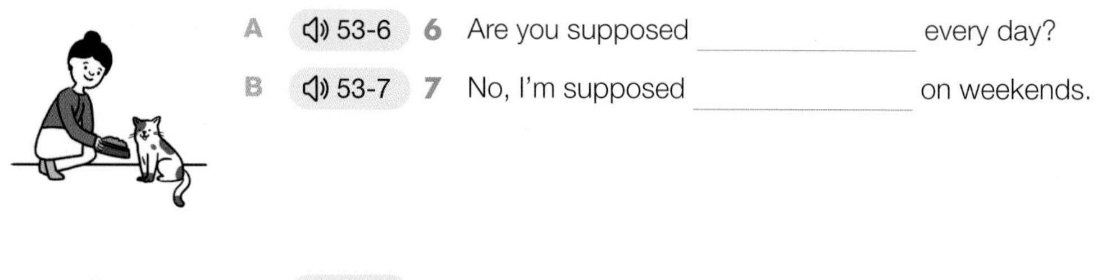

A 🔈 53-6 **6** Are you supposed ______ every day?
B 🔈 53-7 **7** No, I'm supposed ______ on weekends.

A 🔈 53-8 **8** Are you supposed ______?
B 🔈 53-9 **9** Yes. I'm supposed ______ on Saturday.

10-13 들려주는 문장에 대한 알맞은 대답을 골라 연결해 보세요.

10 🔈53-10 •   • Sorry. I'm not supposed to eat junk food.
11 🔈53-11 •   • I'll check it out later. I'm not supposed to listen to music while working.
12 🔈53-12 •   • Oh, I'm supposed to be done with this report by tomorrow.
13 🔈53-13 •   • I can't. I'm supposed to do the laundry this evening.

14-17 다음 우리말에 맞게 주어진 단어를 배열하여 문장을 만들어 보세요.

14 난 오전에 여기에 주차하면 안 돼.

supposed park in I'm morning to here the not

▶ ______________________________.

15 너 프레젠테이션을 하기로 되어 있니?

you presentation Are give supposed a to

▶ ______________________________?

16 난 말없이 여기에 오면 안 돼.

without supposed not notice I'm to here be

▶ ______________________________.

17 난 오늘 사무실을 청소하기로 되어 있어.

today I'm clean supposed office up to the

▶ ______________________________.

18-21 **다음 우리말에 맞게 주어진 Hint를 활용하여 대화를 완성해 보세요.**

너 오늘 빨래하기로 되어 있니? (Hint! laundry, today)

18 ______________________________

아니. 난 오늘 설거지하기로 되어 있어. (Hint! wash, dishes)

No. **19** ______________________________

너 내일 그 회의에 참석하기로 되어 있니? (Hint! attend, tomorrow)

20 ______________________________

응. 내일 프레젠테이션을 하기로 되어 있어. (Hint! presentation, tomorrow)

Yes. **21** ______________________________

22-25 **다음 우리말에 맞게 주어진 Hint를 활용하여 영어 문장을 완성해 보세요.**

22 너 오전에 여기에 주차하기로 되어 있니? (Hint! park, in the morning)

▶ ______________________________

23 난 내일까지 숙제하기로 되어 있어. (Hint! homework, by)

▶ ______________________________

24 너 내일까지 집세를 내기로 되어 있니? (Hint! pay the rent)

▶ ______________________________

25 난 다음 주에 취업 면접을 보기로 되어 있어. (Hint! job interview, next week)

▶ ______________________________

Day 54

I told you I wanted to ~.

내가 ~하고 싶다고 했잖아.

하고 싶은 일 상기시키기

DATE 20 . .

이런 말, 영어로 할 수 있나요? (체크해 보세요.)

- ☐ 내가 이거 환불 받고 싶다고 했잖아.
- ☐ 내가 택시로 출근하고 싶다고 했잖아.
- ☐ 내가 그녀와 더 이상 얘기하고 싶지 않다고 했잖아.
- ☐ 내가 당장은 취직하고 싶지 않다고 했잖아.
- ☐ 너 저녁으로 스테이크 먹고 싶다고 말했었니?
- ☐ 너 새거 사고 싶다고 말했었니?

오늘의 패턴

I told you I wanted to + 동사.

하고 싶은 일을 말할 때는 I want to ~. 패턴을 쓰죠. 그런데 "내가 ~라고 했잖아."라는 패턴인 I told you ~.를 앞에 붙이면 I told you I wanted to ~(내가 ~하고 싶다고 했잖아).라는 패턴이 돼요. 상대방에게 했던 말을 상기시킬 때 쓸 수 있는 패턴이에요.

오늘의 단어/표현

오늘의 패턴에 활용할 수 있는 단어와 표현들을 미리 외워 두세요. 54-1

- ▢ 환불 받다 get a refund
- ▢ 택시를 타다 take a taxi
- ▢ 유학 가다 study abroad
- ▢ 무언가 something
- ▢ 일을 그만두다 quit the job
- ▢ 숙제를 하다 do the homework
- ▢ ~와 이야기하다 talk to ~
- ▢ 취직하다 get a job
- ▢ 다른 것 another one
- ▢ 아무것 anything
- ▢ 여행 가다 go on a trip
- ▢ (친구들과) 놀다 hang out
- ▢ 스테이크 steak
- ▢ 새것 new one
- ▢ 돈을 벌다 make money
- ▢ 만나다 meet
- ▢ 뉴욕으로 to New York
- ▢ 바다에 가다 go to the sea

오늘의 패턴 활용

54-2 음원 듣고 5번 따라 읽기 ☐☐☐☐☐

내가 이거 환불 받고 싶다고 했잖아.	I told you I wanted to +	get a refund on this.
내가 택시로 출근하고 싶다고 했잖아.		take a taxi to work.
내가 유학 가고 싶다고 했잖아.		study abroad.
내가 뭔가 맛있는 거 먹고 싶다고 했잖아.		eat something good.
내가 이번 달에 일 그만두고 싶다고 했잖아.		quit my job this month.
내가 숙제는 나중에 하고 싶다고 했잖아.		do the homework later.

오늘의 패턴 플러스1 부정문

54-3 음원 듣고 5번 따라 읽기 □□□□□

I told you I didn't want to + 동사.

"내가 ~하고 싶지 않다고 했잖아."라고 하고 싶지 않은 일을 상기시킬 때는 I told you는 그대로 두고 I didn't want to라고 부정문을 만들어요.

내가 그녀와 더 이상 얘기하고 **싶지 않다고 했잖아.**	**I told you I didn't want to** +	talk to her anymore.
내가 당장은 취직하고 **싶지 않다고 했잖아.**		get a job right now.
내가 다른 건 사고 **싶지 않다고 했잖아.**		buy another one.
내가 여기서는 아무것도 먹고 **싶지 않다고 했잖아.**		eat anything here.
내가 이번 주말에 여행 가고 **싶지 않다고 했잖아.**		go on a trip this weekend.
내가 친구와 놀고 **싶지 않다고 했잖아.**		hang out with my friends.

오늘의 패턴 플러스2 의문문

54-4 음원 듣고 5번 따라 읽기 □□□□□

Did you tell me you wanted to + 동사?

상대방이 말한 것을 다시 한번 확인할 때는 Did you tell me ~?(네가 ~라고 말했었니?)라는 패턴으로 시작하면 돼요. 그래서 Did you tell me you wanted to ~?라고 하면 "너 ~하고 싶다고 말했었니?"라는 패턴이 된답니다.

너 저녁으로 스테이크 먹고 **싶다고 말했었니?**	**Did you tell me you wanted to** +	eat steak for dinner**?**
너 새거 사고 **싶다고 말했었니?**		buy a new one**?**
너 돈을 벌고 **싶다고 말했었니?**		make money**?**
너 그를 파리에서 만나고 **싶다고 말했었니?**		meet him in Paris**?**
너 뉴욕으로 여행 가고 **싶다고 말했었니?**		go on a trip to New York**?**
너 겨울에 바다에 가고 **싶다고 말했었니?**		go to the sea in the winter**?**

오늘의 회화

오늘의 패턴을 활용한 회화문을 직접 써 보면서 복습해 보세요. 54-5

너 뉴욕으로 여행 가고 싶다고 말했었니?

Did you tell me you wanted to go on a trip to New York?

응, 이번 주말에 여행 가고 싶다고 말했잖아.

Yeah, I told you I wanted to go on a trip this weekend.

아, 난 이번 주말에 여행 가고 싶지 않아.

Oh, I don't want to go on a trip this weekend.

Day 54 오늘의 문제

제한 시간	15분 (25문항 각 4점)
SCORE	/ 100

1-5 다음 우리말에 맞게 빈칸에 알맞은 패턴을 써 보세요.

I told you I wanted to　　I told you I didn't want to　　Did you tell me you wanted to

1 나 택시 타고 싶다고 했잖아. ▶ ____________ take a taxi.
2 너 바다에 가고 싶다고 말했었니? ▶ ____________ go to the sea?
3 나 여행 가고 싶지 않다고 했잖아. ▶ ____________ go on a trip.
4 너 그녀와 얘기하고 싶다고 말했었니? ▶ ____________ talk to her?
5 나 일을 그만두고 싶다고 했잖아. ▶ ____________ quit my job.

6-10 음원을 듣고 그림에 맞게 대화문을 완성해 보세요.

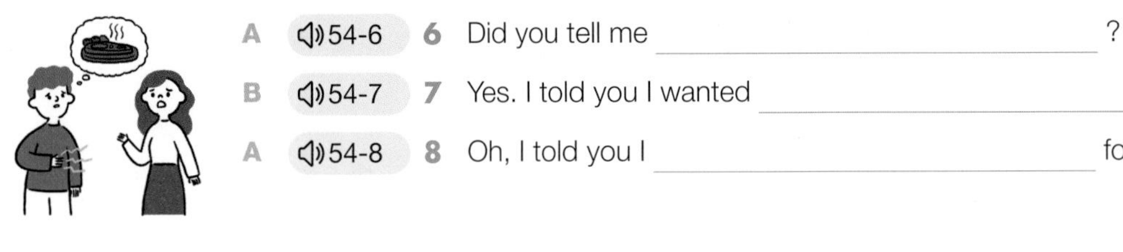

A 54-6 6 Did you tell me ____________ ?
B 54-7 7 Yes. I told you I wanted ____________ .
A 54-8 8 Oh, I told you I ____________ for dinner.

A 54-9 9 Did you tell me ____________ a new one?
B 54-10 10 No, I told you I didn't ____________ .

11-14 들려주는 문장에 대한 알맞은 대답을 골라 연결해 보세요.

11 54-11 •
12 54-12 •
13 54-13 •
14 54-14 •

• I told you I didn't want to go to the sea in the winter.
• No, I told you I wanted to study abroad after graduation.
• Yes, I told you I wanted to make a lot of money.
• Well, I told you I wanted to eat something good.

15-17 다음 우리말에 맞게 주어진 단어를 배열하여 문장을 만들어 보세요.

15 내가 친구와 놀고 싶다고 했잖아.

to　hang out　told　I　with　my friends　you　I　wanted

▶ ____________ .

16 아무것도 먹고 싶지 않다고 했잖아.

didn't　told　anything　I　want　eat　I　to　you

▶ ____________ .

17 너 환불 받고 싶다고 말했었니?

you tell wanted Did get refund me a you to

▶ ______________________________ ?

18-21 **다음 우리말에 맞게 주어진 Hint를 활용하여 대화를 완성해 보세요.**

너 취직하고 싶다고 말했었니? (Hint! get a job)

18 ______________________________ .

응. 당장 돈을 벌고 싶다고 했잖아. (Hint! make, money)

Yeah. **19** ______________________________ right now.

아, 그럼 이 회사에 지원해 봐.

Oh, you'd better apply to this company then.

내가 이번 주말에 여행 가고 싶다고 했잖아. (Hint! go, trip)

20 ______________________________ this weekend.

안 돼. 내가 주말에 친구들 만나고 싶다고 했잖아. (Hint! meet, friends)

We can't. **21** ______________________________ this weekend.

22-25 **다음 우리말에 맞게 주어진 Hint를 활용하여 영어 문장을 완성해 보세요.**

22 내가 숙제는 나중에 하고 싶다고 했잖아. (Hint! do, homework)

▶ ______________________________ later.

23 너 택시로 출근하고 싶다고 말했었니? (Hint! take, taxi)

▶ ______________________________ to work?

24 내가 뭔가 맛있는 거 먹고 싶다고 했잖아. (Hint! something, good)

▶ ______________________________

25 내가 파리에서 그를 만나고 싶지 않다고 했잖아. (Hint! meet)

▶ ______________________________ in Paris.

Day 55

I have decided to ~.

난 ~하기로 했어.

이미 결정한 일에 대해 이야기하기

DATE 20 . .

이런 말, 영어로 할 수 있나요? (체크해 보세요.)

- ☐ 난 내 아들을 위한 파티를 열기로 했어.
- ☐ 난 이 프로젝트를 위해 최선을 다하기로 했어.
- ☐ 난 그와 데이트하지 않기로 했어.
- ☐ 난 그 집으로 이사 가지 않기로 했어.
- ☐ 너 몸무게를 줄이기로 했니?
- ☐ 너 직원들에게 보너스를 주기로 했어?

오늘의 패턴

I have decided to + 동사.

decided to ~는 '~하기로 결심하다'라는 뜻인데, 이를 현재완료인 I have decided to ~.라고 하면 "난 이미 ~하기로 (결정)했어."라는 패턴이 돼요. 이미 결정한 사항에 대해 말할 때 사용해요.

오늘의 단어/표현

오늘의 패턴에 활용할 수 있는 단어와 표현들을 미리 외워 두세요. 55-1

- ▢ 파티를 열다 **have a party**
- ▢ 최선을 다하다 **do one's best**
- ▢ 다이어트를 하다 **go on a diet**
- ▢ 더 싼 **cheaper**
- ▢ 시도하다, 해보다 **give it a try**
- ▢ 거절하다 **refuse**
- ▢ ~와 데이트하다 **go out with ~**
- ▢ ~로 이사 가다 **move to ~**
- ▢ 고용하다 **hire**
- ▢ 유니폼 **uniform**
- ▢ 논의하다 **discuss**
- ▢ 밤을 새우다 **stay up all night**
- ▢ 몸무게를 줄이다 **lose weight**
- ▢ 보너스를 주다 **give a bonus**
- ▢ 온라인을 통해 **online**
- ▢ 고려하다 **consider**
- ▢ ~에게 데이트 신청하다 **ask ~ out**
- ▢ 하루 휴가를 내다 **take a day off**

오늘의 패턴 활용

55-2 음원 듣고 5번 따라 읽기 ☐☐☐☐☐

난 내 아들을 위한 파티를 열기로 했어.	I have decided to +	have a party for my son.
난 이 프로젝트를 위해 최선을 다하기로 했어.		do my best for this project.
난 오늘부터 다이어트를 하기로 했어.		go on a diet from today.
난 더 싼 걸로 사기로 했어.		buy a cheaper one.
난 한번 시도해 보기로 했어.		give it a try.
난 그 일자리 제안을 거절하기로 했어.		refuse the job offer.

오늘의 패턴 플러스1 부정문

55-3 음원 듣고 5번 따라 읽기 ☐☐☐☐☐

I have decided not to + 동사.

반대로 어떤 것을 하지 않기로 결정했다고 말할 때는 I have decided not to ~(난 ~하지 않기로 했어). 패턴을 사용해요.

난 그와 데이트하지 **않기로 했어.**	**I have decided not to** +	go out with him.
난 그 집으로 이사 가지 **않기로 했어.**		move to the house.
난 그녀를 고용하지 **않기로 했어.**		hire her.
난 회사에서 유니폼을 입지 **않기로 했어.**		wear a uniform at work.
난 더 이상 그것에 대해 논의하지 **않기로 했어.**		discuss it anymore.
난 밤을 새우지 **않기로 했어.**		stay up all night.

오늘의 패턴 플러스2 의문문

55-4 음원 듣고 5번 따라 읽기 ☐☐☐☐☐

Have you decided to + 동사?

상대방에게 "너 ~하기로 (결정)했어?"라고 물어볼 때는 Have you decided to ~? 패턴을 사용해요.

너 몸무게를 줄이기로 **했어?**	**Have you decided to** +	lose weight**?**
너 직원들에게 보너스를 주기로 **했어?**		give a bonus to the staff**?**
너 온라인으로 옷을 사기로 **했어?**		buy clothes online**?**
너 그의 제안을 고려해 보기로 **했어?**		consider his offer**?**
너 그녀에게 데이트 신청하기로 **했어?**		ask her out**?**
너 하루 휴가 내기로 **했어?**		take a day off**?**

오늘의 회화

오늘의 패턴을 활용한 회화문을 직접 써 보면서 복습해 보세요.

55-5

저녁으로 샐러드? 너 몸무게 줄이기로 했어?

Salad for dinner? Have you decided to lose weight?

응, 나 오늘부터 다이어트 하기로 했어.

Yeah, I have decided to go on a diet from today.

아, 행운을 빌어.

Oh, good luck.

Day 55 오늘의 문제

제한 시간	15분 (25문항 각 4점)
SCORE	/ 100

1-5 다음 우리말에 맞게 빈칸에 알맞은 패턴을 써 보세요.

> I have decided to　　I have decided not to　　Have you decided to

1 난 한번 시도해 보기로 했어. ▶ ______________ give it a try.

2 너 온라인으로 옷을 사기로 했어? ▶ ______________ buy clothes online?

3 난 밤을 새우지 않기로 했어. ▶ ______________ stay up all night.

4 난 더 싼 걸로 사기로 했어. ▶ ______________ buy a cheaper one.

5 난 그녀를 고용하지 않기로 했어. ▶ ______________ hire her.

6-8 음원을 듣고 사진에 맞게 문장을 완성해 보세요.

6 55-6

▶ I have decided ______________ for my son.

7 55-7

▶ I have decided ______________ at work.

8 55-8

▶ Have you decided ______________?

9-12 들려주는 문장에 대한 알맞은 대답을 보기에서 골라 써 보세요.

> ① Oh, have you decided to consider his offer?
> ② Not bad, but I have decided to refuse the job offer.
> ③ No. I have decided not to move to the house.
> ④ I won't. I have decided not to go out with him.

9 55-9 ▶ ______________

10 55-10 ▶ ______________

11 55-11 ▶ ______________

12 55-12 ▶ ______________

13-15 다음 우리말에 맞게 괄호 속에서 알맞은 말을 고르세요.

13 난 더 이상 그것에 대해 논의하지 않기로 했어.
▶ I have (not decided / decided not) to discuss it anymore.

14 난 이 프로젝트를 위해 최선을 다하기로 했어.
▶ I have decided (to do / doing) my best for this project.

15 너 직원들에게 보너스를 주기로 했어?
▶ Have you (decide / decided) to give a bonus to the staff?

16-19 그림을 보고 우리말에 맞게 대화문을 완성해 보세요.

A 저녁으로 샐러드? 너 몸무게 줄이기로 했어?

16 Salad for dinner? ______________________ weight?

B 응, 나 오늘부터 다이어트 하기로 했어.

17 Yes, ______________________ from today.

A 나 온라인으로 그거 사기로 했어.

18 ______________________ it online.

B 온라인으로? 더 싼 걸 사기로 한 거야?

19 Online? ______________________ one?

20-22 다음 우리말에 맞게 주어진 Hint를 활용하여 대화를 완성해 보세요.

너 그 집으로 이사 가기로 했어? (Hint! move, house)

20 ______________________

응, 그래서 내일 하루 휴가 내기로 했어. (Hint! take, off)

Yeah, so **21** ______________________ tomorrow.

잘 됐다. 나도 내일 하루 휴가 내기로 했어. (Hint! take, off)

22 Good for you. ______________________ tomorrow too.

23-25 다음 우리말에 맞게 주어진 Hint를 활용하여 영어 문장을 완성해 보세요.

23 난 밤을 새우기로 했어. (Hint! stay, all night)

▶ ______________________

24 너 한번 시도해 보기로 했어? (Hint! give, try)

▶ ______________________

25 난 다이어트 하지 않기로 했어. (Hint! go, diet)

▶ ______________________

Day 56

I really want you to ~.

네가 정말 ~하면 좋겠어.

상대방에게 바라는 일 강조하기

DATE 20 . .

이런 말,
영어로
할 수 있나요?
(체크해 보세요.)

- ☐ 네가 정말 당장 여기로 오면 좋겠어.
- ☐ 네가 정말 곧 담배를 끊으면 좋겠어.
- ☐ 네가 정말 이걸 엉망으로 만들지 않으면 좋겠어.
- ☐ 네가 정말 더 이상 화내지 않으면 좋겠어.
- ☐ 내가 정말 그 일정을 지키면 좋겠어?
- ☐ 내가 정말 이 문제를 처리하면 좋겠어?

오늘의 패턴

I really want you to + 동사.

상대방이 어떤 것을 하길 원한다고 말할 때는 I want you to ~. 패턴을 사용하는데, 정말 원한다고 강조하려면 really(정말로)를 추가해서 I really want you to ~(네가 정말 ~하면 좋겠어).라고 하면 돼요.

오늘의 단어/표현

오늘의 패턴에 활용할 수 있는 단어와 표현들을 미리 외워 두세요. 56-1

- ☐ 여기로 오다 **come here**
- ☐ 담배를 끊다 **stop smoking**
- ☐ 사실을 말하다 **tell the truth**
- ☐ ~와 함께 하다 **be with ~**
- ☐ 병원에 가다 **see a doctor**
- ☐ ~을 지키다 **stick to ~**
- ☐ 엉망으로 만들다 **make a mess**
- ☐ 화가 나다 **get angry**
- ☐ 떠나다 **leave**
- ☐ 시간을 낭비하다 **waste your time**
- ☐ ~에게 거짓말하다 **lie to ~**
- ☐ 실수하다 **make a mistake**
- ☐ 일정 **schedule**
- ☐ ~을 처리하다 **deal with ~**
- ☐ ~을 버리다 **throw ~ out**
- ☐ 택시를 부르다 **call a taxi**
- ☐ 합류하다, 함께 가다 **join**
- ☐ 술을 끊다 **stop drinking**

오늘의 패턴 활용

56-2 음원 듣고 5번 따라 읽기 ☐☐☐☐☐

네가 정말 당장 여기로 오면 좋겠어.	I really want you to +	come here right now.
네가 정말 곧 담배를 끊으면 좋겠어.		stop smoking soon.
네가 정말 사실을 말하면 좋겠어.		tell the truth.
네가 정말 나와 함께 하면 좋겠어.		be with me.
네가 정말 오늘 병원에 가면 좋겠어.		see a doctor today.
네가 정말 그 계획을 지키면 좋겠어.		stick to the plan.

오늘의 패턴 플러스1 부정문

56-3 음원 듣고 5번 따라 읽기 □□□□□

I really don't want you to + 동사.

반대로 "네가 정말 ~하지 않으면 좋겠어."라고 상대방이 하지 말았으면 하는 것을 강조할 때는 don't를 I 뒤에 붙여서 부정문을 만들어요.

네가 정말 이걸 엉망으로 만들지 **않으면 좋겠어.**	**I really don't want you to** +	make a mess of this.
네가 정말 더 이상 화내지 **않으면 좋겠어.**		get angry anymore.
네가 정말 우리를 떠나지 **않으면 좋겠어.**		leave us.
네가 정말 시간을 낭비하지 **않으면 좋겠어.**		waste your time.
네가 정말 나에게 거짓말하지 **않으면 좋겠어.**		lie to me.
네가 정말 실수하지 **않으면 좋겠어.**		make a mistake.

오늘의 패턴 플러스2 의문문

56-4 음원 듣고 5번 따라 읽기 □□□□□

Do you really want me to + 동사?

상대방이 나에게 원하는 것을 묻고 싶을 때는 Do you want me to ~?라는 패턴을 사용해요. 여기에 really를 넣어서 강조할 수 있어요.

내가 정말 그 일정을 지키면 **좋겠어?**	**Do you really want me to** +	stick to the schedule**?**
내가 정말 이 문제를 처리하면 **좋겠어?**		deal with this problem**?**
내가 정말 그거 버리면 **좋겠어?**		throw it out**?**
내가 정말 지금 택시를 부르면 **좋겠어?**		call a taxi now**?**
내가 정말 너와 함께 가면 **좋겠어?**		join you**?**
내가 정말 술을 끊으면 **좋겠어?**		stop drinking**?**

오늘의 회화

오늘의 패턴을 활용한 회화문을 직접 써 보면서 복습해 보세요.

56-5

내가 정말 사실을 말하면 좋겠어?

Do you really want me to tell the truth?

응. 네가 정말 나에게 거짓말하지 않으면 좋겠어.

Yes. I really don't want you to lie to me.

알겠어 그럼.

Okay then.

Day 56 오늘의 문제

제한 시간	15분 (25문항 각 4점)
SCORE	/ 100

1-5 다음 우리말에 맞게 빈칸에 알맞은 패턴을 써 보세요.

I really want you to　　I really don't want you to　　Do you really want me to

1 네가 정말 곧 담배를 끊으면 좋겠어. ▶ ____________ stop smoking soon.

2 내가 정말 그거 버리면 좋겠어? ▶ ____________ throw it out?

3 네가 정말 더 이상 화내지 않으면 좋겠어. ▶ ____________ get angry anymore.

4 내가 정말 술을 끊으면 좋겠어? ▶ ____________ stop drinking?

5 네가 정말 당장 여기로 오면 좋겠어. ▶ ____________ come here right now.

6-9 음원을 듣고 그림에 맞게 대화문을 완성해 보세요.

A 56-6 6 Do you really ____________?

B 56-7 7 Yes. I really want ____________ me.

A 56-8 8 Do you really ____________ the schedule?

B 56-9 9 Yes. I really don't want ____________ anymore.

10-13 들려주는 문장에 대한 알맞은 대답을 골라 연결해 보세요.

10 56-10 •　　• I really want you to stick to the plan.

11 56-11 •　　• Good luck! I really don't want you to make a mistake.

12 56-12 •　　• I really want you to see a doctor.

13 56-13 •　　• Do you really want me to throw it out?

14-17 다음 우리말에 맞게 주어진 단어를 배열하여 문장을 만들어 보세요.

14 네가 정말 이걸 엉망으로 만들지 않으면 좋겠어.

you　make　I　of　to　a mess　want　this　really　don't

▶ ____________.

15 내가 정말 지금 택시를 부르면 좋겠어?

call　want　Do　now　to　you　me　a taxi　really

▶ ____________?

16 네가 정말 사실을 말하면 좋겠어.

tell to I truth really the want you

▶ ____ .

17 네가 정말 우리를 떠나지 않으면 좋겠어.

leave I us want don't to really you

▶ ____ .

18-21 **다음 우리말에 맞게 주어진 Hint를 활용하여 대화를 완성해 보세요.**

내가 정말 사실을 말하면 좋겠어? (Hint! truth)

18 ______________________________

응. 네가 정말 나에게 거짓말하지 않으면 좋겠어. (Hint! lie to)

Yes. 19 ______________________________

알겠어 그럼.

Okay then.

내가 정말 담배를 끊으면 좋겠어? (Hint! stop, smoking)

20 ______________________________

당연하지! 네가 술도 곧 끊으면 좋겠어. (Hint! drinking)

Of course! 21 ______________________________ soon too.

22-25 **다음 우리말에 맞게 주어진 Hint를 활용하여 영어 문장을 완성해 보세요.**

22 내가 정말 이 문제를 처리하면 좋겠어? (Hint! deal with, problem)

▶ ______________________________

23 네가 정말 나와 함께 가면 좋겠어. (Hint! join)

▶ ______________________________

24 네가 정말 거기로 가지 않으면 좋겠어. (Hint! go there)

▶ ______________________________

25 네가 정말 그걸 버리면 좋겠어. (Hint! throw, out)

▶ ______________________________

Day 57

I expected you to ~.

네가 ~할 거라고 예상/기대했어.

DATE 20 . .

이런 말, 영어로 할 수 있나요? (체크해 보세요.)

- ☐ 네가 중국 음식을 좋아할 거라고 기대했어.
- ☐ 네가 비밀을 지킬 거라고 기대했어.
- ☐ 네가 그의 파티에 참석할 줄 몰랐어.
- ☐ 네가 영화 동호회에 가입할 줄 몰랐어.
- ☐ 내가 너를 데리러 갈 거라고 예상했어?
- ☐ 내가 그 게임에서 이길 거라고 기대했어?

오늘의 패턴

I expected you to + 동사.

expect는 '예상하다, 기대하다'라는 뜻이에요. I expected you to ~. 패턴은 "네가 ~할 거라고 예상했어/기대했어."라고 상대가 할 거라고 기대했던 일에 대해 말할 때 사용해요.

오늘의 단어/표현

오늘의 패턴에 활용할 수 있는 단어와 표현들을 미리 외워 두세요. 57-1

- ☐ 즐기다 enjoy
- ☐ 비밀을 지키다 keep a secret
- ☐ 지하철을 타다 take the subway
- ☐ 방문하다 visit
- ☐ 맥주 한잔하다 have a beer
- ☐ 티켓을 사다 get a ticket
- ☐ 참석하다 attend
- ☐ 영화 동호회 movie club
- ☐ ~에게 동의하다 agree with ~
- ☐ 걸어서 출근하다 walk to work
- ☐ 너무 일찍 so early
- ☐ ~를 이기다 beat
- ☐ ~를 데리러 가다 pick ~ up
- ☐ 이기다 win
- ☐ 음식을 주문하다 order food
- ☐ 다시 전화하다 call back
- ☐ 축하하다 celebrate
- ☐ ~의 편을 들다 take one's side

오늘의 패턴 활용

57-2 음원 듣고 5번 따라 읽기 ☐☐☐☐☐

네가 중국 음식을 좋아할 거라고 기대했어.	I expected you to +	enjoy Chinese food.
네가 비밀을 지킬 거라고 기대했어.		keep a secret.
네가 지하철을 타고 출근할 거라고 예상했어.		take the subway to work.
네가 어제 날 방문하기를 기대했어.		visit me yesterday.
네가 일 끝나고 나와 맥주 한잔하기를 기대했어.		have a beer with me after work.
네가 축제 티켓을 살 거라고 기대했어.		get a ticket for the festival.

오늘의 패턴 플러스1 부정문

🔈 57-3 음원 듣고 5번 따라 읽기 ☐☐☐☐☐

I didn't expect you to + 동사.

반대로 I didn't expect you to ~.라고 하면 상대가 할 거라고 예상하지 못했던 일에 대해 "네가 ~할 줄 몰랐어."라고 말하는 패턴이에요.

네가 그의 파티에 참석할 줄 몰랐어.	I didn't expect you to ⊕	attend his party.
네가 영화 동호회에 가입할 줄 몰랐어.		join the movie club.
네가 나에게 동의할 줄 몰랐어.		agree with me.
네가 걸어서 출근할 줄 몰랐어.		walk to work.
네가 그렇게 일찍 은퇴할 줄 몰랐어.		retire so early.
네가 그 경기에서 그를 이길 줄 몰랐어.		beat him in the match.

오늘의 패턴 플러스2 의문문

🔈 57-4 음원 듣고 5번 따라 읽기 ☐☐☐☐☐

Did you expect me to + 동사?

상대방에게 "내가 ~할 거라고 예상했어/기대했어?"라고 물어볼 때는 Did you expect me to ~? 패턴을 사용해요.

내가 너를 데리러 갈 거라고 예상했어?	Did you expect me to ⊕	pick you up?
내가 그 게임에서 이길 거라고 기대했어?		win the game?
내가 점심 음식을 주문할 거라고 기대했어?		order food for lunch?
내가 너에게 다시 전화할 거라고 기대했어?		call you back?
내가 네 생일을 축하하기를 기대했어?		celebrate your birthday?
내가 네 편을 들 거라고 예상했어?		take your side?

오늘의 회화

오늘의 패턴을 활용한 회화문을 직접 써 보면서 복습해 보세요. 🔈 57-5

내가 네 파티에 참석할 거라고 예상했어?

Did you expect me to attend your party?

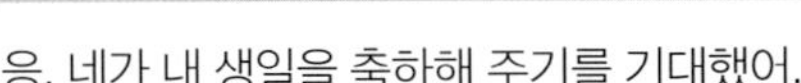

응, 네가 내 생일을 축하해 주기를 기대했어.

Yeah, I expected you to celebrate my birthday.

미안. 너무 바빴어.

Sorry. I was too busy.

제한 시간	15분 (25문항 각 4점)
SCORE	/ 100

1-5 다음 우리말에 맞게 빈칸에 알맞은 패턴을 써 보세요.

I expected you to   I didn't expect you to   Did you expect me to

1 네가 어제 날 방문하기를 기대했어. ▶ ________ visit me yesterday.

2 내가 너를 데리러 갈 거라고 예상했어? ▶ ________ pick you up?

3 네가 그의 파티에 참석할 줄 몰랐어. ▶ ________ attend his party.

4 내가 네 생일을 축하하기를 기대했어? ▶ ________ celebrate your birthday?

5 네가 걸어서 출근할 줄 몰랐어. ▶ ________ walk to work.

6-8 음원을 듣고 사진에 맞게 문장을 완성해 보세요.

6 57-6

▶ I expected ________ secret.

7 57-7

▶ I didn't expect ________ in the match.

8 57-8

▶ Did you expect ________ ?

9-12 들려주는 문장에 대한 알맞은 대답을 보기에서 골라 써 보세요.

① Honestly, I didn't expect you to agree with me.
② Did you expect me to win the game?
③ I expected you to get tickets for the festival.
④ That's too bad. I expected you to enjoy Chinese food.

9 57-9 ▶ ________

10 57-10 ▶ ________

11 57-11 ▶ ________

12 57-12 ▶ ________

13-15 다음 우리말에 맞게 괄호 속에서 알맞은 말을 고르세요.

13 네가 영화 동호회에 가입할 줄 몰랐어. ▶ I (didn't / wasn't) expect you to join the movie club.

14 내가 네 편을 들 거라고 예상했어? ▶ Did you expect me (taking / to take) your side?

15 네가 걸어서 출근할 거라고 예상했어. ▶ I expected (to you / you to) walk to work.

16-19 그림을 보고 우리말에 맞게 대화문을 완성해 보세요.

A 네가 날 데리러 올 거라고 기대했어.

16 ______________________ me up.

B 미안, 몰랐어. 네가 지하철 타고 출근할 거라고 예상했거든.

17 Sorry, I didn't know that. ______________________ to work.

A 내가 네 파티에 참석할 거라고 예상했어?

18 ______________________ your party?

B 응, 네가 내 생일을 축하해 주기를 기대했어.

19 Yeah, ______________________ my birthday.

A 미안. 너무 바빴어.

Sorry. I was too busy.

20-22 다음 우리말에 맞게 주어진 Hint를 활용하여 대화를 완성해 보세요.

내가 어제 너에게 전화하기를 기대했어? (Hint! call, back)

20 ______________________

응. 네가 나와 맥주 한잔하기를 기대했지. (Hint! have a beer)

Yes. **21** ______________________ with me.

미안. 네가 그렇게 일찍 집에 갈 줄 몰랐어. (Hint! go home)

22 Sorry. ______________________ so early.

23-25 다음 우리말에 맞게 주어진 Hint를 활용하여 영어 문장을 완성해 보세요.

23 네가 그렇게 일찍 은퇴할 줄 몰랐어. (Hint! retire, so)

▶ ______________________

24 내가 점심 음식을 주문할 거라고 예상했어? (Hint! order, lunch)

▶ ______________________

25 네가 내 편을 들 거라고 기대했어. (Hint! take, side)

▶ ______________________

Day 58

You should have ~.

~했어야지.

상대방이 한 일 지적하기

DATE 20 . .

이런 말, 영어로 할 수 있나요? (체크해 보세요.)

- ☐ 내 메일에 회신했어야지.
- ☐ 이거보단 더 잘 했어야지.
- ☐ 술을 그렇게까지 마시지 말았어야지.
- ☐ 그가 하는 말은 믿지 말았어야지.
- ☐ 내가 이걸 어제까지 끝냈어야 했니?
- ☐ 내가 너에게 소포를 보냈어야 했니?

오늘의 패턴

You should have + p.p..

상대방이 했던 일을 지적하거나 하지 않은 것에 대해 타박할 때 You should have p.p.(넌 ~했어어야 해). 패턴을 사용해요. p.p.는 과거분사로, should 뒤에 현재완료형을 붙이는 형태가 되는 거예요.

오늘의 단어/표현

오늘의 패턴에 활용할 수 있는 단어와 표현들을 미리 외워 두세요. 58-1

- ▢ ~에 회신하다 **reply to ~**
- ▢ 더 잘하다 **do better**
- ▢ 조심하다 **be careful**
- ▢ 충전하다 **charge**
- ▢ 더 일찍 **earlier**
- ▢ ~에게 데이트 신청하다 **ask ~ out**
- ▢ 그렇게까지 (많이) **that much**
- ▢ 믿다 **believe**
- ▢ 너무 많이 **so much**
- ▢ ~에게 소리지르다 **yell at ~**
- ▢ 야근하다 **work overtime**
- ▢ ~와 헤어지다 **break up with ~**
- ▢ ~까지 **by**
- ▢ 소포 **package**
- ▢ 더 따뜻한 **warmer**
- ▢ 병가를 내다 **call in sick**
- ▢ 취소하다 **cancel**
- ▢ 거절하다 **say no**

오늘의 패턴 활용

58-2 음원 듣고 5번 따라 읽기 ☐☐☐☐☐

내 메일에 회신했어야지.	You should have	replied to my email.
이거보단 더 잘했어야지.		done better than this.
더 조심했어야지.		been more careful.
휴대폰 충전을 했어야지.		charged the cellphone.
더 일찍 끝냈어야지.		finished it earlier.
그녀에게 데이트 신청했어야지.		asked her out.

오늘의 패턴 플러스1 부정문

58-3 음원 듣고 5번 따라 읽기 □□□□□

You shouldn't have + p.p..

반대로 "너 ~하지 말았어야지."라고 하지 말았어야 하는 일에 대해 지적할 때는 You shouldn't have p.p. 패턴을 사용해요.

술을 그렇게까지 마시지 **말았어야지.**	You shouldn't have +	drunk that much.
그가 하는 말은 믿지 **말았어야지.**		believed what he said.
너무 많이 먹지 **말았어야지.**		eaten so much.
그에게 소리지르지 **말았어야지.**		yelled at him.
어제 야근하지 **말았어야지.**		worked overtime yesterday.
그녀와 헤어지지 **말았어야지.**		broken up with her.

오늘의 패턴 플러스2 의문문

58-4 음원 듣고 5번 따라 읽기 □□□□□

Should I have + p.p.?

상대방에게 내가 어떤 것을 했어야 했는지 확인을 할 때는 Should I have p.p.? 패턴을 사용해서 "내가 ~을 했어야 했니?"라고 물어볼 수 있어요.

내가 이걸 어제까지 끝냈어야 **했니?**	Should I have +	finished this by yesterday**?**
내가 너에게 소포를 보냈어야 **했니?**		sent you the package**?**
내가 더 따뜻하게 입었어야 **했니?**		worn warmer clothes**?**
내가 병가를 냈어야 **했니?**		called in sick**?**
내가 그 계획을 취소했어야 **했니?**		cancelled the plan**?**
내가 더 일찍 거절했어야 **했니?**		said no earlier**?**

오늘의 회화

오늘의 패턴을 활용한 회화문을 직접 써 보면서 복습해 보세요. 58-5

내가 이걸 어제까지 끝냈어야 했니?
Should I have finished this by yesterday?

더 일찍 끝냈어야지.
You should have finished it earlier.

와, 몰랐네.
Wow, I didn't know that.

Day 58 오늘의 문제

제한 시간	15분 (25문항 각 4점)
SCORE	/ 100

1-5 다음 우리말에 맞게 빈칸에 알맞은 패턴을 써 보세요.

You should have　　You shouldn't have　　Should I have

1 이거보단 더 잘 했어야지. ▶ ________________ done better than this.

2 내가 더 따뜻하게 입었어야 했니? ▶ ________________ worn warmer clothes?

3 어제 야근하지 말았어야지. ▶ ________________ worked overtime.

4 그녀에게 데이트 신청했어야지. ▶ ________________ asked her out.

5 너무 많이 먹지 말았어야지. ▶ ________________ eaten so much.

6-9 음원을 듣고 그림에 맞게 대화문을 완성해 보세요.

A 58-6 6 Should I ____________ by yesterday?

B 58-7 7 You should ____________ earlier.

A 58-8 8 I'm late! Should I ________________________?

B 58-9 9 You should ________________________!

10-13 들려주는 문장에 대한 알맞은 대답을 골라 연결해 보세요.

10 58-10 •　　• I told you! You shouldn't have drunk that much.

11 58-11 •　　• You shouldn't have believed what he said.

12 58-12 •　　• How come? You should have been more careful.

13 58-13 •　　• I'm not feeling good. Should I have called in sick?

14-17 다음 우리말에 맞게 주어진 단어를 배열하여 문장을 만들어 보세요.

14 내 메일에 회신했어야지.

have　email　should　to　You　my　replied

▶ ____.

15 그에게 소리지르지 말았어야지.

at　shouldn't　You　him　yelled　have

▶ ____.

16 내가 더 일찍 거절했어야 했니?

earlier I Should said have no

▶ ______________________________ ?

17 휴대폰 충전을 했어야지.

cellphone have the should charged You

▶ ______________________________ .

18-21 다음 우리말에 맞게 주어진 Hint를 활용하여 대화를 완성해 보세요.

너무 춥다. 집에 있었어야 했나? (Hint! stayed at home)

It's too cold. **18** ______________________________

옷을 더 따뜻하게 입었어야지. (Hint! worn, warmer)

19 ______________________________

맞는 말이야.

You're right.

일이 너무 많다. 어제 야근을 했어야 했나? (Hint! overtime)

I have so much work to do. **20** ______________________________ yesterday?

나한테 도움을 요청했어야지. (Hint! asked, for help)

21 ______________________________

22-25 다음 우리말에 맞게 주어진 Hint를 활용하여 영어 문장을 완성해 보세요.

22 그녀와 헤어지지 말았어야지. (Hint! broken up)

▶ ______________________________

23 내가 너에게 소포를 보냈어야 했니? (Hint! sent, package)

▶ ______________________________

24 그가 하는 말을 믿었어야지. (Hint! believed, said)

▶ ______________________________

25 내가 더 조심했어야 했니? (Hint! careful)

▶ ______________________________

Day 59

I mean ~.
내 말은 ~라는 거야.

하고 싶은 말 강조하기

DATE 20 . .

이런 말, 영어로 할 수 있나요? (체크해 보세요.)

- ☐ 내 말은 오늘 밤 네가 참 아름답다는 거야.
- ☐ 내 말은 네가 아무것도 할 필요 없다는 거야.
- ☐ 그게 네 잘못이라는 말은 아니야.
- ☐ 우리가 그걸 포기해야 한다는 말은 아니야.
- ☐ 네 말은 우리가 경기에 졌다는 거야?
- ☐ 네 말은 너와 릴리가 사귄다는 거야?

오늘의 패턴

I mean + 주어 + 동사.

mean은 '의도하다, 의미하다'라는 의미인데, 내가 하고 싶은 말 앞에 I mean ~을 붙이면 "내 말은 ~라는 거야."라고 하고 싶은 말을 강조하는 패턴이 돼요.

오늘의 단어/표현

오늘의 패턴에 활용할 수 있는 단어와 표현들을 미리 외워 두세요. 59-1

- ☐ 아름다운 **beautiful**
- ☐ ~할 필요 없다 **don't have to ~**
- ☐ ~하고 싶지 않다 **don't want to ~**
- ☐ 바꾸다 **change**
- ☐ 채택하다 **adopt**
- ☐ 승진하다 **get a promotion**
- ☐ 잘못 **fault**
- ☐ 포기하다 **give up**
- ☐ 일을 그만두다 **quit the job**
- ☐ 구식인, 촌스러운 **old-fashioned**
- ☐ 대접하다 **treat**
- ☐ 실망한 **disappointed**
- ☐ 지다 **lose**
- ☐ 사귀다 **go out**
- ☐ ~에게 사과하다 **apologize to ~**
- ☐ 개인 사업을 하다 **run one's own business**
- ☐ 보너스를 받다 **get a bonus**
- ☐ 시도할 가치가 있는 **worth trying**

오늘의 패턴 활용

59-2 음원 듣고 5번 따라 읽기 ☐☐☐☐☐

내 말은 오늘 밤 네가 참 아름답다는 **거야.**	**I mean** +	you look so beautiful tonight.
내 말은 네가 아무것도 할 필요 없다는 **거야.**		you don't have to do anything.
내 말은 오늘 아무것도 하고 싶지 않다는 **거야.**		I don't want to do anything today.
내 말은 머리를 새로 하고 싶다는 **거야.**		I want to change my hairstyle.
내 말은 네 아이디어를 채택할 거라는 **거야.**		I'll adopt your idea.
내 말은 다음 달에 내가 승진할 거라는 **거야.**		I'll get a promotion next month.

오늘의 패턴 플러스1 부정문

59-3 음원 듣고 5번 따라 읽기 ☐☐☐☐☐

I don't mean + 주어 + 동사.

반대로 문장 앞에 I don't mean ~을 붙이면 "내 말은 ~이 아니야."라고 의도가 그게 아니라는 표현을 할 수 있어요.

그게 네 잘못이라는 **말은 아니야.**	**I don't mean** ⊕	it's your fault.
우리가 그걸 포기해야 한다는 **말은 아니야.**		we have to give it up.
네가 일을 그만둬야 한다는 **말은 아니야.**		you have to quit your job.
네 스타일이 구식이라는 **말은 아니야.**		your style is old-fashioned.
그들에게 점심을 대접하겠다는 **말은 아니야.**		I'll treat them to lunch.
너에게 실망했다는 **말은 아니야.**		I'm disappointed in you.

오늘의 패턴 플러스2 의문문

59-4 음원 듣고 5번 따라 읽기 ☐☐☐☐☐

You mean + 주어 + 동사?

상대방의 말의 의도를 되물을 때는 Do you mean ~(~라는 뜻이니)?이라는 패턴을 사용하는데, 회화에서는 You mean ~?으로 말하는 게 훨씬 자연스러워요.

네 말은 우리가 경기에 졌다는 **거야?**	**You mean** ⊕	we lost the game**?**
네 말은 너와 릴리가 사귄다는 **거야?**		you and Lily are going out**?**
네 말은 내가 그녀에게 사과해야 한다는 **거야?**		I should apologize to her**?**
네 말은 네가 사업을 하겠다는 **거야?**		you'll run your own business**?**
네 말은 우리가 보너스를 받을 거라는 **거야?**		we'll get a bonus**?**
네 말은 그게 시도할 가치가 있다는 **거야?**		it's worth trying**?**

오늘의 회화

오늘의 패턴을 활용한 회화문을 직접 써 보면서 복습해 보세요.

59-5

축하해! 내 말은 네가 곧 보너스를 받을 거라는 거야!

Congratulations! I mean you'll get a bonus soon!

뭐? 네 말은 그들이 내 아이디어를 채택했다는 거야?

What? You mean they adopted my idea?

바로 그거지!

Exactly!

Day 59 오늘의 문제

제한 시간	15분 (25문항 각 4점)
SCORE	/ 100

1-5 다음 우리말에 맞게 빈칸에 알맞은 패턴을 써 보세요.

I mean　　I don't mean　　You mean

1 내 말은 네 아이디어를 채택할 거라는 거야. ▶ ________ I'll adopt your idea.

2 네 말은 우리가 보너스를 받을 거라는 거야? ▶ ________ we'll get a bonus?

3 내 말은 내가 승진할 거라는 거야. ▶ ________ I'll get a promotion.

4 네 말은 우리가 경기에 졌다는 거야? ▶ ________ we lost the game?

5 그게 네 잘못이라는 말은 아니야. ▶ ________ it's your fault.

6-8 음원을 듣고 사진에 맞게 문장을 완성해 보세요.

6 59-6

▶ I mean you ________ tonight.

7 59-7

▶ I don't mean ________.

8 59-8

▶ You mean ________?

9-12 들려주는 문장에 대한 알맞은 대답을 보기에서 골라 써 보세요.

① You mean it's worth trying?
② Nothing. I mean I don't want to do anything today.
③ Yes, but I don't mean I'll treat them to lunch.
④ You mean you'll run your own business?

9 59-9 ▶ ________

10 59-10 ▶ ________

11 59-11 ▶ ________

12 59-12 ▶ ________

13-15 다음 우리말에 맞게 괄호 속에서 알맞은 말을 고르세요.

13 내 말은 머리를 새로 하고 싶다는 거야. ▶ I (mean / mean to) I want to change my hairstyle.

14 네가 일을 그만둬야 한다는 말은 아니야. ▶ I (am not / don't) mean you have to quit your job.

15 네 말은 네가 아침형 인간이라는 거야? ▶ You (mean / mean to) you're a morning person?

16-19 그림을 보고 우리말에 맞게 대화문을 완성해 보세요.

A 무슨 일이 있었던 거야? 내 말은 오늘 너 달라 보인다는 거야.

16 What happened to you? ______________ different today.

B 네 말은 오늘 내가 아름다워 보인다는 거지? 고마워.

17 ______________ beautiful today? Thanks.

A 축하해! 내 말은 네가 곧 보너스를 받을 거라는 거야!

18 Congratulations! ______________ a bonus soon!

B 뭐? 네 말은 그들이 내 아이디어를 채택했다는 거야?

19 What? ______________ my idea?

A 바로 그거지!

Exactly!

20-22 다음 우리말에 맞게 주어진 Hint를 활용하여 대화를 완성해 보세요.

내가 그녀의 안경을 부러뜨렸어. 내 말은 그건 내 잘못이라는 거야. (Hint! fault)

I broke her glasses. 20 ______________

안타깝네, 그렇다고 너에게 실망했다는 말은 아니야. (Hint! disappointed in)

That's too bad, but 21 ______________ you.

알아. 네 말은 내가 그녀에게 사과해야 한다는 거지? (Hint! should, apologize)

22 I know. ______________

23-25 다음 우리말에 맞게 주어진 Hint를 활용하여 영어 문장을 완성해 보세요.

23 네 스타일이 구식이라는 말은 아니야. (Hint! style, old-fashioned)

▶ ______________

24 내 말은 네가 아무것도 할 필요 없다는 거야. (Hint! have to, anything)

▶ ______________

25 네 말은 오늘 바다에 가고 싶다는 거야? (Hint! want to, go, sea)

▶ ______________ today?

Day 60

It seems like ~.

~인 것 같아.

확신이 없는 것에 대해 이야기하기

DATE 20 . .

이런 말, 영어로 할 수 있나요? (체크해 보세요.)

- ☐ 너 선택의 여지가 없는 것 같아.
- ☐ 나 최근에 살이 찐 것 같아.
- ☐ 그녀가 즐기고 있는 것 같지 않아.
- ☐ 비가 금방 그칠 것 같지 않아.
- ☐ 그가 몸이 안 좋은 것 같아?
- ☐ 그 소문이 퍼지고 있는 것 같아?

오늘의 패턴

It seems like + 주어 + 동사.

seem은 '~인 것 같다'라는 뜻의 동사예요. 하고 싶은 말 앞에 It seems like ~을 붙이면 확신은 없지만 그런 듯하다는 의미로 "~인 것 같아."라고 말하는 패턴이 돼요.

오늘의 단어/표현

오늘의 패턴에 활용할 수 있는 단어와 표현들을 미리 외워 두세요. 60-1

- ▢ 선택의 여지가 없다 **have no choice**
- ▢ 몸무게가 늘다 **gain weight**
- ▢ 힘든 시기 **tough time**
- ▢ 약간, 조금 **a little bit**
- ▢ 모두 **everyone**
- ▢ ~에 감명받은 **impressed by ~**
- ▢ 재미있게 놀다, 즐기다 **have fun**
- ▢ 멈추다 **stop**
- ▢ ~에 관심을 갖다 **care about ~**
- ▢ 노력을 하다 **make an effort**
- ▢ 결정을 내리다 **make a decision**
- ▢ 운전하다 **drive well**
- ▢ 몸이 안 좋은 **under the weather**
- ▢ (소식 등이) 퍼지다 **go around**
- ▢ 점점 취하다 **get drunk**
- ▢ 돈을 벌다 **make money**
- ▢ 매우 굶주린 **starving**
- ▢ 몸무게가 줄다 **lose weight**

오늘의 패턴 활용

60-2 음원 듣고 5번 따라 읽기 ☐☐☐☐☐

너 선택의 여지가 없는 **것 같아.**	It seems like +	you have no choice.
나 최근에 살이 찐 **것 같아.**		I've gained weight recently.
그녀가 힘든 시간을 보내고 있는 **것 같아.**		she's having a tough time.
그가 조금 화가 난 **것 같아.**		he's a little bit upset.
모두가 그 책을 사는 **것 같아.**		everyone's buying the book.
그들이 그 노래에 감명받은 **것 같아.**		they're impressed by the song.

오늘의 패턴 플러스1 부정문

🔊 60-3 음원 듣고 5번 따라 읽기 ☐☐☐☐☐

It doesn't seem like + 주어 + 동사.

반대로 "~인 것 같지 않아."라고 부정적인 내용을 추측할 때는 It doesn't seem like ~. 패턴을 사용해요

그녀가 즐기고 있는 것 같지 않아.	It doesn't seem like ⊕	she's having fun.
비가 금방 그칠 것 같지 않아.		the rain is going to stop soon.
그가 학생들에게 관심을 갖는 것 같지 않아.		he cares about his students.
그녀가 노력하고 있는 것 같지 않아.		she's making an effort.
그들이 좋은 결정을 내릴 것 같지 않아.		they'll make a good decision.
그가 운전을 잘하는 것 같지 않아.		he drives well.

오늘의 패턴 플러스2 의문문

🔊 60-4 음원 듣고 5번 따라 읽기 ☐☐☐☐☐

Does it seem like + 주어 + 동사?

상대방에게 "~인 것 같아?"라고 추측을 물어볼 때는 묻고 싶은 문장에 Does it seem like ~? 패턴을 붙여서 말하면 돼요.

그가 몸이 안 좋은 것 같아?	Does it seem like ⊕	he's under the weather?
그 소문이 퍼지고 있는 것 같아?		the rumor is going around?
그녀가 점점 취하고 있는 것 같아?		she's getting drunk?
그가 돈을 많이 벌고 있는 것 같아?		he's making a lot of money?
그들이 매우 배고픈 것 같아?		they're starving?
그가 살이 빠진 것 같아?		he's lost weight?

오늘의 회화

오늘의 패턴을 활용한 회화문을 직접 써 보면서 복습해 보세요. 🔊 60-5

그녀가 즐기고 있는 것 같아?

Does it seem like she's having fun?

응. 그녀가 점점 취하고 있는 것 같아.

Yeah. It seems like she's getting drunk.

조심해야겠는걸.

She'd better be careful.

Day 60 오늘의 문제

제한 시간	15분 (25문항 각 4점)
SCORE	/ 100

1-5 다음 우리말에 맞게 빈칸에 알맞은 패턴을 써 보세요.

It seems like　　It doesn't seem like　　Does it seem like

1 그가 조금 화가 난 것 같아. ▶ ________ he's a little bit upset.

2 그녀가 점점 취하고 있는 것 같아? ▶ ________ she's getting drunk?

3 그녀가 즐기고 있는 것 같지 않아. ▶ ________ she's having fun.

4 너 선택의 여지가 없는 것 같아. ▶ ________ you have no choice.

5 그가 운전을 잘하는 것 같지 않아. ▶ ________ he drives well.

6-9 음원을 듣고 그림에 맞게 대화문을 완성해 보세요.

A 60-6 6 Does it ________ the weather?

B 60-7 7 Yes. It seems ________ a headache.

A 60-8 8 Does it ________ starving?

B 60-9 9 Yeah. It ________ food.

10-13 들려주는 문장에 대한 알맞은 대답을 골라 연결해 보세요.

10 60-10 • • Yes. It doesn't seem like the rain is going to stop soon.

11 60-11 • • Why? Does it seem like he's making a lot of money?

12 60-12 • • I don't think so. It doesn't seem like he cares about his students.

13 60-13 • • I'm on a diet. It seems like I've gained weight recently.

14-17 다음 우리말에 맞게 주어진 단어를 배열하여 문장을 만들어 보세요.

14 그녀가 힘든 시간을 보내고 있는 것 같아.

tough　having　like　It　a　she's　seems　time

▶ ________.

15 그녀가 노력하고 있는 것 같지 않아.

making　like　an　seem　she's　effort　doesn't　It

▶ ________.

16 그가 살이 빠진 것 같아?

weight like Does seem he's lost it

▶ ____ ?

17 모두가 그 책을 사는 것 같아.

like book It buying everyone's the seems

▶ ____ .

18-21 다음 우리말에 맞게 주어진 Hint를 활용하여 대화를 완성해 보세요.

그녀가 즐기고 있는 것 같아? (Hint! having)
18 ______________________________

응. 그녀가 점점 취하고 있는 것 같아. (Hint! getting, drunk)
Yeah. **19** ______________________________

조심해야겠는걸.
She'd better be careful.

모두가 그의 노래에 감명받은 것 같아. (Hint! impressed, his song)
20 ______________________________

그러니까. 모두가 그의 앨범을 사는 것 같아. (Hint! his album)
I know. **21** ______________________________

22-25 다음 우리말에 맞게 주어진 Hint를 활용하여 영어 문장을 완성해 보세요.

22 그들이 좋은 결정을 내릴 것 같지 않아. (Hint! make, decision)

▶ ______________________________

23 그 소문이 퍼지고 있는 것 같아? (Hint! rumor, going around)

▶ ______________________________

24 그들이 매우 배고픈 것 같아. (Hint! starving)

▶ ______________________________

25 그가 화가 난 것 같지는 않아. (Hint! upset)

▶ ______________________________

Day 61

It looks like ~.

~인 것처럼 보여. / ~인 것 같네.

정황이나 예측 말하기

DATE 20 . .

이런 말, 영어로 할 수 있나요? (체크해 보세요.)

- ☐ 또 내가 우승자인 것 같네.
- ☐ 이번 주 내내 엄청 추울 것 같네.
- ☐ 내가 마감을 맞출 수 있을 것 같지 않아.
- ☐ 그가 해낼 것처럼 보이지 않아.
- ☐ 그녀가 감기 걸린 것처럼 보여?
- ☐ 그가 네 말을 이해한 것 같아?

오늘의 패턴

It looks like + 주어 + 동사.

It looks like ~. 패턴은 직역하면 "~인 것처럼 보이네."라는 의미이기도 하고, 정황상 그럴 것 같다고 예측될 때 "~인 것 같네."라는 의미로도 쓰여요. It seems like ~은 의견이나 추측이 조금 더 가미된 뉘앙스예요.

오늘의 단어/표현

오늘의 패턴에 활용할 수 있는 단어와 표현들을 미리 외워 두세요. 61-1

- ▢ 우승자 **winner**
- ▢ 얼 정도로 추운 **freezing**
- ▢ 거짓말쟁이 **liar**
- ▢ 효과가 있다 **work**
- ▢ 사고 **accident**
- ▢ 스트레스 받는 **stressed out**
- ▢ 마감일을 맞추다 **meet the deadline**
- ▢ 해내다 **make it**
- ▢ (날씨가) 개다 **clear up**
- ▢ 일이 일어나다 **happen**
- ▢ 준비된 **ready to go**
- ▢ 잘 자다 **sleep well**
- ▢ 감기에 걸리다 **catch a cold**
- ▢ 이해하다 **understand**
- ▢ 가능한 **possible**
- ▢ 눈이 오다 **snow**
- ▢ 휴가 중인 **on a vacation**
- ▢ 운동하다 **work out**

오늘의 패턴 활용

61-2 음원 듣고 5번 따라 읽기 ☐☐☐☐☐

또 내가 우승자인 **것 같네.**	It looks like +	I'm a winner again.
이번 주 내내 엄청 추울 **것 같네.**		it'll be freezing all this week.
그가 거짓말쟁이인 **것처럼 보여.**		he's a liar.
그 약이 효과가 좋은 **것 같네.**		the medicine works well.
그녀가 사고를 당한 **것처럼 보여.**		she had an accident.
너 스트레스 받는 **것처럼 보여.**		you're stressed out.

오늘의 패턴 플러스1 부정문

61-3 음원 듣고 5번 따라 읽기 □□□□□

It doesn't look like + 주어 + 동사.

반대로 "~인 것 같지 않아.", "~인 것처럼 보이지 않아."라고 할 때는 It doesn't look like ~. 패턴을 사용해요.

내가 마감을 맞출 수 있을 것 같지 않아.	It doesn't look like +	I can meet the deadline.
그가 해낼 것처럼 보이지 않아.		he'll make it.
날씨가 갤 것처럼 보이지 않아.		it's going to clear up.
그 일이 일어날 것 같지 않아.		that'll happen.
그녀가 갈 준비가 된 것 같지 않아.		she's ready to go.
너 잘 잔 것처럼 보이지 않아.		you slept well.

오늘의 패턴 플러스2 의문문

61-4 음원 듣고 5번 따라 읽기 □□□□□

Does it look like + 주어 + 동사?

상대방의 예측이 궁금하거나 어떤 것에 대한 견해를 물어볼 때는 Does it look like ~? 패턴을 사용해요.

그녀가 감기에 걸린 것처럼 보여?	Does it look like +	she caught a cold?
그가 네 말을 이해한 것 같아?		he understood what you meant?
그 계획이 가능한 것처럼 보여?		the plan is possible?
곧 눈이 올 것처럼 보여?		it's going to snow soon?
그녀가 휴가 중인 것 같아?		she's on a vacation?
나 운동 많이 한 것처럼 보여?		I worked out a lot?

오늘의 회화

오늘의 패턴을 활용한 회화문을 직접 써 보면서 복습해 보세요. 61-5

곧 눈이 올 것처럼 보여?

Does it look like it's going to snow soon?

응. 이번 주 내내 엄청 추울 것 같네.

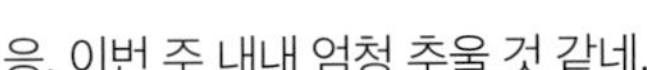

Yeah. It looks like it'll be freezing all this week.

이번 주에는 집에 있어야겠다.

I'm going to stay home this week.

Day 61 오늘의 문제

제한 시간	15분 (25문항 각 4점)
SCORE	/ 100

1-5 다음 우리말에 맞게 빈칸에 알맞은 패턴을 써 보세요.

It looks like　　It doesn't look like　　Does it look like

1 또 내가 우승자인 것 같네. ▶ ______________ I'm a winner again.

2 그 계획이 가능한 것처럼 보여? ▶ ______________ the plan is possible?

3 그 약이 효과가 좋은 것 같네. ▶ ______________ the medicine works well.

4 그가 해낼 것처럼 보이지 않아. ▶ ______________ he'll make it.

5 나 운동 많이 한 것처럼 보여? ▶ ______________ I worked out a lot?

6-8 음원을 듣고 사진에 맞게 문장을 완성해 보세요.

6 61-6

▶ It looks like ______________ .

7 61-7

▶ It doesn't look like ______________ .

8 61-8

▶ Does it look like ______________ ?

9-12 들려주는 문장에 대한 알맞은 대답을 보기에서 골라 써 보세요.

① She's in the hospital. It looks like she had an accident.

② Tomorrow. It doesn't look like I can meet the deadline.

③ I don't think so. It looks like he's a liar.

④ Yeah. It doesn't look like it's going to clear up.

9 61-9 ▶ ______________

10 61-10 ▶ ______________

11 61-11 ▶ ______________

12 61-12 ▶ ______________

13-15 다음 우리말에 맞게 괄호 속에서 알맞은 말을 고르세요.

13 그 일이 일어날 것 같지 않아. ▶ It (isn't / doesn't) look like that'll happen.

14 그가 네 말을 이해한 것 같아? ▶ Does it (look like / look) he understood what you meant?

15 이번 주 내내 더울 것 같아. ▶ (It's look / It looks) like it'll be hot all this week.

16-19 그림을 보고 우리말에 맞게 대화문을 완성해 보세요.

A 곧 눈이 올 것처럼 보여?

16 ____________________ to snow soon?

B 응. 이번 주 내내 엄청 추울 것 같네.

17 Yes. ____________________ all this week.

A 또 그녀가 우승자인 것 같지?

18 ____________________ gain?

B 응. 그녀가 운동을 많이 한 것 같네.

19 Yeah. ____________________ a lot.

20-22 다음 우리말에 맞게 주어진 Hint를 활용하여 대화를 완성해 보세요.

네 여동생 괜찮아? (그녀가) 감기에 걸린 것처럼 보여. (Hint! caught, cold)

Is your sister okay? 20 ____________________

안 괜찮아. 약이 효과가 있는 것 같지 않아. (Hint! medicine)

No, she's not. 21 ____________________

저런. (그녀가) 병원에 가 봐야 할 것 같은데. (Hint! should, see)

That's too bad. 22 ____________________

23-25 다음 우리말에 맞게 주어진 Hint를 활용하여 영어 문장을 완성해 보세요.

23 그녀가 갈 준비가 된 것 같지 않아. (Hint! ready, go)

▶ ____________________

24 너 잘 잔 것처럼 보이네. (Hint! slept, well)

▶ ____________________

25 그녀가 휴가 중인 것 같아? (Hint! on, vacation)

▶ ____________________

Day 62

I'm sure that ~.

~라고 확신해. / ~이 확실해.

DATE 20 . .

이런 말, 영어로 할 수 있나요? (체크해 보세요.)

- ☐ 네가 그를 오해한 게 확실해.
- ☐ 그가 사업에 성공할 거라고 확신해.
- ☐ 이 일이 그만한 가치가 있는지 모르겠어.
- ☐ 그가 믿을 수 있는지 확신이 없어.
- ☐ 그녀가 거짓말을 하고 있다고 확신해?
- ☐ 그가 결혼한 거 확실해?

오늘의 패턴

I'm sure that + 주어 + 동사.

어떤 것에 대해 확신하는 경우 문장 앞에 I'm sure that ~. 패턴을 사용해서 "난 ~을 확신해." 또는 "~이 확실해."라는 말을 할 수 있어요.

오늘의 단어/표현

오늘의 패턴에 활용할 수 있는 단어와 표현들을 미리 외워 두세요. 62-1

- ☐ ~를 오해하다 get ~ wrong
- ☐ ~에 성공하다 succeed in ~
- ☐ ~을 만회하다 make up for ~
- ☐ 프로포즈, 제안 proposal
- ☐ 괜찮은 all right
- ☐ 만족한 satisfied
- ☐ 가치가 있는 worth
- ☐ 신뢰하다 trust
- ☐ 옳은, 맞는 right
- ☐ 몸이 나아지다 get better
- ☐ ~에 가 본 적 있다 have been ~
- ☐ 기억하다 remember
- ☐ 거짓말을 하다 lie
- ☐ 결혼한 상태이다 be married
- ☐ 간단한 simple
- ☐ 좋아하다 like
- ☐ 시간이 오래 걸리다 take long
- ☐ 관심이 있는 interested

오늘의 패턴 활용

62-2 음원 듣고 5번 따라 읽기 ☐☐☐☐☐

네가 그를 오해한 게 확실해.	I'm sure that +	you got him wrong.
그가 사업에 성공할 거라고 확신해.		he'll succeed in business.
네가 그걸 만회할 거라고 확신해.		you'll make up for it.
그녀가 내 프로포즈를 받을 거라고 확신해.		she'll say yes to my proposal.
모든 게 괜찮아질 거라고 확신해.		everything will be all right.
그가 네 선택에 만족했다고 확신해.		he was satisfied with your choice.

오늘의 패턴 플러스1 부정문

62-3 음원 듣고 5번 따라 읽기 □□□□□

I'm not sure that + 주어 + 동사.

반대로 "~에 확신이 없어." 또는 "~인지 모르겠어."라고 스스로의 생각에 확신이 없을 때 I'm not sure that ~. 패턴을 사용해요.

이 일이 그만한 가치가 있는지 **모르겠어.**	**I'm not sure that** +	**this work is worth it.**
그가 믿을 수 있는지 **확신이 없어.**		**I can trust him.**
이게 맞는 건지 **확신이 없어.**		**this is right.**
그녀가 회복할지 **확신이 없어.**		**she'll get better.**
그가 거기 가 본 적 있는지 **모르겠어.**		**he's been there.**
그녀가 내가 한 말을 기억하는지 **모르겠어.**		**she remembers what I said.**

오늘의 패턴 플러스2 의문문

62-4 음원 듣고 5번 따라 읽기 □□□□□

Are you sure that + 주어 + 동사?

상대방에게 "~이 확실해?" 또는 "~라고 확신해?"라고 상대방의 확신을 물어볼 때는 Are you sure that ~? 패턴을 사용해요.

그녀가 거짓말을 하고 있다고 **확신해?**	**Are you sure that** +	she's lying**?**
그가 결혼한 **거 확실해?**		he's married**?**
그 레시피 간단한 **거 확실해?**		the recipe is simple**?**
그가 그걸 좋아할 **거라고 확신해?**		he'll like it**?**
시간이 오래 걸리지 않는다고 **확신해?**		it won't take long**?**
그녀가 그의 제안에 관심있는 **거 확신해?**		she's interested in his offer**?**

오늘의 회화

오늘의 패턴을 활용한 회화문을 직접 써 보면서 복습해 보세요. 62-5

그가 믿을 수 있는지 확신이 없어.
I'm not sure that I can trust him.

믿어도 돼. 네가 그를 오해한 게 확실해.
You can trust him. I'm sure that you got him wrong.

알겠어. 네가 맞았으면 좋겠다.
Okay. I hope you're right.

Day 62 오늘의 문제

제한 시간	15분 (25문항 각 4점)
SCORE	/ 100

1-5 다음 우리말에 맞게 빈칸에 알맞은 패턴을 써 보세요.

I'm sure that　　I'm not sure that　　Are you sure that

1 그가 사업에 성공할 거라고 확신해. ▶ ________ he'll succeed in business.

2 그녀가 회복할지 확신이 없어. ▶ ________ she'll get better.

3 그가 그걸 좋아할 거라고 확신해? ▶ ________ he'll like it?

4 그가 거기 가 본 적 있는지 모르겠어. ▶ ________ he's been there.

5 그녀가 거짓말을 하고 있다고 확신해? ▶ ________ she's lying?

6-9 음원을 듣고 그림에 맞게 대화문을 완성해 보세요.

A 62-6 **6** I'm not sure ________ him.

B 62-7 **7** You can trust him. I'm sure ________.

A 62-8 **8** I'm not sure ________.

B 62-9 **9** Don't worry. I'm sure that ________.

10-13 들려주는 문장에 대한 알맞은 대답을 골라 연결해 보세요.

10 62-10 •　　• Are you sure that it won't take long?

11 62-11 •　　• Are you sure that she's interested in his offer?

12 62-12 •　　• Yes. I'm sure that she'll say yes to my proposal.

13 62-13 •　　• I didn't know that! Are you sure that he's married?

14-17 다음 우리말에 맞게 주어진 단어를 배열하여 문장을 만들어 보세요.

14 네가 그걸 만회할 거라고 확신해.

make　for　I'm　up　you'll　that　it　sure

▶ ________.

15 그녀가 그걸 기억하는지 모르겠어.

sure　remembers　I'm　she　not　that　it

▶ ________.

16 이 일이 그만한 가치가 있는지 모르겠어.

sure I'm worth that work not is it this

▶ ____ .

17 그 레시피 간단한 거 확실해?

the simple sure Are recipe is you that

▶ ____ ?

18-21 **다음 우리말에 맞게 주어진 Hint를 활용하여 대화를 완성해 보세요.**

그녀가 내 제안에 관심이 있을지 모르겠어. (Hint! she'll, interested, offer)

18 ______________________________

걱정 마. 그녀가 좋아할 거라고 확신해. (Hint! like, it)

Don't worry. **19** ______________________________

고마워.

Thanks.

그가 사업에 성공할 거라고 확신해? (Hint! succeed, business)

20 ______________________________

응, 그가 해낼 거라고 확신해. (Hint! make it)

Yes, **21** ______________________________

22-25 **다음 우리말에 맞게 주어진 Hint를 활용하여 영어 문장을 완성해 보세요.**

22 그가 네 선택에 만족했다고 확신해. (Hint! satisfied, choice)

▶ ______________________________

23 이게 맞다고 확신해? (Hint! right)

▶ ______________________________

24 시간이 오래 걸리지 않을 거라고 확신해. (Hint! take, long)

▶ ______________________________

25 그녀가 그걸 만회할 거라고 확신해? (Hint! make up for)

▶ ______________________________

Day 63

I wanna know ~.

~을 알고 싶어.

알고 싶은 내용 요청하기

DATE 20 . .

이런 말, 영어로 할 수 있나요? (체크해 보세요.)

- ☐ 너 그거 언제 끝낼지 알고 싶어.
- ☐ 이거 어디서 살 수 있는지 알고 싶어.
- ☐ 그가 뭐라고 했는지 알고 싶지 않아.
- ☐ 그녀가 어떻게 거기에 갔는지 알고 싶지 않아.
- ☐ 그들이 왜 헤어졌는지 알고 싶어?
- ☐ 누가 전화를 받았는지 알고 싶어?

오늘의 패턴

I wanna know + 의문사 + 주어 + 동사.

want to ~를 회화에서 자연스럽게 말할 때는 wanna라고 가벼운 발음으로 말하기도 해요. I wanna know ~.라고 하면 "~을 알고 싶어."라고 알고 싶은 내용을 상대방에게 요청하는 표현이 된답니다. 여기에 의문사를 활용한 문장을 붙여 주면 다양한 표현을 할 수 있어요.

오늘의 단어/표현

오늘의 패턴에 활용할 수 있는 단어와 표현들을 미리 외워 두세요. 63-1

- ▢ 끝내다 **finish**
- ▢ 사다 **get**
- ▢ ~를 구별하다 **tell ~ apart**
- ▢ 선택하다 **choose**
- ▢ 우승하다 **win**
- ▢ 어느 것 **which one**
- ▢ 그가 말한 것 **what he said**
- ▢ 도착하다 **get**
- ▢ 거절하다 **reject**
- ▢ 관리자 **manager**
- ▢ 살다 **live**
- ▢ 잠에서 깨다 **wake up**
- ▢ 헤어지다 **break up**
- ▢ 전화를 받다 **answer the phone**
- ▢ 도움이 되다 **be of help**
- ▢ 얼마 **how much**
- ▢ 파티 **party**
- ▢ 회의 **meeting**

오늘의 패턴 활용

63-2 음원 듣고 5번 따라 읽기 ☐☐☐☐☐

너 그거 언제 끝낼지 **알고 싶어.**	I wanna know +	when you'll finish it.
이거 어디서 살 수 있는지 **알고 싶어.**		where I can get this.
네가 그들을 어떻게 구별하는지 **알고 싶어.**		how you tell them apart.
그들이 뭘 선택했는지 **알고 싶어.**		what they chose.
그 경기에서 누가 우승했는지 **알고 싶어.**		who won the race.
어떤 게 최고인지 **알고 싶어.**		which one is the best.

오늘의 패턴 플러스1 부정문

63-3 음원 듣고 5번 따라 읽기 ☐☐☐☐☐

I don't wanna know + 의문사 + 주어 + 동사.

반대로 "~을 알고 싶지 않아."라고 알고 싶지 않다는 마음을 표현할 때는 I don't wanna know ~. 패턴을 사용해요.

그가 뭐라고 했는지 **알고 싶지 않아.**	**I don't wanna know** ⊕	what he said**.**
그녀가 어떻게 거기에 갔는지 **알고 싶지 않아.**		how she got there**.**
그가 왜 그 제안을 거절했는지 **알고 싶지 않아.**		why he rejected the offer**.**
누가 다음 관리자가 될지 **알고 싶지 않아.**		who the next manager will be**.**
그들이 어디에 살고 있는지 **알고 싶지 않아.**		where they're living**.**
네가 몇 시에 일어났는지 **알고 싶지 않아.**		what time you woke up**.**

오늘의 패턴 플러스2 의문문

63-4 음원 듣고 5번 따라 읽기 ☐☐☐☐☐

Do you wanna know + 의문사 + 주어 + 동사?

상대방에게 어떤 것에 대해 알고 싶냐고 물어볼 때는 Do you wanna know ~? 패턴을 사용해요.

그들이 왜 헤어졌는지 **알고 싶어?**	**Do you wanna know** ⊕	why they broke up**?**
누가 전화를 받았는지 **알고 싶어?**		who answered the phone**?**
뭐가 도움이 될지 **알고 싶어?**		what will be of help**?**
이거 얼마인지 **알고 싶어?**		how much this is**?**
파티가 어디서 열리는지 **알고 싶어?**		where the party is**?**
언제 회의가 시작하는지 **알고 싶어?**		when the meeting starts**?**

오늘의 회화

오늘의 패턴을 활용한 회화문을 직접 써 보면서 복습해 보세요.

63-5

이거 어디서 살 수 있는지 알고 싶어?

Do you wanna know where you can get this?

응. 얼마인지도 알고 싶어.

Yeah. I wanna know how much this is too.

그래, 알려줄게.

Okay, I'll let you know.

Day 63 오늘의 문제

제한 시간	15분 (25문항 각 4점)
SCORE	/ 100

1-5 다음 우리말에 맞게 빈칸에 알맞은 패턴을 써 보세요.

I wanna know	I don't wanna know	Do you wanna know

1 이거 어디서 살 수 있는지 알고 싶어. ▶ ______________ where I can get this.

2 그가 뭐라고 했는지 알고 싶지 않아. ▶ ______________ what he said.

3 언제 회의가 시작하는지 알고 싶어? ▶ ______________ when the meeting starts?

4 누가 다음 관리자가 될지 알고 싶지 않아. ▶ ______________ who the next manager will be.

5 이거 얼마인지 알고 싶어? ▶ ______________ how much this is?

6-9 음원을 듣고 사진에 맞게 문장을 완성해 보세요.

6 63-6

▶ I wanna know ______________ .

7 63-7

▶ I don't wanna know ______________ .

8 63-8

▶ Do you wanna know ______________ ?

9-12 들려주는 문장에 대한 알맞은 대답을 보기에서 골라 써 보세요.

① Yes. Do you wanna know where the party is?

② No. I wanna know who won the race.

③ It's okay. I wanna know when you'll finish it.

④ I knew it. I don't wanna know why he rejected the offer.

9 63-9 ▶ ______________

10 63-10 ▶ ______________

11 63-11 ▶ ______________

12 63-12 ▶ ______________

13-15 **다음 우리말에 맞게 괄호 속에서 알맞은 말을 고르세요.**

13 그들이 뭘 선택했는지 알고 싶어. ▶ I wanna (to know / know) what they chose.

14 그녀가 어떻게 거기에 갔는지 알고 싶지 않아. ▶ I don't wanna know (how / how to) she got there.

15 뭐가 도움이 될지 알고 싶어? ▶ (Are / Do) you wanna know what will be of help?

16-19 **그림을 보고 우리말에 맞게 대화문을 완성해 보세요.**

A 이거 어디서 살 수 있는지 알고 싶어?

16 ______________ you can get this?

B 응. 얼마인지도 알고 싶어.

17 Yes. ______________ this is too.

A 누가 다음 관리자가 될지 알고 싶어?

18 ______________ the next manager will be?

B 아니. 새 관리자가 언제 여기 오는지 알고 싶어.

19 No. ______________ the new manager comes here.

20-22 **다음 우리말에 맞게 주어진 Hint를 활용하여 대화를 완성해 보세요.**

그들이 왜 헤어졌는지 알고 싶어. (Hint! broke up)

20 ______________

난 그들이 왜 헤어졌는지 알고 싶지 않아. (Hint! broke up)

21 ______________

음, 그가 그녀에게 뭐라고 했는지 알고 싶어. (Hint! said)

Well, **22** ______________ to her.

23-25 **다음 우리말에 맞게 주어진 Hint를 활용하여 영어 문장을 완성해 보세요.**

23 그들이 어디에 살고 있는지 알고 싶지 않아. (Hint! living)

▶ ______________

24 어떤 게 최고인지 알고 싶어. (Hint! which one, best)

▶ ______________

25 뭐가 도움이 될지 알고 싶어? (Hint! be of)

▶ ______________

Day 64

I wonder why ~.

왜 ~인지 궁금해.

DATE 20 . .

이런 말, 영어로 할 수 있나요? (체크해 보세요.)

- ▢ 그가 왜 기분이 좋은지 궁금해.
- ▢ 그녀가 왜 매일 늦는지 궁금해.
- ▢ 그가 왜 기분이 안 좋은지 궁금하지 않아.
- ▢ 네가 왜 아직 미혼인지 궁금하지 않아.
- ▢ 그게 왜 그렇게 오래 걸리는지 궁금해?
- ▢ 그가 너에게 왜 자꾸 전화하는지 궁금해?

오늘의 패턴

I wonder why + 주어 + 동사.

wonder은 '궁금해 하다'라는 단어인데, 주로 I wonder why ~(왜 ~인지 궁금해).라고 이유를 궁금해 하는 패턴에서 많이 쓰여요.

오늘의 단어/표현

오늘의 패턴에 활용할 수 있는 단어와 표현들을 미리 외워 두세요. 64-1

- ▢ 기분이 좋은 **in a good mood**
- ▢ 매일 **every day**
- ▢ 혼자 **along**
- ▢ 그렇게 많이 **so much**
- ▢ 점심을 거르다 **skip lunch**
- ▢ 명단에 있는 **on the list**
- ▢ 기분이 안 좋은 **in a bad mood**
- ▢ 미혼인 **single**
- ▢ ~로 이사 가다 **move to ~**
- ▢ 수업을 빼먹다 **skip class**
- ▢ 밤새우다 **stay up all night**
- ▢ 절대 ~않는 **never**
- ▢ 매우 오래 **so long**
- ▢ 계속 ~하다 **keep -ing**
- ▢ 마음을 바꾸다 **change mind**
- ▢ 답장하다 **reply**
- ▢ 직접 **in person**
- ▢ 데려오다 **bring**

오늘의 패턴 활용

64-2 음원 듣고 5번 따라 읽기 ▢▢▢▢▢

그가 **왜** 기분이 좋은지 **궁금해.**	I wonder why	he's in a good mood.
그녀가 **왜** 매일 늦는지 **궁금해.**		she's late every day.
그가 **왜** 혼자 있고 싶어 하는지 **궁금해.**		he wants to be alone.
그녀가 **왜** 그렇게 걱정하는지 **궁금해.**		she worries so much.
네가 **왜** 매일 점심을 거르는지 **궁금해.**		you skip lunch every day.
내 이름이 **왜** 명단에 없는지 **궁금해.**		my name isn't on the list.

오늘의 패턴 플러스1 부정문

🔊 64-3 음원 듣고 5번 따라 읽기 □□□□□

I don't wonder why + 주어 + 동사.

반대로 "왜 ~인지 궁금하지 않아."라고 말할 때는 I don't wonder why ~. 패턴을 사용해요.

그가 **왜** 기분이 안 좋은지 **궁금하지** 않아.	**I don't wonder why** +	he's in a bad mood.
네가 **왜** 아직 미혼인지 **궁금하지** 않아.		you're still single.
그들이 **왜** 도시로 이사 갔는지 **궁금하지** 않아.		they moved to the city.
그녀가 **왜** 수업을 빼먹었는지 **궁금하지** 않아.		she skipped the class.
네가 **왜** 밤을 새웠는지 **궁금하지** 않아.		you stayed up all night.
왜 그가 절대 포기하지 않는지 **궁금하지** 않아.		he never gives up.

오늘의 패턴 플러스2 의문문

🔊 64-4 음원 듣고 5번 따라 읽기 □□□□□

Do you wonder why + 주어 + 동사?

"왜 ~인지 궁금해?"라고 상대방에게 이유가 궁금하냐고 물을 때는 Do you wonder why ~? 패턴을 사용해요.

그게 **왜** 그렇게 오래 걸리는지 **궁금해?**	**Do you wonder why** +	it's taking so long**?**
그가 너에게 **왜** 자꾸 전화하는지 **궁금해?**		he keeps calling you**?**
내가 **왜** 마음을 바꿨는지 **궁금해?**		I changed my mind**?**
내가 **왜** 너에게 답장 안 했는지 **궁금해?**		I didn't reply to you**?**
내가 **왜** 너와 직접 말 안 하는지 **궁금해?**		I don't talk to you in person**?**
그가 **왜** 여자친구를 데려오지 않았는지 **궁금해?**		he didn't bring his girlfriend**?**

오늘의 회화

오늘의 패턴을 활용한 회화문을 직접 써 보면서 복습해 보세요. 🔊 64-5

그가 왜 기분이 안 좋은지 궁금해.

I wonder why he's in a bad mood.

릴리와 헤어졌어. 그들이 왜 헤어졌는지 궁금해.

He broke up with Lily. I wonder why they broke up.

안타깝다. 나도 궁금하네.

That's too bad. I also wonder why.

Day 64 오늘의 문제

제한 시간	15분 (25문항 각 4점)
SCORE	/ 100

1-5 다음 우리말에 맞게 빈칸에 알맞은 패턴을 써 보세요.

I wonder why　I don't wonder why　Do you wonder why

1 그녀가 왜 매일 늦는지 궁금해. ▶ ______ she's late every day.

2 그가 왜 기분이 안 좋은지 궁금하지 않아. ▶ ______ he's in a bad mood.

3 그가 너에게 왜 자꾸 전화하는지 궁금해? ▶ ______ he keeps calling you?

4 네가 왜 밤을 새웠는지 궁금하지 않아. ▶ ______ you stayed up all night.

5 내가 왜 너에게 답장 안 했는지 궁금해? ▶ ______ I didn't reply to you?

6-9 음원을 듣고 그림에 맞게 대화문을 완성해 보세요.

A 64-6 6 I wonder why she ______.

B 64-7 7 She's on a diet. I wonder why ______.

A 64-8 8 Do you wonder why he ______?

B 64-9 9 Yes. I wonder why ______.

10-13 들려주는 문장에 대한 알맞은 대답을 골라 연결해 보세요.

10 64-10 •　　• No. I don't wonder why you're still single.

11 64-11 •　　• I wonder why she worries so much.

12 64-12 •　　• Yes. Do you wonder why I changed my mind?

13 64-13 •　　• Is he? I wonder why he's in a good mood.

14-17 다음 우리말에 맞게 주어진 단어를 배열하여 문장을 만들어 보세요.

14 그들이 왜 도시로 이사 갔는지 궁금하지 않아.

to　I　moved　wonder　they　why　the city　don't

▶ ______.

15 내 이름이 왜 명단에 없는지 궁금해.

I　why　isn't　the list　my name　wonder　on

▶ ______.

16 그게 왜 그렇게 오래 걸리는지 궁금해?

long Do taking why it's wonder so you

▶ ________________________________ ?

17 왜 그가 절대 포기하지 않는지 궁금하지 않아.

never I why he wonder gives up don't

▶ ________________________________ .

18-21 **다음 우리말에 맞게 주어진 Hint를 활용하여 대화를 완성해 보세요.**

그가 왜 기분이 안 좋은지 궁금해. (Hint! in, mood)

18 ________________________________

릴리와 헤어졌어. 그들이 왜 헤어졌는지 궁금해. (Hint! broke up)

He broke up with Lily. 19 ________________________________

그녀가 오늘 왜 늦었는지 궁금해. (Hint! was, today)

20 ________________________________

밤을 새웠대. 그녀가 왜 밤을 새웠는지 궁금해. (Hint! stayed, all night)

She stayed up all night. 21 ________________________________

22-25 **다음 우리말에 맞게 주어진 Hint를 활용하여 영어 문장을 완성해 보세요.**

22 그녀가 왜 수업을 빼먹었는지 궁금하지 않아. (Hint! skipped)

▶ ________________________________

23 내가 왜 너와 직접 말 안 하는지 궁금해? (Hint! talk to)

▶ ________________________________ in person?

24 네가 왜 아직 미혼인지 궁금해. (Hint! still, single)

▶ ________________________________

25 그가 왜 혼자 있고 싶어 하는지 궁금해? (Hint! wants, alone)

▶ ________________________________

Day 65

I believe ~.

~라고 믿어.

DATE 20 . .

이런 말, 영어로 할 수 있나요? (체크해 보세요.)

- ▢ 그가 내 부탁을 들어줄 거라고 믿어.
- ▢ 내년엔 해외 여행을 할 수 있을 거라고 믿어.
- ▢ 그녀가 날 배신했다고 믿지 않아.
- ▢ 네가 이 문제를 처리할 수 있다고 믿지 않아.
- ▢ 그가 나 대신해 근무할 수 있다고 믿어?
- ▢ 네가 좋은 성적을 받을 거라고 믿어?

오늘의 패턴

I believe + 주어 + 동사.

I believe ~. 패턴은 직역하면 "~라고 믿어."라는 의미인데, 100% 확실한 것은 아니지만 I think ~. 패턴보다는 강한 확신이 있을 때, "확실히 ~라고 생각해."와 같은 의미로 사용할 수 있어요.

오늘의 단어/표현

오늘의 패턴에 활용할 수 있는 단어와 표현들을 미리 외워 두세요. 65-1

- ▢ ~의 부탁을 들어주다 **do ~ a favor**
- ▢ 해외를 여행하다 **travel abroad**
- ▢ 약속을 지키다 **keep one's promise**
- ▢ ~에게 거짓말하다 **lie to ~**
- ▢ ~와 화해하다 **make up with ~**
- ▢ ~으로 돌아가다 **get back to ~**
- ▢ 배신하다 **betray**
- ▢ 처리하다 **handle**
- ▢ ~에게 갚다 **pay ~ back**
- ▢ (살) 여유가 되다 **afford**
- ▢ 용서하다 **forgive**
- ▢ 제시간에 **on time**
- ▢ ~ 대신 근무하다 **cover ~ shift**
- ▢ 성적을 받다 **get a grade**
- ▢ 빌려주다 **lend**
- ▢ ~를 끼워주다 **count ~ in**
- ▢ ~하게 만들다 **make ~**
- ▢ 혼자서, 스스로 **by oneself**

오늘의 패턴 활용

65-2 음원 듣고 5번 따라 읽기 ▢▢▢▢▢

그가 내 부탁을 들어줄 **거라고 믿어.**	**I believe** +	he'll do me a favor.
내년엔 해외 여행할 수 있을 **거라고 믿어.**		I can travel abroad next year.
그가 약속을 지킬 **거라고 믿어.**		he'll keep his promise.
그가 어제 나에게 거짓말을 했다고 **믿어.**		he lied to me yesterday.
네가 그와 화해할 수 있다고 **믿어.**		you can make up with him.
네가 업무에 복귀할 수 있다고 **믿어.**		you can get back to work.

오늘의 패턴 플러스1 부정문

🔊 65-3 음원 듣고 5번 따라 읽기 □□□□□

I don't believe+ 주어 + 동사.

반대로 "~라고 믿지 않아."라는 의미로 어느 정도 확신이 있는 생각을 말할 때는 I don't believe ~. 패턴을 사용해요.

그녀가 날 배신했다고 **믿지 않아.**	**I don't believe** ➕	she betrayed me.
네가 이 문제를 처리할 수 있다고 **믿지 않아.**		you can handle this problem.
그가 내 돈을 갚을 수 있다고 **믿지 않아.**		he can pay me back.
그가 그걸 살 여유가 있다고 **믿지 않아.**		he can afford it.
그녀가 널 또 용서할 **거라고 믿지 않아.**		she'll forgive you again.
네가 제시간에 도착할 수 있다고 **믿지 않아.**		you can arrive on time.

오늘의 패턴 플러스2 의문문

🔊 65-4 음원 듣고 5번 따라 읽기 □□□□□

Do you believe + 주어 + 동사?

상대방에게 "~라고 믿어?"라는 의미로 어느 정도 확신이 있는 생각을 물을 때는 Do you believe ~? 패턴을 사용해요.

그가 나 대신에 근무할 수 있다고 **믿어?**	**Do you believe** ➕	he can cover my shift**?**
네가 좋은 성적을 받을 **거라고 믿어?**		you'll get a good grade**?**
그녀가 너에게 돈을 빌려줄 **거라고 믿어?**		she'll lend you some money**?**
그들이 우리를 끼워줄 **거라고 믿어?**		they'll count us in**?**
그가 널 행복하게 만들어 줄 **거라고 믿어?**		he'll make you happy**?**
내가 혼자 그걸 할 수 있다고 **믿어?**		I can do it by myself**?**

오늘의 회화

오늘의 패턴을 활용한 회화문을 직접 써 보면서 복습해 보세요. 🔊 65-5

그녀가 널 배신했다고 믿어?

Do you believe she betrayed you?

응. 그녀가 나에게 또 거짓말을 했다고 믿어.

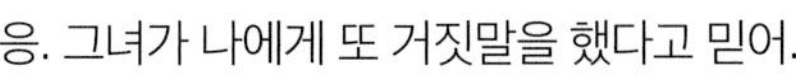

Yeah. I believe she lied to me again.

그녀가 왜 그랬지?

Why did she do that?

제한 시간	15분 (25문항 각 4점)
SCORE	/ 100

1-5 다음 우리말에 맞게 빈칸에 알맞은 패턴을 써 보세요.

I believe　　I don't believe　　Do you believe

1 그가 내 부탁을 들어줄 거라고 믿어. ▶ ________ he'll do me a favor.
2 네가 제시간에 도착할 수 있다고 믿지 않아. ▶ ________ you can arrive on time.
3 그가 나 대신에 근무할 수 있다고 믿어? ▶ ________ he can cover my shift?
4 그가 내 돈을 갚을 수 있다고 믿지 않아. ▶ ________ he can pay me back.
5 그들이 우리를 끼워줄 거라고 믿어? ▶ ________ they'll count us in?

6-8 음원을 듣고 사진에 맞게 문장을 완성해 보세요.

6 65-6

▶ I believe ________ next year.

7 65-7

▶ I don't believe ________.

8 65-8

▶ Do you believe ________?

9-12 들려주는 문장에 대한 알맞은 대답을 보기에서 골라 써 보세요.

① Do you believe he'll make you happy?
② Good. I believe you can make up with him.
③ Well, I don't believe he can afford it.
④ Do you believe she'll lend you some money?

9 65-9 ▶ ________
10 65-10 ▶ ________
11 65-11 ▶ ________
12 65-12 ▶ ________

13-15 다음 우리말에 맞게 괄호 속에서 알맞은 말을 고르세요.

13 네가 업무에 복귀할 수 있다고 믿어. ▶ I (believe / believing) you can get back to work.

14 네가 이 문제를 처리할 수 있다고 믿지 않아. ▶ I (am not / don't) believe you can handle this problem.

15 내가 혼자 그걸 할 수 있다고 믿어? ▶ (Are / Do) you believe I can do it by myself?

16-19 그림을 보고 우리말에 맞게 대화문을 완성해 보세요.

A 그가 나에게 돈을 갚을 수 있다고 믿어?

16 ____________________ me back?

B 응. 그가 약속을 지킬 거라고 믿어.

17 Yes, ____________________ keep his promise.

A 내가 그 버스를 잡을 수 있다고 믿어?

18 ____________________ catch the bus?

B 응. 서두르면 네가 제시간에 도착할 수 있다고 믿어.

19 Yes. ____________________ on time if you hurry.

20-22 다음 우리말에 맞게 주어진 Hint를 활용하여 대화를 완성해 보세요.

그녀가 널 배신했다고 믿어? (Hint! betrayed)

20 ____________________

응. 그녀가 나에게 또 거짓말을 했다고 믿어. (Hint! lied to)

Yes. **21** ____________________ again.

음, 난 그녀가 너에게 거짓말했다고 믿지 않아. (Hint! lied to)

Well, **22** ____________________

23-25 다음 우리말에 맞게 주어진 Hint를 활용하여 영어 문장을 완성해 보세요.

23 그녀가 널 또 용서할 거라고 믿지 않아. (Hint! forgive, again)

▶ ____________________

24 내가 혼자 그걸 할 수 있다고 믿어? (Hint! by myself)

▶ ____________________

25 네가 좋은 성적을 받을 거라고 믿어. (Hint! get, grade)

▶ ____________________

Day 66

I've heard ~.

~라는 말 들었어.

DATE 20 . .

이런 말, 영어로 할 수 있나요? (체크해 보세요.)

- ☐ 너 이미 결혼했다고 들었어.
- ☐ 내 자격증이 만료되었다고 들었어.
- ☐ 그들이 이혼했다는 건 못 들었는데.
- ☐ 오늘이 네 마지막 날이라는 건 못 들었는데.
- ☐ 그가 아이가 있다는 말 들었어?
- ☐ 그녀가 크리스와 사귄다는 말 들었어?

오늘의 패턴

I've heard + 주어 + 동사.

I've heard ~. 패턴은 경험을 의미하는 현재완료일 때 "~라는 말 들어 봤어."라는 뜻으로 쓰여요. 언젠가 들어 본 적 있는 이야기에 대해 말할 때 사용해요.

오늘의 단어/표현

오늘의 패턴에 활용할 수 있는 단어와 표현들을 미리 외워 두세요. 66-1

- ▢ 이미, 벌써 **already**
- ▢ 만료되다 **expire**
- ▢ (돈을) 벌다 **earn**
- ▢ 시험을 통과하다 **pass the exam**
- ▢ 고용하다 **hire**
- ▢ ~을 찾다, 구하다 **look for ~**
- ▢ 이혼하다 **get divorced**
- ▢ 마지막 날 **last day**
- ▢ 폐점하다 **shut down**
- ▢ 담배를 끊다 **quit smoking**
- ▢ ~에 알레르기가 있는 **allergic to ~**
- ▢ 불만 **complaint**
- ▢ 아이가 있다 **have a kid**
- ▢ ~와 데이트하다 **go out with ~**
- ▢ 개점하다 **open**
- ▢ 시험에 떨어지다 **fail the exam**
- ▢ 술을 끊다 **quit drinking**
- ▢ 복권에 당첨되다 **win the lottery**

오늘의 패턴 활용

66-2 음원 듣고 5번 따라 읽기 ☐☐☐☐☐

너 이미 결혼했다고 들었어.	I've heard +	you're already married.
내 자격증이 만료되었다고 들었어.		my license expired.
그가 돈을 많이 벌었다고 들었어.		he earned a lot of money.
네가 시험을 통과했다고 들었어.		you passed the exam.
네가 조교를 고용하고 있다고 들었어.		you were hiring an assistant.
그녀가 새 직장을 구하는 중이라고 들었어.		she was looking for a new job.

오늘의 패턴 플러스1 부정문

66-3 음원 듣고 5번 따라 읽기 □□□□□

I haven't heard + 주어 + 동사.

반대로 "~라는 말은 들어 본 적 없어."라는 뜻으로 뜻밖의 소식이나 말에 대해서는 I haven't heard ~. 패턴을 사용해요.

그들이 이혼했다는 건 못 들었는데.	I haven't heard +	they got divorced.
오늘이 네 마지막 날이라는 건 못 들었는데.		this is your last day.
그들이 식당을 닫았다는 건 못 들었는데.		they shut down the restaurant.
그가 담배를 끊었다는 건 못 들었는데.		he quit smoking.
네가 알코올에 알레르기가 있다는 건 못 들었는데.		you're allergic to alcohol.
그녀가 불만이 있다는 건 못 들었는데.		she had a complaint.

오늘의 패턴 플러스2 의문문

66-4 음원 듣고 5번 따라 읽기 □□□□□

Have you heard + 주어 + 동사?

상대방에게 "~라는 말 들었어?"라고 상대가 소식을 들었는지 궁금해 할 때는 Have you heard ~? 패턴을 사용해요.

그가 아이가 있다는 말 들었어?	Have you heard +	he had a kid?
그녀가 크리스와 사귄다는 말 들었어?		she is going out with Chris?
그녀가 자기 카페를 열었다는 말 들었어?		she opened her own café?
그가 시험에 떨어졌다는 말 들었어?		he failed the exam?
그녀가 술 끊었다는 말 들었어?		she quit drinking?
그가 복권에 당첨되었다는 말 들었어?		he won the lottery?

오늘의 회화

오늘의 패턴을 활용한 회화문을 직접 써 보면서 복습해 보세요. 66-5

그녀가 새 직장을 구하는 중이라는 거 들었어?

Have you heard she was looking for a new job?

뭐? 난 그녀가 자기 카페를 열었다고 들었어.

What? I have heard she opened her own café.

그래? 그녀에게 전화해 봐야겠다.

Yeah? I should call her.

제한 시간	15분 (25문항 각 4점)
SCORE	/ 100

1-5 다음 우리말에 맞게 빈칸에 알맞은 패턴을 써 보세요.

I've heard I haven't heard Have you heard

1 너 이미 결혼했다고 들었어. ▶ ________ you're already married.

2 그들이 이혼했다는 건 못 들었는데. ▶ ________ they got divorced.

3 그가 아이가 있다는 말 들었어? ▶ ________ he had a kid?

4 그가 담배를 끊었다는 건 못 들었는데. ▶ ________ he quit smoking.

5 그녀가 자기 카페를 열었다는 말 들었어? ▶ ________ she opened her own café?

6-9 음원을 듣고 그림에 맞게 대화문을 완성해 보세요.

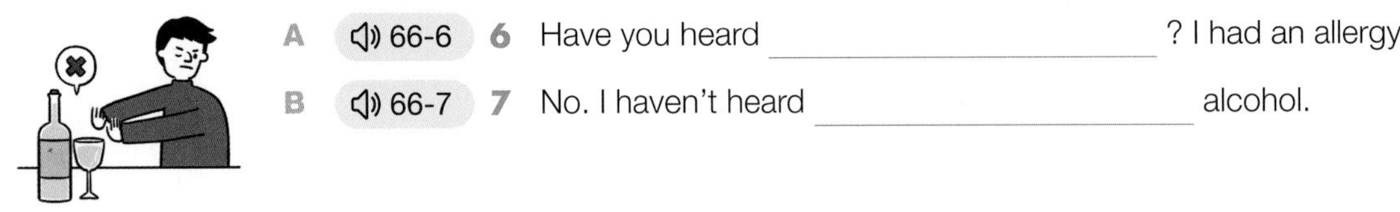

A 66-6 6 Have you heard ________? I had an allergy.

B 66-7 7 No. I haven't heard ________ alcohol.

A 66-8 8 Have you heard ________?

B 66-9 9 No. I've heard he ________.

10-13 들려주는 문장에 대한 알맞은 대답을 골라 연결해 보세요.

10 66-10 • • For the job. I've heard you were hiring an assistant.

11 66-11 • • I've heard she was looking for a new job.

12 66-12 • • What? I haven't heard this is your last day.

13 66-13 • • Yes. I've heard you passed the exam too. Congratulations!

14-17 다음 우리말에 맞게 주어진 단어를 배열하여 문장을 만들어 보세요.

14 그들이 식당을 닫았다는 건 못 들었는데.

shut down heard I they the restaurant haven't

▶ ________.

15 그녀가 크리스와 사귄다는 말 들었어?

you she Chris is Have with going out heard

▶ ________?

16 내 자격증이 만료되었다고 들었어.

expired my I've license heard

▶ ______________________________.

17 그녀가 불만이 있다는 건 못 들었는데.

haven't complaint I heard had a she

▶ ______________________________.

18-21 다음 우리말에 맞게 주어진 Hint를 활용하여 대화를 완성해 보세요.

그녀가 새 직장을 구하는 중이라는 거 들었어? (Hint! looking for)

18 ______________________________

뭐? 난 그녀가 자기 카페를 열었다고 들었어. (Hint! own café)

What? 19 ______________________________

그가 이미 결혼했다는 거 들었어? 아이도 있대. (Hint! already, married)

20 ______________________________ He has a kid.

정말? 그가 아이가 있다는 건 못 들었는데. (Hint! had)

Really? 21 ______________________________

22-25 다음 우리말에 맞게 주어진 Hint를 활용하여 영어 문장을 완성해 보세요.

22 그가 시험에 떨어졌다는 말 들었어? (Hint! failed)

▶ ______________________________

23 그가 복권에 당첨되었다고 들었어. (Hint! won, lottery)

▶ ______________________________

24 그들이 이혼했다는 말 들었어? (Hint! got divorced)

▶ ______________________________

25 내 자격증이 만료되었다는 건 못 들었는데. (Hint! license, expired)

▶ ______________________________

영어회화 루틴 만들기

66 Challenge

정답 및 해설

Day 01 직업 묻고 답하기

정답

1 in between **2** commute **3** company **4** publishing **5** kind **6** living **7** commute **8** kind **9** between **10** I work from home these days **11** What do you do for a living **12** What time do you go to work **13** for a living **14** work for **15** What kind of work **16** work as **17** It takes about one hour. **18** For 5 years. **19** I usually go to work at 8. **20** do you do for a living **21** I work for **22** What kind of work **23** I work from home these days. **24** I'm in between jobs. **25** How long have you been working there?

해설

1 '중간에'를 의미하는 영어 단어는 in between입니다.

2 '통근'을 의미하는 영어 단어는 commute입니다.

3 '회사'를 의미하는 영어 단어는 company입니다.

4 '출판'을 의미하는 영어 단어는 publishing입니다.

5 '종류'를 의미하는 영어 단어는 kind입니다.

6 '생계'를 의미하는 영어 단어는 living입니다.

7 How long is your commute?는 '출퇴근하는 데 얼마나 걸려요?'라는 의미로 '얼마나 오래'를 뜻하는 How long을 앞에 넣어 출퇴근 시간이 얼마나 걸리는지 물어볼 수 있어요. 여기서 commute는 '통근'이라는 뜻이에요.

8 What kind of work do you do?는 '어떤 종류의 일을 하세요?'라는 의미로 직업을 물어볼 때 사용하는 표현이에요.

9 I'm in between jobs.는 '취업 준비 중이에요.'라는 의미로 상대방이 직업에 대해 물었을 때 대답할 수 있는 답변 중에 하나예요.

10 I work from home these days.는 '전 재택 근무를 해요.'라는 의미이며, 여기서 work from home은 '재택 근무'라는 뜻이에요.

11 What do you do for a living?은 '어떤 일을 하세요?'라는 의미이며, 뒤에 for a living '생계를 위해'는 붙여도 되고 생략해서 말해도 됩니다.

12 What time do you go to work?은 '몇 시에 출근하세요?'라는 의미이며, go to work은 '출근하다'라는 뜻이에요.

13 What do you do for a living? 어떤 일을 하세요?

14 I work for a publishing company. 전 출판사에서 일해요.

15 What kind of work do you do? 어떤 종류의 일을 하세요?

16 I work as a graphic designer. 전 그래픽 디자이너로 일해요.

17 How long is your commute?은 '출퇴근하는 데 얼마나 걸려요?'라는 의미이므로 It takes about one hour. '한 시간 정도 걸려요.'가 적절한 대답입니다.

18 How long have you been working there?은 '그곳에서 얼마나 오래 일하셨어요?'라는 의미이므로 '5년째예요.'가 적절한 대답입니다.

19 What time do you go to work?은 '몇 시에 출근하세요?'라는 의미이므로 I usually go to work at 8. '전 주로 8시에 출근해요.'가 적절한 대답입니다.

20 What do you do for a living? 어떤 일을 하세요?

21 I work for a publishing company. 전 출판사에서 일해요.

22 What kind of work do you do? 어떤 종류의 일을 하세요?

23 '전 요즘 재택 근무를 해요.'라는 의미의 표현은 I work from home these days.입니다.

24 '취업 준비 중이에요.'라는 의미의 표현은 I'm in between jobs.입니다.

25 '그곳에선 얼마나 오래 일하셨어요?'라는 의미의 표현은 How long have you been working there?입니다.

Day 02 가족관계 묻고 대답하기

정답

1 take after **2** brother-in-law **3** niece **4** cousin **5** nephew **6** sibling **7** looks like **8** brothers and sisters **9** live with **10** I take after my mother **11** Do you have any siblings **12** Brown hair runs in my family **13** No, I'm an only child. **14** I have one younger sister. **15** No, I live alone. **16** Niece **17** Brother-in-law **18** Cousin **19** Nephew **20** How many brothers and sisters **21** Do you have any siblings **22** look like each other **23** My older sister looks like my father. **24** I take after my mother. **25** Brown hair runs in my family.

해설

1 '~를 닮다'를 의미하는 영어 단어는 take after입니다.

2 '시아주버니'를 의미하는 영어 단어는 brother-in-law입니다.

3 '여자 조카'를 의미하는 영어 단어는 niece입니다.

4 '사촌'을 의미하는 영어 단어는 cousin입니다.

5 '남자 조카'를 의미하는 영어 단어는 nephew입니다.

6 '형제자매'를 의미하는 영어 단어는 sibling입니다.

7 My older sister looks like my father.는 '우리 언니는 아버지를 닮았어요.'라는 의미이며, 가족들끼리 생김새를 닮았다고 말할 때 look like을 사용해요.

8 Do you have brothers and sisters?는 '형제자매가 어떻게 돼요?'라는 의미로 상대방에게 가족 구성원에 대해 물을 때 쓸 수 있는 표현이에요.

9 Do you live with your parents?는 '부모님과 함께 사시나요?'라는 의미로 상대방에게 가족 구성원과 함께 살고 있는지 물을 때 쓸 수 있는 표현이에요.

10 I take after my mother.는 '전 우리 엄마를 닮았어요.'라는 의미이며, 가족들끼리 외모뿐만 아니라 기질이나 특징을 닮았다고 말할 때 take after '~를 닮다'를 사용해서 나타낼 수 있어요.

11 Do you have any siblings?는 '형제자매가 있나요?'라는 의미이며, Do you have ~? '~가 있나요?'의 구조로 물어볼 수 있어요.

12 Brown hair runs in my family.는 '갈색 머리는 저희 집안 내력이에요.'라는 의미이며, 여기서 run in one's family는 '집안 내력'이라는 뜻이에요.

13 Do you have any siblings?는 '형제자매가 있나요?'라는 의미이므로 No, I'm an only child. '아니요, 전 외동이에요.'가 적절한 대답입니다.

14 How many brothers and sisters do you have?는 '형제자매가 어떻게 돼요?'라는 의미이므로 I have one younger sister. '여동생 한 명 있어요.'가 적절한 대답입니다.

15 Do you live with your parents?는 '부모님과 함께 사시나요?'라는 의미이므로 No, I live alone. '아니요, 저 혼자 살아요.'가 적절한 대답입니다.

16 남자 형제의 딸은 '여자 조카'를 의미하는 Niece입니다.

17 여자 자매의 남편은 '시아주버니'를 의미하는 Brother-in-law입니다.

18 삼촌의 아들은 '사촌'을 의미하는 Cousin입니다.

19 남자 형제의 아들은 '남자 조카'를 의미하는 Nephew입니다.

20 How many brothers and sisters do you have? 형제자매가 어떻게 돼요?

21 I have two older sisters. Do you have any siblings? 전 언니가 두 명이에요. 형제자매가 있나요?

22 Yes, I have one younger brother. But, we don't' look like each other. 네, 남동생 한 명 있어요. 그런데 서로 닮진 않았어요.

23 '우리 언니는 아버지를 닮았어요.'라는 의미의 표현은 My older sister looks like my father.입니다.

24 '전 우리 엄마를 닮았어요.'라는 의미의 표현은 I take after my mother.입니다.

25 '갈색 머리는 저희 집안 내력이에요.'라는 의미의 표현은 Brown hair runs in my family.입니다.

Day 03 취미 묻고 대답하기

정답

1 enjoy **2** love **3** leisure **4** spend **5** spare **6** fun **7** playing **8** swimming **9** climbing **10** What do you do for fun **11** I love cooking **12** How do you spend your leisure time **13** for fun **14** usually go swimming **15** How do you spend **16** going hiking **17** go bowling **18** enjoy going camping **19** like going fishing **20** you do for fun **21** I like watching **22** I usually go swimming **23** How do you spend your leisure time? **24** I love cooking. **25** I usually go climbing in my free time.

해설

1 '즐기다'를 의미하는 영어 단어는 enjoy입니다.

2 '매우 좋아하다'를 의미하는 영어 단어는 love입니다.

3 '여가'를 의미하는 영어 단어는 leisure입니다.

4 '(시간을) 보내다'를 의미하는 영어 단어는 spend입니다.

5 '여가의, 여분의'를 의미하는 영어 단어는 spare입니다.

6 '재미'를 의미하는 영어 단어는 fun입니다.

7 I love playing tennis.는 '전 테니스 치는 걸 정말 좋아해요.'라는 의미이며, like '~를 좋아해요' 보다 love '~를 정말 좋아해요'를 사용하여 의미를 더 강조할 수 있어요.

8 I usually go swimming in my free time.은 '전 시간이 날 때 주로 수영하러 가요.'라는 의미이며, 야외에서 즐기는 활동을 말할 때는 go 뒤에 –ing를 붙여 표현해요.

9 I love going climbing.은 '전 등산 가는 걸 매우 좋아해요.'라는 의미이며, I love going mountain climbing.으로도 나타낼 수 있어요.

10 What do you do for fun?은 '취미가 뭐예요?'라는 의미이며, for fun은 '재미로' 또는 '즐거움을 위하여'라는 뜻을 갖고 있어요. 상대방의 취미를 물어볼 때 hobby '취미'를 사용하지 않고 이렇게 많이 물어봅니다.

11 I love cooking.은 '전 요리하는 걸 정말 좋아해요.'라는 의미로 상대방에게 나의 취미를 말할 때 My hobby is ~ '내 취미는 ~야'라고 말할 수 있지만 like, love, enjoy 등을 사용해 '난 ~를 (정말) 좋아해'라고 자연스럽게 표현할 수 있어요.

12 How do you spend your leisure time?은 '여가 시간을 어떻게 보내세요?'라는 의미이며, spend time은 '시간을 보내다'라는 뜻이에요.

13 What do you do for fun? 취미가 뭐예요?

14 I usually go swimming in my spare time. 전 시간이 날 때 주로 수영하러 가요.

15 How do you spend your leisure time? 여가 시간을 어떻게 보내세요?

16 I enjoy going hiking. 전 하이킹을 가는 걸 좋아해요.

17 I usually go bowling in my free time.은 '전 시간이 날 때 주로 볼링을 치러 가요.'라는 의미이므로 사진에 적절한 표현입니다.

18 I enjoy going camping in my spare time.은 '전 시간이 날 때 캠핑을 가는 걸 좋아해요.'라는 의미이므로 사진에 적절한 표현입니다.

19 I like going fishing for fun.은 '전 재미로 낚시하러 가는 걸 좋아해요.'라는 의미이므로 사진에 적절한 표현입니다.

20 What do you do for fun? 취미가 뭐예요?

21 I like watching Netflix. What do you do in your spare time? 전 넷플릭스 보는 걸 좋아해요. 시간이 날 때 뭐 하세요?

22 I usually go swimming in my free time. 전 시간이 날 때 주로 수영하러 가요.

23 '여가 시간을 어떻게 보내세요?'라는 의미의 표현은 How do you spend your leisure time?입니다.

24 '전 요리하는 걸 정말 좋아해요.'라는 의미의 표현은 I love cooking.입니다.

25 '전 시간이 날 때 주로 등산을 가요.'라는 의미의 표현은 I usually go climbing in my free time.입니다.

Day 04 취향 묻고 답하기

정답

1 kind **2** favorite **3** prefer **4** one's cup of tea **5** reading **6** interested **7** cup **8** interested **9** Reading **10** I'm more of a coffee person **11** Who's your favorite singer **12** It's not for me **13** your favorite singer **14** My favorite singer **15** What kind of music **16** I'm interested in **17** a dog person **18** more of a coffee person **19** not my thing **20** Are you interested in **21** What kind of music do you **22** I'm interested in **23** That movie is not my cup of tea. **24** Which do you prefer, meat or fish? **25** It's not for me.

해설

1 '종류'를 의미하는 영어 단어는 kind입니다.

2 '매우 좋아하는'을 의미하는 영어 단어는 favorite입니다.

3 '선호하다'를 의미하는 영어 단어는 prefer입니다.

4 '~의 취향인'을 의미하는 영어 단어는 one's cup of tea입니다.

5 '독서, 읽기'를 의미하는 영어 단어는 reading입니다.

6 '관심이 있는'을 의미하는 영어 단어는 interested입니다.

7 That movie is not my cup of tea.는 '그 영화는 제 취향이 아니에요.'라는 의미이며, not one's cup of tea는 사람마다 차 마시는 취향이 다르기 때문에 '내 찻잔이 아니다'라는 표현에서 유래되었어요.

8 I'm interested in jazz music.은 '전 재즈 음악에 관심이 있어요.'라는 의미이며, interested in은 '~에 관심이 있다'라는 표현이에요. 어떤 것에 관심이 있어서 더 알고 싶거나 배우고 싶다는 의미로 사용할 수 있어요.

9 Reading is not my thing.은 '독서는 제 취향이 아니에요.'라는 의미이며, not my thing은 어떤 것이 나와 맞지 않는다고 표현할 때 쓸 수 있어요. 주어로 명사 또는 동명사 형태를 사용할 수 있어요.

10 I'm more of a coffee person.은 '전 커피를 더 좋아해요.'라는 의미이며, '명사 + person' 구조로 사용된 문장은 '저는 명사를 좋아하는 사람입니다'라는 뜻이에요.

11 Who's your favorite singer?는 '좋아하는 가수가 누구예요?'라는 의미이며, favorite은 '매우 좋아하는'이란 뜻으로 취향을 말할 때 사용할 수 있는 대표적인 표현이에요. 좋아하는 가수, 영화 장르, 음식 등 다양하게 활용할 수 있어요.

12 It's not for me.는 '그건 저와 맞지 않아요'라는 의미이며, 'not for + 주어' 구조로 사용된 문장은 '주어를 위한 것이 아니다'라는 뜻이에요.

13 Who's your favorite singer? 좋아하는 가수가 누구예요?

14 My favorite singer is Justin Bieber. 제가 좋아하는 가수는 저스틴 비버예요.

15 What kind of music do you like? 어떤 종류의 음악 좋아하세요?

16 I'm interested in Jazz music. 전 재즈 음악에 관심이 있어요.

17 I'm a dog person.은 '전 개를 좋아해요.'라는 의미이므로 사진에 적절한 표현입니다.

18 I'm more of a coffee person.은 '전 커피를 더 좋아해요.'라는 의미이므로 사진에 적절한 표현입니다.

19 Reading is not my thing.은 '독서는 제 취향이 아니에요.'라는 의미이므로 사진에 적절한 표현입니다.

20 Are you interested in K-pop music? K-pop 음악에 관심이 있으신가요?

21 Of course! What kind of music do you like? 물론이죠! 어떤 종류의 음악을 좋아하세요?

22 I'm interested in jazz music. I like reading while listening to jazz music. 전 재즈 음악에 관심이 있어요. 재즈 음악을 들으며 독서하는 걸 좋아해요.

23 '그 영화는 제 취향이 아니에요.'라는 의미의 표현은 That movie is not my cup of tea.입니다.

24 '육류와 생선 중 어느 것을 더 좋아하세요?'라는 의미의 표현은 Which do you prefer, meat or fish?입니다.

25 '그건 저와 맞지 않아요.'라는 의미의 표현은 It's not for me.'입니다.

Day 05 학교 묻고 대답하기

정답

1 literature **2** year **3** economics **4** major **5** senior **6** graduate **7** major in **8** thinking about **9** second year **10** What year are you in **11** How do you go to school **12** My major is economics **13** I go to school by bike. **14** I major in English literature **15** I'm in my second year. **16** 2 **17** 3 **18** 1 **19** 4 **20** What do you major in **21** I major in English literature **22** My major is economics **23** What school did you graduate from? **24** How do you go to school? **25** I'm thinking about changing my major.

해설

1 '문학'을 의미하는 영어 단어는 literature입니다.

2 '학년'을 의미하는 영어 단어는 year입니다.

3 '경제학'을 의미하는 영어 단어는 economics입니다.

4 '전공, 전공하다'를 의미하는 영어 단어는 major입니다.

5 '4학년'을 의미하는 영어 단어는 senior입니다.

6 '졸업하다'를 의미하는 영어 단어는 graduate입니다.

7 I major in English literature.는 '전 영문학을 전공해요.'라는 의미이며, 여기서 major in은 '~을 전공하다'라는 뜻인데 명사 형태로 '전공'으로 쓰이기도 해요.

8 I'm thinking about changing my major.는 '전 전공을 바꿀까 생각 중이에요.'라는 의미이며, change one's major는 '누군가의 전공을 바꾸다'라는 뜻이에요.

9 I'm in my second year.는 '2학년이에요.'라는 의미이며, year는 '학년'이라는 뜻이에요. 학년을 말할 때는 순서를 나타내는 서수를 사용해서 말해요.

10 What year are you in?은 '몇 학년이에요?'라는 의미로 상대방의 학년을 물을 때 사용하는 대표적인 표현이에요.

11 How do you go to school?은 '어떻게 통학해요?'라는 의미로 상대방에게 무엇을 타고 학교에 가는지 물을 때 사용해요.

12 My major is economics.는 '제 전공은 경제학이에요.'라는 의미이며, 단순하게 economy로 쓰게 되면 '경제'라는 뜻이 되기 때문에 economics '경제학'으로 써야 해요.

13 How do you go to school?은 '어떻게 통학해요?'라는 의미이므로 I go to school by bike. '전 자전거로 통학해요.'가 적절한 대답입니다.

14 What do you major in?은 '전공이 뭐예요?'라는 의미이므로 I major in English literature. '영문학을 전공해요.'가 적절한 대답입니다.

15 What year are you in?은 '몇 학년이에요?'라는 의미이므로 I'm in my second year. '2학년이에요.'가 적절한 대답입니다.

16 sophomore는 '2학년'이라는 뜻이에요.

17 junior는 '3학년'이라는 뜻이에요.

18 freshman은 '1학년'이라는 뜻이에요.

19 senior는 '4학년'이라는 뜻이에요.

20 What do you major in? 전공이 뭐예요?

21 I major in English literature. What about you? 영문학을 전공해요. 그쪽은요?

22 My major is economics. What year are you in? 제 전공은 경제학이에요. 몇 학년이세요?

23 '어느 학교를 졸업했어요?'라는 의미의 표현은 What school did you graduate from?입니다.

24 '어떻게 통학해요?'라는 의미의 표현은 How do you go to school?입니다.

25 '전 전공을 바꿀까 생각 중이에요.'라는 의미의 표현은 I'm thinking about changing my major.가 맞습니다.

Day 06 칭찬하기

정답

1 look **2** gorgeous **3** kind **4** flatter **5** like **6** flattered **7** looks **8** did **9** You made my day **10** That's very kind of you **11** You look gorgeous today **12** kind of you **13** it's nothing **14** look gorgeous **15** made my day **16** 3 **17** 1 **18** 2 **19** You look gorgeous **20** I'm flattered **21** looks good on you **22** I like your hair **23** That's a great idea! **24** You did a good job. **25** You made my day.

해설

1 '~처럼 보이다'를 의미하는 영어 단어는 look입니다.

2 '아주 멋진'을 의미하는 영어 단어는 gorgeous입니다.

3 '친절한'을 의미하는 영어 단어는 kind입니다.

4 '아첨하다'를 의미하는 영어 단어는 flatter입니다.

5 '마음에 들다'를 의미하는 영어 단어는 like입니다.

6 I'm flattered.는 '과찬이세요.'라는 의미로 누군가에게 칭찬을 받았을 때 인사말로 쓸 수 있는 표현이에요.

7 That shirt looks good on you.는 '그 셔츠가 잘 어울리시네요.'라는 의미이며, looks good on ~은 '~에게 어울리다'라는 뜻이에요.

8 You did a good job.은 '정말 잘하셨어요.'라는 의미로 상대방이 어떤 일을 잘 해냈을 때 쓸 수 있는 표현이에요. 간단하게 Good job.이라고도 말할 수 있어요.

9 You made my day.는 '덕분에 기분이 좋네요.'라는 의미로 상대방이 칭찬해줬을 때 자연스럽게 대답할 수 있는 표현이에요.

10 That's very kind of you.는 '정말 친절하시네요.'라는 의미로 상대방이 한 행동에 대해 칭찬할 때 사용할 수 있는 표현이에요.

11 You look gorgeous today.는 '오늘 멋져 보이네요.'라는 의미이며, You look great today 말고도 gorgeous '멋진'이라는 단어를 사용하여 상대방의 외모를 칭찬할 수 있어요.

12 That's very kind of you. 정말 친절하시네요.

13 Oh, it's nothing. 오, 별거 아니에요.

14 You look gorgeous today. 오늘 멋져 보이네요.

15 You made my day. 덕분에 기분이 좋네요.

16 I like your hair.는 '머리스타일이 마음에 들어요.'라는 의미이므로 3번이 사진에 적절한 표현입니다.

17 That hat looks good on you.는 '그 모자가 잘 어울리시네요.'라는 의미이므로 1번이 사진에 적절한 표현입니다.

18 That's very kind of you.는 '정말 친절하시네요.'라는 의미이므로 2번이 사진에 적절한 표현입니다.

19 You look gorgeous today. 오늘 아주 멋지시네요.

20 Oh, I'm flattered. 오, 과찬이세요.

21 That shirt looks good on you. 그 셔츠가 잘 어울려요.

22 I like your hair. 머리스타일이 마음에 들어요.

23 '그거 정말 좋은 생각이네요!'라는 의미의 표현은 That's a great idea!입니다.

24 '정말 잘하셨어요.'라는 의미의 표현은 You did a good job.입니다.

25 '덕분에 기분이 좋네요.'라는 의미의 표현은 You made my day.입니다.

Day 07 성격 묻고 대답하기

정답

1 reliable **2** cheerful **3** selfish **4** personality **5** picky **6** hot-tempered **7** open-minded **8** kind of **9** What's your personality like **10** I'm kind of picky **11** He is down to earth **12** What's, like **13** narrow-minded **14** What kind of person **15** kind of sensitive **16** 3 **17** 1 **18** 2 **19** What's his personality like **20** kind of outgoing **21** a little sensitive **22** he is good-natured **23** What kind of person is she? **24** I'm kind of impatient. **25** She is narrow-minded.

해설

1 '믿음직한'을 의미하는 영어 단어는 reliable입니다.

2 '쾌활한'을 의미하는 영어 단어는 cheerful입니다.

3 '이기적인'을 의미하는 영어 단어는 selfish입니다.

4 '성격'을 의미하는 영어 단어는 personality입니다.

5 '까다로운'을 의미하는 영어 단어는 picky입니다.

6 He is hot-tempered.는 '그는 욱하는 성질이 있어요.'라는 의미로 부정적인 성격을 나타낼 때 사용하는 표현이에요.

7 She is open-minded.는 '그녀는 편견이 없어요.'라는 의미이며, 성격을 말할 때는 주어 뒤에 성격을 묘사하는 형용사를 넣어서 말하면 돼요.

8 I'm kind of impatient.는 '전 성급한 편이에요.'라는 의미이며, kind of를 넣으면 '~한 편이다'라고 표현할 수 있어요.

9 What's your personality like?는 '성격이 어떠세요?'라는 의미이며, personality는 '성격'이라는 뜻이에요. personality를 빼고 What's ~ like?라고 해도 '~는 (성격이) 어때?'라고 묻는 의미가 돼요.

10 I'm kind of picky.는 '전 까다로운 편이에요.'라는 의미이며, 부정적인 성격을 나타낼 때 picky 뿐만 아니라 sensitive, selfish, narrow-minded 등 다양한 형용사를 사용할 수 있어요.

11 He is down to earth.는 '그는 털털해요.'라는 의미이며, 긍정적인 성격을 나타낼 때 outgoing, generous, good-natured 등 다양한 형용사를 사용할 수 있어요.

12 What's he like? 그는 성격이 어때?

13 He is narrow-minded. 그는 속이 좁아.

14 What kind of person is she? 그녀는 성격이 어때요?

15 She is kind of sensitive. 그녀는 예민한 편이에요.

16 She is hot-tempered.는 '그녀는 욱하는 성미가 있어요.'라는 의미이므로 3번이 사진에 적절한 표현입니다.

17 She is cheerful.은 '그녀는 쾌활해요.'라는 의미이므로 1번이 사진에 적절한 표현입니다.

18 She is careless.는 '그녀는 조심성이 없어요.'라는 의미이므로 2번이 사진에 적절한 표현입니다.

19 What's his personality like? 그는 성격이 어때?

20 Um... He is kind of outgoing. 음... 외향적인 편이야.

21 I heard he is a little sensitive. 난 그가 약간 예민하다고 들었는데.

22 Sometimes, but overall he is good-natured. 가끔, 그런데 대체적으로 성격이 좋아.

23 '그녀는 성격이 어때요?'라는 의미의 표현은 What kind of person is she?입니다.

24 '전 성급한 편이에요.'라는 의미의 표현은 I'm kind of impatient.입니다.

25 '그녀는 속이 좁아요.'라는 의미의 표현은 She is narrow-minded.입니다.

Day 08 만날 때 인사하기

정답

1 see **2** go well **3** bad **4** so far **5** bring **6** expect **7** How are you **8** Everything is good **9** Look who's here **10** Not much **11** How **12** well **13** Look **14** brings **15** I'm good. **16** I didn't expect to see you here! **17** Not much. **18** Look who's here **19** didn't expect to see you **20** How are you **21** How is it going **22** So far, so good **23** What brings you here? **24** What's up? **25** Everything is good.

해설

1 '보다, 만나다'를 의미하는 영어 단어는 see입니다.

2 '잘 되어가다'를 의미하는 영어 단어는 go well입니다.

3 '나쁜, 안 좋은'을 의미하는 영어 단어는 bad입니다.

4 '지금까지'를 의미하는 영어 단어는 so far입니다.

5 '데려오다, 가져오다'를 의미하는 영어 단어는 bring입니다.

6 '기대하다'를 의미하는 영어 단어는 expect입니다.

7 How are you?는 '잘 지내?'라는 의미로 아는 사람을 만났을 때 가볍게 말할 수 있는 기본적인 인사예요.

8 Everything is good.은 '전부 다 괜찮아.'라는 의미로 How are you?라는 인사에 대답할 수 있는 표현이에요.

9 Look who's here!는 '이게 누구야!'라는 의미로 아는 사람을 예상치 못한 장소에서 만났을 때 반가움을 담아 건넬 수 있는 표현이에요.

10 Not much.는 '별일 없어.'라는 의미로 What's up?이라는 인사에 대답할 수 있는 표현이에요.

11 How is it going? 잘 지내?

12 It's going well. 잘 지내.

13 Look who's here! 이게 누구야!

14 Oh, Jake! What brings you here? 오, 제이크! 여기 어쩐 일이야?

15 How is it going?은 '잘 지내?'라는 의미이므로 I'm good. '잘 지내.'가 적절한 대답입니다.

16 Look who's here!는 '이게 누구야!'라는 의미이므로 I didn't expect to see you here! '널 여기서 볼 줄 몰랐어!'가 적절한 대답입니다.

17 What's up?은 '어떻게 지내?'라는 의미이므로 Not much. '별일 없어.'가 적절한 대답입니다.

18 Look who's here! 이게 누구야!

19 Mark! I didn't expect to see you here. 마크! 널 여기서 볼 줄 몰랐어.

20 How are you? 잘 지내?

21 I'm good. How is it going? 잘 지내. 넌 어떻게 지내?

22 So far, so good. 지금까진 별일 없어.

23 '여긴 어쩐 일이야?'라는 의미의 표현은 What brings you here?입니다.

24 '잘 지내?'라는 의미의 표현은 What's up?입니다.

25 '전부 다 괜찮아.'라는 의미의 표현은 Everything is good.입니다.

Day 09 요일 묻고 대답하기

정답

1 Monday **2** Friday **3** meet **4** week **5** day **6** last **7** Do you know what day it is today **8** It's Monday **9** Let's meet on Friday **10** Sunday **11** Monday **12** Tuesday **13** Wednesday **14** Thursday **15** Friday **16** Saturday **17** this Tuesday **18** every Sunday **19** last Saturday **20** next Monday **21** going camping this Saturday **22** Let's meet on Friday **23** What day of the week is it? **24** Do you know what day it is today? **25** The restaurant didn't open last Sunday.

해설

1 '월요일'을 의미하는 영어 단어는 Monday입니다.

2 '금요일'을 의미하는 영어 단어는 Friday입니다.

3 '만나다'를 의미하는 영어 단어는 meet입니다.

4 '주'를 의미하는 영어 단어는 week입니다.

5 '일, 요일'을 의미하는 영어 단어는 day입니다.

6 '지난'을 의미하는 영어 단어는 last입니다.

7 Do you know what day it is today?는 '오늘 무슨 요일인지 알아?'라는 의미이며, 요일을 물어볼 때는 day를 사용해요.

8 It's Monday.는 '월요일이야.'라는 의미이며, 요일을 말할 때는 주어 자리에 it을 사용하는데 뜻은 따로 없고 형식적으로 쓰는 주어라서 '가주어'라고 불러요. 요일을 말할 때는 첫 글자는 반드시 대문자로 쓴다는 점에 유의하세요.

9 Let's meet on Friday.는 '우리 금요일에 만나자.'라는 의미이며, 어떤 요일에 무엇을 한다고 말할 때는 요일 앞에 on을 써서 표현해요. 하지만 요일 앞에 next, this, last, every 등이 있으면 on을 쓰지 않아요.

10 Sunday는 '일요일'이라는 뜻이에요.

11 Monday는 '월요일'이라는 뜻이에요.

12 Tuesday는 '화요일'이라는 뜻이에요.

13 Wednesday는 '수요일'이라는 뜻이에요.

14 Thursday는 '목요일'이라는 뜻이에요.

15 Friday는 '금요일'이라는 뜻이에요.

16 Saturday는 '토요일'이라는 뜻이에요.

17 I have a meeting this Tuesday.는 '이번 주 화요일에 회의가 있어요.'라는 의미이므로 사진에 적절한 표현입니다.

18 I sleep in every Sunday.는 '전 일요일마다 늦잠을 자요.' 라는 의미이므로 사진에 적절한 표현입니다.

19 We played tennis last Saturday.는 '우리는 저번 주 토요일에 테니스를 쳤어요.'라는 의미이므로 사진에 적절한 표현입니다.

20 I have a job interview next Monday.는 '전 다음 주 월요일에 회사 면접이 있어요.'라는 의미이므로 사진에 적절한 표현입니다.

21 I'm going camping this Saturday. 난 이번 주 토요일에 캠핑을 갈 거야.

22 Let's meet on Friday. I'm free on that day. 금요일에 만나자. 나 그날 약속 없어.

23 '오늘 무슨 요일이야?'라는 의미의 표현은 What day of the week is it?입니다.

24 '오늘 무슨 요일인지 알아?'라는 의미의 표현은 Do you know what day it is today?입니다.

25 '그 식당은 지난 일요일에 열지 않았어.'라는 의미의 표현은 The restaurant didn't open last Sunday.입니다.

Day 10 날짜 묻고 대답하기

정답

1 date **2** June **3** go on a vacation **4** be born **5** get married **6** October **7** tenth **8** thirtieth **9** fifth **10** first **11** twentieth **12** January, eighth **13** November, nineteenth **14** April, second **15** September, third **16** July, seventh **17** 1, 11 **18** 9, 15 **19** 11, 6 **20** What's the date today **21** January eighth **22** it's January twelfth **23** I was born on February second. **24** We got married on March fifteenth. **25** I'll go on a vacation in August.

해설

1 '날짜'를 의미하는 영어 단어는 date입니다.

2 '6월'을 의미하는 영어 단어는 June입니다.

3 '휴가를 가다'를 의미하는 영어 단어는 go on a vacation 입니다.

4 '태어나다'를 의미하는 영어 단어는 be born입니다.

5 '결혼하다'를 의미하는 영어 단어는 get married입니다.

6 '10월'을 의미하는 영어 단어는 October입니다.

7 tenth는 '10일'이라는 뜻이에요.

8 thirtieth는 '30일'이라는 뜻이에요.

9 fifth는 '5일'이라는 뜻이에요.

10 first는 '1일'이라는 뜻이에요.

11 twentieth는 '20일'이라는 뜻이에요.

12 It's January eighth.는 '1월 8일이야.'라는 의미로 날짜를 말할 때도 요일처럼 가주어 it을 사용합니다. 월과 일을 차례대로 말하면 되는데 며칠인지 말할 때 그 달의 몇 번째 날이라는 의미로 서수를 사용한다는 점에 주의하세요.

13 My birthday is November nineteenth.는 '내 생일은 11월 19일이야.'라는 의미이며, 누군가의 생일을 나타낼 경우에는 전치사 없이 바로 날짜를 말할 수 있어요.

14 She quit her job on April second.는 '그녀는 4월 2일에 직장을 그만뒀어.'라는 의미이며, 특정한 날짜에 무엇을 한다고 말할 때는 날짜 앞에 on을 써서 표현해요. 몇 월인지만 말하려면 in을 씁니다.

15 I met him on September third.은 '난 그를 9월 3일에 만났어.'라는 의미이며, third의 경우 fourth, fifth, sixth 등과 다르게 뒤에 –th가 아닌 –d로 끝나요.

16 We went camping on July seventh.은 '우리는 7월 7일에 캠핑을 갔어.'라는 뜻이에요.

17 I went skiing on January eleventh.는 '전 1월 11일에 스키를 타러 갔어요.'라는 뜻이에요.

18 I went climbing on September fifteenth.는 '전 9월 15일에 등산을 하러 갔어요.'라는 뜻이에요.

19 I had a date on November sixth.는 '전 11월 6일에 데이트가 있었어요.'라는 뜻이에요.

20 What's the date today? 오늘 며칠이야?

21 It's January eighth. 1월 8일이야.

22 I think it's January twelfth. 1월 12일인 거 같아.

23 '난 2월 2일에 태어났어.'라는 의미의 표현은 I was born on February second.입니다.

24 '우린 3월 15일에 결혼했어.'라는 의미의 표현은 We got married on March fifteenth.입니다.

25 '난 8월에 휴가를 갈 거야.'라는 의미의 표현은 I'll go on a vacation in August.입니다.

Day 11 날씨 묻고 대답하기

정답

1 foggy **2** unpredictable **3** humid **4** forecast **5** weather **6** stormy **7** What's the weather like **8** It's getting cold **9** The weather is so unpredictable **10** How's **11** It's cloudy **12** What's, like **13** It's foggy **14** 2 **15** 4 **16** 1 **17** 3 **18** What's the weather like **19** The forecast says **20** getting cold **21** it was mild **22** The weather is so unpredictable **23** What's the weather forecast for this weekend? **24** It's humid. **25** The forecast says it's going to rain.

해설

1 '안개가 낀'을 의미하는 영어 단어는 foggy입니다.

2 '예측할 수 없는'을 의미하는 영어 단어는 unpredictable입니다.

3 '습한'을 의미하는 영어 단어는 humid입니다.

4 '예보, 예측'을 의미하는 영어 단어는 forecast입니다.

5 '날씨'를 의미하는 영어 단어는 weather입니다.

6 '폭풍우가 몰아치는'을 의미하는 영어 단어는 stormy입니다.

7 What's the weather like?는 '날씨가 어때?'라는 의미이며, like 대신 today '오늘'이나 outside '밖에'를 넣어 말할 수 있어요.

8 It's getting cold.는 '날씨가 추워지고 있어.'라는 의미이며, 날씨가 점점 어떻게 되어 간다고 할 때는 It's getting 뒤에 날씨 상태를 넣으면 돼요.

9 The weather is so unpredictable.은 '날씨가 정말 변덕스러워.'라는 의미이며, 다양한 날씨를 나타내는 표현 중에 하나예요.

10 How's the weather? 날씨가 어때?

11 It's cloudy outside. 바깥 날씨가 흐려.

12 What's the weather like? 날씨가 어때?

13 It's foggy. 안개가 낀 날씨야.

14 It's clear.는 '날씨가 맑아.'라는 의미이므로 2번이 사진에 적절한 표현입니다.

15 It's snowy.는 '눈이 오는 날씨야.'라는 의미이므로 4번이 사진에 적절한 표현입니다.

16 It's freezing.은 '날씨가 몹시 추워.'라는 의미이므로 1번이 사진에 적절한 표현입니다.

17 It's cloudy.는 '날씨가 흐려.'라는 의미이므로 3번이 사진에 적절한 표현입니다.

18 What's the weather like today? 오늘 날씨가 어때?

19 The forecast says it's going to snow. 일기예보에 따르면 눈이 올 거래.

20 I see. It's getting cold. 그렇구나. 날씨가 추워지고 있어.

21 Yeah, but it was mild last week. 응, 그런데 저번 주는 온화했어.

22 The weather is so unpredictable. 날씨가 정말 변덕스럽네.

23 '이번 주말 일기예보가 어때?'라는 의미의 표현은 What's the weather forecast for this weekend?입니다.

24 '(날씨가) 습해.'라는 의미의 표현은 It's humid.입니다.

25 '일기예보에 따르면 비가 올 거래.'라는 의미의 표현은 The forecast says it's going to rain.입니다.

Day 12 위치 묻고 대답하기

정답

1 near **2** between **3** wallet **4** into **5** behind **6** beside **7** near **8** behind **9** into **10** between **11** on **12** ② **13** ③ **14** ④ **15** ① **16** Where is **17** behind that building **18** where my wallet is **19** on the table **20** Have you seen **21** in the drawer **22** It's right beside **23** Do you know where my hat is? **24** We were sitting under the tree. **25** The bus station is right in front of the building.

해설

1 '가까이에'를 의미하는 영어 단어는 near입니다.

2 '사이에'를 의미하는 영어 단어는 between입니다.

3 '지갑'을 의미하는 영어 단어는 wallet입니다.

4 '안으로'를 의미하는 영어 단어는 into입니다.

5 '뒤에'를 의미하는 영어 단어는 behind입니다.

6 '옆에'를 의미하는 영어 단어는 beside입니다.

7 고양이가 화분 근처에 있기 때문에 '근처'라는 뜻의 near입니다.

8 고양이가 화분 뒤에 있기 때문에 '뒤에'라는 뜻의 behind입니다.

9 고양이가 화분 안으로 들어가려고 하기 때문에 '안에'라는 뜻의 into입니다.

10 고양이가 화분 사이에 있기 때문에 '사이에'라는 뜻의 between입니다.

11 고양이가 화분 위에 앉아 있기 때문에 '위에'라는 뜻의 on입니다.

12 Where is my cap?은 '제 모자가 어디 있나요?'라는 의미이므로 그림에 적절한 대답은 ② It's on the desk. '책상 위에 있어요.'입니다.

13 Have you seen my laptop?은 '제 노트북을 보신 적 있나요?'라는 의미이므로 그림에 적절한 대답은 ③ It's near the lamp. '램프 근처에 있어요.'입니다.

14 Do you know where my T-shirt is?은 '제 티셔츠가 어디 있는지 아시나요?'라는 의미이므로 그림에 적절한 대답은 ④ It's in the basket. '바구니 안에 있어요.'입니다.

15 Where is my bag?은 '제 가방이 어디 있나요?'라는 의미이므로 그림에 적절한 대답은 ① It's under the chair. '의자 밑에 있어요.'입니다.

16 Where is the bus station? 버스 정류장이 어디 있어?

17 It's behind that building. 저 건물 뒤에 있어.

18 Do you know where my wallet is? 내 지갑 어디에 있는지 알아?

19 It's on the table. 그거 탁자 위에 있어.

20 Oh, thank you. Have you seen my car keys? 아, 고마워. 내 차 키 봤어?

21 They're in the drawer. Where are you going? 서랍 안에 있어. 어디 가?

22 It's right beside the bank. 은행 바로 옆에 있어.

23 '내 모자 어디에 있는지 알아?'라는 의미의 표현은 Do you know where my hat is?입니다.

24 '우린 나무 아래에 앉아 있었어.'라는 의미의 표현은 We were sitting under the tree.입니다.

25 '버스 정류장은 그 건물 바로 앞에 있어.'라는 의미의 표현은 The bus station is right in front of the building.입니다.

Day 13 기분과 상태 말하기

정답

1 worried **2** blue **3** mood **4** under the weather **5** feel like **6** eat **7** You look worried **8** I'm feeling great today **9** I couldn't be happier **10** I'm feeling blue **11** feel like **12** eating you **13** How are you feeling **14** feeling great **15** 2 **16** 1 **17** 3 **18** How are you feeling **19** I'm feeling blue **20** What's eating you **21** feel like crying **22** I couldn't be happier. **23** You look worried. **24** I'm feeling under the weather. **25** I'm feeling great today.

해설

1 '걱정하는, 걱정스러워 하는'을 의미하는 영어 단어는 worried입니다.

2 '우울한'을 의미하는 영어 단어는 blue입니다.

3 '기분, 분위기'를 의미하는 영어 단어는 mood입니다.

4 '몸이 안 좋은'을 의미하는 영어 단어는 under the weather입니다.

5 '~하고 싶다'를 의미하는 영어 단어는 feel like입니다.

6 '괴롭히다'를 의미하는 영어 단어는 eat입니다.

7 You look worried.는 '너 걱정 있어 보여.'라는 의미이며, 상대방의 기분이 좋아 보이지 않을 때 쓸 수 있는 표현이에요.

8 I'm feeling great today.는 '난 오늘 기분이 아주 좋아.'라는 의미이며, 기분을 나타낼 때는 feel '~하게 느껴진다' 뒤에 기분이나 상태를 나타내는 표현을 넣어서 말할 수 있어요.

9 I couldn't be happier.는 '더할 나위 없이 좋아.'라는 의미이며, 기분이 좋음을 나타낼 때 사용할 수 있는 표현이에요.

10 I'm feeling blue.는 '난 기분이 우울해.'라는 의미이며, blue는 '파란색' 뿐만 아니라 '우울한'이라는 의미도 갖고 있어요.

11 I feel like crying. 난 울고 싶은 기분이야.

12 What's eating you? 무슨 일이야?

13 How are you feeling today? 오늘 기분이 어때?

14 I'm feeling great today. 난 오늘 기분이 아주 좋아.

15 I'm feeling under the weather.는 '난 컨디션이 안 좋아'라는 의미이므로 2번이 사진에 적절한 표현입니다.

16 I couldn't be happier.는 '더할 나위 없이 좋아.'라는 의미이므로 1번이 사진에 적절한 표현입니다.

17 I'm feeling blue.는 '난 기분이 우울해.'라는 의미이므로 3번이 사진에 적절한 표현입니다.

18 How are you feeling today? You look worried. 오늘 기분이 어때? 너 걱정 있어 보여.

19 I'm feeling blue. 난 기분이 우울해.

20 What's eating you? 무슨 일이야?

21 I feel like crying. 울고 싶은 기분이야.

22 '더할 나위 없이 좋아.'라는 의미의 표현은 I couldn't be happier.입니다.

23 '너 걱정 있어 보여.'라는 의미의 표현은 You look worried.입니다.

24 '난 컨디션이 안 좋아.'라는 의미의 표현은 I'm feeling under the weather.입니다.

25 '난 오늘 기분이 아주 좋아.'라는 의미의 표현은 I'm feeling great today.입니다.

Day 14 기쁨과 안타까움 표현하기

정답

1 shame **2** big deal **3** fault **4** chin **5** sorry **6** glad **7** Good for you **8** What a shame **9** Keep your chin up **10** That's not a big deal **11** too bad **12** That's nice **13** I'm sorry to hear **14** your fault **15** Keep your chin up. **16** It's not your fault. **17** Good for you! **18** That's too bad **19** not your fault **20** Keep your chin up **21** I'm glad to hear that **22** I'm sorry to hear that. **23** That's nice to hear. **24** What a shame. **25** That's not a big deal.

해설

1 '유감스러운 일'을 의미하는 영어 단어는 shame입니다.

2 '대단한 일, 큰 일'을 의미하는 영어 단어는 big deal입니다.

3 '잘못, 책임'을 의미하는 영어 단어는 fault입니다.

4 '턱'을 의미하는 영어 단어는 chin입니다.

5 '유감인, 안타까운'을 의미하는 영어 단어는 sorry입니다.

6 '기쁜, 반가운'을 의미하는 영어 단어는 glad입니다.

7 Good for you!는 '잘됐다!'라는 의미로 상대방에게 어떤 좋은 일이 생겼을 때 기쁜 마음으로 공감해줄 수 있는 표현이에요.

8 What a shame.는 '그거 참 안타깝다.'라는 의미로 안타까운 감정을 표현할 때 쓸 수 있어요.

9 Keep your chin up.은 '기운 내.'라는 의미로 자책하는 상대방에게 위로해 줄 수 있는 표현이에요.

10 That's not a big deal.은 '그거 별거 아니야.'라는 의미로 상대방을 위로해주거나 걱정을 덜어주려고 할 때 쓸 수 있는 표현이에요.

11 That's too bad. 그거 정말 안됐다.

12 That's nice to hear. 듣던 중 반가운 소리예요.

13 I'm sorry to hear that. 그 얘길 들으니 유감이네.

14 It's not your fault. 그건 네 잘못이 아니야.

15 I failed the exam.은 '난 시험에 떨어졌어.'라는 의미이므로 Keep your chin up. '기운 내.'가 적절한 대답입니다.

16 I'm sorry I was wrong.은 '미안해 내가 잘못했어.'라는 의미이므로 It's not your fault. '그건 네 잘못이 아니야.'가 적절한 대답입니다.

17 I got a new job.은 '난 새로운 직장을 구했어.'라는 의미이므로 Good for you! '잘됐다!'가 적절한 대답입니다.

18 That's too bad. What happened? 그거 정말 안됐다. 무슨 일 있었어?

19 It's not your fault. 네 잘못이 아니야.

20 Keep your chin up. 기운 내.

21 I'm glad to hear that. 그 얘길 들으니 기쁘네.

22 '그 얘길 들으니 유감이네.'라는 의미의 표현은 I'm sorry to hear that.입니다.

23 '듣던 중 반가운 소리예요.'라는 의미의 표현은 That's nice to hear.입니다.

24 '그거 참 안타깝다.'라는 의미의 표현은 What a shame.입니다.

25 '그거 별거 아니야.'라는 의미의 표현은 That's not a big deal.입니다.

Day 15 대화 이어나가기

정답

1 same **2** know **3** second **4** talk **5** something **6** guess **7** You know what **8** You can say that again **9** No way **10** Tell me about it **11** You know what **12** wouldn't do that **13** tell you something **14** Tell me about it **15** I don't think so. **16** You can say that again. **17** I wouldn't do that. **18** No way **19** We're on the same page **20** Guess what **21** Tell me about it **22** I wouldn't do that **23** Can I talk to you for a second **24** I don't think so **25** You can say that again.

해설

1 '같은'을 의미하는 영어 단어는 same입니다.

2 '알다'를 의미하는 영어 단어는 know입니다.

3 '잠깐, 순간, 초'를 의미하는 영어 단어는 second입니다.

4 '이야기하다'를 의미하는 영어 단어는 talk입니다.

5 '무언가'를 의미하는 영어 단어는 something입니다.

6 '추측하다, 알아맞히다'를 의미하는 영어 단어는 guess입니다.

7 You know what?은 '그거 알아?'라는 의미이며, Guess what!과 동일한 의미를 갖고 있어요.

8 You can say that again!은 '내 말이!'라는 의미이며, 직역하면 '넌 그걸 다시 말할 수 있어.'라는 뜻으로 보이지만 '네 말이 맞아, 나도 동의해.'라는 의미로 상대방의 말에 동의를 나타낼 때 쓸 수 있는 표현이에요.

9 No way!는 '절대 아냐!'라는 의미로 상대방이 한 말에 대해 동의하지 않을 때 쓸 수 있는 표현이에요. 또는 거절을 나타내는 표현으로도 사용할 수 있습니다.

10 Tell me about it.은 '정말 그래.'라는 의미로 상대방의 말에 맞장구를 칠 때 사용할 수 있는 표현이에요.

11 You know what? Jenny quit her job. 그거 알아? 제니가 직장을 그만뒀어.

12 What? I wouldn't do that. 뭐라고? 나라면 그렇게 안 해.

13 Let me tell you something. We need to save money from now on. 내 얘기 좀 들어봐. 우리는 이제부터 돈을 저축해야 해.

14 Tell me about it. 정말 그래.

15 Is he coming to the party?는 '그는 파티에 올 거래?'라는 의미이므로 I don't think so. '난 그렇게 생각하지 않아.'가 적절한 대답입니다.

16 Her last movie was great.은 '그녀의 최근 영화는 굉장했어.'라는 의미이므로 You can say that again. '내 말이.'가 적절한 대답입니다.

17 I want to buy that bag.은 '난 저 가방을 사고 싶어.'라는 의미이므로 I wouldn't do that. '나라면 그렇게 안 해.'가 적절한 대답입니다.

18 '절대 아냐!'라는 의미의 표현은 No way!입니다.

19 '우린 생각이 같구나.'라는 의미의 표현은 We're on the same page.입니다.

20 '그거 알아?'라는 의미의 표현은 Guess what!입니다.

21 '정말 그래.'라는 의미의 표현은 Tell me about it.입니다.

22 '나라면 그렇게 안 해.'라는 의미의 표현은 I wouldn't do that.입니다.

23 Can I talk to you for a second? 잠깐 얘기 좀 할 수 있을까?

24 I don't think so. He is not that kind of person. 난 그렇게 생각 안 해. 그는 그런 사람이 아니야.

25 You can say that again! I don't know what to do. 내 말이! 어떻게 해야 할지 모르겠어.

Day 16 약속잡기

정답

1 go see a movie **2** free **3** already **4** take a rain check **5** available **6** plan **7** What are you doing on Friday **8** I already have plans **9** How about having lunch on that day **10** Are you available **11** Why don't we **12** take a rain check **13** I already have plans. **14** Can I take a rain check? **15** I'm free on that day. **16** How about having **17** take a rain check **18** Are you available **19** already have plans **20** do you have any plans for tomorrow **21** I already have plans **22** what are you doing on Friday **23** Are you available this weekend? **24** How about having lunch on that day? **25** I'm free on that day.

해설

1 '영화를 보러 가다'를 의미하는 영어 단어는 go see a movie입니다.

2 '한가한'을 의미하는 영어 단어는 free입니다.

3 '이미'를 의미하는 영어 단어는 already입니다.

4 '다음을 기약하다'를 의미하는 영어 단어는 take a rain check입니다.

5 '시간이 있는'을 의미하는 영어 단어는 available입니다.

6 '계획'을 의미하는 영어 단어는 plan입니다.

7 What are you doing on Friday?는 '너 금요일에 뭐해?'라는 의미이며, 특정 요일에 대한 계획을 물어볼 때 사용할 수 있는 표현이에요.

8 I already have plans.는 '나 이미 약속이 있어.'라는 의미이며, 여기서 plan은 '계획, 약속'이라는 뜻이에요.

9 How about having lunch on that day?는 '그날 점심 먹는 거 어때?'라는 의미로 상대방에게 무언가를 하자고 제안할 때 Let's 뿐만 아니라 How about 동사-ing~? 형태의 문장을 쓸 수 있어요.

10 Are you available this weekend?은 '너 이번 주말에 시간 있어?'라는 의미로 상대방이 특정 기간에 약속이 있는지 물어볼 때 사용할 수 있는 표현이에요. 여기서 available은 '시간이 있는'이라는 뜻이에요.

11 Why don't we go camping?은 '우리 캠핑 가는 거 어때?'라는 의미이며, Why don't we ~? 형태로 '~하는 거 어때?'라는 의미를 전달할 수 있어요.

12 Can I take a rain check?는 '다음으로 미뤄도 될까?'라는 의미로 약속을 잡지 못하는 사정이 있을 때 자연스럽게 사용할 수 있는 표현이에요.

13 Are you available this weekend?는 '너 이번 주말에 시간 있어?'라는 의미이므로 I already have plans. '나 이미 약속이 있어.'가 적절한 대답입니다.

14 Let's go see a movie.는 '우리 영화 보러 가자.'라는 의미이므로 Can I take a rain check? '다음으로 미뤄도 될까?'가 적절한 대답입니다.

15 What are you doing on Friday?는 '너 금요일에 뭐해?'라는 의미이므로 I'm free on that day. '난 그날 한가해.'가 적절한 대답입니다.

16 How about having lunch on that day? 그날 점심 먹는 거 어때?

17 Can I take a rain check? 다음으로 미뤄도 될까?

18 Are you available this weekend? 너 이번 주말에 시간 있어?

19 I already have plans. 나 이미 약속이 있어.

20 Hey, do you have any plans for tomorrow? 저기, 너 내일 약속 있어?

21 Oh, I already have plans. 아, 나 이미 약속이 있어.

22 Then, what are you doing on Friday? Let's go see a movie. 그럼 금요일에 뭐해? 우리 영화 보러 가자.

23 '너 이번 주말에 시간 있어?'라는 의미의 표현은 Are you available this weekend?입니다.

24 '그날 점심 먹는 거 어때?'라는 의미의 표현은 How about having lunch on that day?입니다.

25 '난 그날 한가해.'라는 의미의 표현은 I'm free on that day.입니다.

Day 17 연애하기

정답

1 relationship **2** end **3** crush **4** break up **5** ask out **6** marry **7** I have a crush on you **8** Are you seeing someone **9** He proposed to me **10** fell out of love **11** end this relationship **12** we should break up **13** 2 **14** 3 **15** 1 **16** fell out of love with you **17** end this relationship **18** ask you out for dinner **19** going to tie the knot **20** Are you seeing someone **21** ask you out for dinner **22** broke up with my boyfriend **23** He proposed to me. **24** I have a crush on you. **25** I want to end this relationship.

해설

1 '관계'를 의미하는 영어 단어는 relationship입니다.

2 '끝내다'를 의미하는 영어 단어는 end입니다.

3 '반함, 짝사랑'을 의미하는 영어 단어는 crush입니다.

4 '헤어지다'를 의미하는 영어 단어는 break up입니다.

5 '~에게 데이트를 신청하다'를 의미하는 영어 단어는 ask out입니다.

6 '~와 결혼하다'를 의미하는 영어 단어는 marry입니다.

7 I have a crush on you.는 '난 당신에게 반했어요.'라는 의미이며, 누군가에게 반했다고 할 때는 have a crush on somebody라는 표현을 사용해요.

8 Are you seeing someone?은 '누구 만나는 사람 있어?'라는 의미이며, see는 '보다, 알다'라는 뜻으로 보통 알고 있지만 진행형으로 쓰면 흔히 누군가와 애인 사이로 만난다는 뜻이 돼요.

9 He proposed to me.는 '그가 나에게 청혼했어.'라는 의미이며, propose to는 '누군가에게 청혼하다'라는 의미로 사용할 수 있는 표현이에요.

10 I fell out of love with you.는 '난 너에 대한 사랑이 식었어.'라는 의미로 상대방에 대한 감정이 없어졌다고 말할 때 사용할 수 있는 표현이에요.

11 I want to end this relationship.은 '난 이 관계를 끝내고 싶어.'라는 의미이며, end one's relationship은 '관계를 끝내다'라는 뜻이에요.

12 I think we should break up.은 '우리 헤어져야 할 거 같아.'라는 의미이며, break up은 '헤어지다'라는 뜻이에요. 누구와 헤어진다고 표현할 때는 break up with 뒤에 대상을 넣어서 말해요.

13 Will you marry me?는 '나랑 결혼해 줄래?'라는 의미이므로 2번이 사진에 적절한 표현입니다.

14 I think we should break up.은 '우리 헤어져야 할 거 같아.'라는 의미이므로 3번이 사진에 적절한 표현입니다.

15 I have a crush on you.는 '난 당신에게 반했어요.'라는 의미이므로 1번이 사진에 적절한 표현입니다.

16 I fell out of love with you. 난 너에 대한 사랑이 식었어.

17 I want to end this relationship. 난 이 관계를 끝내고 싶어.

18 Can I ask you out for dinner? 저녁 데이트를 신청해도 될까?

19 We're going to tie the knot. 우리는 결혼할 거야.

20 Are you seeing someone? 너 누구 만나는 사람 있어?

21 I'm just... Can I ask you out for dinner? 난 그냥... 저녁 데이트를 신청해도 될까?

22 I just broke up with my boyfriend. 난 막 남자친구와 헤어졌어.

23 '그가 나에게 청혼했어.'라는 의미의 표현은 He proposed to me.입니다.

24 '난 당신에게 반했어요.'라는 의미의 표현은 I have a crush on you.입니다.

25 '난 이 관계를 끝내고 싶어.'라는 의미의 표현은 I want to end this relationship.입니다.

Day 18 SNS 사용하기

정답

1 follow **2** post **3** Instagrammable **4** upload **5** selfie **6** look up **7** Do you have Twitter **8** I followed you on Twitter **9** This is so Instagrammable **10** just uploaded my vlog **11** not on Facebook **12** Follow me on **13** on social media **14** so Instagrammable **15** posted my selfie **16** not on Facebook **17** uploaded my vlog **18** Are you on social media **19** You can look me up **20** I'm not on **21** do you have **22** followed you on Twitter **23** Follow me on Instagram. **24** I posted my selfie on Instagram. **25** I just uploaded my vlog.

해설

1 '따라가다, 팔로우하다'를 의미하는 영어 단어는 follow입니다.

2 '게시하다'를 의미하는 영어 단어는 post입니다.

3 '인스타그램에 올릴 법한'을 의미하는 영어 단어는 Instagrammable입니다.

4 '올리다, 업로드하다'를 의미하는 영어 단어는 upload입니다.

5 '셀카'를 의미하는 영어 단어는 selfie입니다.

6 '찾다'를 의미하는 영어 단어는 look up입니다.

7 Do you have Twitter?는 '너 트위터 해?'라는 의미이며, Do you have ~? 표현을 사용해서 SNS 사용 여부를 물을 수 있어요.

8 I followed you on Twitter.는 '나 트위터에서 너 팔로우했어.'라는 의미이며, follow는 '따라가다'라는 뜻인데 인스타그램 등에서 서로의 게시물을 볼 수 있도록 관계를 맺는 걸 지칭할 때도 사용해요.

9 This is so Instagrammable.은 '여기 정말 인스타그램에 올리기 좋다.'라는 의미이며, 마음에 드는 곳에 갔을 때 상대방에게 말할 수 있는 표현이에요.

10 I just uploaded my vlog.는 '난 방금 내 브이로그를 업로드했어.'라는 의미로 사진이나 영상을 SNS에 올렸을 때 upload '게시하다, 올리다'라는 단어를 사용해요.

11 I'm not on Facebook.은 '난 페이스북 안 해.'라는 의미이며, 만약 페이스북을 한다면 not을 제외한 I'm on Facebook. '난 페이스북 해'로 사용할 수 있어요.

12 Follow me on Instagram.은 '인스타그램에서 나 팔로우해.'라는 의미이며, 어떤 SNS에 팔로우를 하라고 얘기할 때 전치사 on을 사용한다는 점을 기억해 주세요.

13 Are you on social media?는 '너 SNS하니?'라는 의미이며, 우리가 SNS라고 일컫는 다양한 플랫폼들은 영어로 social media라고 해요.

14 This is so Instagrammable.은 '여기 정말 인스타그램에 올리기 좋다.'라는 의미이므로 사진에 적절한 표현입니다.

15 I posted my selfie on Instagram.은 '난 내 사진을 인스타그램에 올렸어.'라는 의미이므로 사진에 적절한 표현입니다.

16 I'm not on Facebook.은 '난 페이스북 안 해.'라는 의미이므로 사진에 적절한 표현입니다.

17 I just uploaded my vlog.은 '난 방금 내 브이로그를 업로드했어.'라는 의미이므로 사진에 적절한 표현입니다.

18 Are you on social media? 너 SNS하니?

19 Yes! You can look me up on Facebook. 응! 페이스북에서 나 찾을 수 있어.

20 Uh, I'm not on Facebook. 어, 난 페이스북 안 해.

21 Then do you have Twitter? 그럼 너 트위터 해?

22 Okay, I've just followed you on Twitter. 좋아, 방금 트위터에서 너 팔로우했어.

23 '인스타그램에서 나 팔로우해.'라는 의미의 표현은 Follow me on Instagram.입니다.

24 '난 내 사진을 인스타그램에 올렸어.'라는 의미의 표현은 I posted my selfie on Instagram.입니다.

25 '난 방금 내 브이로그를 업로드했어.'라는 의미의 표현은 I just uploaded my vlog.입니다.

Day 19 식당 이용하기 (1)

정답

1 reservation **2** waiting list **3** wait **4** How long **5** party **6** later **7** I have a reservation under Lee **8** Do you have a table for five **9** We'll just come back later **10** put me on the waiting list **11** have a table by the window **12** in your party **13** 2 **14** 3 **15** 1 **16** Can I make a reservation **17** come back later **18** have a reservation under **19** Can I make a reservation tonight **20** we're fully booked **21** put me on the waiting list **22** many people are there in your party **23** I have a reservation under Lee. **24** How long should we wait? **25** Do you have a table for five?

해설

1 '예약'을 의미하는 영어 단어는 reservation입니다.

2 '대기 명단'을 의미하는 영어 단어는 waiting list입니다.

3 '기다리다'를 의미하는 영어 단어는 wait입니다.

4 '얼마나 오래'를 의미하는 영어 단어는 How long입니다.

5 '일행'을 의미하는 영어 단어는 party입니다.

6 '나중에'를 의미하는 영어 단어는 later입니다.

7 I have a reservation under Lee.는 'Lee로 예약했어요.'라는 의미이며, under 뒤에 예약한 사람의 이름을 넣어서 말하면 돼요.

8 Do you have a table for five?는 '다섯 명 자리 있나요?'라는 의미이며, 식당에서 자리를 요청할 때는 a table for 뒤에 일행 수를 넣어서 말해요. Do you have a table for ~?라고 하면 '~명 자리 있나요?'라는 질문이 돼요.

9 We'll just come back later.는 '그냥 나중에 다시 올게요.'라는 의미이며, 대기하지 않고 다시 오겠다는 말을 할 때 사용할 수 있는 표현이에요.

10 Will you put me on the waiting list?는 '저를 대기 명단에 올려 주실래요?'라는 의미이며, '대기 명단'은 waiting list라고 해요. put ~ on the waiting list라는 표현으로 대기 명단에 이름을 올려 달라고 직원에게 부탁할 수 있어요.

11 Can I have a table by the window?는 '창가 쪽 자리에 앉을 수 있나요?'라는 의미이며, 전치사 by를 사용하여 '~쪽, ~옆에'라는 의미를 나타낼 수 있어요.

12 How many people are there in your party?는 '일행이 몇 분이십니까?'라는 의미이며, 여기서 party는 '일행'이라는 뜻이에요.

13 Can I have a table by the window?는 '창가 쪽 자리에 앉을 수 있나요?'라는 의미이므로 2번이 사진에 적절한 표현입니다.

14 Sorry, but we're fully booked tonight.은 '죄송하지만, 오늘 밤은 예약이 다 찼습니다.'라는 의미이므로 3번이 사진에 적절한 표현입니다.

15 How long should we wait?은 '저희 얼마나 기다려야 하나요?'라는 의미이므로 1번이 사진에 적절한 표현입니다.

16 Can I make a reservation for two for tonight?은 '오늘 밤 두 명 예약할 수 있나요?'라는 의미이므로 사진에 적절한 표현입니다.

17 We'll just come back later.는 '그냥 나중에 다시 올게요.'라는 의미이므로 사진에 적절한 표현입니다.

18 I have a reservation under Lee.는 'Lee로 예약했어요.'라는 의미이므로 사진에 적절한 표현입니다.

19 Can I make a reservation tonight? 오늘 밤 예약할 수 있나요?

20 Sorry, but we're fully booked tonight. 죄송하지만, 오늘 밤은 예약이 다 찼습니다.

21 Will you put me on the waiting list? 그럼 저를 대기 명단에 올려 주실래요?

22 Sure. How many people are there in your party? 물론이죠. 일행이 몇 분이십니까?

23 'Lee로 예약했어요.'라는 의미의 표현은 I have a reservation under Lee.입니다.

24 '저희 얼마나 기다려야 하나요?'라는 의미의 표현은 How long should we wait?입니다.

25 '다섯 명 자리 있나요?'라는 의미의 표현은 Do you have a table for five?입니다.

Day 20 식당 이용하기 (2)

정답

1 order 2 decide 3 bill 4 included 5 clear 6 another 7 What would you like to order 8 Could you wrap this up 9 I haven't decided yet 10 have a steak 11 clear the table 12 Is the tip included 13 3 14 1 15 2 16 we have separate bills 17 haven't decided yet 18 clear the table 19 would you like to order 20 I'd like to have 21 wrap this up 22 I haven't decided yet. 23 Could we have separate bills, please? 24 Is the tip included in my total? 25 Can I get another fork?

해설

1 '주문하다'를 의미하는 영어 단어는 order입니다.

2 '결정하다'를 의미하는 영어 단어는 decide입니다.

3 '계산서'를 의미하는 영어 단어는 bill입니다.

4 '포함된'을 의미하는 영어 단어는 included입니다.

5 '치우다'를 의미하는 영어 단어는 clear입니다.

6 '또 다른, 하나 더'를 의미하는 영어 단어는 another입니다.

7 What would you like to order?는 '무엇을 주문하시겠습니까?'라는 의미로 식당에서 음식을 주문할 때 직원에게 들을 수 있는 표현이에요. 그리고 주문할 때 정중한 표현으로 대답할 때도 would like를 사용해 I'd like ~ 뒤에 주문하고 싶은 메뉴를 넣어서 말하면 돼요.

8 Could you wrap this up?은 '이거 포장 좀 해주시겠어요?'라는 의미이며, wrap up은 '싸다, 포장하다'라는 뜻이에요. 미국에서는 기본적으로 제공되는 음식의 양이 많아서 남은 음식을 포장해 가는 걸 흔히 볼 수 있는데, 그럴 때 유용하게 쓸 수 있어요.

9 I haven't decided yet.은 '아직 결정하지 못했어요.'라는 의미이며, 무엇을 먹을지 아직 고르지 못했을 때 상대방에게 사용할 수 있는 표현이에요.

10 I'd like to have a steak.은 '전 스테이크로 할게요.'라는 의미이며, have 없이 I'd like a steak.라고 해도 같은 뜻이에요.

11 Could you clear the table?은 '테이블 좀 치워주시겠어요?'라는 의미이며, 식당에 갔는데 테이블이 더러우면 직원에게 치워달라고 부탁할 때 사용할 수 있는 표현이에요.

12 Is the tip included in my total?은 '총 금액에 팁이 포함되어 있는 건가요?'라는 의미이며, 미국에서는 서비스를 제공한 직원에게 팁을 주는 문화가 있기 때문에 금액에 팁이 포함되어 있는지 물어보고 싶을 때 사용할 수 있는 표현이에요.

13 Can I get another fork?는 '포크 하나 더 주실래요?'라는 의미이므로 3번이 사진에 적절한 표현입니다.

14 I'd like a glass of white wine.은 '화이트 와인 한 잔 주세요.'라는 의미이므로 1번이 사진에 적절한 표현입니다.

15 Could you wrap this up?은 '이거 포장 좀 해주시겠어요?'라는 의미이므로 2번이 사진에 적절한 표현입니다.

16 Could we have separate bills, please?은 '저희 따로 계산할게요.'라는 의미이므로 사진에 적절한 표현입니다.

17 I haven't decided yet.은 '아직 결정하지 못했어요.'라는 의미이므로 사진에 적절한 표현입니다.

18 Could you clear the table?은 '테이블 좀 치워주시겠어요?'라는 의미이므로 사진에 적절한 표현입니다.

19 What would you like to order? 무엇을 주문하시겠습니까?

20 I'd like to have a steak. 전 스테이크로 할게요.

21 Everything's good. Could you wrap this up? 전부 맛있어요. 이것 좀 포장해주시겠어요?

22 '아직 결정하지 못했어요.'라는 의미의 표현은 I haven't decided yet.입니다.

23 '저희 따로 계산할게요.'라는 의미의 표현은 Could we have separate bills, please?입니다.

24 '총 금액에 팁이 포함되어 있는 건가요?'라는 의미의 표현은 Is the tip included in my total?입니다.

25 '포크 하나 더 주시겠어요?'라는 의미의 표현은 Can I get another fork?입니다.

Day 21 카페 이용하기

정답

1 instead 2 straw 3 cup holder tray 4 in cash 5 pay 6 soymilk 7 Where can I get a straw 8 For here or to go 9 No whipped cream, please 10 like to pay in cash 11 get soymilk instead 12 put two sleeves on the cup 13 2 14 3 15 1 16 get a large iced Americano 17 get soymilk instead 18 you like to pay in cash 19 Can I get a large iced Americano 20 For here or to go 21 put two sleeves on the cup 22 that's all 23 Can I get soymilk instead? 24 Can I get a cup holder tray? 25 Would you like to pay in cash?

해설

1 '대신에'를 의미하는 영어 단어는 instead입니다.

2 '빨대'를 의미하는 영어 단어는 straw입니다.

3 '컵 포장용 받침대'를 의미하는 영어 단어는 cup holder tray입니다.

4 '현금으로'를 의미하는 영어 단어는 in cash입니다.

5 '결제하다'를 의미하는 영어 단어는 pay입니다.

6 '두유'를 의미하는 영어 단어는 soymilk입니다.

7 Where can I get a straw?는 '빨대는 어디에 있나요?'라는 의미로 카페에서 빨대의 위치를 물어볼 때 사용할 수 있는 표현이에요.

8 For here or to go?는 '여기서 드시나요, 가지고 가시나요?'라는 의미이며, 계산대에서 카페 직원에게 가장 많이 듣는 말이에요. 매장에서 먹고 간다면 머그잔에, 가지고 나간다면 일회용 잔에 담아주기 때문이에요.

9 No whipped cream, please.는 '휘핑 크림은 빼주세요.'라는 의미이며, 뒤에 please를 붙여서 더욱 예의 바르게 요청할 수 있어요.

10 Would you like to pay in cash?는 '현금으로 결제하시겠어요?'라는 의미이며, 여기서 in cash는 '현금으로'라는 뜻이에요.

11 Can I get soymilk instead?는 '두유로 변경할 수 있을까요?'라는 의미이며, 일반 우유 대신 두유로 변경할 수 있는지 물어볼 때 사용할 수 있는 표현이에요. 여기서 instead는 '대신에'라는 뜻이에요.

12 Can you put two sleeves on the cup?은 '컵 홀더 두 개 끼워 주시겠어요?'라는 의미이며, 우리가 흔히 말하는 컵 홀더는 영어로 sleeve라고 해요.

13 No whipped cream, please.는 '휘핑 크림은 빼주세요.'라는 의미이므로 2번이 사진에 적절한 표현입니다.

14 Where can I get a straw?는 '빨대는 어디에 있나요?'라는 의미이므로 3번이 사진에 적절한 표현입니다.

15 Can I get a cup holder tray?는 '컵 포장용 받침대에 담아 주시겠어요?'라는 의미이므로 1번이 사진에 적절한 표현입니다.

16 Can I get a large iced Americano? '라지 사이즈 아이스 아메리카노 한 잔 주시겠어요?'라는 의미이므로 사진에 적절한 표현입니다.

17 Can I get soymilk instead?는 '두유로 변경할 수 있을까요?'라는 의미이므로 사진에 적절한 표현입니다.

18 Would you like to pay in cash?는 '현금으로 결제하시겠어요?'라는 의미이므로 사진에 적절한 표현입니다.

19 Can I get a large iced Americano? 라지 사이즈 아이스 아메리카노 한 잔 주시겠어요?

20 Sure. For here or to go? 물론이죠. 여기서 드시나요, 가지고 가시나요?

21 To go, please. Can you put two sleeves on the cup? 가지고 갈게요. 컵 홀더 두 개 끼워 주시겠어요?

22 No, that's all. 아니요, 그게 전부예요.

23 '두유로 변경할 수 있을까요?'라는 의미의 표현은 Can I get soymilk instead?입니다.

24 '컵 포장용 받침대에 담아 주시겠어요?'라는 의미의 표현은 Can I get a cup holder tray?입니다.

25 '현금으로 결제하시겠어요?'라는 의미의 표현은 Would you like to pay in cash?입니다.

Day 22 패스트푸드점 이용하기

정답

1 switch **2** refill **3** combo **4** total **5** come to **6** go easy on **7** Go easy on the mayo **8** How much is it in total **9** How would you like to pay **10** Your total comes to **11** get a refill **12** Can I switch the fries **13** Can I have the number 2 combo? **14** Your total comes to $6.50. **15** I'd like to pay in cash. **16** Go easy on the mayo **17** have a cheeseburger meal **18** Hold the onions on the hamburger **19** have the number 2 combo **20** Go easy on the mayo **21** How much is it in total **22** Your total comes to **23** Can I get a refill? **24** Can I have the number 2 combo? **25** Hold the onions on the hamburger, please.

해설

1 '바꾸다'를 의미하는 영어 단어는 switch입니다.

2 '리필'을 의미하는 영어 단어는 refill입니다.

3 '세트 메뉴'를 의미하는 영어 단어는 combo입니다.

4 '합계, 총액'을 의미하는 영어 단어는 total입니다.

5 '~이 되다'를 의미하는 영어 단어는 come to입니다.

6 '~을 너무 많이 쓰지 마라'를 의미하는 영어 단어는 go easy on입니다.

7 Go easy on the mayo, please.는 '마요네즈는 조금만 넣어 주세요.'라는 의미로 무언가를 적게 넣어 달라고 말할 때 유용하게 쓸 수 있는 표현이에요. 아예 넣지 않는 건 아니고 약간만 넣어 달라는 의미예요.

8 How much is it in total?은 '전부 다 해서 얼마죠?'라는 의미이며, 패스트푸드점에서 주문할 때는 사이드 메뉴까지 이것저것 다양하게 시키는 경우가 많기 때문에 그럴 때 전부 다 해서 얼마냐는 이 표현을 유용하게 사용할 수 있어요.

9 How would you like to pay?는 '어떻게 계산하시겠어요?'라는 의미이며, 돈을 지불하기 전에 직원에게 많이 듣는 표현이기 때문에 기억해 주세요.

10 Your total comes to $6.50.는 '총 6.50달러입니다.'라는 의미이며, 여기서 come to something 혹은 comes to something은 '(총계가) ~이 되다'라는 뜻이에요.

11 Can I get a refill?은 '음료수 좀 리필해 주실래요?'라는 의미이며, 직원에게 음료를 리필해 달라고 요청할 때 사용할 수 있는 표현이에요. Can I get ~?는 '~를 받을 수/가질 수 있을까요?'라는 뜻이에요.

12 Can I switch the fries to a corn salad?는 '감자튀김을 콘샐러드로 바꿀 수 있나요?'라는 의미이며, switch something to ~ 표현을 사용해서 '무언가를 ~로 바꾸다'라는 의미를 나타낼 수 있어요.

13 What can I get for you?는 '무엇을 드릴까요?'라는 의미이므로 Can I have the number 2 combo? '2번 세트 하나 주시겠어요?'가 적절한 대답입니다.

14 How much is it in total?은 '전부 다 해서 얼마죠?'라는 의미이므로 Your total comes to $6.50. '총 6.50달러입니다.'가 적절한 대답입니다.

15 How would you like to pay?는 '어떻게 계산하시겠어요?'라는 의미이므로 I'd like to pay in cash. '현금으로 결제할게요.'가 적절한 대답입니다.

16 Go easy on the mayo, please.는 '마요네즈는 조금만 넣어 주세요.'라는 의미이므로 사진에 적절한 표현입니다.

17 I'll have a cheeseburger meal.은 '치즈버거 세트로 주문할게요.'라는 의미이므로 사진에 적절한 표현입니다.

18 Hold the onions on the hamburger, please.는 '햄버거에서 양파를 빼 주세요.'라는 의미이므로 사진에 적절한 표현입니다.

19 Can I have the number 2 combo? I will switch the fries to a corn salad. 2번 세트 하나 주시겠어요? 감자튀김을 콘샐러드로 바꿀게요.

20 For here. Go easy on the mayo, please. 여기서 먹고 갈게요. 마요네즈는 조금만 넣어 주세요.

21 That's all. How much is it in total? 그게 다예요. 전부 다 해서 얼마죠?

22 Your total comes to $6.50. 총 6.50달러입니다.

23 '음료수 좀 리필해 주실래요?'라는 의미의 표현은 Can I get a refill?입니다.

24 '2번 세트 하나 주시겠어요?'라는 의미의 표현은 Can I have the number 2 combo?입니다.

25 '햄버거에서 양파를 빼 주세요.'라는 의미의 표현은 Hold the onions on the hamburger, please.입니다.

Day 23 쇼핑하기 (1)

정답

1 look for **2** bigger **3** fitting room **4** try on **5** smaller **6** different **7** Do you have this in a different size **8** Where is the fitting room **9** I'm looking for a shirt **10** Can I try this on **11** a little small **12** in a bigger size **13** Where can I find **14** Can you show me **15** 2 **16** 1 **17** 3 **18** I'm looking for a shirt **19** Where can I find one **20** Can I try this on **21** in the fitting room **22** in a bigger size **23** Do you have this in a different color? **24** Can you show me that shirt? **25** I'm just looking around.

해설

1 '~을 찾다'를 의미하는 영어 단어는 look for입니다.

2 '더 큰'을 의미하는 영어 단어는 bigger입니다.

3 '탈의실'을 의미하는 영어 단어는 fitting room입니다.

4 '입어 보다'를 의미하는 영어 단어는 try on입니다.

5 '더 작은'을 의미하는 영어 단어는 smaller입니다.

6 '다른'을 의미하는 영어 단어는 different입니다.

7 Do you have this in a different size?는 '이거 다른 치수로 있어요?'라는 의미로 스타일은 마음에 드는데 다른 치수가 필요할 때 이렇게 물어볼 수 있어요. Do you have ~?는 상대방에게 어떤 것이 있는지 물어볼 때 쓸 수 있는 표현입니다.

8 Where is the fitting room?은 '탈의실은 어디에 있어요?'라는 의미이며, Where is ~? 표현을 사용해서 찾고자 하는 장소를 물어볼 수 있어요.

9 I'm looking for a shirt.는 '셔츠를 찾고 있어요.'라는 의미이며, 직원에게 찾고 있는 물건을 말할 때 쓸 수 있는 표현이에요. I'm looking for 뒤에 내가 사고자 하는 제품을 넣어 말해 보세요.

10 Can I try this on?은 '이거 입어 봐도 돼요?'라는 의미이며, try on은 무언가를 착용해 본다고 말할 때 쓰는 표현이에요. try와 on 사이에 내가 착용해보고 싶은 걸 넣어 말하면 돼요. 의류뿐만 아니라 신발, 액세서리에도 사용할 수 있는 표현이에요.

11 This is a little small for me.는 '이거 저한테 좀 작네요.'라는 의미이며, 여기서 a little은 '조금'이라는 뜻이에요. 만약 착용해 본 옷이 크다면 This is a little big for me.로 나타낼 수 있어요.

12 Do you have this in a bigger size?는 '이거 더 큰 치수로 있어요?'라는 의미이며, 반대로 더 작은 치수의 옷을 찾고 있으면 Do you have this in a smaller size?로 나타낼 수 있어요.

13 Where can I find a shirt?는 '셔츠는 어디에서 찾을 수 있어요?'라는 의미이며, shirt 대신 찾고자 하는 제품을 다양하게 넣어서 말할 수 있어요.

14 Can you show me that shirt?은 '저 셔츠 좀 보여주실래요?'라는 의미이며, 마네킹이 입고 있는 옷을 직접 보여달라고 할 때나 닿지 않는 곳에 옷이 있을 때 직원에게 요청할 수 있는 표현이에요.

15 I'm just looking around.는 '전 그냥 둘러보고 있어요.'라는 의미이므로 2번이 사진에 적절한 표현입니다.

16 This is a little small for me.는 '이거 저한테 좀 작네요.'라는 의미이므로 1번이 사진에 적절한 표현입니다.

17 Where is the fitting room?은 '탈의실은 어디예요?'라는 의미이므로 3번이 사진에 적절한 표현입니다.

18 I'm looking for a shirt. 전 셔츠를 찾고 있어요.

19 Where can I find one? 어디서 찾을 수 있죠?

20 Thank you! (A few moments later.) Can I try this on? 감사합니다! (잠시 후) 이거 입어 봐도 되나요?

21 Sure. You can try it on in the fitting room. 물론이죠. 탈의실에서 입어 보세요.

22 Do you have this in a bigger size? This is a little small for me. 이거 더 큰 치수로 있어요? 저한테 약간 작네요.

23 '이거 다른 색깔로 있어요?'라는 의미의 표현은 Do you have this in a different color?입니다.

24 '저 셔츠 좀 보여주실래요?'라는 의미의 표현은 Can you show me that shirt?입니다.

25 '전 그냥 둘러보고 있어요.'라는 의미의 표현은 I'm just looking around.입니다.

Day 24 쇼핑하기 (2)

정답

1 regular price 2 different 3 installment 4 refund 5 exchange 6 on sale 7 Is this on sale 8 Can I pay in installments 9 I'd like to get a refund 10 pay by credit card 11 the regular price 12 like to exchange this 13 3 14 2 15 1 16 pay by credit card 17 What's the regular price 18 three monthly installments 19 Is this on sale 20 this is buy one get one free 21 pay by credit card 22 Can I pay in installments? 23 I'd like to exchange this. 24 Can I exchange this for a different size? 25 I want to pay in three monthly installments.

해설

1 '정가'를 의미하는 영어 단어는 regular price입니다.

2 '다른'을 의미하는 영어 단어는 different입니다.

3 '할부'를 의미하는 영어 단어는 installment입니다.

4 '환불'을 의미하는 영어 단어는 refund입니다.

5 '교환하다'를 의미하는 영어 단어는 exchange입니다.

6 '할인 중인'을 의미하는 영어 단어는 on sale입니다.

7 Is this on sale?는 '이거 할인 중인가요?'라는 의미이며, on sale은 '할인 중인'이라는 뜻이에요. 마음에 드는 물건이 할인 중인지 궁금할 때 직원에게 물어볼 수 있는 표현이에요.

8 Can I pay in installments?는 '할부되나요?'라는 의미이며, 여기서 pay in은 '~로 결제하다'라는 뜻이에요.

9 I'd like to get a refund.는 '환불하고 싶어요.'라는 의미이며, 물건을 산 후에 환불을 원할 때 사용할 수 있는 표현이에요. get a refund는 '환불을 받다'라는 뜻이에요.

10 I'll pay by credit card.는 '신용 카드로 계산할게요.'라는 의미이며, 신용 카드로 계산한다고 할 때 수단을 나타내는 전치사 by를 사용해요.

11 What's the regular price?는 '정가가 얼마예요?'라는 의미이며, regular price는 '정가'라는 뜻이에요.

12 I'd like to exchange this.는 '이거 교환하고 싶어요.'라는 의미이며, 물건을 산 후에 교환을 원할 때 사용할 수 있는 표현이에요. It's too big. '너무 커요.' 또는 It's too small. '너무 작아요.'처럼 이유를 뒤에 붙여주면 더 좋아요.

13 I'd like to get a refund.는 '환불하고 싶어요.'라는 의미이므로 3번이 사진에 적절한 표현입니다.

14 This is buy one get one free.는 '이건 하나 사시면 하나는 무료예요.'라는 의미이므로 2번이 사진에 적절한 표현입니다.

15 I'd like to exchange this.는 '이거 교환하고 싶어요.'라는 의미이므로 1번이 사진에 적절한 표현입니다.

16 I'll pay by credit card.는 '신용 카드로 계산할게요.'라는 의미이므로 사진에 적절한 표현입니다.

17 What's the regular price?는 '정가가 얼마예요?'라는 의미이므로 사진에 적절한 표현입니다.

18 I want to pay in three monthly installments.는 '3개월 할부로 해주세요.'라는 의미이므로 사진에 적절한 표현입니다.

19 Is this on sale? 이거 할인 중인가요?

20 Oh, this is buy one get one free. 아, 이건 하나 사시면 하나는 무료예요.

21 I'll pay by credit card. 신용 카드로 계산할게요.

22 '할부되나요?'라는 의미의 표현은 Can I pay in installments?입니다.

23 '이거 교환하고 싶어요.'라는 의미의 표현은 I'd like to exchange this.입니다.

24 '이거 다른 치수로 교환할 수 있을까요?'라는 의미의 표현은 Can I exchange this for a different size?입니다.

25 '3개월 할부로 해주세요.'라는 의미의 표현은 I want to pay in three monthly installments.입니다.

Day 25 대중교통 이용하기

정답

1 exit 2 address 3 around here 4 crosswalk 5 pull over 6 take 7 How long will it take 8 Where can I take line number one 9 Does this bus go to the city hall 10 Which bus is going to 11 take me to this address 12 pull over to that crosswalk 13 You can find a bus station right over there. 14 It will take about 10 minutes. 15 You can take exit number 5. 16 Can you pull over 17 Does this bus go to 18 take me to this address 19 which bus is going to 20 Is there a subway station 21 How long will it take 22 Which exit should I take to get to city hall? 23 Can you pull over to that crosswalk? 24 Which bus is going to Gangnam Station? 25 Where can I take line number one?

해설

1 '출구'를 의미하는 영어 단어는 exit입니다.

2 '주소'를 의미하는 영어 단어는 address입니다.

3 '이 근처에'를 의미하는 영어 단어는 around here입니다.

4 '횡단보도'를 의미하는 영어 단어는 crosswalk입니다.

5 '(차를) 세우다'를 의미하는 영어 단어는 pull over입니다.

6 '타다, (시간이) 걸리다'를 의미하는 영어 단어는 take입니다.

7 How long will it take?는 '얼마나 걸릴까요?'라는 의미이며, 택시를 타면 시간이 얼마나 걸릴지 자주 물어보게 되는데 이때 쓰이는 take는 '(시간이) 걸리다'라는 뜻이에요.

8 Where can I take line number one?은 '1호선은 어디에서 탈 수 있나요?'라는 의미이며, 여기서 take는 '타다'라는 뜻이에요. 지하철 호선은 line number 뒤에 호선 번호를 넣으면 돼요.

9 Does this bus go to the city hall?은 '이 버스 시청으로 가나요?'라는 의미이며, 승차하려는 버스가 특정 장소로 가는지 물을 때 사용할 수 있는 표현이에요. go to 뒤에 가려는 행선지를 넣어 말해 보세요.

10 Which bus is going to Gangnam Station?은 '어느 버스가 강남역으로 가나요?'라는 의미이며, 어떤 버스를 타야 원하는 곳으로 가는지 물을 때 사용할 수 있는 표현이에요.

11 Please take me to this address.는 '이 주소로 가 주세요.'라는 의미이며, take someone to는 '누군가를 ~로 데려가다'라는 뜻이에요. 택시 기사에게 어떤 장소로 가달라고 부탁할 때 사용할 수 있는 표현이에요.

12 Can you pull over to that crosswalk?는 '저 횡단보도에서 세워 주실래요?'라는 의미이며, pull over는 '(정차하거나 다른 차가 지나가도록) 길 한쪽으로 빠지다, 차를 대다'라는 뜻이에요.

13 Where do I take bus number 5?은 '5번 버스는 어디에서 타나요?'라는 의미이므로 You can find a bus station right over there. '바로 저기서 버스 정류장을 찾을 수 있어요.'가 적절한 대답입니다.

14 How long will it take?는 '얼마나 걸릴까요?'라는 의미이므로 It will take about 10 minutes. '10분 정도 걸릴 거예요.'가 적절한 대답입니다.

15 Which exit should I take to get to city hall?은 '시청에 가려면 몇 번 출구로 가야 하나요?'라는 의미이므로 You can take exit number 5. '5번 출구로 가면 돼요.'가 적절한 대답입니다.

16 Can you pull over to that crosswalk?는 '저 횡단보도에서 세워 주실래요?'라는 의미이므로 사진에 적절한 표현입니다.

17 Does this bus go to the city hall?은 '이 버스 시청으로 가나요?'라는 의미이므로 사진에 적절한 표현입니다.

18 Please take me to this address.는 '이 주소로 가 주세요.'라는 의미이므로 사진에 적절한 표현입니다.

19 Excuse me, but which bus is going to Gangnam Station? 실례지만, 어느 버스가 강남역으로 가나요?

20 Is there a subway station around here? 이 근처에 지하철역이 있나요?

21 Thank you so much. How long will it take to Gangnam Station? 정말 감사합니다. 강남역까지 얼마나 걸릴까요?

22 '시청에 가려면 몇 번 출구로 가야 하나요?'라는 의미의 표현은 Which exit should I take to get to city hall?입니다.

23 '저 횡단보도에서 세워 주실래요?'라는 의미의 표현은 Can you pull over to that crosswalk?입니다.

24 '어느 버스가 강남역으로 가나요?'라는 의미의 표현은 Which bus is going to Gangnam Station?입니다.

25 '1호선은 어디에서 탈 수 있나요?'라는 의미의 표현은 Where can I take line number one?입니다.

Day 26 길 찾기

정답

1 stranger **2** turn left **3** get to **4** lost **5** station **6** show the way **7** Can you show me the way to Yongsan station **8** Can I ask you something **9** Which way is the ABC Building **10** for about 10 minutes **11** I'm lost **12** How can I get to **13** stranger here **14** Go straight **15** You can't miss **16** Can I ask **17** Which way is the **18** get to the Hilton Hotel **19** straight and turn **20** You can't miss it **21** I'm a stranger here **22** Can you show me the way to Yongsan Station? **23** Which way is the ABC Building? **24** Walk this way for about 10 minutes. **25** I'm lost. Can you help me?

해설

1 '낯선 사람'을 의미하는 영어 단어는 stranger입니다.

2 '왼쪽으로 돌다'를 의미하는 영어 단어는 turn left입니다.

3 '~에 도착하다'를 의미하는 영어 단어는 get to입니다.

4 '길을 잃은'를 의미하는 영어 단어는 lost입니다.

5 '역'을 의미하는 영어 단어는 station입니다.

6 '길을 가르쳐주다'를 의미하는 영어 단어는 show the way입니다.

7 Can you show me the way to Yongsan Station?은 '용산역으로 가는 길 좀 알려주시겠어요?'라는 의미이며, show the way는 '길을 안내하다'라는 뜻이에요.

8 Can I ask you something?은 '뭐 좀 여쭤봐도 될까요?'라는 의미이며, 상대방에게 무언가를 물어보고 싶을 때 먼저 동의를 구하는 느낌으로 물어볼 수 있는 표현이에요.

9 Which way is the ABC Building?은 '어느 방향이 ABC 빌딩인가요?'라는 의미이며, Which way is ~? 뒤에 찾아가고자 하는 행선지를 넣어서 말하면 돼요.

10 Walk this way for about 10 minutes.는 '이 방향으로 10분 정도 걸어가세요.'라는 의미이며, go straight. '직진하세요.' 또는 turn left/right. '왼쪽/오른쪽으로 도세요.' 말고도 길을 알려줄 때 사용할 수 있는 표현이에요.

11 I'm lost. Can you help me?는 '저 길을 잃었는데 도와주시겠어요?'라는 의미이며, 길을 잃었을 때 lost를 사용해서 현재 놓인 상황을 나타낼 수 있어요. 그리고 도움을 요청할 때는 '~해주실 수 있나요?'라는 뜻의 Can you ~?를 사용해요.

12 How can I get to the Hilton Hotel?은 '힐튼 호텔에 어떻게 가나요?'라는 의미이며, 길을 찾다가 헤매는 상황에 놓일 경우, How can I get to ~? 표현을 사용해서 상대방에게 길을 물어볼 수 있어요. to 뒤에는 찾는 장소를 넣어서 말하면 돼요.

13 I'm a stranger here.는 '전 여기가 처음이라서요.'라는 의미이며, 여기서 stranger는 '낯선 사람'이라는 뜻이에요. 그렇기 때문에 상대방에게 자신이 이 곳에 처음 와봤다고 말할 때 사용할 수 있는 표현이에요.

14 Go straight and turn left.는 '쭉 가셔서 왼쪽으로 도세요.'라는 의미이므로 사진에 적절한 표현입니다.

15 You can't miss it.은 '쉽게 찾으실 거예요.'라는 의미이므로 사진에 적절한 표현입니다.

16 Can I ask you something?은 '뭐 좀 여쭤봐도 될까요?'라는 의미이므로 사진에 적절한 표현입니다.

17 Which way is the ABC Building? '어느 방향이 ABC 빌딩인가요?'라는 의미이므로 사진에 적절한 표현입니다.

18 Excuse me. How can I get to the Hilton Hotel? 실례합니다. 힐튼 호텔에 어떻게 가나요?

19 Go straight and turn left. 쭉 가셔서 왼쪽으로 도세요.

20 About 10 minutes. You can't miss it. 10분 정도 걸려요. 쉽게 찾으실 거예요.

21 Thanks. I'm a stranger here. 감사해요. 전 여기가 처음이라서요.

22 용산역으로 가는 길 좀 알려주시겠어요?'라는 의미의 표현은 Can you show me the way to Yongsan Station?입니다.

23 '어느 방향이 ABC 빌딩인가요?'라는 의미의 표현은 Which way is the ABC Building?입니다.

24 이 방향으로 10분 정도 걸어가세요.'라는 의미의 표현은 Walk this way for about 10 minutes.입니다.

25 저 길을 잃었는데 도와주시겠어요?'라는 의미의 표현은 I'm lost. Can you help me?입니다.

Day 27 술집 이용하기

정답

1 make a toast **2** a little **3** straight up **4** draft **5** recommend **6** drunk **7** Can I have a draft **8** Here's to us **9** Can you recommend a good wine **10** Bottoms up **11** Let's make **12** a little tipsy **13** 2 **14** 3 **15** 1 **16** Here's to **17** Can I have **18** recommend a good wine **19** Bottoms up **20** Are you drunk **21** I'm sober **22** I'm a little tipsy **23** Straight up **24** Let's make a toast. **25** Can you recommend a good wine?

해설

1 '건배를 하다'를 의미하는 영어 단어는 make a toast입니다.

2 '조금'을 의미하는 영어 단어는 a little입니다.

3 '얼음 없이 나오는'을 의미하는 영어 단어는 straight up입니다.

4 '생맥주'를 의미하는 영어 단어는 draft입니다.

5 '추천하다'를 의미하는 영어 단어는 recommend입니다.

6 '취한'을 의미하는 영어 단어는 drunk입니다.

7 Can I have a draft?는 '생맥주 한 잔 주실 수 있나요?'라는 의미이며, 바에서 술 한 잔을 마시고 싶을 때 직원에게 Can I have ~? 뒤에 주류를 넣어서 말해요. '생맥주'라는 뜻의 draft는 draft beer라고도 나타낼 수 있어요.

8 Here's to us!는 '위하여!'라는 의미이며, 건배사로 유용하게 사용할 수 있는 대표적인 표현이에요.

9 Can you recommend a good wine?은 '괜찮은 와인 좀 추천해 주실래요?'라는 의미이며, 상대방에게 무언가를 추천해달라고 할 때 Can you recommend 뒤에 대상을 넣어서 말하면 돼요.

10 Bottoms up!은 '원샷!'라는 의미이며, 술자리에서 외국인에게 원샷!이라고 외치면 콩글리쉬이기 때문에 상대방이 알아듣지 못할 수 있어요. 원샷!이 아닌 Bottoms up!라고 말하면 돼요.

11 Let's make a toast.는 '건배합시다.'라는 의미이며, 격식을 갖춰야하는 자리에서 건배를 하기 전에 언급할 수 있는 표현이에요.

12 I'm a little tipsy.는 '난 약간 취했어.'라는 의미이며, tipsy는 '술에 취한'이라는 뜻의 drunk 외에도 사용할 수 있는 단어에요. 다만, 약간 취했을 때 사용하는 표현이에요.

13 Straight up or on the rocks?는 '그냥 드릴까요, 얼음을 넣어 드릴까요?'라는 의미이므로 2번이 사진에 적절한 표현입니다.

14 I'm sober.는 '난 멀쩡해.'라는 의미이므로 3번이 사진에 적절한 표현입니다.

15 Are you drunk?는 '너 취했어?'라는 의미이므로 1번이 사진에 적절한 표현입니다.

16 Here's to us!는 '위하여!'라는 의미이므로 사진에 적절한 표현입니다.

17 Can I have a draft?는 '생맥주 한 잔 주실 수 있나요?'라는 의미이므로 사진에 적절한 표현입니다.

18 Can you recommend a good wine?은 '괜찮은 와인 좀 추천해 주실래요?'라는 의미이므로 사진에 적절한 표현입니다.

19 Bottoms up! 원샷!

20 Are you drunk? You're a little red. 너 취했어? 너 조금 빨개졌어.

21 I'm sober. How about you? 난 멀쩡해. 넌 어때?

22 I'm a little tipsy. But, let's get another one of this. 난 약간 취했어. 근데, 이거 한 잔 더 시키자.

23 Straight up or on the rocks? 그냥 아니면 얼음을 넣어서?

24 '건배합시다.'라는 의미의 표현은 Let's make a toast.입니다.

25 '괜찮은 와인 좀 추천해 주실래요?'라는 의미의 표현은 Can you recommend a good wine?입니다.

Day 28 운전하기

정답

1 fasten **2** slow down **3** fill up **4** get caught up in traffic **5** seatbelt **6** run out of **7** You can't make a U-turn here **8** 30 dollars, please **9** I got caught up in traffic **10** would you like **11** You should **12** Fill it up **13** Right now? We need to fasten our seatbelts first. **14** I'm going to start the car now. **15** I can give you a ride. **16** How much gas **17** 30 dollars **18** running out of gas **19** give you a ride **20** I can give you a ride **21** start the car now **22** is running out of gas **23** fasten your seatbelt first **24** You can't make a U-turn here. **25** I got caught up in traffic.

해설

1 '매다'를 의미하는 영어 단어는 fasten입니다.

2 '늦추다'를 의미하는 영어 단어는 slow down입니다.

3 '~을 가득 채우다'를 의미하는 영어 단어는 fill up입니다.

4 '교통 체증에 걸리다'를 의미하는 영어 단어는 get caught up in traffic입니다.

5 '안전벨트'를 의미하는 영어 단어는 seatbelt입니다.

6 '~을 다 써버리다'를 의미하는 영어 단어는 run out of입니다.

7 You can't make a U-turn here.는 '여기서는 유턴을 할 수 없어.'라는 의미이며, make a turn은 '방향을 틀다'라는 뜻이에요. 특정 방향으로 틀을 수 있을 때는 can을 사용하여 can make a turn이지만, 틀 수 없을 때는 can't를 활용해서 can't make a turn으로 나타낼 수 있어요.

8 30 dollars, please.는 '30 달러 치 넣어주세요.'라는 의미이며, 주유소 직원이 기름을 얼마만큼 넣을지 물어볼 때 사용할 수 있는 표현이에요. 원하는 액수를 please 앞에 넣어서 말하면 돼요.

9 I got caught up in traffic.은 '차가 막혔어.'라는 의미이며, get(be) caught up in traffic은 많은 차량에 길이 막혔을 때 사용할 수 있는 표현이에요.

10 How much gas would you like?은 '얼마 치 넣어드릴까요?'라는 의미로 주유소에서 직원에게 자주 들을 수 있는 표현이에요. 여기서 gas는 '가스'가 아니라 '기름'이라는 뜻이에요.

11 You should slow down.은 '속도 좀 줄여.'라는 의미이며, slow down은 '속도를 늦추다'라는 뜻이에요. 상대방이 빠른 속도로 운전한다고 생각될 때 사용할 수 있는 표현이에요.

12 Fill it up, please는 '가득 채워주세요.'라는 의미이며, 주유소에 가서 차에 기름을 가득 채워달라고 요청할 때 사용할 수 있는 표현이에요. please 외에도 Could you fill it up?으로 예의바르게 나타낼 수 있어요.

13 Let's go now.는 '이제 가자.'라는 의미이므로 Right now? We need to fasten our seatbelts first. '지금 당장? 우린 먼저 안전벨트를 매야 해.'가 적절한 대답입니다.

14 When are we leaving?은 '저희 언제 출발하나요?'라는 의미이므로 I'm going to start the car now. '지금 시동 걸게.'가 적절한 대답입니다.

15 I think I'm late for school.은 '학교에 지각할 것 같아요.'라는 의미이므로 I can give you a ride. '내가 너 태워줄 수 있어.'가 적절한 대답입니다.

16 How much gas would you like? 얼마 치 넣어드릴까요?

17 30 dollars, please. 30달러 치 넣어주세요.

18 My car is running out of gas. 내 차의 기름이 떨어져 가네.

19 I can give you a ride. 내가 너 태워줄 수 있어.

20 Aren't you late? I can give you a ride. 너 늦지 않았어? 내가 너 태워줄 수 있어.

21 I'm going to start the car now. 지금 시동 걸게.

22 Wait a second, your car is running out of gas. 잠시만, 네 차 기름이 떨어져 간다.

23 The gas station is across the street. You need to fasten your seatbelt first. 주유소가 길 건너에 있어. 일단 넌 안전벨트를 매야 해.

24 '여기서는 유턴을 할 수 없어.'라는 의미의 표현은 You can't make a U-turn here.입니다.

25 차가 막혔어.'라는 의미의 표현은 I got caught up in traffic.입니다.

Day 29 영화관 이용하기

정답

1 show time **2** boring **3** reservation **4** scene **5** breathtaking **6** unsalted **7** I made a reservation for two adults **8** The movie was a little boring **9** It's the best movie I've ever seen **10** I'd like two tickets for four-thirty *Frozen*. **11** The first scene was breathtaking. **12** Can I get an unsalted popcorn? **13** Can I get **14** What's the next **15** popcorn and Coke, please **16** for two adults **17** first scene was breathtaking **18** I'd like two tickets for **19** What's the next show time **20** Can I have a popcorn and Coke **21** It's the best movie I've ever seen! **22** The first scene was breathtaking. **23** What's the next show time? **24** Can I get an unsalted popcorn? **25** I made a reservation for two adults.

해설

1 '상영시간'를 의미하는 영어 단어는 show time입니다.

2 '지루한'을 의미하는 영어 단어는 boring입니다.

3 '예약'을 의미하는 영어 단어는 reservation입니다.

4 '장면'을 의미하는 영어 단어는 scene입니다.

5 '숨이 멎는 듯한'을 의미하는 영어 단어는 breathtaking입니다.

6 '소금을 넣지 않은'을 의미하는 영어 단어는 unsalted입니다.

7 I made a reservation for two adults.는 '성인 두 명으로 예약했어요.'라는 의미이며, make a reservation은 '예약하다'라는 뜻이에요.

8 The movie was a little boring.은 '그 영화는 좀 지루했어.'라는 의미이며, 상대방에게 영화가 어땠는지 말할 때 쓸 수 있는 표현이에요. was 뒤에 boring, fun, exciting 등 형용사를 넣어서 말해요.

9 It's the best movie I've ever seen!은 '내가 본 영화 중 최고야!'라는 의미이며, 가장 만족스럽고 좋음을 나타낼 때 the best ~라고 표현해요. I've ever seen과 같이 I've ever p.p.의 형태를 사용하면 '지금까지 경험해본 것 중에서'라는 의미로 앞부분을 강조할 때 사용할 수 있어요.

10 How can I help you?는 '어떻게 도와드릴까요?'라는 의미이므로 I'd like two tickets for four-thirty *Frozen*. '겨울왕국' 4시 반 걸로 두 장 주세요.'가 적절한 대답입니다.

11 What did you like about the movie?는 '영화의 어떤 점이 좋았어요?'라는 의미이므로 The first scene was breathtaking. '첫 장면은 정말 놀라웠어.'가 적절한 대답입니다.

12 Which popcorn would you like to have?은 '어떤 팝콘을 드실 건가요?'라는 의미이므로 Can I get an unsalted popcorn? '소금을 넣지 않은 팝콘으로 주시겠어요?'가 적절한 대답입니다.

13 Can I get a booster seat?은 '어린이 의자 받을 수 있을까요?'라는 의미이며, booster seat은 '어린이 의자'라는 뜻으로 어린 아이가 앉을 수 있는 좌석을 요청할 때 사용할 수 있는 표현이에요.

14 What's the next show time?은 '다음 상영시간은 언제인가요?'라는 의미이며, 여기서 show time은 '상영시간'이라는 뜻이에요. 매표소 직원에게 다음에 상영하는 영화 시간을 물어볼 때 사용할 수 있는 표현이에요.

15 Can I have a popcorn and Coke, please?는 '팝콘이랑 콜라 주실 수 있나요?'라는 의미로 상대방에게 무언가를 요청할 때 Can I have ~?라고 표현해요.

16 I made a reservation for two adults.는 '성인 두 명으로 예약했어요.'라는 의미이며, for 뒤에 몇 명을 대상으로 예약했는지 사람의 수를 넣어서 말하면 돼요.

17 The first scene was breathtaking.은 '첫 장면은 정말 놀라웠어.'라는 의미이며, 여기서 scene은 '장면'이라는 뜻이에요.

18 I'd like two tickets for four-thirty *Frozen*. '겨울왕국' 4시 반 걸로 두 장이요.

19 What's the next show time? I'll get the earliest one. 다음 상영시간은 언제인가요? 제일 빠른 걸로 할게요.

20 Can I have a popcorn and Coke, please? 팝콘이랑 콜라 주실 수 있나요?

21 '내가 본 영화 중 최고야!'라는 의미의 표현은 It's the best movie I've ever seen!입니다.

22 '첫 장면은 정말 놀라웠어.'라는 의미의 표현은 The first scene was breathtaking.입니다.

23 '다음 상영시간은 언제인가요?'라는 의미의 표현은 What's the next show time?입니다.

24 '소금을 넣지 않은 팝콘으로 주시겠어요?'라는 의미의 표현은 Can I get an unsalted popcorn?입니다.

25 '성인 두 명으로 예약했어요.'라는 의미의 표현은 I made a reservation for two adults.입니다.

Day 30 미용실 이용하기

정답

1 layer **2** part **3** trim **4** book **5** blow dry **6** prefer **7** Can I book a perm for tomorrow **8** I just want to get a little trim **9** Can I get a haircut with layers **10** 2 **11** 3 **12** 1 **13** I want a shampoo **14** blow dry it **15** hairstylist you prefer **16** make an appointment **17** part my hair **18** I want a shampoo **19** part my hair to the right **20** to make an appointment for **21** Can I get a haircut **22** just blow dry it **23** Can you part my hair to the right? **24** Is there any hairstylist you prefer? **25** I'd like to get a perm like this picture.

해설

1 '층'을 의미하는 영어 단어는 layer입니다.

2 '가르마를 타다'를 의미하는 영어 단어는 part입니다.

3 '다듬기'를 의미하는 영어 단어는 trim입니다.

4 '예약하다'를 의미하는 영어 단어는 book입니다.

5 '(머리를) 드라이어로 말리다'를 의미하는 영어 단어는 blow dry입니다.

6 '선호하다'를 의미하는 영어 단어는 prefer입니다.

7 Can I book a perm for tomorrow?는 '내일 파마 예약할 수 있나요?'라는 의미이며, book something for 표현을 사용해서 '~를 위한 예약을 하다'라는 의미를 전달할 수 있어요.

8 I just want to get a little trim.은 '약간만 다듬고 싶어요.'라는 의미이며, cut '자르다' 뿐만 아니라 trim과 같이 '다듬다'라는 단어를 사용해서 미용사에게 원하는 헤어스타일을 말할 수 있어요.

9 Can I get a haircut with layers?은 '머리를 층지게 잘라 주시겠어요?'라는 의미이며, 원하는 헤어스타일을 요청할 때 Can I get ~?를 이용해서 말할 수 있어요. get a haircut은 '머리를 자르다'라는 뜻이에요.

10 I'd like to get a perm like this picture.는 '이 사진처럼 파마하고 싶어요.'라는 의미이므로 2번이 사진에 적절한 표현입니다.

11 Can I book a perm for tomorrow?는 '내일 파마 예약할 수 있나요?'라는 의미이므로 3번이 사진에 적절한 표현입니다.

12 Can you just blow dry it?은 '그냥 드라이어로 말려 주실 수 있나요?'라는 의미이므로 1번이 사진에 적절한 표현입니다.

13 I want a shampoo, please.는 '머리 좀 감겨 주세요.'라는 의미이며, 'shampoo'는 '샴푸'라는 뜻 뿐만 아니라 '샴푸하기, 머리 감기'라는 뜻도 있어요.

14 Can you just blow dry it?은 '그냥 드라이어로 말려 주실 수 있나요?라는 의미이며, 드라이어로 머리를 말린다고 할 때는 blow dry라는 표현을 사용해요.

15 Is there any hairstylist you prefer?는 '원하시는 디자이너가 있으신가요?'라는 의미이며, 여기서 prefer는 '선호하다'라는 뜻이에요.

16 I'm calling to make an appointment for tomorrow.는 '내일 예약하려고 전화드렸어요.'라는 의미이며 미용실 예약을 미리 할 때 사용할 수 있는 표현이에요. 여기서 make an appointment는 '일정/약속을 잡다'라는 뜻이에요.

17 Can you part my hair to the right?은 '가르마는 오른쪽으로 타 주실래요?'라는 의미이며, part one's hair는 '가르마를 타다'라는 뜻이에요. 왼쪽으로 가르마를 타고 싶다고 요청할 때는 Can you part my hair to the left?를 사용하면 돼요.

18 I want a shampoo, please. 머리 좀 감겨 주세요.

19 Can you part my hair to the right? 가르마는 오른쪽으로 타 주실래요?

20 Hi, I called you yesterday to make an appointment for today. 안녕하세요, 오늘 예약하려고 어제 전화드렸어요.

21 Can I get a haircut with layers? 층지게 잘라 주시겠어요?

22 Can you just blow dry it? 그냥 드라이어로 말려 주실 수 있나요?

23 '가르마는 오른쪽으로 타 주실래요?'라는 의미의 표현은 Can you part my hair to the right?입니다.

24 '원하시는 디자이너가 있으신가요?'라는 의미의 표현은 Is there any hairstylist you prefer?입니다.

25 '이 사진처럼 파마하고 싶어요.'라는 의미의 표현은 I'd like to get a perm like this picture.입니다.

Day 31 I thought you wanted ~.

네가 ~을 원하는 줄 알았어.

정답

1 I thought you wanted 2 I thought you didn't want 3 Did you think I wanted 4 I thought you wanted 5 Did you think I wanted 6 you wanted a cup of coffee 7 wanted a biscuit 8 I wanted something to drink 9 wanted a cup of tea 10 Yeah? I thought you wanted more. 11 Oh, I thought you didn't want a lot of money. 12 I thought you didn't want ice. Do you want some? 13 It's okay. Did you think I wanted another color? 14 I thought you didn't want anything 15 I thought you didn't want new shoes 16 Did you think I wanted something to eat 17 I thought you wanted a new bag 18 I thought you wanted some more 19 I thought you didn't want the cake. 20 I thought you didn't want a new jacket. 21 I thought you wanted a new jacket. 22 I thought you didn't want something to drink. 23 Did you think I wanted more? 24 Did you think I wanted a lot of money? 25 I thought you wanted a cup.

해설

1 네가 새 신발을 원하는 줄 알았어.
I thought you wanted new shoes.

2 네가 컵을 원하지 않는 줄 알았어.
I thought you didn't want a cup.

3 내가 비스킷을 원하는 줄 알았어?
Did you think I wanted a biscuit?

4 네가 더 원하는 줄 알았어.
I thought you wanted more.

5 내가 차를 좀 더 원하는 줄 알았어?
Did you think I wanted some more tea?

6 ~ 7
A: I thought you wanted a cup of coffee.
네가 커피 한 잔을 원하는 줄 알았어.
B: I didn't. Did you think I also wanted a biscuit?
아니야. 내가 비스킷도 원하는 줄 알았어?

8 ~ 9
A: Did you think I wanted something to drink?
내가 마실 것을 원하는 줄 알았어?
B: Yes. I thought you wanted a cup of tea.
응. 네가 차 한 잔을 원하는 줄 알았지.

10 A: I'm full. I can't eat more.
배부르다. 더는 못 먹겠어.
B: Yeah? I thought you wanted more.
그래? 난 네가 더 원하는 줄 알았는데.

11 A: I really hope to win the lottery.
나 복권에 당첨되면 정말 좋겠어.
B: Oh, I thought you didn't want a lot of money.
아, 난 네가 많은 돈을 원하지 않는 줄 알았는데.

12 A: This latte is too hot.
이 라떼 너무 뜨거워.
B: I thought you didn't want ice. Do you want some?
난 네가 얼음을 원하지 않는 줄 알았어. 좀 줄까?

13 A: We also have red and yellow.
저희는 빨간색과 노란색도 있습니다.
B: It's okay. Did you think I wanted another color?
괜찮아요. 제가 다른 색을 원하는 줄 아셨나요?

14 네가 아무것도 원하지 않는 줄 알았어.
I thought you didn't want anything.

15 네가 새 신발을 원하지 않는 줄 알았어.
I thought you didn't want new shoes.

16 내가 먹을 것을 원하는 줄 알았어?
Did you think I wanted something to eat?

17 네가 새 가방을 원하는 줄 알았어.
I thought you wanted a new bag.

18 ~ 19 A: 왜 안 먹어? 파스타를 좀 더 원하는 줄 알았는데.
Why aren't you eating? I thought you wanted some more pasta.
B: 너무 많이 먹었어. 이제 디저트를 먹고 싶어.
I had too much. I want to have dessert now.
A: 아, 난 네가 케이크를 원하지 않는 줄 알았어.
Oh, I thought you didn't want the cake.

20 ~ 21 A: 난 네가 새 재킷을 원하지 않는 줄 알았어.
I thought you didn't want a new jacket.
B: 원하지 않아. 하지만 넌 새 재킷을 원하는 줄 알았는데.
I didn't. But I thought you wanted a new jacket.

22 네가 마실 것을 원하지 않는 줄 알았어.
I thought you didn't want something to drink.

23 내가 더 원하는 줄 알았어?
Did you think I wanted more?

24 내가 많은 돈을 원하는 줄 알았어?
Did you think I wanted a lot of money?

25 네가 컵을 원하는 줄 알았어.
I thought you wanted a cup.

Day 32 I have been to ~.

~에 가 본 적 있어.

정답

1 I have been to **2** I have never been to **3** Have you ever been to **4** I have never been to **5** Have you ever been to **6** been to Hawaii **7** ever been to a gym **8** never been to a wedding **9** ④ No, I have never been to his house. **10** ② Oh, I have been to the restaurant you like. **11** ① Yes, I have been to the beach. **12** ③ Have you been to the Indian restaurant there? **13** Have you ever been to **14** I have never been to Paris **15** Have you ever been to an Italian **16** I have never been to an Italian **17** I have never been to Jenny's party. **18** I have been to one of Jenny's parties **19** Have you ever been to Hawaii? **20** I have been to the famous beach **21** I have never been to Hawaii. **22** Have you ever been to the movie theater **23** I have been to a friend's wedding ceremony **24** I have been to the museum **25** Have you ever been to the new bar?

해설

1 그 가게 가 본 적 있어.
I have been to the store.

2 뷔페에 가 본 적 없어.
I have never been to the buffet.

3 그 산에 가 본 적 있어?
Have you ever been to the mountain?

4 영화관에 가 본 적 없어.
I have never been to the movie theater.

5 태국에 가 본 적 있어?
Have you ever been to Thailand?

6 I have been to Hawaii before.
전에 하와이에 가 본 적 있어.

7 Have you ever been to a gym to work out?
운동하러 체육관에 가 본 적 있어?

8 I have never been to a wedding ceremony.
결혼식에 가 본 적 있어.

9 A: Did you go to David's house yesterday?
어제 데이빗의 집에 갔었어?
B: ④ No, I have never been to his house.
아니, 난 그의 집에 가 본 적 없어.

10 A: I really like the French restaurant.
나 그 프랑스 식당 정말 좋아해.
B: ② Oh, I have been to the restaurant you like.
아, 네가 좋아하는 그 식당 가 본 적 있어.

11 A: Do you know this beach? It looks great.
이 해수욕장 알아? 멋져 보인다.
B: ① Yes, I have been to the beach.
응, 그 해수욕장에 가 본 적 있어.

12 A: I miss Indian food.
인도 음식이 그리워.
B: ③ Have you been to the Indian restaurant there?
저기 있는 인도 식당 가 본 적 있어?

13 ~ 14 A: 너 파리에 가 본 적 있어?
Have you ever been to Paris?
B: 아니, 파리에 가 본 적 없어.
No, I have never been to Paris.

15 ~ 16 A: 이탈리아 식당에 가 본 적 있어?
Have you ever been to an Italian restaurant?
B: 아니, 이탈리아 식당에 가 본 적 없어. 이탈리아 음식 먹어 보고 싶어.
I have never been to an Italian restaurant. I want to try Italian food.

17 ~ 18 A: 난 제니의 파티에 가 본 적 없어.
I have never been to Jenny's party.
B: 난 제니의 파티 중 하나에 가 본 적 있어. 다음에 같이 가자.
I have been to one of Jenny's parties. Let's go together next time.

19 ~ 21 A: 하와이에 가 본 적 있어?
Have you ever been to Hawaii?
B: 응. 거기 유명한 해수욕장에도 가 본 적 있어.
Yes. I have been to the famous beach there.
A: 와. 난 하와이에 가 본 적 없어.
Wow. I have never been to Hawaii.

22 아침 일찍 영화관에 가 본 적 있어?
Have you ever been to the movie theater early in the morning?

23 친구의 결혼식에 가 본 적 있어.
I have been to a friend's wedding ceremony.

24 은행 옆에 있는 박물관에 가 본 적 있어.
I have been to the museum next to the bank.

25 그 새로 생긴 바에 가 본 적 있어?
Have you ever been to the new bar?

Day 33 I'm talking about ~.

~에 대해 말하는 거야.

정답

1 I'm talking about **2** Are you talking about **3** I'm not talking about **4** Are you talking about **5** I'm talking about **6** about the Italian restaurant **7** about the Indian restaurant **8** the shipment you sent **9** about your birthday gift **10** No, I'm talking about the newly opened restaurant. **11** I'm not talking about where you've been. **12** Are you talking about the girl with long hair? **13** Are you talking about our relationship at work? **14** I'm not talking about our department manager **15** I'm talking about the ticket you lost **16** I'm not talking about the event you missed **17** Are you talking about that girl with long hair **18** I'm not talking about who you are. **19** I'm talking about what you did. **20** I'm not talking about your personality. **21** I'm talking about your attitude. **22** I'm not talking about the money you loaned **23** I'm not talking about your feelings **24** I'm talking about the way you talk **25** I'm not talking about which one is the best.

해설

1 네 태도에 대해 말하는 거야.
I'm talking about your attitude.

2 주말 계획에 대해 말하는 거야?
Are you talking about the plan for this weekend?

3 내 기분에 대해 말하는 게 아니야.
I'm not talking about my feelings.

4 그 티켓에 대해 말하는 거야?
Are you talking about the ticket?

5 네가 한 일에 대해 말하는 거야.
I'm talking about what you did.

6 ~ 7 A: Are you talking about the Italian restaurant?
그 이탈리아 식당에 대해 말하는 거야?
B: No, I'm talking about the Indian restaurant.
아니, 그 인도 식당에 대해 말하는 거야.

8 ~ 9 A: I'm talking about the shipment you sent.
네가 보낸 배송품에 대해 말하는 거야.
B: Oh, are you talking about your birthday gift?
아, 네 생일 선물에 대해 말하는 거야?

10 A: You mean the café on the corner?
모퉁이에 있는 카페 말이야?
B: No, I'm talking about the newly opened restaurant.
아니, 새로 생긴 식당에 대해 말하는 거야.

11 A: I was staying at home.
난 집에 머물러 있었어.
B: I'm not talking about where you've been.
네가 어디 있었는지에 대해 말하는 게 아니야.

12 A: I think I know that girl.
나 저 여자애 아는 것 같아.
B: Are you talking about the girl with long hair?
긴 머리 여자 말하는 거야?

13 A: We should talk about us.
우리에 대해 얘기를 해야겠어.
B: Are you talking about our relationship at work?
회사에서 우리 관계에 대해 말하는 거야?

14 우리 부장님에 대해 말하는 게 아니야.
I'm not talking about our department manager.

15 네가 잃어버린 티켓에 대해 말하는 거야.
I'm talking about the ticket you lost.

16 네가 놓친 그 행사에 대해 말하는 게 아니야.
I'm not talking about the event you missed.

17 저기 긴 머리 여자에 대해 말하는 거야?
Are you talking about that girl with long hair?

18 ~ 19 A: 내가 누군지 알아? 어떻게 감히!
Do you know who I am? How dare you!
B: 난 네가 누군지에 대해 말하는 게 아니야.
I'm not talking about who you are.
네가 한 일에 대해 말하는 거야.
I'm talking about what you did.

20 ~ 21 A: 너 내가 착한 거 알잖아.
You know I'm kind.
B: 네 성격에 대해 말하는 게 아니야.
I'm not talking about your personality.
네 태도에 대해 말하는 거야.
I'm talking about your attitude.

22 네가 지난주에 빌려준 돈에 대해 말하는 게 아니야.
I'm not talking about the money you loaned me last week.

23 지금 네 기분에 대해 말하는 게 아니야.
I'm not talking about your feelings now.

24 네가 그녀에게 말하는 방식에 대해 말하는 거야.
I'm talking about the way you talk to her.

25 어떤 게 최고인지에 대해 말하는 게 아니야.
I'm not talking about which one is the best.

Day 34 I'm good at ~.

나 ~ 잘 해.

정답

1 Are you good at **2** I'm good at **3** I'm not good at **4** Are you good at **5** I'm good at **6** at being alone **7** at making friends **8** at driving at night **9** ③ Yeah, I'm good at eating spicy food. **10** ① Give me. I'm good at correcting typos. **11** ④ Hurry! I'm not good at waiting for people. **12** ② Thanks. Are you good at finding things? **13** at **14** fixing **15** good at **16** Are you good at **17** I'm good at speaking **18** I'm not good at making **19** I'm good at talking to **20** Are you good at drawing with a pencil? **21** I'm good at drawing with a brush. **22** I'm good at drawing with pastels. **23** Are you good at working with other people? **24** I'm good at keeping a secret. **25** Are you good at expressing your feelings?

해설

1 너 프레젠테이션 잘 하니?
Are you good at presentations?

2 나 피아노 잘 쳐.
I'm good at playing the piano.

3 나 생선 요리는 잘 못 해.
I'm not good at cooking fish.

4 너 물건 잘 찾니?
Are you good at finding things?

5 나 연필로 그림 그리는 거 잘 해.
I'm good at drawing with a pencil.

6 I'm not good at being alone.
나 혼자 있는 거 잘 못 해.

7 I'm good at making friends.
나 친구 사귀는 거 잘 해.

8 Are you good at driving at night?
너 밤에 운전하는 거 잘 하니?

9 A: Do you like spicy food?
너 매운 음식 좋아해?
B: ③ Yeah, I'm good at eating spicy food.
응, 나 매운 음식 먹는 거 잘 해.

10 A: There are so many typos here.
여기 오타가 너무 많네.
B: ① Give me. I'm good at correcting typos.
줘 봐. 나 오타 수정하는 거 잘 해.

11 A: Sorry, I'm going to be late.
미안, 나 늦을 거야.
B: ④ Hurry! I'm not good at waiting for people.
서둘러! 나 사람 기다리는 거 잘 못 해.

12 A: Don't worry. I'll find your phone.
걱정 마. 내가 네 폰 찾아 줄게.
B: ② Thanks. Are you good at finding things?
고마워. 너 물건 찾는 거 잘 해?

13 나 내 감정 표현하는 거 잘 못 해.
I'm not good at expressing my feelings.

14 나 물건 고치는 거 잘 해.
I'm not good at fixing things.

15 너 네 아들 돌보는 거 잘 하니?
Are you good at taking care of your son?

16 ~ 17 A: 너 프레젠테이션 잘 하니?
Are you good at presentations?
B: 응. 난 대중 앞에서 말하는 거 잘 해.
I'm good at speaking in public.

18 ~ 19 A: 난 친구 사귀는 거 잘 못 해.
I'm not good at making friends.
B: 몰랐네. 난 낯선 사람과 얘기 잘하는데.
I didn't know that. I'm good at talking to strangers.

20 ~ 22 A: 너 연필로 그림 그리는 거 잘 하니?
Are you good at drawing with a pencil?
B: 아니, 난 붓으로 그림 그리는 걸 잘 해. 너는 어때?
No, I'm good at drawing with a brush. What about you?
A: 난 파스텔로 그림 그리는 걸 잘 해.
I'm good at drawing with pastels.

23 너 다른 사람들과 일 잘 하니?
Are you good at working with other people?

24 나 비밀 지키는 거 잘 해.
I'm good at keeping a secret.

25 넌 네 감정 표현하는 거 잘 하니?
Are you good at expressing your feelings?

Day 35 I'm interested in ~.

~에 관심 있어.

정답

1 Are you interested in **2** I'm interested in **3** I'm not interested in **4** Are you interested in **5** I'm not interested in **6** in surfing in the sea **7** in investing in stocks **8** interested in gardening **9** ② No, I'm not interested in classical literature. **10** ④ Yes! I'm interested in raising a dog. **11** ① Do you? I'm not interested in joining the club. **12** ③ Sorry, I'm not interested in playing games. **13** Are **14** in **15** interested **16** Are you interested in surfing **17** I'm interested in running **18** Are you interested in his **19** I'm interested in applying for **20** Are you interested in classical music? **21** I'm interested in pop music. **22** I'm interested in pop music too. **23** I'm not interested in learning new skills. **24** Are you interested in modern art? **25** I'm interested in politics.

해설

1 정치에 관심 있어?
Are you interested in politics?

2 구기 종목에 관심 있어.
I'm interested in ball games.

3 환경 문제에 관심 없어.
I'm not interested in environmental issues.

4 클래식 음악에 관심 있어?
Are you interested in classical music?

5 현대 미술에 관심 없어.
I'm not interested in modern art.

6 I'm interested in surfing in the sea.
바다에서 서핑하는 것에 관심 있어.

7 I'm not interested in investing in stocks.
주식 투자하는 것에 관심 없어.

8 Are you interested in gardening?
정원 가꾸는 것에 관심 있어?

9 A: Have you read Shakespeare?
셰익스피어 읽어 본 적 있어?
B: ② No, I'm not interested in classical literature.
아니. 난 고전 문학에 관심 없어.

10 A: Do you want to have a dog?
너 개 키우고 싶어?
B: ④ Yes! I'm interested in raising a dog.
응! 개 키우는 것에 관심 있어.

11 A: I want to join the club.
나 동아리에 가입하고 싶어.
B: ① Do you? I'm not interested in joining the club.
그래? 난 동아리 가입하는 거 관심 없어.

12 A: Let's check the new game!
새로 나온 게임 해 보자!
B: ③ Sorry, I'm not interested in playing games.
미안, 난 게임하는 거 관심 없어.

13 마라톤에 나가는 거 관심 있어?
Are you interested in running a marathon?

14 환경 문제에 관심 있어.
I'm interested in environmental issues.

15 구기 종목에 관심 없어.
I'm not interested in ball games.

16 ~ 17 A: 너 바다에서 서핑 하는 것에 관심 있니?
Are you interested in surfing in the sea?
B: 아니. 난 마라톤에 관심 있어.
No. I'm interested in running a marathon.

18 ~ 19 A: 너 그의 제안에 관심 있어?
Are you interested in his proposal?
B: 응. 그 자리에 지원하는 것 관심 있어.
Yes. I'm interested in applying for the position.

20 ~ 22 A: 너 클래식 음악에 관심 있어?
Are you interested in classical music?
B: 아니. 난 대중 음악에 관심 있어.
No. I'm interested in pop music.
A: 오! 나도 대중 음악에 관심 있어.
Oh! I'm interested in pop music too.

23 새로운 기술을 배우는 거 관심 없어.
I'm not interested in learning new skills.

24 현대 미술에 관심 있니?
Are you interested in modern art?

25 정치에 관심 있어.
I'm interested in politics.

Day 36 I'm used to ~.

난 ~ 익숙해.

정답

1 I'm used to **2** Are you used to **3** I'm not used to **4** Are you used to **5** I'm not used to **6** to putting on makeup **7** to putting on makeup **8** to working overtime **9** situations like this **10** Well, I'm used to staying up late. **11** I know! I'm not used to wearing glasses. **12** It's okay. I'm used to spending time indoors. **13** What? Are you used to waiting so long? **14** I'm used to emergencies like this **15** Are you used to the dry weather **16** I'm used to the crowded bus **17** Are you used to country music **18** I'm used to walking in high heels. **19** I'm not used to high heels. **20** I'm not used to the crowded bus in the morning. **21** I'm used to walking to work. **22** I'm not used to the video conference. **23** I'm used to skipping a meal. **24** Are you used to living in the suburb? **25** Are you used to spending time indoors?

해설

1 난 더운 날씨에 익숙해.
I'm used to the hot weather.

2 너 바쁜 일상에 익숙하니?
Are you used to the busy life?

3 난 컨트리 음악에 익숙하지 않아.
I'm not used to country music.

4 너 오래 기다리는 것에 익숙하니?
Are you used to waiting so long?

5 난 응급 상황들에 익숙하지 않아.
I'm not used to emergencies.

6 ~ 7 A: Are you used to putting on makeup every day?
너 매일 화장하는 거 익숙하니?
B: Yes, I'm used to putting on makeup every morning.
응, 난 매일 아침 화장하는 거 익숙해.

8 ~ 9 A: I'm used to working overtime every day.
난 매일 야근하는 거 익숙해.
B: Are you used to situations like this?
너 이런 상황들이 익숙한 거야?

10 A: Why are you still up? It's so late!
왜 아직도 깨어 있어? 너무 늦었잖아!
B: Well, I'm used to staying up late.
뭐, 난 늦게까지 깨어 있는 거 익숙해.

11 A: Did you lose your glasses again?
너 안경 또 잃어버렸어?
B: I know! I'm not used to wearing glasses.
그러니까! 난 안경 쓰는 거 익숙하지 않아.

12 A: You should stay at home next week.
너 다음 주에 집에 있어야겠다.
B: It's okay. I'm used to spending time indoors.
괜찮아. 실내에서 시간 보내는 거 익숙해.

13 A: I've been waiting for him for 3 hours.
나 그를 세 시간째 기다리는 중이야.
B: What? Are you used to waiting so long?
뭐? 그렇게 오래 기다리는 게 익숙해?

14 난 이런 응급 상황들에 익숙해.
I'm used to emergencies like this.

15 너 건조한 날씨에 익숙하니?
Are you used to the dry weather?

16 난 만원 버스에 익숙해.
I'm used to the crowded bus.

17 너 컨트리 음악에 익숙하니?
Are you used to country music?

18 ~ 19 A: 난 하이힐 신고 걷는 거 익숙해.
I'm used to walking in high heels.
B: 대단하다! 난 하이힐이 익숙하지 않아.
Amazing! I'm not used to high heels.

20 ~ 21 A: 난 아침 만원 버스에 익숙하지 않아.
I'm not used to the crowded bus in the morning.
B: 나도. 난 걸어서 출근하는 것에 익숙해.
Me neither. I'm used to walking to work.

22 난 화상 회의에 익숙하지 않아.
I'm not used to the video conference.

23 난 끼니를 거르는 것에 익숙해.
I'm used to skipping a meal.

24 너 교외에서 사는 거 익숙하니?
Are you used to living in the suburb?

25 너 실내에서 시간 보내는 거 익숙하니?
Are you used to spending time indoors?

Day 37 I'm thinking of ~.

~할까 생각 중이야.

정답

1 Are you thinking of **2** I'm thinking of **3** I'm not thinking of **4** Are you thinking of **5** I'm thinking of **6** of ordering some sushi **7** of selling my car **8** of having a beer **9** ② I know, so I'm not thinking of going out today. **10** ④ No. I'm thinking of getting a driver's license this year. **11** ③ Why? Are you thinking of moving to a new apartment? **12** ① Yes, but I'm not thinking of dyeing my hair. **13** thinking of **14** I'm not **15** taking **16** I'm thinking of getting **17** I'm thinking of getting **18** Are you thinking of applying for **19** I'm not thinking of applying for **20** Are you thinking of walking to work **21** I'm thinking of taking the subway to work **22** I'm thinking of walking to work. **23** Are you thinking of quitting drinking? **24** I'm thinking of seeing a doctor. **25** I'm thinking of having a beer after work.

해설

1 파마를 할까 생각 중이니?
Are you thinking of getting a perm?

2 담배를 끊을까 생각 중이야.
I'm thinking of quitting smoking.

3 병원에 가는 걸 생각하고 있지 않아.
I'm not thinking of seeing a doctor.

4 이 수업을 들을까 생각 중이니?
Are you thinking of taking this class?

5 한 학기 휴학할까 생각 중이야.
I'm thinking of taking a semester off.

6 I'm thinking of ordering some sushi.
초밥을 좀 주문할까 생각 중이야.

7 I'm not thinking of selling my car.
내 차를 파는 건 생각하고 있지 않아.

8 Are you thinking of having a beer after work?
일 끝나고 맥주 한잔할까 생각 중이니?

9 A: It's very hot outside.
밖에 정말 덥다.
B: ② I know, so I'm not thinking of going out today.
알아, 그래서 오늘 밖에 나갈 생각하고 있지 않아.

10 A: Do you have a driver's license?
너 운전면허증 있어?
B: ④ No. I'm thinking of getting a driver's license this year.
아니. 올해 운전면허증을 딸까 생각 중이야.

11 A: I should check the new apartments there.
저기 새로 생긴 아파트 좀 확인해 봐야겠어.
B: ③ Why? Are you thinking of moving to a new apartment?
왜? 새 아파트로 이사 갈까 생각 중이니?

12 A: Are you going to change your hairstyle?
너 머리 새로 할 거야?
B: ① Yes, but I'm not thinking of dyeing my hair.
응, 하지만 염색하는 건 생각하고 있지 않아.

13 이번 달에 은퇴할까 생각 중이니?
Are you thinking of retiring this month?

14 새 직장에 지원하는 걸 생각하고 있지 않아.
I'm not thinking of applying for a new job.

15 이 수업을 들을까 생각 중이야.
I'm thinking of taking this class.

16 ~ 17 A: 너 미용실 가니?
Are you going to the hair salon?
B: 응. 머리를 자를까 생각 중이야.
Yes. I'm thinking of getting a haircut.
A: 같이 가자. 난 파마를 할까 생각 중이야.
Let's go together. I'm thinking of getting a perm.

18 ~ 19 A: 너 그 자리에 지원할까 생각 중이니?
Are you thinking of applying for the position?
B: 아니. 당분간 새 직장에 지원하는 건 생각하고 있지 않아.
No. I'm not thinking of applying for a new job for a while.

20 ~ 22 A: 너 오늘 걸어서 출근할까 생각 중이니?
Are you thinking of walking to work today?
B: 아니. 난 오늘 지하철로 출근할까 생각 중이야.
No. I'm thinking of taking the subway to work today.
A: 아쉽다. 난 걸어서 출근할까 생각 중인데.
That's a shame. I'm thinking of walking to work.

23 술을 끊을까 생각 중이니?
Are you thinking of quitting drinking?

24 병원에 갈까 생각 중이야.
I'm thinking of seeing a doctor.

25 일 끝나고 맥주 한잔할까 생각 중이야.
I'm thinking of having a beer after work.

Day 38 I'm looking forward to ~.

난 ~를 기대하고 있어.

정답

1 I'm looking forward to **2** Are you looking forward to **3** I'm not looking forward to **4** Are you looking forward to **5** I'm looking forward to **6** to seeing him again **7** forward to having dinner **8** to Amy's birthday party **9** to visiting her house **10** Well, I'm not looking forward to his new novel anymore. **11** Next week, but I'm not looking forward to the graduation ceremony. **12** Oh, I'm looking forward to the summer camp in August. **13** Not good. I'm not looking forward to the result of the exam. **14** I'm not looking forward to seeing her again **15** Are you looking forward to hearing from him **16** I'm not looking forward to my boss's speech **17** Are you looking forward to the music festival there **18** Are you looking forward to talking to David on the phone? **19** I'm looking forward to hearing from him. **20** Are you looking forward to this holiday season? **21** I'm looking forward to the trip to Europe. **22** I'm looking forward to celebrating our anniversary. **23** Are you looking forward to his new novel? **24** I'm not looking forward to this weekend that much. **25** I'm looking forward to the result of the exam.

해설

1 난 우리의 기념일을 기대하고 있어.
I'm looking forward to our anniversary.

2 너 피카소 전시회를 기대하고 있니?
Are you looking forward to the Picasso exhibition?

3 난 이번 주말을 기대하지 않아.
I'm not looking forward to this weekend.

4 너 네 승진을 기대하고 있니?
Are you looking forward to your promotion?

5 난 그 음악 축제를 기대하고 있어.
I'm looking forward to the music festival.

6 ~ 7 A: Are you looking forward to seeing him again?
너 그를 다시 만나는 거 기대하고 있어?
B: Yes, I'm looking forward to having dinner with him.
응, 그와 저녁 먹는 거 기대하고 있어.

8 ~ 9 A: I'm looking forward to Amy's birthday party.
난 에이미의 생일 파티를 기대하고 있어.
B: Me too! I'm looking forward to visiting her house!
나도! 그녀의 집에 방문하는 거 기대하고 있어!

10 A: Did you hear about his new novel?
그의 새 소설에 대해 들었어?
B: Well, I'm not looking forward to his new novel anymore.
음, 난 그의 새 소설을 더 이상 기대하고 있지 않아.

11 A: When is your graduation?
너 언제 졸업하니?
B: Next week, but I'm not looking forward to the graduation ceremony.
다음주, 근데 졸업식을 기대하고 있지 않아.

12 A: What are you going to do during the summer vacation?
여름방학 동안 뭐 할 거야?
B: Oh, I'm looking forward to the summer camp in August.
아, 난 8월에 있을 여름 캠프를 기대하고 있어.

13 A: How was the exam?
시험 어땠어?
B: Not good. I'm not looking forward to the result of the exam.
별로. 시험 결과를 기대하고 있지 않아.

14 난 그녀를 다시 만나기를 기대하지 않아.
I'm not looking forward to seeing her again.

15 너 그의 소식을 기대하고 있니?
Are you looking forward to hearing from him?

16 난 내 상사의 연설을 기대하지 않아.
I'm not looking forward to my boss's speech.

17 너 거기서의 음악 축제를 기대하고 있니?
Are you looking forward to the music festival there?

18 ~ 19 A: 너 데이빗과 통화하기를 기대하고 있니?
Are you looking forward to talking to David on the phone?
B: 응, 그의 소식을 기대하고 있어.
Yeah, I'm looking forward to hearing from him.

20 ~ 21 A: 너 이번 연휴를 기대하고 있니?
Are you looking forward to this holiday season?
B: 응, 난 유럽 여행을 기대하고 있어.
Yes, I'm looking forward to the trip to Europe.

22 난 우리 기념일을 축하하기를 기대하고 있어.
I'm looking forward to celebrating our anniversary.

23 너 그의 새 소설을 기대하고 있니?
Are you looking forward to his new novel?

24 난 이번 주말을 그다지 기대하지 않아.
I'm not looking forward to this weekend that much.

25 난 그 시험의 결과를 기대하고 있어.
I'm looking forward to the result of the exam.

Day 39 I'm a little ~.

나 좀 ~해.

정답

1 I'm a little **2** Are you that **3** I'm not that **4** Are you that **5** I'm a little **6** a little tired **7** are you that tired **8** Are you that disappointed **9** I'm a little shocked **10** No, I'm a little under the weather. **11** It's okay. I'm not that short of money. **12** I know! I'm a little tipsy now. **13** Sorry, I'm a little busy with the report. **14** I'm not that comfortable with that **15** I'm a little worried about my new job **16** I'm not that sure of the quality **17** Are you that short of money **18** Are you that worried about the exam? **19** I'm a little nervous about the exam. **20** I'm a little excited about the opportunity. **21** Are you that confident of the success? **22** Are you that disappointed at the result? **23** I'm not that satisfied with the explanation. **24** I'm a little shocked at the news. **25** Are you that sensitive every time?

해설

1 나 그녀의 잔소리가 좀 지긋지긋해.
I'm a little sick of her nagging.

2 너 프레젠테이션에 그렇게 스트레스 받아?
Are you that stressed out about the presentation?

3 나 매번 그렇게 예민하지 않아.
I'm not that sensitive every time.

4 너 집안일로 그렇게 바빠?
Are you that busy with the housework?

5 나 그 소식 때문에 좀 우울해.
I'm a little depressed about the news.

6 ~ 7 A: I'm a little tired from walking all day.
나 하루 종일 걸어서 좀 피곤해.
B: Oh, are you that tired? Get some rest.
아, 그렇게 피곤해? 좀 쉬어.

8 ~ 9 A: What grade did you get? Are you that disappointed?
성적 어떻게 받았어? 그렇게 실망했어?
B: Well, I'm a little shocked at my grade.
음, 성적에 좀 충격 받았어.

10 A: Are you okay? You look pale.
너 괜찮아? 창백해 보이는데.
B: No, I'm a little under the weather.
아니, 나 몸이 좀 안 좋아.

11 A: I think you should buy a cheaper one.
너 더 싼 걸로 사야 할 것 같아.
B: It's okay. I'm not that short of money.
괜찮아. 나 그렇게 돈에 쪼들리지 않아.

12 A: You drank too much today.
너 오늘 너무 많이 마셨어.
B: I know! I'm a little tipsy now.
알아! 나 이제 좀 취했어.

13 A: Do you have a minute?
시간 좀 있어?
B: Sorry, I'm a little busy with the report.
미안, 나 보고서 때문에 좀 바빠.

14 나 그게 그렇게 편하지 않아.
I'm not that comfortable with that.

15 나 새 직장이 조금 걱정돼.
I'm a little worried about my new job.

16 나 품질에 대해서는 그렇게 확신 못 해.
I'm not that sure of the quality.

17 너 그렇게 돈에 쪼들려?
Are you that short of money?

18 ~ 19 A: 너 그 시험이 그렇게 걱정돼?
Are you that worried about the exam?
B: 그다지. 시험이 조금 긴장은 돼.
Not much. I'm a little nervous about the exam.

20 ~ 21 A: 이번 기회에 좀 신이 나네. 성공할 거야.
I'm a little excited about the opportunity. I'm going to succeed.
B: 성공에 그렇게 자신감 있어?
Are you that confident of the success?

22 너 그 결과에 그렇게 실망했어?
Are you that disappointed at the result?

23 나 그 설명에 그렇게 만족하지 않아.
I'm not that satisfied with the explanation.

24 나 그 소식에 조금 충격 받았어.
I'm a little shocked at the news.

25 너 매번 그렇게 예민해?
Are you that sensitive every time?

Day 40 A sounds ~.

~한 것 같아. / ~하게 들려.

정답

1 sounds 2 doesn't sound 3 sound 4 doesn't sound 5 sound 6 event sounds perfect 7 doesn't sound fun 8 Does our annual plan sound 9 ③ Yes! Your explanation doesn't sound too difficult. 10 ② I don't know. His joke sounds ridiculous. 11 ④ Um... That doesn't sound reasonable. 12 ① Well, it doesn't sound delicious. 13 doesn't 14 sounds 15 sound 16 doesn't sound fun 17 sounds too boring 18 doesn't sound too difficult 19 sounds a little difficult 20 Does his proposal sound believable? 21 His idea sounds confusing. 22 His proposal sounds a little dangerous. 23 The plan for the weekend sounds good. 24 Does the price sound reasonable? 25 His proposal doesn't sound believable.

해설

1 그 가격 적당한 것 같아.
The price sounds reasonable.

2 그 프로젝트 흥미롭지 않게 들려.
The project doesn't sound interesting.

3 이거 너무 격식 차린 것 같아?
Does this sound too formal?

4 그 프로그램은 복잡한 것 같지 않아.
The program doesn't sound too complicated.

5 그 이론 괜찮은 것 같아?
Does the theory sound fine?

6 The charity event sounds perfect.
그 자선 행사는 완벽하게 들려.

7 The TV show doesn't sound fun.
그 TV 프로그램은 재미없게 들려.

8 Does our annual plan sound possible?
우리 연간 계획이 가능한 것 같아?

9 A: Can you understand?
이해 돼?
B: ③ Yes! Your explanation doesn't sound too difficult.
응! 네 설명 그렇게 어려운 것 같지 않아.

10 A: What did he just say?
그가 방금 뭐라고 했어?
B: ② I don't know. His joke sounds ridiculous.
모르겠어. 그의 설명은 터무니없게 들려.

11 A: I bought this for $100.
나 이거 100 달러에 샀어.
B: ④ Um... That doesn't sound reasonable.
음... 그거 (가격이) 적당한 것 같지 않아.

12 A: Today's menu is hot lemon fish curry.
오늘의 메뉴는 매운 레몬 생선 카레야.
B: ① Well, it doesn't sound delicious.
음, 맛있게 들리지 않는걸.

13 그 결과는 정상적인 것 같지 않아.
The result doesn't sound normal.

14 그 이론 괜찮은 것 같아.
The theory sounds fine.

15 내 프로젝트 흥미로운 것 같아?
Does my project sound interesting?

16 ~ 17 A: 그 영화 재미없게 들려.
The movie doesn't sound fun.
B: 맞아, 너무 지루하게 들려.
You're right. It sounds too boring.

18 ~ 19 A: 그 설명은 그렇게 어려운 것 같지 않아.
The explanation doesn't sound too difficult.
B: 아, 나한테는 좀 어렵게 들리는데.
Oh, it sounds a little difficult to me.

20 ~ 22 A: 그의 제안이 믿을 만한 것 같아?
Does his proposal sound believable?
B: 잘 모르겠어. 그의 아이디어는 혼란스럽게 들려.
I'm not sure. His idea sounds confusing.
A: 무슨 말인지 알겠어. 그의 제안은 좀 위험한 것 같아.
I know what you mean. His plan for the weekend sounds good.

23 그 주말 계획은 좋은 것 같아.
The plan for the weekend sounds good.

24 그 가격 적당한 것 같아?
Does the price sound reasonable?

25 그의 제안이 믿을 만한 것 같지 않아.
His proposal doesn't sound believable.

Day 41 You always make me ~.

넌 항상 날 ~하게 해.

정답

1 You always make me 2 Do I ever make you 3 You never make me 4 Do I ever make you 5 You never make me 6 make you uncomfortable 7 always make me feel 8 ever make you repeat 9 always make me feel stressed 10 Okay, sorry. You always make me suspicious. 11 Do I ever make you cook dinner? Let's eat out. 12 It's okay. You never make me wait too long. 13 Again? You always make me pay for lunch. 14 You always make me uncomfortable 15 You never make me annoyed 16 Do I ever make you wait too long

17 You never make me unhappy 18 You always make me proud to be your friend. 19 You always make me laugh a lot. 20 Do I ever make you pay for lunch? 21 You always make me spend a lot of money. 22 You never make me clean the house. 23 Do I ever make you feel stressed out? 24 You always make me cook dinner. 25 Do I ever make you suspicious?

해설

1 넌 항상 날 짜증나게 해.
You always make me annoyed.

2 내가 널 불행하게 한 적 있니?
Do I ever make you unhappy?

3 넌 절대 내가 화나게 하지 않아.
You never make me mad.

4 내가 널 집 청소하게 한 적 있니?
Do I ever make you clean the house?

5 넌 절대 내가 죄책감이 들게 하지 않아.
You never make me feel guilty.

6 ~ 7 A: Do I ever make you uncomfortable?
내가 널 불편하게 한 적 있니?
B: No, you always make me feel at home.
아니, 넌 항상 날 마음이 편안하게 해.

8 ~ 9 A: Do I ever make you repeat yourself?
내가 널 같은 말을 반복하게 한 적 있니?
B: Yeah, you always make me feel stressed out.
응, 넌 항상 날 스트레스 받게 해.

10 A: I didn't steal anything!
나 아무것도 안 훔쳤어!
B: Okay, sorry. You always make me suspicious.
알겠어, 미안해. 넌 항상 날 의심하게 해.

11 A: I don't want to cook today.
나 오늘은 요리하고 싶지 않아.
B: Do I ever make you cook dinner? Let's eat out.
내가 널 저녁 요리하게 만든 적 있어? 외식하자.

12 A: Sorry, I'm late!
미안, 나 늦어!
B: It's okay. You never make me wait too long.
괜찮아. 넌 절대 내가 너무 오래 기다리게 하지 않아.

13 A: Oh, I forgot my wallet.
아, 나 지갑 깜빡했다.
B: Again? You always make me pay for lunch.
또? 넌 항상 내가 점심값을 내게 해.

14 넌 항상 날 불편하게 해.
You always make me uncomfortable.

15 넌 절대 내가 짜증나게 하지 않아.
You never make me annoyed.

16 내가 널 오래 기다리게 한 적 있니?
Do I ever make you wait too long?

17 넌 절대 내가 불행하게 하지 않아.
You never make me unhappy.

18 ~ 19 A: 넌 항상 날 네 친구인 걸 자랑스럽게 해.
You always make me proud to be your friend.
B: 고마워. 넌 항상 날 많이 웃게 해.
Thanks. You always make me laugh a lot.

20 ~ 21 A: 내가 널 점심값을 내게 한 적 있니?
Do I ever make you pay for lunch?
B: 항상! 넌 항상 날 돈을 많이 쓰게 해.
Always! You always make me spend a lot of money.

22 넌 절대 내가 집 청소하게 한 적 없어.
You never make me clean the house.

23 내가 널 스트레스 받게 한 적 있니?
Do I ever make you feel stressed out?

24 넌 항상 내가 저녁을 요리하게 해.
You always make me cook dinner.

25 내가 널 의심하게 한 적 있니?
Do I ever make you suspicious?

Day 42 There's something ~.

~한/할 게 있어.

정답

1 There's something 2 There's nothing 3 Is there anything 4 There's nothing 5 Is there anything 6 wrong with this computer 7 nothing to do here 8 anything to wear in 9 ② Good! Well, there's something different about you today. 10 ③ Me too. Is there anything to eat in the kitchen? 11 ① Tell me about it. There's nothing better than this. 12 ④ Is there anything special I should know? 13 something 14 nothing 15 anything 16 Is there anything else to tell 17 there's nothing to hide 18 There's nothing to see in 19 There's nothing worse 20 Is there anything to drink? 21 There's something to drink in the fridge. 22 there's something to eat on the table. 23 There's nothing to wear in this closet. 24 Is there anything to hide from me? 25 There's something different about you.

해설

1 그에게 이상한 점이 있어.
There's something strange with him.

2 울 거 없어.
There's nothing to cry about.

3 TV에 재밌는 거 하니?
Is there anything fun on TV?

4 이제 무서울 게 없어.
There's nothing to be afraid of now.

5 물어볼 거 있어?
Is there anything to ask about?

6 There's something wrong with this computer.
이 컴퓨터에 이상이 있어.

7 There's nothing to do here.
여기서 할 게 없어.

8 Is there anything to wear in this closet?
이 옷장에 입을 거 있어?

9 A: Hi! How are you?
안녕! 어떻게 지내?
B: ② Good! Well, there's something different about you today.
좋아! 음, 오늘 너 뭔가 달라진 게 있네.

10 A: Oh my God. I'm starving.
맙소사. 나 너무 배고파.
B: ③ Me too. Is there anything to eat in the kitchen?
나도. 주방에 먹을 게 있어?

11 A: This is the best smartphone ever.
이건 역대 최고의 스마트폰이야.
B: ① Tell me about it. There's nothing better than this.
맞는 말이야. 이거보다 나은 건 없어.

12 A: I have something to tell you.
너에게 말할 게 있어.
B: ④ Is there anything special I should know?
내가 알아야 할 특별한 게 있어?

13 그 경험에서 배울 게 있어.
There's something to learn from the experience.

14 더 이상 물어볼 게 없어.
There's nothing more to ask.

15 그에게 이상한 점이 있어?
Is there anything strange with him?

16 ~ 17 A: 나한테 더 얘기할 거 있어?
Is there anything else to tell me?
B: 아니, 너에게는 감출 게 없어.
No, there's nothing to hide from you.

18 ~ 19 A: 이 박물관에는 볼 게 없네.
There's nothing to see in this museum.
B: 집에 가자. 여기 있는 것보다 더 나쁠 게 없어.
Let's go home. There's nothing worse than being here.

20 ~ 22 A: 목마르다. 마실 거 있어?
I'm thirsty. Is there anything to drink?
B: 냉장고에 마실 거 있어.
There's something to drink in the fridge.
A: 그리고 식탁 위에 먹을 거 있어. 한 번 봐봐.
And there's something to eat on the table. Check it out.

23 이 옷장에 입을 게 없어.
There's nothing to wear in this closet.

24 나에게서 감출 게 있어?
Is there anything to hide from me?

25 너 뭔가 달라진 게 있네.
There's something different about you.

Day 43 I think you can ~.

네가 ~할 수 있을 거라고 생각해.

정답

1 I think you can **2** Do you think I can **3** I don't think you can **4** I think you can **5** I don't think you can **6** I can get a refund **7** you can get a refund **8** I can finish this **9** you can finish this **10** If you go to bed now, I think you can get up early. **11** It's Friday. I don't think you can book the hotel room now. **12** Well, I don't think you can afford it. **13** Don't worry. I think you can finish it on time. **14** I don't think you can fix the broken bike **15** Do you think I can make her happy **16** Do you think I can get over it **17** I think you can book the restaurant **18** Do you think I can arrive at the airport early? **19** I don't think you can make it on time. **20** Do you think I can finish this on time? **21** I think you can get a promotion **22** Do you think I can book the newly opened restaurant? **23** I think you can persuade him to come here. **24** I don't think you can get up early. **25** Do you think I can afford it?

해설

1 네가 그를 도울 방법을 찾을 수 있을 거라고 생각해.
I think you can find a way to help him.

2 내가 사업에 성공할 수 있을까?
Do you think I can succeed in business?

3 네가 그걸 알아낼 수 있을 것 같지 않아.
I don't think you can figure it out.

4 네가 곧 극복할 수 있을 거라고 생각해.
I think you can get over it soon.

5 네가 그 시험을 통과할 수 있을 것 같지 않아.
I don't think you can pass the exam.

6 ~ 7 A: Do you think I can get a refund on this?
내가 이거 환불 받을 수 있을까?
B: Yes. I think you can get a refund today.
응. 오늘 환불 받을 수 있을 것 같아.

8 ~ 9 A: Do you think I can finish this by next week?
내가 이거 다음 주까지 끝낼 수 있을까?
B: Well, I don't think you can finish this by next week.
음, 네가 다음 주까지 이걸 끝낼 수 있을 것 같지 않아.

10 A: I should get up at 5 a.m. tomorrow.
나 내일 아침 5시에 일어나야 해.
B: If you go to bed now, I think you can get up early.
지금 자러 가면, 너 내일 일찍 일어날 수 있을 것 같아.

11 A: I will book the hotel room for this weekend.
이번 주말을 위해 그 호텔 방을 예약할 거야.
B: It's Friday. I don't think you can book the hotel room now.
오늘 금요일이야. 지금 네가 그 호텔 방을 예약할 수 있을 것 같지 않아.

12 A: Wow, can you see that car? I really want to buy it!
와우, 저 차 보여? 정말 사고 싶다!
B: Well, I don't think you can afford it.
음, 네가 그걸 살 수 있을 것 같지 않아.

13 A: I have to finish this report by tomorrow.
나 내일까지 이거 끝내야 해.
B: Don't worry. I think you can finish it on time.
걱정 마. 네가 제시간에 끝낼 수 있을 것 같아.

14 네가 고장 난 자전거를 고칠 수 있을 것 같지 않아.
I don't think you can fix the broken bike.

15 내가 그녀를 행복하게 해 줄 수 있을까?
Do you think I can make her happy?

16 내가 그걸 극복할 수 있을까?
Do you think I can get over it?

17 네가 그 식당을 예약할 수 있을 거라고 생각해.
I think you can book the restaurant.

18 ~ 19 A: 내가 공항에 일찍 도착할 수 있을까?
Do you think I can arrive at the airport early?
B: 아니. 네가 제시간에 도착할 수 있을 것 같지 않아.
No. I don't think you can make it on time.

20 ~ 21 A: 내가 제시간에 이걸 끝낼 수 있을까?
Do you think I can finish this on time?
B: 당연하지! 난 네가 이번 달에 승진도 할 수 있을 거라고 생각해.
Sure! I think you can get a promotion this month too.

22 내가 새로 연 식당을 예약할 수 있을까?
Do you think I can book the newly opened restaurant?

23 네가 그가 여기에 오도록 설득할 수 있을 거라고 생각해.
I think you can persuade him to come here.

24 네가 일찍 일어날 수 있을 것 같지 않아.
I don't think you can get up early.

25 내가 그걸 살 수 있을까?
Do you think I can afford it?

Day 44 It's okay to ~.

~해도 괜찮아.

정답

1 It's not okay to **2** Is it okay to **3** It's okay to **4** It's not okay to **5** Is it okay to **6** to leave work early **7** okay to eat anything **8** okay to turn off **9** ① Oh, no. It's not okay to throw it away. **10** ② If you have an urgent call, it's okay to use my phone. **11** ④ It's not okay to give up now. You can do it. **12** ③ Thanks. Is it okay to go home now? **13** okay to **14** It's **15** to eat **16** Is it okay to take off **17** it's okay to take off **18** Is it okay to park **19** It's okay to park **20** Is it okay to turn off the radio? **21** It's okay to turn off the radio. **22** It's okay to turn on the TV **23** Is it okay to call you later? **24** It's okay to join us anytime. **25** It's not okay to park here.

해설

1 오늘은 실수하는 거 안 돼.
It's not okay to make a mistake today.

2 그에게 사실을 말해도 괜찮아?
Is it okay to tell him the truth?

3 네 남동생 데리고 와도 괜찮아.
It's okay to bring your brother.

4 다른 사람 데려오는 거 안 돼.
It's not okay to bring anyone else.

5 네 핸드폰 써도 괜찮아?
Is it okay to use your phone?

6 It's okay to leave work early today.
오늘 일찍 퇴근해도 괜찮아.

7 It's not okay to eat anything here.
여기서 아무것도 먹으면 안 돼.

8 Is it okay to turn off the music?
음악 꺼도 괜찮아?

9 A: What is this? Is it okay to throw this away?
이거 뭐야? 이거 버려도 괜찮아?
B: ① Oh, no. It's not okay to throw it away.
아, 아니. 그거 버리면 안 돼.

10 A: My phone is broken.
내 전화기가 부숴졌어.
B: ② If you have an urgent call, it's okay to use my phone.
급한 전화 있으면 내 전화기 써도 돼.

11 A: It's too hard. I want to give up.
너무 힘들다. 포기하고 싶어.
B: ④ It's not okay to give up now. You can do it.
지금 포기하면 안 돼. 너 할 수 있어.

12 A: Today's meeting is over.
오늘 회의는 끝입니다.
B: ③ Thanks. Is it okay to go home now?
감사합니다. 지금 집에 가도 괜찮나요?

13 추우면 창문 닫아도 괜찮아.
It's okay to close the window if it's cold.

14 그에게 사실을 말해도 괜찮아.
It's okay to tell him the truth.

15 여기서 뭐 먹어도 괜찮아?
Is it okay to eat something here?

16 ~ 17 A: 여기서 재킷 벗어도 괜찮아?
Is it okay to take off my jacket here?
B: 아, 더우면 재킷 벗어도 괜찮아.
Oh, it's okay to take off your jacket if it's hot.

18~19 A: 여기에 주차해도 괜찮아?
Is it okay to park here?
B: 그럼. 언제든지 주차해도 괜찮아.
Sure. It's okay to park anytime.

20~22 A: 지루하다. 라디오 꺼도 괜찮아?
It's boring. Is it okay to turn off the radio?
B: 응, 라디오 꺼도 괜찮아.
Yeah, It's okay to turn off the radio.
지루하면 TV 켜도 괜찮아.
It's okay to turn on the TV if you're bored.

23 나중에 전화해도 괜찮아?
Is it okay to call you later?

24 언제라도 우리와 함께 해도 괜찮아.
It's okay to join us anytime.

25 여기에 주차하는 거 안 돼.
It's not okay to park here.

Day 45 It's too hard to ~.

~하기 너무 힘들어/어려워.

정답

1 It's too hard to **2** Is it that hard to **3** It's not that hard to **4** It's too hard to **5** It's not that hard to **6** hard to stay fit **7** hard to work out **8** hard to stop smoking **9** hard to stop drinking **10** Well, it's too hard to book the hotel during the peak season. **11** Sorry, it's too hard to remember everything you said. **12** Me too! Oh, it's too hard to avoid eating junk food. **13** Running. It's not that hard to run every day. **14** Is it that hard to get a new job **15** It's too hard to lead the meeting **16** Is it that hard to admit your mistake **17** It's too hard to stay fit **18** It's too hard to get a new job. **19** It's too hard to get a promotion **20** It's too hard to admit my mistake. **21** it's not that hard to tell the truth. **22** It's not that hard to persuade him to do it. **23** Is it that hard to speak in public? **24** It's too hard to solve this problem **25** Is it that hard to figure out how to do it?

해설

1 대중 앞에서 말하는 건 너무 힘들어.
It's too hard to speak in public.

2 회의를 이끄는 게 그렇게 어려워?
Is it that hard to lead the meeting?

3 이 문제를 해결하는 건 그렇게 어렵지 않아.
It's not that hard to solve this problem.

4 이 보고서를 제시간에 끝내기는 너무 힘들어.
It's too hard to finish this report on time.

5 수영장에서 수영하는 건 그렇게 힘들지 않아.
It's not that hard to swim in the pool.

6~7 A: It's not that hard to stay fit.
건강을 유지하는 건 그렇게 힘들지 않아.
B: I don't think so. It's too hard to work out every morning.
난 안 그래. 매일 아침 운동하는 게 너무 힘들어.

8~9 A: Is it that hard to stop smoking?
담배를 끊는 게 그렇게 힘들어?
B: It's not. It's too hard to stop drinking for me.
그렇지 않아. 난 술을 끊는 게 너무 힘들어.

10 A: I will book the hotel for this vacation.
나 이번 휴가를 위해 그 호텔을 예약할 거야.
B: Well, it's too hard to book the hotel during the peak season.
음, 성수기 동안 그 호텔을 예약하는 건 너무 힘들어.

11 A: I told you to wake me up at 7.
내가 7시에 깨워 달라고 했잖아.
B: Sorry, it's too hard to remember everything you said.
미안, 네가 말한 모든 걸 기억하기는 너무 힘들어.

12 A: I want to have hamburger and fries.
나 햄버거랑 감자튀김 먹고 싶어.
B: Me too! Oh, it's too hard to avoid eating junk food.
나도! 아, 정크 푸드 먹는 걸 피하기는 너무 힘들어.

13 A: How do you stay fit?
넌 어떻게 건강을 유지하니?
B: Running. It's not that hard to run every day.
달리기야. 매일 달리기를 하는 건 그렇게 힘들지 않아.

14 새 직장을 구하는 게 그렇게 힘들어?
Is it that hard to get a new job?

15 회의를 이끄는 건 너무 어려워.
It's too hard to lead the meeting.

16 네 실수를 인정하는 게 그렇게 힘들어?
Is it that hard to admit your mistake?

17 건강을 유지하는 건 너무 힘들어.
It's too hard to stay fit.

18~19 A: 새 직장을 구하는 거 너무 어려워.
It's too hard to get a new job.
B: 알아. 승진을 하는 것도 너무 어렵지.
I know. It's too hard to get a promotion too.

20~21 A: 내 실수를 인정하는 건 너무 어려워.
It's too hard to admit my mistake.
B: 이해해, 하지만 진실을 말하는 건 그렇게 어렵지 않아.
I understand, but it's not that hard to tell the truth.

22 그가 그걸 하도록 설득하는 건 그렇게 어렵지 않아.
It's not that hard to persuade him to do it.

23 대중 앞에서 말하는 게 그렇게 힘들어?
Is it that hard to speak in public?

24 이 문제를 나 혼자서 해결하는 건 너무 어려워.
It's too hard to solve this problem by myself.

25 그걸 어떻게 하는지 알아내는 게 그렇게 힘들어?
Is it that hard to figure out how to do it?

Day 46 It's almost time to ~.

~할 때가 거의 다 됐어.

정답

1 It's almost time to **2** Is it almost time to **3** It's not time to **4** It's almost time to **5** It's not time to **6** time to go to bed **7** move to a new house yet **8** time to feed our dog **9** ② It's almost time to arrive at the station. **10** ① Oh, it's not time to book the ticket yet. **11** ④ Let's hurry then. It's almost time to check in. **12** ③ 3 years. It's almost time to have a baby. **13** time to **14** almost **15** It's not **16** It's almost time to tell **17** It's not time to start **18** It's almost time to get **19** It's not time to get up **20** It's almost time to go grocery shopping. **21** Is it almost time to buy detergent? **22** it's almost time to buy vegetables **23** It's not time to arrive at the station yet. **24** It's almost time to order the dessert. **25** Is it almost time to go to bed?

해설

1 고향으로 돌아갈 때가 거의 됐어.
It's almost time to go back to my hometown.

2 디저트를 주문할 때가 거의 다 됐어?
Is it almost time to order the dessert?

3 아직 아이를 가질 때가 아니야.
It's not time to have a baby yet.

4 치과 갈 때가 거의 다 됐어.
It's almost time to see the dentist.

5 아직 새 차를 살 때가 아니야.
It's not time to buy a new car yet.

6 It's almost time to go to bed.
잠을 자러 갈 때가 거의 다 됐어.

7 It's not time to move to a new house yet.
아직 새 집으로 이사 갈 때가 아니야.

8 Is it almost time to feed our dog?
우리 개에게 밥 줄 때가 거의 다 됐어?

9 A: How much further do we have to go?
우리 얼마나 더 가야 해?
B: ② It's almost time to arrive at the station.
역에 도착할 때가 거의 다 됐어.

10 A: I will get the ticket for the movie now.
내가 지금 그 영화 티켓 살게.
B: ① Oh, it's not time to book the ticket yet.
아, 아직 티켓 예약할 때가 아니야.

11 A: What time is it? Our check-in time is 3 p.m.
몇 시야? 우리 체크인 시간이 3시야.
B: ④ Let's hurry then. It's almost time to check in.
그럼 서두르자. 체크인할 시간이 거의 다 됐어.

12 A: How long have you been married? Do you have a baby?
너 결혼한 지 얼마나 됐어? 아이 있어?
B: ③ 3 years. It's almost time to have a baby.
3년. 아이를 가질 때가 거의 다 됐어.

13 치과 갈 때가 거의 다 됐니?
Is it almost time to see the dentist?

14 새 차를 살 때가 거의 다 됐어.
It's almost time to buy a new car.

15 아직 체크아웃 할 때가 아니야.
It's not time to check out yet.

16~17 A: 상사에게 그만둔다고 말할 때가 거의 됐어.
It's almost time to tell my boss that I quit.
B: 뭐? 안 돼. 아직 네 사업을 시작할 때가 아니야.
What? No. It's not time to start your own business yet.

18~19 A: 9시야. 일어날 때가 거의 다 됐어.
It's 9 o'clock. It's almost time to get up.
B: 아, 체크아웃 시간은 11시야. 아직 일어날 때가 아니야.
Oh, checkout time is 11. It's not time to get up yet.

20~22 A: 장을 보러 갈 때가 거의 다 됐네.
It's almost time to go grocery shopping.
B: 가자. 세제 살 때가 거의 다 됐나?
Let's go. Is it almost time to buy detergent?
A: 응, 채소 살 때도 거의 다 됐어.
Yeah, it's almost time to buy vegetables too.

23 아직 역에 도착할 때가 안 됐어.
It's not time to arrive at the station yet.

24 디저트를 주문할 때가 거의 다 됐어.
It's almost time to order the dessert.

25 자러 갈 때가 거의 다 됐어?
Is it almost time to go to bed?

Day 47 I'm here to ~.

~하려고 왔어.

정답

1 I'm here to **2** Are you here to **3** I'm not here to **4** Are you here to **5** I'm here to **6** to pick up the birthday cake **7** to drink a coffee **8** to deposit your money **9** here to open **10** I don't want to talk to anyone. I'm not here to make friends. **11** Yes. I'm here to sign up for a membership. **12** Yes, I am. I'm here to have a talk with you. **13** It's okay. I'm here to take five. Enjoy your tea! **14** Are you here to sign up for the class **15** I'm here to visit my parents **16** I'm not here to argue with you **17** Are you here to check the schedule **18** Are you here to attend the meeting? **19** I'm here to meet your department manager. **20** Are you here to take five? **21** I'm here to spend some time alone. **22** Are you here to pick up your order? **23** I'm here to make friends. **24** I'm here to give a presentation. **25** Are you here to open an account?

해설

1 내 주문을 찾으러 왔어.
I'm here to pick up my order.

2 부모님 방문하러 온 거야?
Are you here to visit your parents?

3 출금하러 온 게 아니야.
I'm not here to withdraw money.

4 프레젠테이션 하러 온 거야?
Are you here to give a presentation?

5 일정을 확인하러 왔어.
I'm here to check the schedule.

6~7 A: Are you here to pick up the birthday cake?
생일 케이크 찾으러 온 거야?
B: No. I'm here to drink a coffee.
아니. 커피 마시러 왔어.

8~9 A: Are you here to deposit your money?
돈을 예금하러 온 거야?
B: No. I'm here to open another account.
아니. 계좌를 하나 더 개설하러 왔어.

10 A: Why don't you have a talk with other people?
다른 사람들이랑 대화를 나눠 보는 거 어때?
B: I don't want to talk to anyone. I'm not here to make friends.
난 누구와도 얘기하고 싶지 않아. 난 친구를 사귀러 온 게 아니야.

11 A: Is this your first time here?
여기 처음 온 거야?
B: Yes. I'm here to sign up for a membership.
응. 회원 가입을 하러 왔어.

12 A: Are you waiting for me?
나 기다리고 있는 거야?
B: Yes I am. I'm here to have a talk with you.
응, 맞아. 너와 대화를 하러 왔어.

13 A: Do you want some tea?
차 좀 마실래?
B: It's okay. I'm here to take five. Enjoy your tea!
괜찮아. 잠깐 쉬러 온 거야. 차 잘 마셔!

14 그 수업 등록하러 온 거야?
Are you here to sign up for the class?

15 우리 부모님 방문하러 왔어.
I'm here to visit my parents.

16 너와 언쟁하러 온 게 아니야.
I'm not here to argue with you.

17 일정 확인하러 온 거야?
Are you here to check the schedule?

18~19 A: 회의에 참석하러 온 거야?
Are you here to attend the meeting?
B: 아니. 너희 부장님을 만나러 왔어.
No. I'm here to meet your department manager.

20~21 A: 잠깐 쉬러 온 거야?
Are you here to take five?
B: 응, 혼자 시간을 좀 보내려고 왔어.
Yeah, I'm here to spend some time alone.

22 네 주문을 찾으러 온 거야?
Are you here to pick up your order?

23 친구를 사귀러 왔어.
I'm here to make friends.

24 프레젠테이션 하러 온 거야.
I'm here to give a presentation.

25 계좌를 만들러 온 거야?
Are you here to open an account?

Day 48 I'm ready to ~.

~할 준비가 됐어.

정답

1 I'm ready to **2** I'm not ready to **3** Are you ready to **4** I'm ready to **5** I'm not ready to **6** to enjoy the party **7** to live in the country **8** to hit the road **9** ④ Yes, but I'm not ready to answer the question. **10** ① Nice! Are you ready to enjoy your summer vacation? **11** ③ Wait. I'm not ready to say goodbye. **12** ② Wow, good for you! Are you ready to accept her offer? **13** ready to **14** I'm not **15** to have **16** Are you ready to enjoy **17** I'm ready to have **18** Are you ready to have **19** I'm ready to be a good **20** I'm ready to challenge new things. **21** Are you ready to apply for a new job **22** I'm ready to get a new job. **23** I'm ready to get married. **24** Are you ready to retire? **25** I'm not ready to say goodbye.

해설

1 그를 보내줄 준비가 됐어.
I'm ready to let him go.

2 은퇴할 준비가 안 됐어.
I'm not ready to retire.

3 결혼할 준비 됐어?
Are you ready to get married?

4 회사로 돌아갈 준비가 됐어.
I'm ready to get back to work.

5 졸업할 준비가 안 됐어.
I'm not ready to graduate.

6 I'm ready to enjoy the party.
파티를 즐길 준비가 됐어.

7 I'm not ready to live in the country.
전원 생활을 할 준비가 안 됐어.

8 Are you ready to hit the road?
여행을 떠날 준비 됐어?

9 A: Do you know the answer to the question?
그 질문에 대한 대답 알아?
B: ④ Yes, but I'm not ready to answer the question.
응, 하지만 그 질문에 답할 준비가 안 됐어.

10 A: I'll go on a vacation next week.
나 다음 주에 휴가를 떠날 거야.
B: ① Nice! Are you ready to enjoy your summer vacation?
좋다! 여름 휴가 즐길 준비 됐어?

11 A: It's time to say goodbye.
작별 인사를 할 때야.
B: ③ Wait. I'm not ready to say goodbye.
기다려. 작별 인사를 할 준비가 안 됐어.

12 A: Melina offered me the manager position.
멜리나가 나에게 관리직을 제안했어.
B: ② Wow, good for you! Are you ready to accept her offer?
와우, 잘됐다! 그녀의 제안을 받아들일 준비 됐어?

13 새 직장에 지원할 준비가 됐어.
I'm ready to apply for a new job.

14 진실을 받아들일 준비가 안 됐어.
I'm not ready to accept the truth.

15 가정을 꾸릴 준비 됐어?
Are you ready to have a family?

16 ~ 17 A: 파티를 즐길 준비 됐어?
Are you ready to enjoy the party?
B: 당연하지! 재미있게 놀 준비 됐어.
Sure! I'm ready to have fun.

18 ~ 19 A: 아이를 가질 준비가 됐어?
Are you ready to have a baby?
B: 응. 좋은 엄마가 될 준비가 됐어.
Yes. I'm ready to be a good mother.

20 ~ 22 A: 새로운 것을 도전할 준비가 됐어.
I'm ready to challenge new things.
B: 이제 새 직장에 지원할 준비가 된 거야?
Are you ready to apply for a new job now?
A: 응, 새 직장을 구할 준비가 됐어.
Yeah, I'm ready to get a new job.

23 결혼할 준비가 됐어.
I'm ready to get married.

24 은퇴할 준비 됐어?
Are you ready to retire?

25 작별 인사할 준비가 안 됐어.
I'm not ready to say goodbye.

Day 49 I was about to ~.

~하려던 참이었어.

정답

1 I was about to **2** Were you about to **3** I wasn't about to **4** Were you about to **5** I wasn't about to **6** about to speed up **7** about to hurry **8** about to take the **9** about to call a taxi **10** No. I wasn't about to complain. **11** Oh, thanks. I was about to ask for the bill. **12** I was about to borrow money from my parents. **13** Do you think so? I was about to give it up. **14** I wasn't about to celebrate his birthday **15** Were you about to hurry **16** I wasn't about to break the rules **17** I was about to open the present **18** Were you about to sing "Happy Birthday"? **19** I was about to celebrate John's birthday. **20** I was about to borrow money from my sister. **21** I was about to lend you money. **22** Were you about to ask for the bill? **23** I wasn't about to call a taxi. **24** I was about to complain about it. **25** Were you about to call me back?

해설

1 그에게 돈을 갚으려던 참이었어.
I was about to pay him back.

2 새 휴대폰을 찾아보려던 참이었어?
Were you about to search for a new phone?

3 뭘 바꾸려던 게 아니었어.
I wasn't about to change anything.

4 선물을 풀어보려던 참이었어?
Were you about to open the present?

5 그 방에 들어가려던 게 아니었어.
I wasn't about to go into the room.

6 ~ 7 A: Were you about to speed up?
속도를 내려던 참이었어?
B: Yeah, I was about to hurry. We're late.
응, 서두르려던 참이었어. 우리 늦었어.

8 ~ 9 A: Were you about to take the subway?
지하철을 타려던 참이었어?
B: No. I was about to call a taxi.
아니. 택시를 부르려던 참이었어.

10 A: Do you have any complaints?
불만거리가 있어?
B: No. I wasn't about to complain.
아니. 불평을 하려던 게 아니었어.

11 A: I'll pay for lunch today.
오늘 내가 점심 살게.
B: Oh, thanks. I was about to ask for the bill.
아, 고마워. 계산서를 요청하려던 참이었는데.

12 A: A new car? Do you have enough money?
새 차? 너 그만큼 돈이 있어?
B: I was about to borrow money from my parents.
우리 부모님께 돈을 빌리려던 참이었어.

13 A: Don't give up! You can do it!
포기하지 마! 너 할 수 있어!
B: Do you think so? I was about to give it up.
그렇게 생각해? 포기하려던 참이었어.

14 그의 생일을 축하하려던 게 아니었어.
I wasn't about to celebrate his birthday.

15 서두르려던 참이었어?
Were you about to hurry?

16 규칙을 어기려던 게 아니었어.
I wasn't about to break the rules.

17 선물을 풀어보려던 참이었어.
I was about to open the present.

18 ~ 19 A: 기다려! 생일 축하 노래 부르려던 참이었어.
Wait for me! Were you about to sing "Happy Birthday"?
B: 응. 존의 생일을 축하하려던 참이었어.
Yeah. I was about to celebrate John's birthday.

20 ~ 21 A: 내 여동생에게 돈을 빌리려던 참이었어.
I was about to borrow money from my sister.
B: 그러지 마. 내가 돈 빌려주려던 참이었으니까.
Don't do that. I was about to lend you money.

22 계산서를 요청하려던 참이었어?
Were you about to ask for the bill?

23 택시를 부르려던 게 아니었어.
I wasn't about to call a taxi.

24 그것에 대해 불평하려던 참이었어.
I was about to complain about it.

25 나에게 다시 전화하려던 참이었어?
Were you about to call me back?

Day 50 I'm planning to ~.

~할 계획이야.

정답

1 I'm planning to 2 I'm not planning to 3 Are you planning to 4 I'm not planning to 5 Are you planning to 6 to take a cooking class 7 to go on a diet 8 to drive home 9 ② I know. I'm planning to stop by after school. 10 ① No, I'm not planning to invite him to my party. 11 ④ I think so. Are you planning to propose to her? 12 ③ I'm planning to go camping with my family. 13 not planning 14 to 15 planning to 16 Are you planning to go camping 17 I'm planning to go fishing 18 Are you planning to go out 19 I'm planning to stay at home 20 I'm planning to take the English course 21 Are you planning to go abroad 22 I'm planning to leave for New York 23 Are you planning to go on a diet from tomorrow? 24 I'm planning to treat them to dinner. 25 I'm not planning to drive home today.

해설

1 오늘 저녁으로 예약할 계획이야.
I'm planning to make a reservation for this evening.

2 내일은 집에 머물 계획이 아니야.
I'm not planning to stay at home tomorrow.

3 다음 주에 낚시 갈 계획이야?
Are you planning to go fishing next week?

4 이번 주말에 등산 갈 계획이 아니야.
I'm not planning to go hiking this weekend.

5 다음 달에 파티를 열 계획이야?
Are you planning to throw a party next month?

6 I'm not planning to take a cooking class this month.
이번 달에 요리 수업을 들을 계획이 아니야.

7 I'm planning to go on a diet from tomorrow.
내일부터 다이어트를 할 계획이야.

8 Are you planning to drive home today?
오늘 집에 운전해서 갈 생각이야?

9 A: Moon's Café is offering a discount today.
문스 카페에서 오늘 할인 중이야.
B: ② I know. I'm planning to stop by after school.
알아. 방과 후에 들를 계획이야.

10 A: Is his name on the list?
그의 이름이 명단에 있어?
B: ① No, I'm not planning to invite him to my party.
아니, 그를 내 파티에 초대할 계획이 아니야.

11 A: Do you think she wants to marry me?
그녀가 나와 결혼하고 싶어 할까?
B: ④ I think so. Are you planning to propose to her?
그럴 거야. 그녀에게 프로포즈 할 계획이야?

12 A: What are you going to do this weekend?
이번 주말에 뭐 할 거야?
B: ③ I'm planning to go camping with my family.
우리 가족과 캠핑을 갈 계획이야.

13 해외로 유학 갈 계획이 아니야.
I'm not planning to go abroad to study.

14 다음 달에 파티를 열 계획이야.
I'm planning to throw a party next month.

15 그 리조트에서 묵을 계획이야?
Are you planning to stay at the resort?

16 ~ 17 A: 이번 주말에 캠핑 하러 갈 계획이야?
Are you planning to go camping this weekend?
B: 아니. 이번 주말에 난 낚시 갈 계획이야.
No. I'm planning to go fishing this weekend.

18 ~ 19 A: 오늘 밤에 밖에 나갈 계획이야?
Are you planning to go out tonight?
B: 아니. 오늘 밤에는 집에 머물 계획이야.
No. I'm planning to stay at home tonight.

20~22 A: 이번 학기에 영어 과목을 수강할 계획이야.
I'm planning to take the English course this semester.
B: 왜? 해외로 유학 갈 계획이야?
Why? Are you planning to go abroad to study?
A: 응. 내년에 뉴욕으로 떠날 계획이야.
Yeah. I'm planning to leave for New York next year.

23 내일부터 다이어트를 할 계획이야?
Are you planning to go on a diet from tomorrow?

24 그들에게 저녁을 대접할 계획이야.
I'm planning to treat them to dinner.

25 오늘은 운전해서 집에 갈 계획이 아니야.
I'm not planning to drive home today.

Day 51 I know how to ~.

어떻게 ~하는지 알아.

정답

1 I know how to **2** Do you know how to **3** I don't know how to **4** Do you know how to **5** I don't know how to **6** how to copy **7** how to replace **8** how to set up **9** how to set up **10** Don't worry. I know how to handle this situation. **11** Oh, I know how to get to his office. Come with me! **12** We should call Tom. I don't know how to change the bulb. **13** Do you know how to subscribe to the magazine? **14** I don't know how to get to the hospital **15** Do you know how to use the dishwasher **16** I know how to install the monitor **17** Do you know how to fly a plane **18** Do you know how to cook pasta? **19** I know how to cook fish steak **20** Do you know how to fix a leaky pipe? **21** I don't know how to handle this situation. **22** I know how to order food with this app. **23** Do you know how to check in at the airport? **24** I don't know how to use the ATM. **25** Do you know how to get to his office?

해설

1 현금인출기를 어떻게 쓰는지 알아.
I know how to use the ATM.

2 세탁기 어떻게 사용하는지 알아?
Do you know how to use the washing machine?

3 비행기를 어떻게 조종하는지 몰라.
I don't know how to fly a plane.

4 생선 스테이크 어떻게 만드는지 알아?
Do you know how to cook fish steak?

5 물이 새는 파이프를 어떻게 고치는지 몰라.
I don't know how to fix a leaky pipe.

6~7 A: I don't know how to copy the document.
서류를 어떻게 복사하는지 몰라.
B: I can show you. Do you know how to replace the printer toner anyway?
내가 보여줄게. 그나저나 프린터 토너 어떻게 교체하는지 알아?

8~9 A: I don't know how to set up the tent.
텐트를 어떻게 치는지 몰라.
B: It's okay. I know how to set up the tent.
괜찮아. 내가 텐트 어떻게 치는지 알아.

10 A: We're in trouble now.
우리 지금 문제가 생겼어.
B: Don't worry. I know how to handle this situation.
걱정 마. 내가 이 상황을 어떻게 처리하는지 알아.

11 A: I have to go to Jimmy's office. How can I get there?
지미의 사무실에 가야 해. 거기 어떻게 가야 하지?
B: Oh, I know how to get to his office. Come with me!
아, 나 그의 사무실에 어떻게 가는지 알아. 나랑 가자!

12 A: The light went out 5 minutes ago.
전등이 5분 전에 나갔어.
B: We should call Tom. I don't know how to change the bulb.
우리 톰한테 전화해야겠다. 나 전구 어떻게 가는지 몰라.

13 A: This magazine is so nice! I want to subscribe to it.
이 잡지 너무 좋다! 구독하고 싶어.
B: Do you know how to subscribe to the magazine?
그 잡지 어떻게 구독하는지 알아?

14 병원에 어떻게 가는지 몰라.
I don't know how to get to the hospital.

15 식기 세척기 어떻게 사용하는지 알아?
Do you know how to use the dishwasher?

16 모니터 어떻게 설치하는지 알아.
I know how to install the monitor.

17 비행기 어떻게 조종하는지 알아?
Do you know how to fly a plane?

18~19 A: 파스타 어떻게 만드는지 알아?
Do you know how to cook pasta?
B: 응. 생선 스테이크 어떻게 만드는지도 알아.
Yeah. I know how to cook fish steak too.

20~21 A: 물이 새는 파이프를 어떻게 고치는지 알아?
Do you know how to fix a leaky pipe?
B: 아니. 이 상황을 어떻게 해결할지 모르겠어.
No. I don't know how to handle this situation.

22 이 앱으로 음식 어떻게 주문하는지 알아.
I know how to order food with this app.

23 공항에서 탑승 수속 어떻게 하는지 알아?
Do you know how to check in at the airport?

24 현금인출기를 어떻게 쓰는지 몰라.
I don't know how to use the ATM.

25 그의 사무실에 어떻게 가는지 알아?
Do you know how to get to his office?

Day 52 You'll have to ~.

너 ~해야 할 거야.

정답

1 You'll have to **2** You won't have to **3** Will I have to **4** You won't have to **5** Will I have to **6** get used to being alone **7** have to work late **8** have to wait in line **9** ② I know. You'll have to stay indoors tomorrow. **10** ③ I don't think so. You won't have to make a reservation. **11** ④ Sounds good! Will I have to get my parents' permission? **12** ① Oh, that's too bad. Will I have to cancel the reservation? **13** won't have to **14** to reboot **15** You'll **16** Will I have to make **17** You'll have to wait in line **18** Will I have to retake **19** You'll have to retake **20** You'll have to hurry to catch the bus. **21** Will I have to take the subway **22** you'll have to wait long **23** You won't have to stay up late **24** You'll have to cancel the reservation. **25** Will I have to work late

해설

1 너 시스템을 재부팅해야 할 거야.
You'll have to reboot the system.

2 너 점심값 내지 않아도 될 거야.
You won't have to pay for lunch.

3 내가 그의 태도에 익숙해져야 할까?
Will I have to get used to his attitude?

4 너 재시험을 보지 않아도 될 거야.
You won't have to retake the test.

5 내가 그 과목을 재수강해야 할까?
Will I have to retake the course?

6 You'll have to get used to being alone.
너 혼자 있는 것에 익숙해져야 할 거야.

7 You won't have to work late today.
너 오늘 늦게까지 일하지 않아도 될 거야.

8 Will I have to wait in line here?
내가 여기서 줄 서서 기다려야 할까?

9 A: It'll be really hot and humid tomorrow.
내일 정말 덥고 습할 거야.
B: ② I know. You'll have to stay indoors tomorrow.
알아. 너 내일 실내에 머물러야 할 거야.

10 A: Should I book the restaurant for tonight?
내가 오늘 밤 그 식당을 예약해야 하나?
B: ③ I don't think so. You won't have to make a reservation.
아닐 거야. 너 예약하지 않아도 될 거야.

11 A: Let's go camping this weekend!
이번 주말에 캠핑 가자!
B: ④ Sounds good! Will I have to get my parents' permission?
좋아! 내가 부모님의 허락을 받아야 할까?

12 A: I'm sorry. I'm not sure I can have dinner with you tomorrow.
미안. 내일 너와 저녁 먹을 수 있을지 모르겠어.
B: ① Oh, that's too bad. Will I have to cancel the reservation?
아, 아쉽다. 내가 예약을 취소해야 할까?

13 너 다음 주에 학교에 가지 않아도 될 거야.
You won't have to go to school next week.

14 내가 시스템을 재부팅해야 할까?
Will I have to reboot the system?

15 너 이번 주에는 점심값 내야 할 거야.
You'll have to pay for lunch this week.

16 ~ 17 A: 내가 예약을 해야 할까?
Will I have to make a reservation?
B: 아니. 너 여기서 줄을 서서 기다려야 할 거야.
No. You'll have to wait in line here.

18 ~ 19 A: 내가 재시험을 봐야 할까?
Will I have to retake the test?
B: 아니. 너 그 과목 재수강해야 할 거야.
No. You'll have to retake the course.

20 ~ 22 A: 너 버스 타려면 서둘러야 할 거야.
You'll have to hurry to catch the bus.
B: 제시간에 도착하려면 지하철을 타야 할까?
Will I have to take the subway to make it on time?
A: 응. 아니면 버스 정류장에서 오래 기다려야 할 거야.
Yeah. Or you'll have to wait long at the bus stop.

23 너 오늘 밤 늦게까지 깨어 있지 않아도 될 거야.
You won't have to stay up late tonight.

24 너 예약을 취소해야 할 거야.
You'll have to cancel the reservation.

25 내가 오늘 늦게까지 일해야 할까?
Will I have to work late today?

Day 53 I'm supposed to ~.

난 ~하기로 되어 있어.

정답

1 I'm supposed to **2** Are you supposed to **3** I'm not supposed to **4** Are you supposed to **5** I'm not supposed to **6** to feed your cat **7** to feed my cat **8** to work this weekend **9** to be at work by 9 **10** I can't. I'm supposed to do the laundry this evening. **11** Sorry. I'm not supposed to eat junk food. **12** I'll check it out later. I'm not supposed to listen to music while working. **13** Oh, I'm supposed to be done with this report by tomorrow. **14** I'm not supposed to park here in the morning **15** Are you supposed to give a presentation **16** I'm not supposed to be here without notice **17** I'm supposed to clean up the office today **18** Are you supposed to do the laundry today? **19** I'm supposed to wash the dishes today. **20** Are you supposed to attend the meeting tomorrow? **21** I'm supposed to give a presentation tomorrow. **22** Are you supposed to park here in the morning? **23** I'm supposed to do the homework by tomorrow. **24** Are you supposed to pay the rent by tomorrow? **25** I'm supposed to have a job interview next week.

해설

1 난 내일까지 집세를 내기로 되어 있어.
I'm supposed to pay the rent by tomorrow.

2 너 설거지하기로 되어 있니?
Are you supposed to wash the dishes?

3 난 누구에게도 이걸 말하면 안 돼.
I'm not supposed to tell anyone about this.

4 너 내일까지 숙제하기로 되어 있니?
Are you supposed to do the homework by tomorrow?

5 난 밤 늦게 먹으면 안 돼.
I'm not supposed to eat late at night.

6~7 A: Are you supposed to feed your cat every day?
너 매일 네 고양이에게 밥을 주기로 되어 있니?
B: No, I'm supposed to feed my cat on weekends.
아니. 난 주말에 고양이에게 밥을 주기로 되어 있어.

8~9 A: Are you supposed to work this weekend?
너 이번 주말에 일하기로 되어 있니?
B: Yes. I'm supposed to be at work by 9 on Saturday.
응. 난 토요일 9시까지 출근하기로 되어 있어.

10 A: How about going shopping after school?
방과 후에 쇼핑 가는 거 어때?
B: I can't. I'm supposed to do the laundry this evening.
안 돼. 나 오늘 저녁에 빨래하기로 되어 있어.

11 A: I'm getting hungry. Let's have pizza.
배고파진다. 우리 피자 먹자.
B: Sorry. I'm not supposed to eat junk food.
미안. 나 정크 푸드를 먹으면 안 돼.

12 A: Have you heard this song? It's hot these days.
이 노래 들어 봤어? 요즘 유행이야.
B: I'll check it out later. I'm not supposed to listen to music while working.
나중에 확인해 볼게. 난 일하는 동안 음악을 들으면 안 돼.

13 A: Why are you so busy?
너 왜 그렇게 바빠?
B: Oh, I'm supposed to be done with this report by tomorrow.
아, 나 내일까지 이 보고서 끝내게 되어 있어.

14 난 오전에 여기에 주차하면 안 돼.
I'm not supposed to park here in the morning.

15 너 프레젠테이션을 하기로 되어 있니?
Are you supposed to give a presentation?

16 난 말없이 여기에 오면 안 돼.
I'm not supposed to be here without notice.

17 난 오늘 사무실을 청소하기로 되어 있어.
I'm supposed to clean up the office today.

18~19 A: 너 오늘 빨래하기로 되어 있니?
Are you supposed to do the laundry today?
B: 아니. 난 오늘 설거지하기로 되어 있어.
No. I'm supposed to wash the dishes today.

20~21 A: 너 내일 그 회의에 참석하기로 되어 있니?
Are you supposed to attend the meeting tomorrow?
B: 응. 내일 프레젠테이션을 하기로 되어 있어.
Yes. I'm supposed to give a presentation tomorrow.

22 너 오전에 여기에 주차하기로 되어 있니?
Are you supposed to park here in the morning?

23 난 내일까지 숙제하기로 되어 있어.
I'm supposed to do the homework by tomorrow.

24 너 내일까지 집세를 내기로 되어 있니?
Are you supposed to pay the rent by tomorrow?

25 난 다음 주에 취업 면접을 보기로 되어 있어.
I'm supposed to have a job interview next week.

Day 54 I told you I wanted to ~.

내가 ~하고 싶다고 했잖아.

정답

1 I told you I wanted to **2** Did you tell me you wanted to **3** I told you I didn't want to **4** Did you tell me you wanted to **5** I told you I wanted to **6** you wanted to eat something good **7** to eat steak **8** didn't want to eat steak **9** you wanted to buy **10** want to buy anything **11** Yes, I told you I wanted to make a lot of money. **12** I told you I didn't want to go to the sea in the winter. **13** Well, I told you I wanted to eat something good. **14** No, I told you I wanted to study abroad after graduation. **15** I told you I wanted to hang out with my friends **16** I told you I didn't want to eat anything **17** Did you tell me you wanted to get a refund **18** Did you tell me you wanted to get a job? **19** I told you I wanted to make money **20** I told you I wanted to go on a trip **21** I told you I wanted to meet my friends **22** I told you I wanted to do the homework **23** Did you tell me you wanted to take a taxi **24** I told you I wanted to eat something good. **25** I told you I didn't want to meet him

해설

1 나 택시 타고 싶다고 했잖아.
I told you I wanted to take a taxi.

2 너 바다에 가고 싶다고 말했었니?
Did you tell me you wanted to go to the sea?

3 나 여행 가고 싶지 않다고 했잖아.
I told you I didn't want to go on a trip.

4 너 그녀와 얘기하고 싶다고 말했었니?
Did you tell me you wanted to talk to her?

5 나 일을 그만두고 싶다고 했잖아.
I told you I wanted to quit my job.

6~8 A: Did you tell me you wanted to eat something good?
너 뭔가 맛있는 걸 먹고 싶다고 말했었니?
B: Yes. I told you I wanted to eat steak.
응. 나 스테이크 먹고 싶다고 했잖아.
A: Oh, I told you I didn't want to eat steak for dinner.
아, 난 저녁으로 스테이크를 먹고 싶지 않다고 했잖아.

9~10 A: Did you tell me you wanted to buy a new one?
너 새로운 걸 사고 싶다고 말했었니?
B: No, I told you I didn't want to buy anything.
아니, 난 아무것도 사고 싶지 않다고 했잖아.

11 A: Do you want to make money?
너 돈을 벌고 싶니?
B: Yes, I told you I wanted to make a lot of money.
응, 나 돈을 많이 벌고 싶다고 했잖아.

12 A: Let's go to the sea this winter.
이번 겨울에 바다에 가자.
B: I told you I didn't want to go to the sea in the winter.
나 겨울엔 바다에 가고 싶지 않다고 했잖아.

13 A: What do you want for dinner? Salad or a hamburger?
저녁으로 뭐 먹고 싶어? 샐러드나 햄버거?
B: Well, I told you I wanted to eat something good.
음, 나 뭔가 맛있는 걸 먹고 싶다고 했잖아.

14 A: Are you going to get a job after graduation?
너 졸업 후에 직장을 구할 거니?
B: No, I told you I wanted to study abroad after graduation.
아니, 나 졸업 후에 유학 가고 싶다고 했잖아.

15 내가 친구와 놀고 싶다고 했잖아.
I told you I wanted to hang out with my friends.

16 아무것도 먹고 싶지 않다고 했잖아.
I told you I didn't want to eat anything.

17 너 환불 받고 싶다고 말했었니?
Did you tell me you wanted to get a refund?

18~19 A: 너 취직하고 싶다고 말했었니?
Did you tell me you wanted to get a job?
B: 응. 당장 돈을 벌고 싶다고 했잖아.
Yeah. I told you I wanted to make money right now.
A: 아, 그럼 이 회사에 지원해 봐.
Oh, you'd better apply to this company then.

20~21 A: 내가 이번 주말에 여행 가고 싶다고 했잖아.
I told you I wanted to go on a trip this weekend.
B: 안 돼. 내가 주말에 친구들 만나고 싶다고 했잖아.
We can't. I told you I wanted to meet my friends this weekend.

22 내가 숙제는 나중에 하고 싶다고 했잖아.
I told you I wanted to do the homework later.

23 너 택시로 출근하고 싶다고 말했었니?
Did you tell me you wanted to take a taxi to work?

24 내가 뭔가 맛있는 거 먹고 싶다고 했잖아.
I told you I wanted to eat something good.

25 내가 파리에서 그를 만나고 싶지 않다고 했잖아.
I told you I didn't want to meet him in Paris.

Day 55 I have decided to ~.

난 ~하기로 했어.

정답

1 I have decided to **2** Have you decided to **3** I have decided not to **4** I have decided to **5** I have decided not to **6** to have a party **7** not to wear a uniform **8** to ask her out **9** ② Not bad, but I have decided to refuse the job offer. **10** ④ I won't. I have decided not to go out with him. **11** ① Oh, have you decided to consider his offer? **12** ③ No. I have decided not to move to the house. **13** decided not **14** to do **15** decided **16** Have you decided to lose **17** I have decided to go on a diet **18** I have decided to buy **19** Have you decided to buy a cheaper **20** Have you decided to move to the house? **21** I have decided to take a day off **22** I have decided to take a day off **23** I have decided to stay up all night. **24** Have you decided to give it a try? **25** I have decided not to go on a diet.

해설

1 난 한번 시도해 보기로 했어.
I have decided to give it a try.

2 너 온라인으로 옷을 사기로 했어?
Have you decided to buy clothes online?

3 난 밤을 새우지 않기로 했어.
I have decided not to stay up all night.

4 난 더 싼 걸로 사기로 했어.
I have decided to buy a cheaper one.

5 난 그녀를 고용하지 않기로 했어.
I have decided not to hire her.

6 I have decided to have a party for my son.
난 내 아들을 위한 파티를 열기로 했어.

7 I have decided not to wear a uniform at work.
난 회사에서 유니폼을 입지 않기로 했어.

8 Have you decided to ask her out?
그녀에게 데이트 신청하기로 했어?

9 A: What do you think about the job offer?
그 일자리 제안에 대해 어떻게 생각해?
B: ② Not bad, but I have decided to refuse the job offer.
나쁘지 않아, 하지만 난 그 일자리 제안을 거절하기로 했어.

10 A: When will you meet James?
너 제임스 언제 만날 거야?
B: ④ I won't. I have decided not to go out with him.
안 만날 거야. 난 그와 사귀지 않기로 했어.

11 A: I need more time to think about the offer.
나 그 제안에 대해 생각할 시간이 더 필요해.
B: ① Oh, have you decided to consider his offer?
아, 그의 제안을 고려해 보기로 했어?

12 A: Are you going to move?
너 이사 갈 거야?
B: ③ No. I have decided not to move to the house.
아니. 그 집으로 이사 가지 않기로 했어.

13 난 더 이상 그것에 대해 논의하지 않기로 했어.
I have decided not to discuss it anymore.

14 난 이 프로젝트를 위해 최선을 다하기로 했어.
I have decided to do my best for this project.

15 너 직원들에게 보너스를 주기로 했어?
Have you decided to give a bonus to the staff?

16 ~ 17 A: 저녁으로 샐러드? 너 몸무게 줄이기로 했어?
Salad for dinner? Have you decided to lose weight?
B: 응, 나 오늘부터 다이어트 하기로 했어.
Yes, I have decided to go on a diet from today.

18 ~ 19 A: 나 온라인으로 그거 사기로 했어.
I have decided to buy it online.
B: 온라인으로? 더 싼 걸 사기로 한 거야?
Online? Have you decided to buy a cheaper one?

20 ~ 22 A: 너 그 집으로 이사 가기로 했어?
Have you decided to move to the house?
B: 응, 그래서 내일 하루 휴가 내기로 했어.
Yeah, so I have decided to take a day off tomorrow.
A: 잘 됐다. 나도 내일 하루 휴가 내기로 했어.
Good for you. I have decided to take a day off tomorrow too.

23 난 밤을 새우기로 했어.
I have decided to stay up all night.

24 너 한번 시도해 보기로 했어?
Have you decided to give it a try?

25 난 다이어트 하지 않기로 했어.
I have decided not to go on a diet.

Day 56 I really want you to ~.

네가 정말 ~하면 좋겠어.

정답

1 I really want you to **2** Do you really want me to **3** I really don't want you to **4** Do you really want me to **5** I really want you to **6** want me to join you **7** you to be with **8** want me to stick to **9** you to waste your time **10** I really want you to see a doctor. **11** I really want you to stick to the plan. **12** Good luck! I really don't want you to make a mistake. **13** Do you really want me to throw it out? **14** I really don't want you to make a mess of this **15** Do you really want me to call a taxi now **16** I really want you to tell the truth **17** I really don't want you to leave us **18** Do you really want me to tell the truth? **19** I really don't want you to lie to me. **20** Do you really want me to stop smoking? **21** I really want you to stop drinking **22** Do you really want me to deal with this problem? **23** I really want you to join me. **24** I really don't want you to go there. **25** I really want you to throw it out.

해설

1 네가 정말 곧 담배를 끊으면 좋겠어.
I really want you to stop smoking soon.

2 내가 정말 그거 버리면 좋겠어?
Do you really want me to throw it out?

3 네가 정말 더 이상 화내지 않으면 좋겠어.
I really don't want you to get angry anymore.

4 내가 정말 술을 끊으면 좋겠어?
Do you really want me to stop drinking?

5 네가 정말 당장 여기로 오면 좋겠어.
I really want you to come here right now.

6 ~ 7 A: Do you really want me to join you?
내가 정말 너와 함께 가면 좋겠어?
B: Yes. I really want you to be with me.
응. 네가 정말 나와 함께 있으면 좋겠어.

8 ~ 9 A: Do you really want me to stick to the schedule?
내가 일정을 지키면 좋겠어?
B: Yes. I really don't want you to waste your time anymore.
응. 난 네가 더 이상 네 시간을 낭비하지 않으면 좋겠어.

10 A: I'm under the weather today.
나 오늘 몸이 좀 안 좋아.
B: I really want you to see a doctor.
네가 정말 병원에 가면 좋겠어.

11 A: I'm planning to study hard today.
나 오늘 열심히 공부할 계획이야.
B: I really want you to stick to the plan.
네가 정말 그 계획을 지키면 좋겠어.

12 A: I'm going to give a presentation.
나 프레젠테이션 할 거야.
B: Good luck! I really don't want you to make a mistake.
행운을 빌어! 네가 정말 실수하지 않으면 좋겠어.

13 A: I don't need this anymore. Just throw it away.
나 이거 더 이상 필요 없어. 그냥 버려.
B: Do you really want me to throw it out?
내가 정말 이거 버리면 좋겠어?

14 네가 정말 이걸 엉망으로 만들지 않으면 좋겠어.
I really don't want you to make a mess of this.

15 내가 정말 지금 택시를 부르면 좋겠어?
Do you really want me to call a taxi now?

16 네가 정말 사실을 말하면 좋겠어.
I really want you to tell the truth.

17 네가 정말 우리를 떠나지 않으면 좋겠어.
I really don't want you to leave us.

18 ~ 19 A: 내가 정말 사실을 말하면 좋겠어?
Do you really want me to tell the truth?
B: 응. 네가 정말 나에게 거짓말하지 않으면 좋겠어.
Yes. I really don't want you to lie to me.
A: 알겠어 그럼.
Okay then.

20 ~ 21 A: 내가 정말 담배를 끊으면 좋겠어?
Do you really want me to stop smoking?
B: 당연하지! 네가 술도 곧 끊으면 좋겠어.
Of course! I really want you to stop drinking soon too.

22 내가 정말 이 문제를 처리하면 좋겠어?
Do you really want me to deal with this problem?

23 네가 정말 나와 함께 가면 좋겠어.
I really want you to join me.

24 네가 정말 거기로 가지 않으면 좋겠어.
I really don't want you to go there.

25 네가 정말 그걸 버리면 좋겠어.
I really want you to throw it out.

Day 57 I expected you to ~.

네가 ~할 거라고 예상/기대했어.

정답

1 I expected you to **2** Did you expect me to **3** I didn't expect you to **4** Did you expect me to **5** I didn't expect you to **6** you to keep a **7** you to beat him **8** me to call you back **9** ① Honestly, I didn't expect you to agree with me. **10** ④ That's too bad. I expected you to enjoy Chinese food. **11** ② Did you expect me to win the game? **12** ③ I expected you to get tickets for the festival. **13** didn't **14** to take **15** you to **16** I expected you to pick **17** I expected you to take the subway **18** Did you expect me to attend **19** I expected you to celebrate **20** Did you expect me to call you back? **21** I expected you to have a beer **22** I didn't expect you to go home **23** I didn't expect you to retire so early. **24** Did you expect me to order food for lunch? **25** I expected you to take my side.

해설

1 네가 어제 날 방문하기를 기대했어.
I expected you to visit me yesterday.

2 내가 너를 데리러 갈 거라고 예상했어?
Did you expect me to pick you up?

3 네가 그의 파티에 참석할 줄 몰랐어.
I didn't expect you to attend his party.

4 내가 네 생일을 축하하기를 기대했어?
Did you expect me to celebrate your birthday?

5 네가 걸어서 출근할 줄 몰랐어.
I didn't expect you to walk to work.

6 I expected you to keep a secret.
네가 비밀을 지킬 거라고 기대했어.

7 I didn't expect you to beat him in the match.
네가 그 경기에서 그를 이길 줄 몰랐어.

8 Did you expect me to call you back?
내가 너에게 다시 전화할 거라고 기대했어?

9 A: Why are you so surprised?
왜 그렇게 놀라?
B: ① Honestly, I didn't expect you to agree with me.
솔직히, 네가 나에게 동의할 줄 몰랐어.

10 A: I didn't like the Chinese food.
나 중국 음식 안 좋아해.
B: ④ That's too bad. I expected you to enjoy Chinese food.
아쉽다. 네가 중국 음식을 좋아할 거라고 기대했어.

11 A: Haha! You lost again!
하하! 너 또 졌시!
B: ② Did you expect me to win the game?
내가 그 게임에서 이길 거라고 기대했어?

12 A: Why didn't you buy the ticket?
왜 그 티켓 안 샀어?
B: ③ I expected you to get tickets for the festival.
난 네가 페스티벌 티켓을 살 거라고 기대했어.

13 네가 영화 동호회에 가입할 줄 몰랐어.
I didn't expect you to join the movie club.

14 내가 네 편을 들 거라고 예상했어?
Did you expect me to take your side?

15 네가 걸어서 출근할 거라고 예상했어.
I expected you to walk to work.

16 ~ 17 A: 네가 날 데리러 올 거라고 기대했어.
I expected you to pick me up.
B: 미안, 몰랐어. 네가 지하철 타고 출근할 거라고 예상했거든.
Sorry, I didn't know that. I expected you to take the subway to work.

18 ~ 19 A: 내가 네 파티에 참석할 거라고 예상했어?
Did you expect me to attend your party?
B: 응, 네가 내 생일을 축하해 주기를 기대했어.
Yeah, I expected you to celebrate my birthday.
A: 미안. 너무 바빴어.
Sorry. I was too busy.

20 ~ 22 A: 내가 어제 너에게 전화하기를 기대했어?
Did you expect me to call you back?
B: 응. 네가 나와 맥주 한잔하기를 기대했지.
Yes. I expected you to have a beer with me.
A: 미안. 네가 그렇게 일찍 집에 갈 줄 몰랐어.
Sorry. I didn't expect you to go home so early.

23 네가 그렇게 일찍 은퇴할 줄 몰랐어.
I didn't expect you to retire so early.

24 내가 점심 음식을 주문할 거라고 예상했어?
Did you expect me to order food for lunch?

25 네가 내 편을 들 거라고 기대했어.
I expected you to take my side.

Day 58 You should have ~.

~했어야지.

정답

1 You should have **2** Should I have **3** You shouldn't have **4** You should have **5** You shouldn't have **6** have finished this **7** have finished it **8** have cancelled the plan **9** have got up earlier **10** How come? You should have been more careful. **11** I told you! You shouldn't have drunk that much. **12** I'm not feeling good. Should I have called in sick? **13** You shouldn't have believed what he said. **14** You should have replied to my email **15** You shouldn't have yelled at him **16** Should I have said no earlier **17** You should have charged the cellphone **18** Should I have stayed at home? **19** You should have worn warmer clothes. **20** Should I have worked overtime **21** You should have asked me for help. **22** You shouldn't have broken up with her. **23** Should I have sent you the package? **24** You should have believed what he said. **25** Should I have been more careful?

해설

1 이거보단 더 잘 했어야지.
You should have done better than this.

2 내가 더 따뜻하게 입었어야 했니?
Should I have worn warmer clothes?

3 어제 야근하지 말았어야지.
You shouldn't have worked overtime.

4 그녀에게 데이트 신청했어야지.
You should have asked her out.

5 너무 많이 먹지 말았어야지.
You shouldn't have eaten so much.

6 ~ 7 A: Should I have finished this by yesterday?
내가 이거 어제까지 끝내야 했나?
B: Yes. You should have finished it earlier.
응. 더 일찍 끝냈어야지.

8 ~ 9 A: I'm late! Should I have cancelled the plan?
늦었다! 내가 계획을 취소했어야 했나?
B: You should have got up earlier!
더 일찍 일어났어야지!

10 A: I hurt my elbow yesterday.
어제 나 팔꿈치를 다쳤어.
B: How come? You should have been more careful.
어쩌다? 더 조심했어야지.

11 A: I have a terrible hangover.
숙취가 심하네.
B: I told you! You shouldn't have drunk that much.
내가 그랬잖아! 그렇게 많이 마시지 말았어야지.

12 A: You look so tired. Are you okay?
너 피곤해 보여. 괜찮아?
B: I'm not feeling good. Should I have called in sick?
몸이 좀 안 좋네. 병가를 냈어야 했나?

13 A: Henry betrayed me. I'm really shocked now.
헨리가 날 배신했어. 지금 완전 충격 받았어.
B: You shouldn't have believed what he said.
그가 말하는 걸 믿지 말았어야지.

14 내 메일에 회신했어야지.
You should have replied to my email.

15 그에게 소리지르지 말았어야지.
You shouldn't have yelled at him.

16 내가 더 일찍 거절했어야 했니?
Should I have said no earlier?

17 휴대폰 충전을 했어야지.
You should have charged the cellphone.

18 ~ 19 A: 너무 춥다. 집에 있었어야 했나?
It's too cold. Should I have stayed at home?
B: 옷을 더 따뜻하게 입었어야지.
You should have worn warmer clothes.
A: 맞는 말이야.
You're right.

20 ~ 21 A: 일이 너무 많다. 어제 야근을 했어야 했나?
I have so much work to do. Should I have worked overtime yesterday?
B: 나한테 도움을 요청했어야지.
You should have asked me for help.

22 그녀와 헤어지지 말았어야지.
You shouldn't have broken up with her.

23 내가 너에게 소포를 보냈어야 했니?
Should I have sent you the package?

24 그가 하는 말을 믿었어야지.
You should have believed what he said.

25 내가 더 조심했어야 했니?
Should I have been more careful?

Day 59 I mean ~.

내 말은 ~라는 거야.

정답

1 I mean 2 You mean 3 I mean 4 You mean 5 I don't mean 6 look so beautiful 7 we have to give it up 8 you and Lily are going out 9 ② Nothing. I mean I don't want to do anything today. 10 ③ Yes, but I don't mean I'll treat them to lunch. 11 ④ You mean you'll run your own business? 12 ① You mean it's worth trying? 13 mean 14 don't 15 mean 16 I mean you look 17 You mean I look 18 I mean you'll get 19 You mean they adopted 20 I mean it's my fault. 21 I don't mean I'm disappointed in 22 You mean I should apologize to her? 23 I don't mean your style is old-fashioned. 24 I mean you don't have to do anything. 25 You mean you want to go to the sea

해설

1 내 말은 네 아이디어를 채택할 거라는 거야.
I mean I'll adopt your idea.

2 네 말은 우리가 보너스를 받을 거라는 거야?
You mean we'll get a bonus?

3 내 말은 내가 승진할 거라는 거야.
I mean I'll get a promotion.

4 네 말은 우리가 경기에 졌다는 거야?
You mean we lost the game?

5 그게 네 잘못이라는 말은 아니야.
I don't mean it's your fault.

6 I mean you look so beautiful tonight.
내 말은 오늘 밤 너 아주 아름답게 보인다는 거야.

7 I don't mean we have to give it up.
우리가 그걸 포기해야 한다는 말이 아니야.

8 You mean you and Lily are going out?
네 말은 너와 릴리가 사귀고 있다는 거야?

9 A: What are you going to do?
너 뭐 할 거야?
B: ② Nothing. I mean I don't want to do anything today.
없어. 내 말은 오늘 아무것도 하고 싶지 않다는 거야.

10 A: Did you invite your parents for lunch today?
너 오늘 점심에 부모님을 초대했어?
B: ③ Yes, but I don't mean I'll treat them to lunch.
응, 하지만 그들에게 점심을 대접할 거라는 말은 아니야.

11 A: I'll quit my job. I'll do my own thing.
나 직장 그만둘 거야. 난 나만의 것을 할 거야.
B: ④ You mean you'll run your own business?
네 말은 네가 사업을 하겠다는 거야?

12 A: Don't give up. It'll be good for you.
포기하지 마. 너에게 도움이 될 거야.
B: ① You mean it's worth trying?
네 말은 그게 시도할 가치가 있다는 거야?

13 내 말은 머리를 새로 하고 싶다는 거야.
I mean I want to change my hairstyle.

14 네가 일을 그만둬야 한다는 말은 아니야.
I don't mean you have to quit your job.

15 네 말은 네가 아침형 인간이라는 거야?
You mean you're a morning person?

16 ~ 17 A: 무슨 일이 있었던 거야? 내 말은 오늘 너 달라 보인다는 거야.
What happened to you? I mean you look different today.
B: 네 말은 오늘 내가 아름다워 보인다는 거지? 고마워.
You mean I look beautiful today? Thanks.

18 ~ 19 A: 축하해! 내 말은 네가 곧 보너스를 받을 거라는 거야!
Congratulations! I mean you'll get a bonus soon!
B: 뭐? 네 말은 그들이 내 아이디어를 채택했다는 거야?
What? You mean they adopted my idea?
A: 바로 그거지!
Exactly!

20 ~ 22 A: 내가 그녀의 안경을 부러뜨렸어. 내 말은 그건 내 잘못이라는 거야.
I broke her glasses. I mean it's my fault.
B: 안타깝네, 그렇다고 너에게 실망했다는 말은 아니야.
That's too bad, but I don't mean I'm disappointed in you.
A: 알아. 네 말은 내가 그녀에게 사과해야 한다는 거지?
I know. You mean I should apologize to her?

23 네 스타일이 구식이라는 말은 아니야.
I don't mean your style is old-fashioned.

24 내 말은 네가 아무것도 할 필요 없다는 거야.
I mean you don't have to do anything.

25 네 말은 오늘 바다에 가고 싶다는 거야?
You mean you want to go to the sea today?

Day 60 It seems like ~.

~인 것 같아.

정답

1 It seems like **2** Does it seem like **3** It doesn't seem like **4** It seems like **5** It doesn't seem like **6** seem like he's under **7** like he has **8** seem like they're **9** seems like they need **10** I'm on a diet. It seems like I've gained weight recently. **11** Yes. It doesn't seem like the rain is going to stop soon. **12** Why? Does it seem like he's making a lot of money? **13** I don't think so. It doesn't seem like he cares about his students. **14** It seems like she's having a tough time **15** It doesn't seem like she's making an effort **16** Does it seem like he's lost weight **17** It seems like everyone's buying the book **18** Does it seem like she's having fun? **19** It seems like she's getting drunk. **20** It seems like everyone's impressed by his song. **21** It seems like everyone's buying his album. **22** It doesn't seem like they'll make a good decision. **23** Does it seem like the rumor is going around? **24** It seems like they're starving. **25** It doesn't seem like he's upset.

해설

1 그가 조금 화가 난 것 같아.
It seems like he's a little bit upset.

2 그녀가 점점 취하고 있는 것 같아?
Does it seem like she's getting drunk?

3 그녀가 즐기고 있는 것 같지 않아.
It doesn't seem like she's having fun.

4 너 선택의 여지가 없는 것 같아.
It seems like you have no choice.

5 그가 운전을 잘하는 것 같지 않아.
It doesn't seem like he drives well.

6~7 A: Does it seem like he's under the weather?
그가 몸이 안 좋은 것 같아?
B: Yes. It seems like he has a headache.
응. 그가 두통이 있는 것 같아.

8~9 A: Does it seem like they're starving?
그들이 배가 많이 고픈 것 같아?
B: Yeah. It seems like they need food.
응. 그들은 음식이 필요한 것 같아.

10 A: Why don't you eat anything?
왜 아무것도 안 먹어?
B: I'm on a diet. It seems like I've gained weight recently.
나 다이어트 중이야. 나 최근에 몸무게가 는 것 같아.

11 A: Do I need an umbrella?
나 우산 필요할까?
B: Yes. It doesn't seem like the rain is going to stop soon.
응. 비가 금방 그칠 것 같지 않아.

12 A: Can I borrow some money from him?
내가 그에게 돈을 좀 빌릴 수 있을까?
B: Why? Does it seem like he's making a lot of money?
왜? 그가 돈을 많이 벌고 있는 것 같아?

13 A: Do you think he's a good teacher?
그가 좋은 선생님 같아?
B: I don't think so. It doesn't seem like he cares about his students.
아닌 것 같아. 그가 학생들에 관심을 갖는 것 같지 않아.

14 그녀가 힘든 시간을 보내고 있는 것 같아.
It seems like she's having a tough time.

15 그녀가 노력하고 있는 것 같지 않아.
It doesn't seem like she's making an effort.

16 그가 살이 빠진 것 같아?
Does it seem like he's lost weight?

17 모두가 그 책을 사는 것 같아.
It seems like everyone's buying the book.

18~19 A: 그녀가 즐기고 있는 것 같아?
Does it seem like she's having fun?
B: 응. 그녀가 점점 취하고 있는 것 같아.
Yeah. It seems like she's getting drunk.
A: 조심해야겠는걸.
She'd better be careful.

20~21 A: 모두가 그의 노래에 감명받은 것 같아.
It seems like everyone's impressed by his song.
B: 그러니까. 모두가 그의 앨범을 사는 것 같아.
I know. It seems like everyone's buying his album.

22 그들이 좋은 결정을 내릴 것 같지 않아.
It doesn't seem like they'll make a good decision.

23 그 소문이 퍼지고 있는 것 같아?
Does it seem like the rumor is going around?

24 그들이 매우 배고픈 것 같아.
It seems like they're starving.

25 그가 화가 난 것 같지는 않아.
It doesn't seem like he's upset.

Day 61 It looks like ~.

~인 것처럼 보여. / ~인 것 같네.

정답

1 It looks like **2** Does it look like **3** It looks like **4** It doesn't look like **5** Does it look like **6** you're stressed out **7** you slept well **8** she caught a cold **9** ② Tomorrow. It doesn't look like I can meet the deadline. **10** ④ Yeah. It doesn't look like it's going to clear up. **11** ① She's in the hospital. It looks like she had an accident. **12** ③ I don't think so. It looks like he's a liar. **13** doesn't **14** look like **15** It looks **16** Does it look like it's going **17** It looks like it'll be freezing **18** Does it look like she's a winner **19** It looks like she worked out **20** It looks like she caught a cold. **21** It doesn't look like the medicine works. **22** It looks like she should see a doctor. **23** It doesn't look like she's ready to go. **24** It looks like you slept well. **25** Does it look like she's on a vacation?

해설

1 또 내가 우승자인 것 같네.
It looks like I'm a winner again.

2 그 계획이 가능한 것처럼 보여?
Does it look like the plan is possible?

3 그 약이 효과가 좋은 것 같네.
It looks like the medicine works well.

4 그가 해낼 것처럼 보이지 않아.
It doesn't look like he'll make it.

5 나 운동 많이 한 것처럼 보여?
Does it look like I worked out a lot?

6 It looks like you're stressed out.
너 스트레스 받는 것처럼 보여.

7 It doesn't look like you slept well.
너 잘 잔 것처럼 보이지 않아.

8 Does it look like she caught a cold?
그녀가 감기에 걸린 것처럼 보여?

9 A: When is the deadline?
마감이 언제야?
B: ② Tomorrow. It doesn't look like I can meet the deadline.
내일. 내가 마감을 맞출 수 있을 것 같지 않아.

10 A: It's very cloudy today.
오늘 날이 엄청 흐리다.
B: ④ Yeah. It doesn't look like it's going to clear up.
응. 날씨가 갤 것처럼 보이지 않아.

11 A: What happened to Amy? She didn't answer the phone.
에이미에게 무슨 일이 있었어? 그녀가 전화를 받지 않았어.
B: ① She's in the hospital. It looks like she had an accident.
그녀는 입원 중이야. 그녀가 사고를 당한 것처럼 보여.

12 A: Do you think he's telling the truth?
그가 진실을 말하고 있는 것 같아?
B: ③ I don't think so. It looks like he's a liar.
아닌 것 같아. 그가 거짓말쟁이인 것처럼 보여.

13 그 일이 일어날 것 같지 않아.
It doesn't look like that'll happen.

14 그가 네 말을 이해한 것 같아?
Does it look like he understood what you meant?

15 이번 주 내내 더울 것 같아.
It looks like it'll be hot all this week.

16 ~ 17 A: 곧 눈이 올 것처럼 보여?
Does it look like it's going to snow soon?
B: 응. 이번 주 내내 엄청 추울 것 같네.
Yes. It looks like it'll be freezing all this week.

18 ~ 19 A: 또 그녀가 우승자인 것 같지?
Does it look like she's a winner again?
B: 응. 그녀가 운동을 많이 한 것 같네.
Yeah. It looks like she worked out a lot.

20 ~ 22 A: 네 여동생 괜찮아? (그녀가) 감기에 걸린 것처럼 보여.
Is your sister okay? It looks like she caught a cold.
B: 안 괜찮아. 약이 효과가 있는 것 같지 않아.
No, she's not. It doesn't look like the medicine works.
A: 저런. (그녀가) 병원에 가 봐야 할 것 같은데.
That's too bad. It looks like she should see a doctor.

23 그녀가 갈 준비가 된 것 같지 않아.
It doesn't look like she's ready to go.

24 너 잘 잔 것처럼 보이네.
It looks like you slept well.

25 그녀가 휴가 중인 것 같아?
Does it look like she's on a vacation?

Day 62 I'm sure that ~.

~라고 확신해. / ~이 확실해.

정답

1 I'm sure that **2** I'm not sure that **3** Are you sure that **4** I'm not sure that **5** Are you sure that **6** that I can trust **7** that you got him wrong **8** that this is right **9** everything will be all right **10** Yes. I'm sure that she'll say yes to my proposal. **11** I didn't know that! Are you sure that he's married? **12** Are you sure that it won't take long? **13** Are you sure that she's interested in his offer? **14** I'm sure that you'll make up for it **15** I'm not sure that she remembers it **16** I'm not sure that this work is worth it **17** Are you sure that the recipe is simple **18** I'm not sure that she's interested in my offer. **19** I'm sure that she'll like it. **20** Are you sure that he'll succeed in business? **21** I'm sure that he'll make it. **22** I'm sure that he was satisfied with your choice. **23** Are you sure that this is right? **24** I'm sure that it won't take long. **25** Are you sure that she'll make up for it?

해설

1 그가 사업에 성공할 거라고 확신해.
I'm sure that he'll succeed in business.

2 그녀가 회복할지 확신이 없어.
I'm not sure that she'll get better.

3 그가 그걸 좋아할 거라고 확신해?
Are you sure that he'll like it?

4 그가 거기 가 본 적 있는지 모르겠어.
I'm not sure that he's been there.

5 그녀가 거짓말을 하고 있다고 확신해?
Are you sure that she's lying?

6 ~ 7 A: I'm not sure that I can trust him.
그가 믿을 수 있는지 확신이 없어.
B: You can trust him. I'm sure that you got him wrong.
그를 믿어도 돼. 네가 그를 오해한 게 확실해.

8 ~ 9 A: I'm not sure that this is right.
이게 맞는 건지 확신이 없어.
B: Don't worry. I'm sure that everything will be all right.
걱정 마. 모든 게 괜찮아질 거라고 확신해.

10 A: Will you propose to her tomorrow?
내일 그녀에게 프로포즈 할 거야?
B: Yes. I'm sure that she'll say yes to my proposal.
응. 그녀가 내 프로포즈를 받을 거라고 확신해.

11 A: Did you know Chris is married?
크리스가 결혼한 거 알고 있었어?
B: I didn't know that! Are you sure that he's married?
몰랐어! 그가 결혼한 거 확실해?

12 A: Wait a minute here. I'll be right back.
여기서 잠깐 기다려. 나 금방 돌아올게.
B: Are you sure that it won't take long?
오래 걸리지 않는다고 확신해?

13 A: She said she liked his offer.
그녀가 그의 제안이 좋다고 했어.
B: Are you sure that she's interested in his offer?
그녀가 그의 제안에 관심있는 거 확신해?

14 네가 그걸 만회할 거라고 확신해.
I'm sure that you'll make up for it.

15 그녀가 그걸 기억하는지 모르겠어.
I'm not sure that she remembers it.

16 이 일이 그만한 가치가 있는지 모르겠어.
I'm not sure that this work is worth it.

17 그 레시피 간단한 거 확실해?
Are you sure that the recipe is simple?

18 ~ 19 A: 그녀가 내 제안에 관심이 있을지 모르겠어.
I'm not sure that she's interested in my offer.
B: 걱정 마. 그녀가 좋아할 거라고 확신해.
Don't worry. I'm sure that she'll like it.
A: 고마워.
Thanks.

20 ~ 21 A: 그가 사업에 성공할 거라고 확신해?
Are you sure that he'll succeed in business?
B: 응, 그가 해낼 거라고 확신해.
Yes, I'm sure that he'll make it.

22 그가 네 선택에 만족했다고 확신해.
I'm sure that he was satisfied with your choice.

23 이게 맞다고 확신해?
Are you sure that this is right?

24 시간이 오래 걸리지 않을 거라고 확신해.
I'm sure that it won't take long.

25 그녀가 그걸 만회할 거라고 확신해?
Are you sure that she'll make up for it?

Day 63 I wanna know ~.

~을 알고 싶어.

정답

1 I wanna know **2** I don't wanna know **3** Do you wanna know **4** I don't wanna know **5** Do you wanna know **6** how you tell them apart **7** what time you woke up **8** who answered the phone **9** ② No. I wanna know who won the race. **10** ④ I knew it. I don't wanna know why he rejected the offer. **11** ① Yes. Do you wanna know where the party is? **12** ③ It's okay. I wanna know when you'll finish it. **13** know **14** how **15** Do **16** Do you wanna know where **17** I wanna know how much **18** Do you wanna know who **19** I wanna know when **20** I wanna know why they broke up. **21** I don't wanna know why they broke up. **22** I wanna know what he said **23** I don't wanna know where they're living. **24** I wanna know which one is the best. **25** Do you wanna know what will be of help?

해설

1 이거 어디서 살 수 있는지 알고 싶어.
I wanna know where I can get this.

2 그가 뭐라고 했는지 알고 싶지 않아.
I don't wanna know what he said.

3 언제 회의가 시작하는지 알고 싶어?
Do you wanna know when the meeting starts?

4 누가 다음 관리자가 될지 알고 싶지 않아.
I don't wanna know who the next manager will be.

5 이거 얼마인지 알고 싶어?
Do you wanna know how much this is?

6 I wanna know how you tell them apart.
네가 그들을 어떻게 구별하는지 알고 싶어.

7 I don't wanna know what time you woke up.
네가 몇 시에 일어났는지 알고 싶지 않아.

8 Do you wanna know who answered the phone?
누가 전화를 받았는지 알고 싶어?

9 A: Did you watch the race?
너 그 경기 봤어?
B: ② No. I wanna know who won the race.
아니. 누가 경기에서 우승했는지 알고 싶어.

10 A: I heard he rejected the offer.
그가 그 제안을 거절했다고 들었어.
B: ④ I knew it. I don't wanna know why he rejected the offer.
그럴 줄 알았어. 그가 그 제안을 왜 거절했는지는 알고 싶지 않아.

11 A: Is Vikki's birthday party tomorrow?
비키의 생일 파티가 내일인가?
B: ① Yes. Do you wanna know where the party is?
응. 파티가 어디서 하는지 알고 싶어?

12 A: Sorry, I didn't finish this yet.
미안, 이거 아직 못 끝냈어.
B: ③ It's okay. I wanna know when you'll finish it.
괜찮아. 네가 언제 끝낼지 알고 싶어.

13 그들이 뭘 선택했는지 알고 싶어.
I wanna know what they chose.

14 그녀가 어떻게 거기에 갔는지 알고 싶지 않아.
I don't wanna know how she got there.

15 뭐가 도움이 될지 알고 싶어?
Do you wanna know what will be of help?

16 ~ 17 A: 이거 어디서 살 수 있는지 알고 싶어?
Do you wanna know where you can get this?
B: 응. 얼마인지도 알고 싶어.
Yes. I wanna know how much this is too.

18 ~ 19 A: 누가 다음 관리자가 될지 알고 싶어?
Do you wanna know who the next manager will be?
B: 아니. 새 관리자가 언제 여기 오는지 알고 싶어.
No. I wanna know when the new manager comes here.

20 ~ 22 A: 그들이 왜 헤어졌는지 알고 싶어.
I wanna know why they broke up.
B: 난 그들이 왜 헤어졌는지 알고 싶지 않아.
I don't wanna know why they broke up.
A: 음, 그가 그녀에게 뭐라고 했는지 알고 싶어.
Well, I wanna know what he said to her.

23 그들이 어디에 살고 있는지 알고 싶지 않아.
I don't wanna know where they're living.

24 어떤 게 최고인지 알고 싶어.
I wanna know which one is the best.

25 뭐가 도움이 될지 알고 싶어?
Do you wanna know what will be of help?

Day 64 I wonder why ~.

왜 ~인지 궁금해.

정답

1 I wonder why **2** I don't wonder why **3** Do you wonder why **4** I don't wonder why **5** Do you wonder why **6** skips lunch every day **7** she wants to lose weight **8** didn't bring his girlfriend **9** he wants to be alone **10** Is he? I wonder why he's in a good mood. **11** No. I don't wonder why you're still single. **12** Yes. Do you wonder why I changed my mind? **13** I wonder why she worries so much. **14** I don't wonder why they moved to the city **15** I wonder why my name isn't on the list **16** Do you wonder why it's taking so long **17** I don't wonder why he never gives up **18** I wonder why he's in a bad mood. **19** I wonder why they broke up. **20** I wonder why she was late today. **21** I wonder why she stayed up all night. **22** I don't wonder why she skipped the class. **23** Do you wonder why I don't talk to you **24** I wonder why you're still single. **25** Do you wonder why he wants to be alone?

해설

1 그녀가 왜 매일 늦는지 궁금해.
I wonder why she's late every day.

2 그가 왜 기분이 안 좋은지 궁금하지 않아.
I don't wonder why he's in a bad mood.

3 그가 너에게 왜 자꾸 전화하는지 궁금해?
Do you wonder why he keeps calling you?

4 네가 왜 밤을 새웠는지 궁금하지 않아.
I don't wonder why you stayed up all night.

5 내가 왜 너에게 답장 안 했는지 궁금해?
Do you wonder why I didn't reply to you?

6 ~ 7 A: I wonder why she skips lunch every day.
그녀가 왜 매일 점심을 건너 뛰는지 궁금해.
B: She's on a diet. I wonder why she wants to lose weight.
그녀는 다이어트 중이야. 그녀가 왜 몸무게를 줄이고 싶어 하는지 궁금해.

8 ~ 9 A: Do you wonder why he didn't bring his girlfriend?
그가 왜 여자친구를 안 데리고 왔는지 궁금해?
B: Yes. I wonder why he wants to be alone.
응. 그가 왜 혼자 있고 싶어 하는지 궁금해.

10 A: He's in a good mood today.
그가 오늘 기분이 좋아 보이네.
B: Is he? I wonder why he's in a good mood.
그래? 그가 왜 기분이 좋은지 궁금하네.

11 A: I'm not married. Do you know why?
나 결혼 안 했어. 왜인지 알아?
B: No. I don't wonder why you're still single.
아니. 네가 왜 아직 혼자인지 궁금하지 않아.

12 A: Did you change your mind?
마음을 바꿨어?
B: Yes. Do you wonder why I changed my mind?
응. 내가 왜 마음을 바꿨는지 궁금해?

13 A: She worries about everything.
그녀는 모든 것에 대해 걱정해.
B: I wonder why she worries so much.
그녀가 왜 그렇게 걱정을 많이 하는지 궁금해.

14 그들이 왜 도시로 이사 갔는지 궁금하지 않아.
I don't wonder why they moved to the city.

15 내 이름이 왜 명단에 없는지 궁금해.
I wonder why my name isn't on the list.

16 그게 왜 그렇게 오래 걸리는지 궁금해?
Do you wonder why it's taking so long?

17 왜 그가 절대 포기하지 않는지 궁금하지 않아.
I don't wonder why he never gives up.

18 ~ 19 A: 그가 왜 기분이 안 좋은지 궁금해.
I wonder why he's in a bad mood.
B: 릴리와 헤어졌어. 그들이 왜 헤어졌는지 궁금해.
He broke up with Lily. I wonder why they broke up.

20 ~ 21 A: 그녀가 오늘 왜 늦었는지 궁금해.
I wonder why she was late today.
B: 밤을 새웠대. 그녀가 왜 밤을 새웠는지 궁금해.
She stayed up all night. I wonder why she stayed up all night.

22 그녀가 왜 수업을 빼먹었는지 궁금하지 않아.
I don't wonder why she skipped the class.

23 내가 왜 너와 직접 말 안 하는지 궁금해?
Do you wonder why I don't talk to you in person?

24 네가 왜 아직 미혼인지 궁금해.
I wonder why you're still single.

25 그가 왜 혼자 있고 싶어 하는지 궁금해?
Do you wonder why he wants to be alone?

Day 65 I believe ~.

~라고 믿어.

정답

1 I believe **2** I don't believe **3** Do you believe **4** I don't believe **5** Do you believe **6** I can travel abroad **7** she betrayed me **8** you'll get a good grade **9** ② Good. I believe you can make up with him. **10** ③ Well, I don't believe he can afford it. **11** ① Do you believe he'll make you happy? **12** ④ Do you believe she'll lend you some money? **13** believe **14** don't **15** Do **16** Do you believe he can pay **17** I believe he'll **18** Do you believe I can **19** I believe you can arrive **20** Do you believe she betrayed you? **21** I believe she lied to me **22** I don't believe she lied to you. **23** I don't believe she'll forgive you again. **24** Do you believe I can do it by myself? **25** I believe you'll get a good grade.

해설

1 그가 내 부탁을 들어줄 거라고 믿어.
I believe he'll do me a favor.

2 네가 제시간에 도착할 수 있다고 믿지 않아.
I don't believe you can arrive on time.

3 그가 나 대신에 근무할 수 있다고 믿어?
Do you believe he can cover my shift?

4 그가 내 돈을 갚을 수 있다고 믿지 않아.
I don't believe he can pay me back.

5 그들이 우리를 끼워줄 거라고 믿어?
Do you believe they'll count us in?

6 I believe I can travel abroad next year.
난 내년에 해외 여행을 할 수 있을 거라고 믿어.

7 I don't believe she betrayed me.
그녀가 날 배신했다고 믿지 않아.

8 Do you believe you'll get a good grade?
네가 좋은 성적을 받을 거라고 믿어?

9 A: I want to apologize to him.
그에게 사과하고 싶어.
B: ② Good. I believe you can make up with him.
좋다. 네가 그와 화해할 수 있다고 믿어.

10 A: He wants to buy a new car.
그가 새 차를 사고 싶어 해.
B: ③ Well, I don't believe he can afford it.
음, 그가 그걸 살 여유가 있다고 믿지 않아.

11 A: I'm happy to get married to him.
그와 결혼하게 돼서 기뻐.
B: ① Do you believe he'll make you happy?
그가 널 행복하게 해 줄 거라고 믿어?

12 A: Can I ask her to lend me some money?
그녀에게 돈을 좀 빌려 달라고 부탁해도 될까?
B: ④ Do you believe she'll lend you some money?
그녀가 너에게 돈을 빌려 줄 거라고 믿어?

13 네가 업무에 복귀할 수 있다고 믿어.
I believe you can get back to work.

14 네가 이 문제를 처리할 수 있다고 믿지 않아.
I don't believe you can handle this problem.

15 내가 혼자 그걸 할 수 있다고 믿어?
Do you believe I can do it by myself?

16 ~ 17 A: 그가 나에게 돈을 갚을 수 있다고 믿어?
Do you believe he can pay me back?
B: 응. 그가 약속을 지킬 거라고 믿어.
Yes. I believe he'll keep his promise.

18 ~ 19 A: 내가 그 버스를 잡을 수 있다고 믿어?
Do you believe I can catch the bus?
B: 응. 서두르면 네가 제시간에 도착할 수 있다고 믿어.
Yes. I believe you can arrive on time if you hurry.

20 ~ 22 A: 그녀가 널 배신했다고 믿어?
Do you believe she betrayed you?
B: 응. 그녀가 나에게 또 거짓말을 했다고 믿어.
Yes. I believe she lied to me again.
A: 음, 난 그녀가 너에게 거짓말했다고 믿지 않아.
Well, I don't believe she lied to you.

23 그녀가 널 또 용서할 거라고 믿지 않아.
I don't believe she'll forgive you again.

24 내가 혼자 그걸 할 수 있다고 믿어?
Do you believe I can do it by myself?

25 네가 좋은 성적을 받을 거라고 믿어.
I believe you'll get a good grade.

Day 66 I've heard ~.

~라는 말 들었어.

정답

1 I've heard 2 I haven't heard 3 Have you heard 4 I haven't heard 5 Have you heard 6 I quit drinking 7 you're allergic to 8 he won the lottery 9 earned a lot of money 10 What? I haven't heard this is your last day. 11 For the job. I've heard you were hiring an assistant. 12 Yes. I've heard you passed the exam too. Congratulations! 13 I've heard she was looking for a new job. 14 I haven't heard they shut down the restaurant 15 Have you heard she is going out with Chris 16 I've heard my license expired. 17 I haven't heard she had a complaint 18 Have you heard she was looking for a new job? 19 I've heard she opened her own café. 20 Have you heard he's already married? 21 I haven't heard he had a kid. 22 Have you heard he failed the exam? 23 I've heard he won the lottery. 24 Have you heard they got divorced? 25 I haven't heard my license expired.

해설

1 너 이미 결혼했다고 들었어.
I've heard you're already married.

2 그들이 이혼했다는 건 못 들었는데.
I haven't heard they got divorced.

3 그가 아이가 있다는 말 들었어?
Have you heard he had a kid?

4 그가 담배를 끊었다는 건 못 들었는데.
I haven't heard he quit smoking.

5 그녀가 자기 카페를 열었다는 말 들었어?
Have you heard she opened her own café?

6 ~ 7 A: Have you heard I quit drinking? I had an allergy.
나 술 끊었다는 말 들었어? 알레르기가 있었어.
B: No. I haven't heard you're allergic to alcohol.
아니. 네가 알코올에 알레르기 있다는 말 못 들었는데.

8 ~ 9 A: Have you heard he won the lottery?
그가 복권에 당첨되었다는 말 들었어?
B: No. I've heard he earned a lot of money.
아니. 그가 많은 돈을 벌었다는 말은 들었어.

10 A: I want to say goodbye. Today is my last day.
작별 인사를 하고 싶어. 오늘 내 마지막 날이거든.
B: What? I haven't heard this is your last day.
뭐? 오늘이 네 마지막 날이라는 말 못 들었는데.

11 A: Why did you call me?
왜 전화했어?
B: For the job. I've heard you were hiring an assistant.
일 때문에. 네가 조교를 고용하고 있다고 들었어.

12 A: Have you passed the exam?
시험 통과했니?
B: Yes. I've heard you passed the exam too. Congratulations!
응. 너도 시험에 통과했다고 들었어. 축하해!

13 A: How is she doing these days?
요즘 그녀는 어떻게 지내?
B: I've heard she was looking for a new job.
그녀가 새 직장을 구하고 있다고 들었어.

14 그들이 식당을 닫았다는 건 못 들었는데.
I haven't heard they shut down the restaurant.

15 그녀가 크리스와 사귄다는 말 들었어?
Have you heard she is going out with Chris?

16 내 자격증이 만료되었다고 들었어.
I've heard my license expired.

17 그녀가 불만이 있다는 건 못 들었는데.
I haven't heard she had a complaint.

18 ~ 19 A: 그녀가 새 직장을 구하는 중이라는 거 들었어?
Have you heard she was looking for a new job?
B: 뭐? 난 그녀가 자기 카페를 열었다고 들었어.
What? I've heard she opened her own café.

20 ~ 21 A: 그가 이미 결혼했다는 거 들었어? 아이도 있대.
Have you heard he's already married? He has a kid.
B: 정말? 그가 아이가 있다는 건 못 들었는데.
Really? I haven't heard he had a kid.

22 그가 시험에 떨어졌다는 말 들었어?
Have you heard he failed the exam?

23 그가 복권에 당첨되었다고 들었어.
I've heard he won the lottery.

24 그들이 이혼했다는 말 들었어?
Have you heard they got divorced?

25 내 자격증이 만료되었다는 건 못 들었는데.
I haven't heard my license expired.

MEMO

MEMO

MEMO

MEMO

MEMO